GESELLSCHAFT
FÜR INFORMATIK

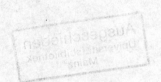

M. Gandorfer, C. Hoffmann, N. El Benni,
M. Cockburn, T. Anken, H. Floto (Hrsg.)

Informatik in der Land-, Forst- und Ernährungswirtschaft

Fokus: Künstliche Intelligenz in der Agrar- und Ernährungswirtschaft

Referate der 42. GIL-Jahrestagung
21.–22. Februar 2022
Agroscope, Tänikon, Ettenhausen, Schweiz

Gesellschaft für Informatik e.V. (GI)

Lecture Notes in Informatics (LNI) - Proceedings
Series of the Gesellschaft für Informatik (GI)

Volume P-317

ISBN 978-3-88579-711-1
ISSN 1617-5468

Volume Editors

PD Dr. Markus Gandorfer
Bayerische Landesanstalt für Landwirtschaft, Institut für Landtechnik und Tierhaltung (LfL)
85354 Freising, Germany;
Email: markus.gandorfer@lfl.bayern.de

Dr. Christa Hoffmann
oeconos GmbH
73265 Dettingen, Germany;
Email: christa.hoffmann@oeconos.de

Dr. Nadja El Benni
Agroscope, Tänikon
8356 Ettenhausen, Switzerland
Email: nadja.el-benni@agroscope.admin.ch

Dr. Marianne Cockburn,
Agroscope, Tänikon
8356 Ettenhausen, Switzerland
Email: marianne.cockburn@agroscope.admin.ch

Dr. Thomas Anken
Agroscope, Tänikon
8356 Ettenhausen, Switzerland
Email: thomas.anken@agroscope.admin.ch

Helga Floto
GIL-Geschäftsführung
73730 Esslingen, Germany;
Email: gil.floto@gmail.com

Series Editorial Board
Andreas Oberweis, KIT Karlsruhe,
(Chairman, andreas.oberweis@kit.edu)
Torsten Brinda, Universität Duisburg-Essen, Germany
Dieter Fellner, Technische Universität Darmstadt, Germany
Ulrich Flegel, Infineon, Germany
Ulrich Frank, Universität Duisburg-Essen, Germany
Michael Goedicke, Universität Duisburg-Essen, Germany
Ralf Hofestädt, Universität Bielefeld, Germany
Wolfgang Karl, KIT Karlsruhe, Germany
Michael Koch, Universität der Bundeswehr München, Germany
Peter Sanders, Karlsruher Institut für Technologie (KIT), Germany
Andreas Thor, HFT Leipzig, Germany
Ingo Timm, Universität Trier, Germany
Karin Vosseberg, Hochschule Bremerhaven, Germany
Maria Wimmer, Universität Koblenz-Landau, Germany

Dissertations
Steffen Hölldobler, Technische Universität Dresden, Germany
Thematics
Agnes Koschmider, Universität Kiel, Germany
Seminars
Judith Michael, RWTH Aachen, Germany

© Gesellschaft für Informatik, Bonn 2022
printed by Köllen Druck+Verlag GmbH, Bonn

This book is licensed under a Creative Commons BY-SA 4.0 licence.

Vorwort

Die 42. Jahrestagung 2022 der Gesellschaft für Informatik in der Land-, Forst- und Ernährungswirtschaft (GIL) verfolgt das Leitthema **„Was bedeutet Künstliche Intelligenz für die Agrar- und Ernährungswirtschaft?** Künstliche Intelligenz (KI) kann dem Menschen Arbeit abnehmen oder dabei unterstützen, potenziell auftretende Probleme frühzeitig zu erkennen. KI ist in manchen Bereichen bereits leistungsfähiger als der Mensch. Vollständig ersetzen oder wie ein Mensch agieren, kann sie hingegen nicht. Die Skepsis gegenüber Algorithmen, die für uns entscheiden, ist groß. KI-Systeme sollten daher so transparent wie möglich gestaltet werden, auch eine Prüfung und Zertifizierung ist empfehlenswert. Für KI gibt es in der Land- und Ernährungswirtschaft zahlreiche Anwendungsfelder. In der Praxis können mit KI z.B. das Herdenmanagement verbessert oder Entscheidungsunterstützung für pflanzenbauliche Maßnahmen geliefert werden. In der Forschung werden die verschiedenen methodischen Ansätze der KI zunehmend in der Innen- und Außenwirtschaft sowie zur Beantwortung von agrarökonomischen Fragestellungen genutzt. Die Voraussetzung für KI ist die Erhebung zahlreicher, großer Datensätze z.B. mittels Sensoren, die in einem zunehmend vernetzten System einen Zusatznutzen gegenüber einzelnen Einsatzbereichen bringen sollen. Inwiefern dies bereits Wirklichkeit ist, was erwartet werden kann und was befürchtet werden muss, soll Gegenstand des Austausches bei der GIL-Jahrestagung 2022 sein, die dafür ein professionelles Diskussionsforum bieten möchte.

Wie in den letzten Jahren bietet auch die 42. Jahrestagung der GIL eine Plattform für die vom Bundesministerium für Ernährung und Landwirtschaft geförderten „Digitalen Experimentierfelder". Zusammen mit Vertreterinnen und Vertretern der „Digitalen Experimentierfelder", der österreichischen Innovation Farm sowie der Swiss Future Farm werden wir in einer Paneldiskussion speziell das Thema Wissenstransfer fokussieren (Hinweis: diese Tagungsbeiträge unterlagen nicht dem inhaltlichen Begutachtungsverfahren der 42. GIL Jahrestagung).

Der vorliegende Tagungsband enthält schließlich 50 wissenschaftliche Beiträge, die aus 90 eingereichten Abstracts nach einem zweistufigen Begutachtungsverfahren hervorgegangen sind. Unser Dank gilt allen, die sich aktiv an der Vorbereitung und Durchführung der Tagung mit großem Engagement beteiligt haben. Ein besonderer Dank gilt der Landwirtschaftlichen Rentenbank für die Unterstützung bei der Finanzierung des Tagungsbandes. Weiterhin danken wir den Sponsoren für ihre finanzielle Unterstützung.

Tänikon, im Januar 2022

PD Dr. Markus Gandorfer, LfL, 1. Vorsitzender der GIL
Dr. Christa Hoffmann, oeconos GmbH, 2. Vorsitzende der GIL
Helga Floto, GIL-Geschäftsführung

Dr. Nadja El Benni, Agroscope
Dr. Marianne Cockburn, Agroscope
Dr. Thomas Anken, Agroscope

Wir danken der Landwirtschaftlichen Rentenbank für die freundliche Unterstützung.

rentenbank

Wir danken den folgenden Unternehmen und Institutionen für die Unterstützung der Konferenz.

Amazonen Werke H. Dreyer GmbH & Co.KG
Hasbergen - Gaste

Deutschland

Bayern Innovativ GmbH,
Garching

Deutschland

Kompetenz-Netzwerk Digitale
Landwirtschaft Bayern

BayWa AG
München

Deutschland

Bison Schweiz AG
Sursee

Schweiz

CLAAS KGaA mbH
Harsewinkel

Deutschland

EcoRobotix SA
Yverdon-les-Bains

Schweiz

FarmFacts GmbH
Pfarrkirchen

Deutschland

HUAWEI
Liebefeld

Schweiz

John Deere GmbH & Co.KG
Kaiserslautern

Deutschland

Pessl Instruments GmbH
Weiz

Österreich

pragmatic minds GmbH
Kirchheim unter Teck

Deutschland

pragmatic agrifood solutions

Tesenso GmbH
Schaffhausen

Schweiz

5G für eine smarte Landwirtschaft

Vom 5G Joint Innovation Center auf Felder und Weiden – Technologie für eine nachhaltige und effiziente Agrar- und Ernährungswirtschaft.

Sunrise UPC & Huawei – Ihre zuverlässigen Partner für Innovation in der Agrarinformatik.

Unsere Vision von Smart Farming

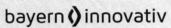

Wir begleiten Sie bei der digitalen Transformation in der Landwirtschaft

Mehr Informationen: www.knedl.bayern

RICHTUNGSWEISENDE DIGITALE LANDWIRTSCHAFT

Mit den John Deere Technologien für die Präzisionslandwirtschaft setzen Sie ganz neue Maßstäbe für Ihren landwirtschaftlichen Betrieb. Heute, morgen und auch übermorgen.

NOTHING RUNS LIKE A DEERE

Intelligente Einzelpflanzenbehandlung

Reduzieren Sie mit dem Spot-Sprayer ARA den Einsatz von Herbiziden, Fungiziden und Insektiziden um bis zu 95%.

ecoRobotix freut sich gemeinsam mit der GIL die Landwirtschaft bei der Digitalisierung zu unterstützen und eine nachhaltige, umweltschonende sowie wirtschaftliche Landwirtschaft zu fördern.

www.ecorobotix.com

Programmkomitee

Florian Abt	Swiss Future Farm, Tänikon, Ettenhausen, Schweiz
Dr. Thomas Anken	Agroscope, Tänikon, Ettenhausen, Schweiz
Prof. Dr. S. Bellingrath-Kimura	Leibniz-Zentrum für Agrarlandschaftsforschung e.V., Müncheberg
Prof. Dr. Heinz Bernhardt	Technische Universität München, Freising
Karsten Borchard	Christian-Albrechts-Universität zu Kiel
Prof. Dr. Michael Clasen	Hochschule Hannover
Dr. Marianne Cockburn	Agroscope, Tänikon, Ettenhausen, Schweiz
Dr. Melf-Hinrich Ehlers	Agroscope, Tänikon, Ettenhausen, Schweiz
Dr. Nadja El Benni	Agroscope, Tänikon, Ettenhausen, Schweiz
Prof. Dr. Hans W. Griepentrog	Universität Hohenheim
Constanze Hofacker	act GmbH, Kiel
Dr. Dieter von Hörsten	JKI, Braunschweig
Daniel Martini	KTBL, Darmstadt
Dr. Viktoria Motsch	BOKU, Wien, Österreich
Johanna Pfeiffer	Bayerische Landesanstalt für Landwirtschaft, Freising (LfL)
Dr. Thilo Steckel	Claas E-Systems GmbH, Dissen a. T.W.
Prof. Dr. Guido Recke	Hochschule Osnabrück
Prof. Dr. Arno Ruckelshausen	Hochschule Osnabrück

Organisationsteam

Dr. Thomas Anken	Agroscope, Tänikon, Ettenhausen, Schweiz
Dr. Marianne Cockburn	Agroscope, Tänikon, Ettenhausen, Schweiz
Dr. Nadja El Benni	Agroscope, Tänikon, Ettenhausen, Schweiz
Jacqueline Gabriel	Agroscope, Tänikon, Ettenhausen, Schweiz
PD Dr. Markus Gandorfer	1. GIL-Vorsitzender, Bayerische Landesanstalt für Landwirtschaft (LfL), Freising
Dr. Christa Hoffmann	2. GIL-Vorsitzende, oeconos GmbH, Dettingen
Helga Floto	GIL-Geschäftsführerin, Esslingen

Referate

Yasamin Afrasiabian, Ali Mokhtari, Kang Yu
Machine Learning on the estimation of Leaf Area Index 21

Mohamed Altaleb, Henning Deeken, Joachim Hertzberg
A data mining process for building recommendation systems for agricultural
machines based on big data 27

Jeanine Ammann, Achim Walter, Nadja El Benni
Wahrnehmung und Adoption von Farmmanagementinformationssystemen
unter künftigen Betriebsleitenden 33

Thomas Andreßen
Das Digital-Stage-Gate-Modell 39

Thomas Anken, Annett Latsch
Detection rate and spraying accuracy of Ecorobotix ARA 45

**Julius Autz, Saurabh Kumar Mishra, Lena Herrmann,
Joachim Hertzberg**
The pitfalls of transfer learning in computer vision for agriculture 51

**Deepak Hanike Basavegowda, Paul Mosebach, Inga Schleip,
Cornelia Weltzien**
Indicator plant species detection in grassland using EfficientDet object detector 57

Jonas Boysen, Anthony Stein
AI-supported data annotation in the context of UAV-based weed detection in
sugar beet fields using Deep Neural Networks 63

Jelto Branding, Dieter von Hörsten, Jens Karl Wegener
Akustische Insektenerkennung – Deep Learning zur Klassifikation leisester
Fluggeräusche 69

Jan-Hendrik Buhk, Hans-Hennig Sundermeier, Uwe Latacz-Lohmann
Algorithmusbasierte Düngungsplanung und digitale Gebrauchstauglichkeit 75

Daniel Eberz-Eder, Franz Kuntke, Christian Reuter
Sensibilität für Resilient Smart Farming (RSF) und seine Bedeutung
in Krisenzeiten 81

Christiane Engels, Wolfgang Büscher
Einfluss der Samplingrate von Outdoor-Tracking-Systemen für Milchkühe
auf abgeleitete Bewegungsparameter 87

Santiago Focke Martinez, Joachim Hertzberg
Route-planning in output-material-flow arable farming operations aiming for soil protection... 93

Maik Fruhner, Heiko Tapken, Henning Müller
Re-Identifikation markierter Schweine mit Computer Vision und Deep Learning......... 99

Klaus Gennen, Laura-Sophie Walter
Datenhoheit, Datenschutz und Datensicherheit bei KI im Agrar- und Ernährungssektor... 105

Jens Harbers
Ein k-Means-basierter Algorithmus zur Bestimmung der optimalen Position eines Anhängers zur Heuballenbergung.. 111

Christa Hoffmann, Roland Haas, Nidhish Bhimrajka, Naga Srihith Penjarla
Cyberattacks in agribusiness.. 117

Saskia Hohagen, Valentin Langholf, Uta Wilkens
Reifegradbasierte Integration künstlicher Intelligenz in landwirtschaftliche Betriebsabläufe.. 123

Martin Janßen
Potential of Facebook's artificial intelligence for marketing...................................... 129

Tobias Jorissen, Silke Becker, Guido Recke
Treibhausgasbilanzierung beim Kartoffelanbau eines Praxisbetriebes in Nordwestdeutschland auf Basis eines Telemetriesystems... 135

Jascha Daniló Jung, Xia He, Daniel Martini, Burkhard Golla
Horticulture Semantic (HortiSem) – Natural Language Processing bei Entwicklung und Interaktion mit einem semantischen Netzwerk für die Landwirtschaft.......... 141

Moritz Jungwirth, Franz Handler
Arbeitswirtschaftliche Aspekte am Beispiel eines teilautonomen Feldroboters beim Säen und Hacken von Biozuckerrüben... 147

Paula Kammler, Christian Heidemann, Kai Lingemann, Karsten Morisse
Digitaler Experte im Stall: ein Expertensystem am Beispiel des Eutergesundheitsmanagements... 153

Anna Kiefer, Lukas Kiefer, Franziska Heinrich, Enno Bahrs
Beurteilung des ökonomischen Potenzials des virtuellen Zaunsystems in der deutschen Milchviehhaltung am Beispiel Brandenburgs..................................... 159

Daniel König, Matthias Igelbrink, Christian Scholz, Andreas Linz, Arno Ruckelshausen
Entwicklung einer flexiblen Sensorapplikation zur Erzeugung von validen Daten für KI-Algorithmen in landwirtschaftlichen Feldversuchen 165

Miriam Kramer, Larissa Verfürth, Caroline Firmenich, Laura Schmitz, Nicole Tücking, Marc Boelhauve, Marcus Mergenthaler
Angegebene Gründe für und gegen die Nutzung von integrierten Herdenmanagementprogrammen auf rinderhaltenden Betrieben 171

Jens-Peter Loy, Yanjun Ren
Web scraping of food retail prices 177

Daniel Martini, Esther Mietzsch, Nils Reinosch, Jascha Jung, Desiree Batzer-Kaufmann
Verschiedene Sichtweisen – verschiedene Sprachen: Codesysteme für landwirtschaftliche Kulturen und wie sich Interoperabilitätsbarrieren überwinden lassen 183

Lara Meier, Solène Clémence, Alexander Zorn
Nutzung von Daten aus elektronischen Feldkalendern 189

Quirina Noëmi Merz, Achim Walter, Helge Aasen
Using high-resolution drone data to assess apparent agricultural field heterogeneity at different spatial resolutions 195

Luis Müller, Robert Luer, Henning Krause, Wolfgang Lentz
Digitale Transformation als Treiber von Controlling im Gartenbau – ein konzeptioneller Ansatz 201

Burawich Pamornnak, Christian Scholz, Silke Becker, Arno Ruckelshausen
A digital weed counting system for the weed control performance evaluation 207

Michael Paulus, Sara Anna Pfaff, Andrea Knierim, Heinrich Schüle
Landwirtschaftliche Digitalisierung im Vergleich von Haupt- und Nebenerwerb 213

Sara Anna Pfaff, Michael Paulus, Andrea Knierim, Heinrich Schüle, Angelika Thomas
Welche spezifischen Anforderungen impliziert die kleinstrukturierte Landwirtschaft für die Digitalisierung? 219

Christian Post, Sabrina Elsholz, Alexandra Reith, Marco Rieckmann, Gero Corzilius, Barbara Grabkowsky, Stefan Christ, Joachim Hertzberg, Sarah Reddig, Annika Greven, Justus von Geibler, Imke Traulsen
Digitale Simulation von Konzepten und Handlungsoptionen zur Verminderung von Stickstoffemissionen in der Schweinehaltung: Das Serious Game pigNplay 225

Sharvari Raut, Gardis von Gersdorff, Jörg Schemminger, Julian Adolphs, Barbara Sturm
Improving food processing through integration of artificial intelligence in the drying process: a perspective.. 231

Guido Recke, Henning Rempe, Tobias Jorissen
Zur Wirtschaftlichkeit von Investitionen in Section Control bei teilflächenspezifischer Düngung im Getreide unter den Anforderungen der neuen Düngeverordnung... 237

Linda Reissig
Einfluss sozialer und psychologischer Faktoren auf die Adaption digitaler Technologien in der Landwirtschaft durch Betriebsleiter und Betriebsleiterinnen in der Schweiz.. 241

Tobias Reuter, Konstantin Nahrstedt, Thomas Jarmer, Dieter Trautz
Ableitung von homogenen Managementzonen anhand von Vegetationsindizes im Kleegras.. 247

Johanna Schröder, Dieter von Hörsten, Daniel Herrmann, Jens Karl Wegener
Spot Farming – ein digitaler Lösungsansatz für eine kleinskalige und nachhaltige Intensivierung der Landwirtschaft.. 253

Sirkka Schukat, Esben Schukat, Heinke Heise
Herausforderungen bei der Einführung von Smart Products aus Sicht deutscher Landwirte... 259

Paul Schulze, Frank Fuchs-Kittowski, Tim Hafemeister, Martin Schulze
Digitalisierung des Spermatransports – Anforderungen und Softwarearchitektur....... 265

Tjark Schütte, Volker Dworak, Cornelia Weltzien
Deriving precise orchard maps for unmanned ground vehicles from UAV images..... 271

Thoralf Stein
Unüberwachtes Lernen von KI-Systemen bei der Auswertung von landwirtschaftlichen Prozessen.. 277

Astrid Sturm, Frank Wätzold, Luise Westphal, Lisa Querhammer
A DSS based on ecological-economic modelling to facilitate the implementation of biodiversity offsets and agri-environment schemes in grasslands............................... 283

Christoph Tieben, Tobias Reuter, Konstantin Nahrstedt, Franz Kraatz, Kai Lingemann, Dieter Trautz, Thomas Jarmer, Joachim Hertzberg
Auf dem Weg zu einem Entscheidungsunterstützungssystem zur Pflege und Ernte von Grünlandflächen... 289

Christoph Tieben, Benjamin Kisliuk, Matthias Enders, Mareike Léon, Florian Daiber, Felix Kosmalla, Stefan Stiene, Joachim Hertzberg
Erste Schritte zu einem virtuellen Zuchtgarten 295

Philipp Viertel, Matthias König, Jan Rexilius
Pollen detection from honey sediments via Region-Based Convolutional Neural Networks 301

Lukas Wald, Daniel Eberz-Eder, Matthias Trapp, Julius Weimper, Matthias Kuhl
Smart Soil Information for Farmers (SoFI) 307

Isabella Wohlfeld, Sebastian Parzefall
Drohnenbasierte Messung der Pflanzenhöhe am Beispiel von Durchwachsener Silphie 313

Referate – Forschungsbereich Digitale Experimentierfelder

Markus Gansberger, Christian Fasching, Christoph Berndl, Martin Hirt, Peter Müllner, Franz Handler
Innovation Farm – Innovative Technologien für die Landwirtschaft erlebbar machen 319

Dorothée Heyde
Wissenstransfer im Experimentierfeld LANDNETZ 323

Thorsten Kirmess, Michael Brinkmeier
Ein Exponat zur Demonstration der Anwendung von Künstlicher Intelligenz in der Agrarwirtschaft 327

Valentin Knitsch, Juliane Welz
Die Bedeutung von qualitativen Forschungszugängen für den Wissenstransfer in Experimentierfeldern 331

Maren Kraus, Jannis Menne, Daniel Eberz-Eder, Svea Lynn Schaffner, Jan-Henrik Ferdinand, Yves Reckleben
FarmWissen - Die Wissenstransferplattform zur Digitalisierung in der Landwirtschaft 335

Marc-Alexander Lieboldt, Lena Münzebrock, Stefan Sagkob, Ludwig Diekmann
Wissenstransfer im Experimentierfeld DigiSchwein 339

Isabella Lorenzini, Stefanie Kulig, Bernhard Haidn
Experimentierfeld DigiMilch - Maßnahmen für den systematischen Wissenstransfer 343

Angelika Thomas, Andrea Knierim, Heinrich Schüle
Faktoren menschlichen Lernens als Grundlage für den Wissenstransfer in der Digitalisierung 347

Maria Trilling, Johanna Ahmann, Christiane Engels, Dorothée Heyde, Christiane Reichel, Natalia Kluth, Heiko Neeland, Dirk Plettemeier, Wolfgang Büscher
Wissenstransfer im Experimentierfeld CattleHub 351

Rolf Wilmes, Bernhard Bauer, Kevin Braun, Peter Breunig, Andreas Fleischmann, Tobias Meyer, Patrick Noack, Muhammad Asif Saeed
Wissenstransfer durch integrative Lernkonzepte 355

Machine Learning on the estimation of Leaf Area Index
===

Yasamin Afrasiabian[1], Ali Mokhtari[1] and Kang Yu[1]

Abstract: The Leaf Area Index (LAI) is an important indicator in agriculture that can be considered a reliable plant growth parameter. The objective of this study is to make use of two different machine learning algorithms including Support Vector Machine (SVM), and Random Forest (RF) to improve the estimation of leaf area index using multispectral, thermal, and hyperspectral data. The results showed that RF was the best model to improve the accuracy of the LAI estimation compared to the simple linear regression (previous study) and SVM ($R^2 = 0.91$ for RF and $R^2 = 0.87$ for SVM). To evaluate the effects of spectral portions on LAI estimation without calculating the spectral indices, (SI) we inputted each pair of spectral bands for training and testing both RF and SVM. It was found that the best correlation was lower compared to use SIs. However, R^2 variations were more homogeneous across the whole spectrum, which suggests that even by using multispectral broadband bands in RF and SVM, a good correlation will be achieved.

Keywords: Leaf Area Index, hyperspectral, multispectral, Random Forest, Support Vector Machine, thermal

1 Introduction

Leaf Area Index (LAI) is a comprehensive indicator that reflects crop biophysical traits and the structure of the canopy. Regarding the fact that traditional methods of LAI measurements are time-consuming and labour-intensive, satellite multispectral images have been taken into account for LAI estimation [Do20]. Despite the good performance of various multi Spectral Indices (SIs), there are some regions of the electromagnetic spectrum where LAI values can be approximated more precisely, however satellite multispectral sensors may not be capable of acquiring images in these ranges [Di17].

During the last few decades, proximal sensing and specifically using hyperspectral data has gained a lot of attention in precision agriculture. [Af21] used an Analytical Spectral Device (ASD), a field spectroradiometer, in order to measure the spectral responses of wheat and barley. It was shown that considering a simple linear regression line between narrow SIs and LAI there were particular portions of the spectrum (from the 10-nm bands cantered at 1115 nm and 1135 nm) that had a more significant correlation, which was a great improvement compared to multispectral data.

In order to suppress the uncertainties caused by the simple regression line method, Machine Learning (ML) methods such as random forest (RF) and support vector machine

---
[1] School of Life Sciences, Technical University of Munich, 85354 Freising, yasamin.afrasiabian@tum.de, Ali.mokhtari@tum.de, Kang.yu@tum.de

(SVM), categorized as multivariate regression empirical models, have been taken into account for LAI estimation [Ve15].

In this study, we assumed that using ML algorithms might positively affect the accuracy of LAI estimation. Therefore, the objective of this study is to improve LAI estimation using two state-of-the-art ML algorithms such as RF and SVM with different sets of data derived from multi- and hyperspectral sensing. In addition, the potential of vegetation thermal information was assessed for LAI estimation. Therefore, to achieve this goal, different approaches considering various inputs were taken into account: (1) optical spectral indices, (2) adding supplementary data, and (3) single hyperspectral bands in ML algorithms.

2 Materials and methods

2.1 Study area

The research was carried out during the 2018 wheat and barley growing season at the Agricultural Research Farms of the University of Tehran (ARFUT), which is located in the Tehran Karaj plain at 35° 48′ N and 50° 56′ E. For the data sampling, 14 wheat plots and 3 barley plots were chosen at random over the fields.

2.2 Field data measurements

Field hyperspectral data

During the 2018 growing season, measurements were taken on 9 days from February 19 to June 10. Analytical Spectral Devices, Inc. ASD (ASD Inc. 2008) and Spectral Vista Corporation SVC (SVC HR-1024/HR-768 MANUAL REVISION 1.10) spectroradiometers with bandwidths of around 1 nm and 2-4 nm, respectively, were used for hyperspectral data collection.

LAI

The optical sensor on-board an LAI-2200c device was used to measure LAI.

Land surface and ambient air temperature

A non-contact infrared thermometer (AGRI-THERM IITM 6110L) was used to measure Land Surface Temperature (LST), ambient Air Temperature (AT), and also the difference between them (dT) over the canopy in all 17 plots.

2.3 Methodology

In this study, RF and SVM, which are among the Remote Sensing (RS) classifications algorithms of interest, were used to estimate LAI. They were implemented using Spyder, an open-source cross-platform environment in the Python language.

In this study in order to evaluate, the application of ML algorithms for LAI estimation RF, and SVM has been taken into account. The input data were categorized into four groups: (1) multispectral indices, (2) hyperspectral indices, (3) hyperspectral bands, (4) thermal parameters. These data were inserted into the models two by two and three by three.

Multispectral indices

For the multispectral indices, we categorized the indices which can be derived from freely available satellite data (e.g. Landsat 8 & 9 and Sentinel-2) in this group. Land Surface Water Index (LSWI), Soil Adjusted Vegetation Index (SAVI), Albedo, dT, and LST are considered multispectral in this research.

Hyperspectral indices

The hyperspectral indices were calculated based on the following equations:

$$HNDVI_{(\rho2, \rho1)} = (\rho1-\rho2)/(\rho1+\rho2) \tag{1}$$

$$HSR_{(\rho2, \rho1)} = \rho1/\rho2 \tag{2}$$

$$HDVI_{(\rho2, \rho1)} = \rho1-\rho2 \tag{3}$$

Where HNDVI, HSR, and HDVI are the hyperspectral vegetation indices, $\rho1$ and $\rho2$ are representative of two 10-nm bands of the field hyperspectral data where $\rho1 > \rho2$.

3 Results and discussion

3.1 Multispectral

Random Forest

Here, SAVI, LSWI, Albedo, and dT were used in the algorithm with different scenarios, and the results are depicted in Fig. 1. The best correlation was for the combination of LSWI, SAVI, and dT ($R^2 = 0.89$). The high correlation may have emanated from the fact that these indices cover a wide range of spectrums, namely, Red and NearIfraRed (NIR) in SAVI, NIR and Shortwave Infrared (SWIR) in LSWI, and thermal in dT.

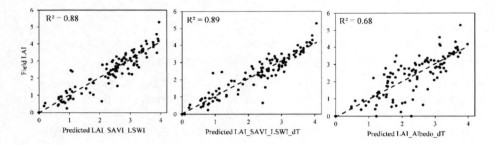

Fig. 1: The relationship between field leaf area index (LAI) and Random Forest (RF) calculated LAI using multispectral indices

Support Vector Machine

The same indices were used for the SVM algorithm (Fig. 2). LSWI-SAVI-dT was also one of the best combinations; however, with an overall R^2 of 0.82 which was lower than that of RF. In addition, the lowest R^2 derived from this algorithm was 0.56. In general, SVM performed weaker compared to RF.

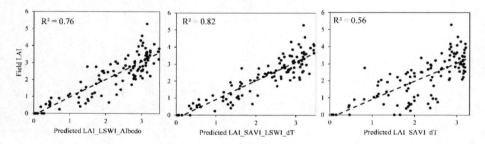

Fig. 2: The relationship between field leaf area index (LAI) and Support Vector Machine (SVM) calculated LAI using multispectral indices

3.2 Hyperspectral

Random Forest

Hyperspectral indices chosen in this study were the best that had been found in the previous study [Af21]. Obviously, the overall R^2 was higher compared to multispectral indices and also the maximum and minimum R^2 were 0.91 and 0.88, respectively, for the combination of HSR and HDVI as the maximum and the combination of HNDVI and HSR as the minimum (Fig. 3). Therefore, it is speculated that the use of proper hyperspectral indices performs better than multispectral.

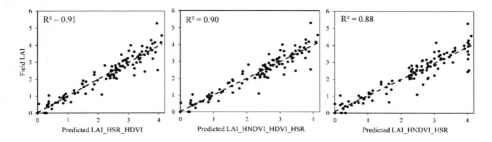

Fig. 3: The relationship between field leaf area index (LAI) and Random Forest (RF) calculated LAI using hyperspectral indices

Support Vector Machine

Although the correlations were promising using SVM (Fig. 4), RF outperformed SVM again in hyperspectral indices as inputs.

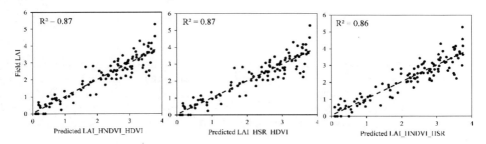

Fig. 4: The relationship between field leaf area index (LAI) and Support Vector Machine (SVM) calculated LAI using hyperspectral indices

3.3   Hyperspectral Bands

Random Forest

We inputted hyperspectral 10-nm bands into the RF algorithm (Fig. 5) and the results showed that, compared to a simple regression line, the distribution of R^2 over the whole range of spectrum was more homogeneous. This means that choosing the right spectral index is not as critical when using RF and SVM for LAI estimation. It should be noted that the combination of bands for both the inputs falling into the 800-1100 nm range showed a poorer correlation.

Support Vector Machine

RF, again, outperformed SVM. However, the same homogeneity can be observed in the R^2 distribution with the maximum of about 0.82 and minimum of 0 for SVM and maximum of 0.85, and a minimum of 0 for RF.

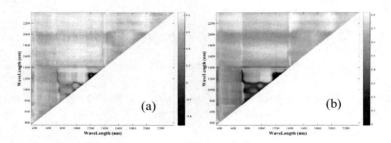

Fig. 5: Hyperspectral R^2 distribution for a) Random Forest (RF) and b) Support Vector Machine (SVM) using bands

4 Conclusions

Accurately estimating LAI is essential for crop biological studies and agricultural-based decisions. In this study, the field hyperspectral and thermal data were taken into account for LAI estimation. Results showed that although spectral indices (both hyperspectral and multispectral) in ML algorithms for LAI estimation showed better correlation compared to single-band inputs, choosing hyperspectral bands in an arbitrary region, due to its homogeneity, may result in promising estimates of LAI. Furthermore, dT only slightly improves the correlation accuracy. In addition, compared to the previous study, the use of the ML algorithm significantly improved the accuracy of LAI estimation.

References

[Af21]   Afrasiabian, Yasamin et al.: "Effects of spatial, temporal, and spectral resolutions on the estimation of wheat and barley leaf area index using multi-and hyper-spectral data (case study: Karaj, Iran)." Precision Agriculture 22.3 (2021): 660-688.

[Di17]   Din, Mairaj et al.: "Evaluating hyperspectral vegetation indices for leaf area index estimation of Oryza sativa L. at diverse phenological stages." Frontiers in plant science 8 (2017): 820.

[Do20]   Dong, Taifeng et al.: "Estimating crop biomass using leaf area index derived from Landsat 8 and Sentinel-2 data." ISPRS Journal of Photogrammetry and Remote Sensing 168 (2020): 236-250.

[Ve15]   Verrelst, Jochem et al.: "Optical remote sensing and the retrieval of terrestrial vegetation bio-geophysical properties – A review." ISPRS Journal of Photogrammetry and Remote Sensing 108 (2015): 273-290.

A data mining process for building recommendation systems for agricultural machines based on big data

Recommendation system for agricultural machinery application

Mohamed Altaleb[1,2], Henning Deeken[1,2] and Joachim Hertzberg[1]

Abstract: There is a potential expansion in the agricultural machinery industry by using the collected data from different years. Big data is already being used in other industries like e-commerce to improve decision-making processes. There are several existing process models to lead through the generic processes of data mining. The common factor between the process models that have attained dominant public position is that they are domain-agnostic frameworks. This paper proposes a method to extend the CRoss-Industry Standard Process for Data Mining (CRISP-DM) to focus on the agricultural domain and give guidelines on how to handle and structure the agricultural data and processes to reach defined data mining goals. The paper provides a walk-through for a use case to build a recommendation system.

Keywords: agricultural machinery, data mining, process model, recommendation system

1 Introduction

In the last two decades, different researchers, institutes, and companies have introduced several data mining process models to structure data science projects. e.g., ASUM-DM by IBM, SEMMA by SAS, and CRISP-DM by several companies, for comprehensive description refer to [Ma21]. They describe the generic process models to guide through the standard phases and steps of data mining. These process models ensure transparency in the communication within the project, and they help to plan and achieve structured results.

In the modern agricultural industry, it is common to collect process and machinery data. Using this data with the help of data mining can bring potential growth by exploiting the valuable information contained in that data. Other industries like e-commerce use big data, e.g., to build recommendation systems. These systems propose purchasable items as recommendations to potential customers based on historical data and exploit insights into the behavior of similar customers. In the agricultural machinery industry, likewise, big data is collected and can be used to build recommendation systems, e.g., to propose better ma-

---

[1] Osnabrück University, Institute of Computer Science, Wachsbleiche 27, 49090 Osnabrück, henning.deeken@uni-osnabrueck.com, joachim.hertzberg@uni-osnabrueck.de
[2] CLAAS E-Systems GmbH, Advanced Engineering, Sommerkämpen 11, 49201 Dissen am Teutoburger Wald, mohamed.altaleb@claas.com, henning.deeken@claas.com

chine settings using historic telemetry. Similarly, data mining can improve current optimization processes through a better understanding of the common traits of agricultural machinery across different operational and environmental contexts.

2 Problem Statement

In the agricultural machinery industry, the optimization of machines is a crucial task. For many agricultural processes, onboard optimization systems that use closed-loop approaches to configure the machines using internal telemetry have been proposed [Es20]. While these systems are beneficial, they are usually limited to local optimizations of a single machine based on the logged data during the ongoing field operation.

Information transfer from previous operations and analysis across multiple machines is rarely seen in the design of systems targeted to optimize machine settings, e.g., for tractors and harvesters. The exchange of information across different fleets of machinery requires better understanding for the different involved entities, machines, environment, and quality measures. This is where data mining can play a major role as the right tool to be used in order to convert the big data from just recorded telemetry signals into useful information that describes how different entities are associated and connected.

CRISP-DM is a uniform framework and an open standard made for industrial data science projects [Sh00]. As such, it was developed to work with any data mining tools and to structure any data mining problems. It describes six phases, each with sub-steps and tasks, to perform business understanding, data understanding, data preparation, modeling, evaluation, and deployment.

Although CRISP-DM has achieved a dominant position by public acceptance [Ma09], it is sometimes considered too generic within the data mining community [Ni15; Hu19]. At CLAAS, CRISP-DM is used to structure data science projects. Since it is a domain-agnostic framework, we realized the need to extend it with an extra layer of process description that directly relates to the agricultural domain. The contribution of this paper is a supplementary data mining process coupled with CRISP-DM and targeted to data mining in the agricultural machinery domain.

3 Materials and Methods

The six phases of CRISP-DM are shown in Figure 1.a. They capture the possible routines of a standard data mining process. Therefore, the process does not include any domain-relevant information. While performing data mining in a specific domain, however, the specifics of this domain are always subject to some considerations. In the agricultural machinery domain, machine optimization is a key aspect, which relates to three major characteristics, quality metrics, environment conditions, and machine variance. These terms are the particular components in any agricultural machinery application, e.g., a machine uses certain settings under specific environmental conditions when particular process quality is required.

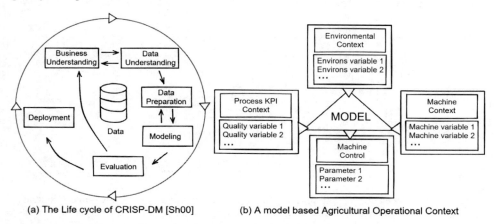

(a) The Life cycle of CRISP-DM [Sh00]   (b) A model based Agricultural Operational Context

Fig. 1: Since agricultural machinery optimization relates to machine, environment, and process quality, the paper proposes a model that extends the generic phases of CRISP-DM, data understanding, data preparation, and modeling by the context relevant information.

An example of a use case for combine harvesters is shown in Figure 1.b, where the process of optimization configures the machine settings (i.e., 'Machine Control') based on the environmental conditions (i.e., 'Environmental context') and the quality process requirements (i.e., 'Process KPI context'), where these considerations hold merely between similar machines (i.e., 'Machine Context'). Consequently, the configuration of an agricultural machinery application can be described with the Agricultural Operational Context (AOC), under similar operational conditions, similar machine settings can be used.

The AOC can be defined as the combination of three pieces of the context information, environmental, machinery, and agrarian process quality. Each of this information can be described as a list of agriculture-related machine variables. The AOC might be defined based on the selected decision variables within the lists, so it depends on the studied use case. On the input of the data mining process, these lists contain candidate decision variables, and on the outputs, the lists contain the significant related decision variables for the desired model.

In any agricultural machinery system, the machine has to be configured optimally because this directly affects the profit. Therefore, finding the correct decision variables is an essential step, as the decision variables will be the decision criteria that express how the system should behave. Data-driven models need decision variables to control the way the desired model behaves. The CRISP-DM considers these variables implicitly in the first four phases. This paper proposes a data mining model for the agricultural machinery industry that explicitly refers to the decision variable. It defines a scheme on how to deal with the different measurement signals in an agricultural machinery dataset.

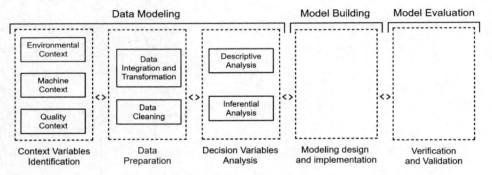

Fig. 2: The proposed data mining process model for the agricultural machinery domain contains three phases, data modeling, model building, and model evaluation, and accounts for the specific data categories relevant to machine optimization, i.e., machine, environment and quality contexts.

The proposed data mining process model is shown in Figure 2. It comprises three phases, data modeling, model building, and model evaluation. The contribution in this paper relates solely to the data modeling phase.

The first phase, 'data modeling', determines the potential decision variables through a sequence of descriptive and inferential analyses to identify the involved variables that should be part of the model. The phase consists of three steps:

The first step, 'context variables identification', starts with forming hypotheses that comprise potential decision variables. The types of variables are environmental, machinery, or quality variables. The combination of the three variables together defines operational context. The hypotheses should cover the three variable types. The hypotheses are made by domain experts, background research, and data observations. This step is essential due to its effect on the resulting system quality at the output; therefore, it is crucial to carefully gather the hypotheses and potential variables. The decision variables are the variables that correlate with the optimization of the agricultural process.

The second step, 'data preparation', is to integrate the required data from the information assets. The information assets may exist in different forms, databases, or flat documents. After integrating all required data listed as potential decision variables, data cleaning is essential to ensure the quality of all following steps and phases. The data cleaning may include identification and treatment of incomplete, inaccurate, or incorrect data. Additional data preparation might be required based on the use case and modeling method.

The third step, 'decision variables analysis', uses descriptive and inferential analyses to identify the valid hypotheses and possible correlations between the system and the relevant output variables. The descriptive analysis summarizes and visualizes the data to identify possible patterns, correlations, or helpful observations, bringing the data into use. The inferential analysis verifies the hypotheses that are formed in the first step based on statistical test tools. This step is vital as the analysis drives the decision variables, which any data-driven model depends on.

Our data mining process model corresponds with CRISP-DM in its phases and steps. The 'context variables identification' and 'decision variables analysis' steps in our process model are implicitly mentioned in the 'business understanding', 'data understanding', and 'modeling' phases of CRISP-DM. While the data preparation step in our process model matches with 'data preparation' phase in CRISP-DM. As in the CRISP-DM, the different phases and steps may also be iterated several times, backward and forward, until a stable definition for the operational context is achieved.

4 Results and Discussion

Next, we illustrate how to apply the first phase of our process model. Our example is based on the use case of building a recommendation system for combine harvester settings. The results are shown in Figure 3.

In the first step, hypotheses are written based on experts, literature, and research. The hypotheses are converted into a list of potential variables. The variables in the list are integrated into the dataset, and the required data cleaning is performed.

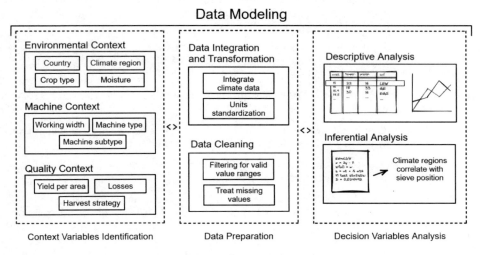

Fig. 3: The first phase of the proposed process model that illustrates the steps to build a recommendation system for the combine harvester settings.

A statistical summary is established and analyzed. The second part of the analysis deals with the hypotheses, and as a result, a new decision variable is attached or dismissed. The distribution of machine settings under the current definition of the operational context indicates how mature and stable the definition is. Therefore, there is backward and forward during the first phase. The model's accuracy within the different operational contexts may vary depending on the available data within each context.

5   Conclusion and Outlook

The proposed process model helped us to structure the development of the data-driven model. The process works based on the operational context of the agricultural machine. Our process model uses the first phase to determine the context variables, while the context variables are not directly considered in CRISP-DM, because it is designed to work with any problem and for any domain.

We focus on the data modeling phase within this paper. However, we plan to extend the other mentioned two phases (i.e., model building and model evaluation) to define an agricultural-specific scheme for data mining in the agricultural machinery domain.

References

[Ma21]   Martínez-Plumed, F. et. al.: CRISP-DM Twenty Years Later: From Data Mining Processes to Data Science Trajectories. In IEEE Transactions on Knowledge and Data Engineering, vol. 33, no. 8, pp. 3048-3061, 2021.

[Es20]   Esau, T. et. al.: Development and Evaluation of a Closed-Loop Control System for Automation of a Mechanical Wild Blueberry Harvester's Picking Reel. In AgriEngineering, vol. 2, no. 2, pp. 322-335, 2020.

[Sh00]   Shearer, C.: The CRISP-DM model: the new blueprint for data mining. In Journal of data warehousing, vol. 5, no. 4, pp. 13-22, 2000.

[Ma09]   Marbán, O. et. al.: Toward data mining engineering: A software engineering approach. In Information Systems, vol. 34, no. 1, pp. 87-107, 2009.

[Ni15]   Niaksu, O.: CRISP Data Mining Methodology Extension for Medical Domain. In Baltic J. Modern Computing, vol. 3, no. 2, pp. 92-109, 2015.

[Hu19]   Huber, S. et. al.: DMME: Data mining methodology for engineering applications – a holistic extension to the CRISP-DM model. In Procedia CIRP, vol. 79, pp. 403-408, 2019.

Wahrnehmung und Adoption von Farmmanagementinformationssystemen unter künftigen Betriebsleitenden

Resultate einer Onlinebefragung

Jeanine Ammann [1], Achim Walter[2] und Nadja El Benni[1]

Abstract: Die vorliegende Arbeit untersucht, welche Rolle digitale Technologien in der landwirtschaftlichen Ausbildung für künftige Betriebsleitende in der Schweiz spielen. Dazu haben wir Farmmanagementinformationssysteme (FMIS) als ein spezifisches Beispiel einer digitalen Technologie verwendet, um zu untersuchen, welche Faktoren deren Adoption beeinflussen. FMIS können für Betriebsleitende eine wichtige Unterstützung für die Entscheidungsfindung sein, werden aber oft als schwierig zu bedienen wahrgenommen. Folglich kann die Adoption gezielt gefördert werden, indem den Betriebsleitenden praktische Anwendungen im Rahmen der Ausbildung angeboten werden. Wie die Adoption von FMIS und die Ausbildung von Betriebsleitenden in FMIS derzeit aussieht, haben wir im Rahmen einer Onlinebefragung unter Schüler:innen und Lehrer:innen des Betriebsleiterkurses in der Schweiz untersucht.

Keywords: Betriebsleiter, Ausbildung, Farmmanagementinformationssysteme, Adoption, digitale Technologien, Smart Farming

1 Einleitung

Farmmanagementinformationssysteme (FMIS) unterstützen die Betriebsleitenden beim Sammeln, Auswerten und Interpretieren von Daten. Damit dienen sie als wichtige Entscheidungshilfe im Betriebsalltag [Le98]. FMIS können auch die Effizienz auf dem Betrieb verbessern, die Ressourcenallokation optimieren [CDB17; Ca15], oder zu mehr Nachhaltigkeit beitragen [SL20]. Da diese Systeme schon länger verfügbar sind, ist es wichtig, zu untersuchen, woher die Betriebsleitenden das entsprechende Wissen zur Nutzung dieser Technologie erlangen und welche Faktoren konkret dazu beitragen, dass FMIS von den Betrieben auch eingesetzt werden.

Das Ziel der vorliegenden Studie ist es deshalb, die Rolle von FMIS in der Ausbildung und die Wahrnehmung und Adoption von FMIS unter künftigen Betriebsleitenden zu untersuchen. In Anlehnung an Michels et al. [MVM20] wurde das trans-theoretische

---

[1] Agroscope, Forschungsbereich Wettbewerbsfähigkeit und Systembewertung, Tänikon 1, 8356 Ettenhausen, jeanine.ammann@agroscope.admin.ch, https://orcid.org/0000-0001-6242-0148; nadja.el-benni@agroscope.admin.ch
[2] ETH Zürich, Professur für Kulturpflanzenwissenschaften, Universitätstrasse 2, 8092 Zürich, achim.walter@usys.ethz.ch

Modell für Adoption (TTMA) als Maß für die Adoption oder Technologienutzung verwendet. Das TTMA beschreibt vier Stufen der Adoption: (1) precontemplation, (2) contemplation, (3) preparation, (4) action. In der ersten Stufe planen die Individuen keine Handlung, während in der zweiten Stufe mittelfristig gehandelt werden soll. In der dritten Stufe planen sie, zeitnah zu handeln, und in der vierten Stufe haben sie die Technologie bereits angeschafft.

Die Adoption digitaler Technologien wurde bisher primär in Amerika und Australien erforscht. Vergleichsweise wenige Studien werden in Europa durchgeführt [Ba19]. Die vorliegende Studie befasst sich konkret mit der Situation in der Schweiz und trägt damit entscheidend zum aktuellen Stand der Wissenschaft bei.

2 Material und Methoden

Zur Beantwortung der Fragestellung wurde eine Onlinebefragung unter Schüler:innen im Rahmen des Betriebsleiterkurses[3] durchgeführt. Der Link zur Umfrage wurde mittels Prüfungsleiterkommission an die verschiedenen Bildungszentren in der Schweiz verschickt. Die Grundgesamtheit der Bildungszentren in der Schweiz besteht aus 25 Bildungszentren, welche über 19 Kantone verteilt sind.

Schüler:innen des Betriebsleiterkurses wurden eingeladen, die Umfrage innert zwei Wochen auszufüllen. Anschließend wurde eine Erinnerung verschickt, um nochmals während einer weiteren Woche für eine Teilnahme zu motivieren. Damit dauerte die Datenerhebung insgesamt drei Wochen von April bis Mai 2021. Insgesamt haben 109 Schüler:innen (16 % Frauen) an der Befragung teilgenommen. Das Durchschnittsalter lag bei 28 Jahren (SD = 5).

2.1 Fragebogen

Der Fragebogen wurde mittels des Online-Fragebogen-Tools Unipark (Management Questback GmbH, Germany) erstellt. Das Ausfüllen des Fragebogens nahm rund 15-30 Minuten in Anspruch. Die Teilnehmenden gaben ihr schriftliches Einverständnis, bevor sie mit dem Fragebogen begannen, und konnten anschließend zwischen Deutsch und Französisch als möglichen Umfragesprachen wählen. Der Fragebogen bestand aus insgesamt vier thematischen Teilen.

Im ersten Teil gaben die Befragten an, zu welchem Bildungszentrum sie gehören und wie sie ihren persönlichen Wissensstand zu digitalen Technologien einschätzen. Der zweite Teil des Fragebogens befasste sich dann mit ihrer Zukunft als Betriebsleiter:in. Die Schüler:innen sollten beispielsweise angeben, ob sie bereits einen Hof haben, den sie

---

[3] Eine Weiterbildung, die ausgebildete Landwirt:innen nach der Grundausbildung (Berufslehre zur Landwirt:in) absolvieren können.

leiten oder künftig leiten würden. Alle, die schon einen (zukünftigen) Betrieb hatten, haben des Weiteren auf einer Skala von 1 (stimme gar nicht zu) bis 7 (stimme voll und ganz zu) angegeben, ob sie planen, künftig vermehrt digitale Technologien auf ihrem Betrieb zu nutzen.

Im dritten Teil wurden die Schüler:innen gefragt, ob FMIS im Rahmen der landwirtschaftlichen Ausbildung behandelt wurden. Zudem sollten die Schüler:innen, die bereits einen Hof (in Aussicht) hatten, einige Fragen zu FMIS beantworten. Einerseits wurde abgefragt, wie sie die Benutzerfreundlichkeit von FMIS einschätzen, und andererseits ging es darum, die Prädiktoren für die Adoption von FMIS zu untersuchen. Die Benutzerfreundlichkeit wurde mittels dreier Items gemessen, welche von Michels et al. [Mi19] angepasst und übernommen wurden. Die drei Items wurden als Mittelwert zusammengefasst. Für die Adoption wurde das TTMA von Michels et al. [MVM20] übernommen und angepasst. Die vier Items bildeten verschiedene Stationen im Adoptionsprozess ab, von denen die Befragten jenes auswählen sollten, welches ihre persönliche Situation am besten beschreibt.

Im vierten und letzten Teil des Fragebogens wurden die Teilnehmenden nach soziodemografischen Angaben wie Geschlecht oder Alter gefragt. Anschließend hatten sie die Möglichkeit, ihre E-Mail-Adressen zu hinterlegen, um als Dank für ihre Teilnahme einen Ergebnisbericht zu erhalten.

3 Ergebnisse und Diskussion

3.1 FMIS in der landwirtschaftlichen Ausbildung

Von den insgesamt 109 befragten Schüler:innen gaben 51 % an, dass FMIS nicht Teil ihrer landwirtschaftlichen Ausbildung war. Von den übrigen 49 % haben 17 % während der Grundausbildung und 42 % während des Betriebsleiterkurses das Thema FMIS behandelt[4].

3.2 Wahrnehmung und Nutzung von FMIS

Unabhängig davon, ob ein FMIS genutzt wird oder nicht, haben alle Betriebsleitenden deren wahrgenommene Benutzerfreundlichkeit beurteilt. Im Durchschnitt haben die Befragten angegeben, dass sie FMIS als weder schwierig noch einfach zu nutzen empfinden (Tab. 1). Interessant ist auch, dass Schüler:innen, welche angegeben haben, FMIS im Unterricht behandelt zu haben, diese als deutlich einfacher empfanden ($M = 4.33$), als solche, welche FMIS nicht im Unterricht behandelt hatten ($M = 3.77$). Der Unterschied ist statistisch signifikant ($t(107) = 2.26, p < .05$). Dies deutet darauf hin, dass die landwirtschaftliche Ausbildung eine zentrale Rolle spielt für das individuelle

---

[4] Weil Mehrfachnennungen möglich waren, ergeben diese Prozentzahlen in der Summe mehr als 100 %.

Selbstvertrauen in der Technologienutzung. Betriebsleitende können also durch spezifische Schulungen in der Technologieadoption unterstützt werden.

Eine andere Studie [KAK18] kam zum Schluss, dass Farmmanagementsysteme einfach zu verstehen und erschwinglich sein sollten. Wenn FMIS im Rahmen der landwirtschaftlichen Ausbildung behandelt werden, können sich Landwirt:innen schon früh Praxiswissen aneignen und können in der Folge auf ihren Betrieben selbstbewusstere Entscheidungen fällen. Das Schweizerische Bildungssystem bietet die einzigartige Möglichkeit, diese Fertigkeiten in die landwirtschaftliche Ausbildung zu integrieren. Das kann eine schnelle Diffusion digitaler Technologien komplett wertebefreit und unabhängig von allfälligen Anbietern ermöglichen.

Die Ausbildung ist aber nicht die einzige Informationsquelle für Betriebsleitende. Digitale Technologien sollten auch in der Grundausbildung und in der Beratung eine zentrale Rolle spielen, da die Entscheidungsfindung auch von Arbeitskolleg:innen und Berater:innen beeinflusst werden kann [KP13].

Benutzerfreundlichkeit ($\alpha = .74$)	M (SD)
Die Nutzung von FMIS ist klar und verständlich	4.1 (1.6)
Ich fühle mich sicher im Umgang mit FMIS	4.0 (1.7)
Insgesamt empfinde ich FMIS als kompliziert (Rekodiertes Item)	4.1 (1.5)
Total	4.0 (1.3)

Tab. 1: Wahrnehmung von FMIS (n = 86 Betriebsleitende)

Die Aussagen wurden auf einer Skala von 1 (stimme gar nicht zu) bis 7 (stimme voll und ganz zu) beurteilt.

Von den befragten Betriebsleitenden haben 29 % angegeben, dass sie bereits ein FMIS nutzen. Weitere 15 % planen, künftig eines anzuschaffen und 34 % könnten sich vorstellen, eines anzuschaffen. Nur lediglich 22 % planen auch in Zukunft nicht, ein FMIS zu nutzen.

3.3 Treiber der Adoption von FMIS

Die wahrgenommene Benutzerfreundlichkeit der FMIS ist positiv korreliert mit deren Nutzung (Tab. 2). Dieser Zusammenhang ist wenig erstaunlich. Eine Person, die bereits FMIS nutzt, ist mit dieser Technologie vertraut und entsprechend auch mit deren Bedienung, was es einfacher erscheinen lassen kann. In einer Studie zu einem

Visualisierungstool zur Datenanalyse wurden zwei Nutzungsgruppen verglichen [Va17]. Eine Gruppe erhielt eine Schulung, die andere nicht. Die Forschenden stellten fest, dass die Gruppe mit der Schulung das Tool deutlich intensiver genutzt hat. Praktische Erfahrungen scheinen eine zentrale Rolle zu spielen, wenn es um Verhaltensänderung geht [HKF09], da sie Selbstvertrauen für Technologienutzung vermitteln.

	1[a]	2	3	4	5	6	7
1. Geschlecht	1						
2. Alter	.09	1					
3. Wissen	-.19	-.12	1				
4. Nutzung FMIS	-.33**	.05	.30**	1			
5. FMIS in der Ausbildung	.11	-.08	.12	-.02	1		
6. Benutzerfreundlichkeit FMIS	-.33**	.16	.21	.55***	-.12	1	
7. Absicht, mehr digitale Technologien zu nutzen	-.06	-.05	.26*	.35**	.01	.28**	1

Tab. 2: Korrelationen (n = 86 Betriebsleitende); Geschlecht = Mann (0), Frau (1), FMIS in der Ausbildung behandelt: ja (0), nein (1), FMIS = Farmmanagementinformationssystem; [a]: N = 85, da eine Person keine Angaben zum Geschlecht machen wollte; *$p < .05$, **$p < .01$, ***$p < .001$

4 Schlussfolgerung

Die vorliegende Arbeit zeigt, dass nur 49 % der befragten künftigen Betriebsleitenden im Rahmen der landwirtschaftlichen Ausbildung zu FMIS geschult wurden. Die wahrgenommene Benutzerfreundlichkeit beeinflusst beispielsweise die individuelle Verwendungsabsicht. Damit kann das vermittelte Wissen im Unterricht ein wichtiger Treiber der Technologieadoption sein. Im Rahmen der Ausbildung ist eine wertefreie Vermittlung von Lerninhalten möglich, die unabhängig von Produktvertreter:innen stattfindet. Damit kann sie eine zentrale Rolle in der Technologiediffusion einnehmen.

Literaturverzeichnis

[Ba19]   Barnes A, De Soto I, Eory V, Beck B, Balafoutis A, Sánchez B, Vangeyte J, Fountas S, Van der Wal T, Gómez-Barbero M. Exploring the adoption of precision agricultural technologies: a cross regional study of EU farmers. Land Use Policy 80/19, S. 163-174, 2019.

[Ca15]   Carrer MJ, De Souza Filho HM, Batalha MO, Rossi FR. Farm Management Information Systems (FMIS) and technical efficiency: An analysis of citrus farms in Brazil. Computers and Electronics in Agriculture 119/15, S. 105-111, 2015.

[CDB17] Carrer MJ, De Souza Filho HM, Batalha MO. Factors influencing the adoption of Farm Management Information Systems (FMIS) by Brazilian citrus farmers. Computers and Electronics in Agriculture 138/17, S 11-9, 2017.

[HKF09] Harms K., King J., Francis C. Behavioral Changes Based on a Course in Agroecology: A Mixed Methods Study. Journal of Natural Resources and Life Sciences Education 38/09, S. 183-94, 2009.

[KAK18] Knuth U., Amjath-Babu T.S., Knierim A. Adoption of Farm Management Systems for Cross Compliance – An empirical case in Germany. Journal of Environmental Management 220/18, S. 109-117, 2018.

[KP13]   Klerkx L., Proctor A. Beyond fragmentation and disconnect: Networks for knowledge exchange in the English land management advisory system. Land Use Policy 30/13, S. 13-24, 2013.

[Le98]   Lewis T. Evolution of farm management information systems. Computers and Electronics in Agriculture 98/19, S.233-248, 2019.

[Mi19]   Michels, M., Fecke, W., Weller von Ahlefeld, P. J., Musshoff, O., Heckmann, A., & Beneke, F. Zur Zahlungsbereitschaft von Landwirten für Schulungen zur Digitalisierung. 2019.

[MVM20] Michels M, Von Hobe C-F, Musshoff O. A trans-theoretical model for the adoption of drones by large-scale German farmers. Journal of Rural Studies 75/20, S.80-8, 2020.

[SL20]   Schulze Schwering D, Lemken D. Totally Digital? Adoption of Digital Farm Management Information Systems. In: (Gandorfer M, Meyer-Aurich A, Bernhardt H, Maidl FX, Fröhlich G, Floto H, Hrsg.): 40. GIL-Jahrestagung, Digitalisierung für Mensch, Umwelt und Tier. Gesellschaft für Informatik e.V., Bonn, S. 295-300, 2020.

[Va17]   Van Hertem T., Rooijakkers L., Berckmans D., Peña Fernández A., Norton T., Berckmans D., et al. Appropriate data visualisation is key to Precision Livestock Farming acceptance. Computers and Electronics in Agriculture 138/17, S. 1-10, 2017.

Das Digital-Stage-Gate-Modell

Steuerung von digitalen Innovationen

Thomas Andreßen [1]

Abstract: Unternehmen müssen nicht nur einzelne Projekte, sondern ein Portfolio an digitalen Innovationsprojekten gemeinsam erfolgreich managen. Eine ähnliche Problemstellung wird bereits für Produkt-Innovationen diskutiert. Der Beitrag baut auf der Methodik eines „klassischen" Stage-Gate-Modells auf und überträgt dessen Strukturen und Prozesse auf digitale Innovationen. Die drei wesentlichen Komponenten „Stages&Gates", „Stage-Gate-Committee" und „Deliverables" werden im Fokus der Land,- Forst- und Ernährungswirtschaft weiterentwickelt.

Keywords: Management, Digital Innovation, Digital-Stage-Gate, Deliverables, Digital Strategy, Innovation Committee, Portfolio-Management, Portfolio-Controlling

1 Stage-Gate-Modell

In seiner ursprünglichen Ausprägung wurde das „Stage-Gate-Modell" (SGM) von Robert G. Cooper für Innovationsprozesse rund um die Produktentwicklung erarbeitet. Es basierte auf der Erkenntnis, dass der Druck auf einen traditionellen Produktentwicklungsprozess (cycle-time und hit-rate) deutlich angestiegen ist [CO90]. Defizite können durch fehlende Prozessstruktur, mangelnde cross-funktionale Einbindung sowie die Schwierigkeit zur Planung und Steuerung über Entwicklungsziele zurückgeführt werden. Innovationsprozesse entziehen sich leicht einer kontrollierten Überwachung.

Als Folgen werden zu wenige Innovations-Projekte gestartet (Funnel-Dry-Out (Austrocknen der Innovationspipeline)) oder unattraktive Projekte zu spät gestoppt (Late-Flop-Rate), womit letztendlich zu viel Zeit und damit Ressourcen auf weniger attraktive Projekte gelenkt wurden (Allocation Mismatch). Durch diese Fehlallokation der Entwicklungsressourcen sind attraktive Projekte unterausgestattet und verweilen zu lange im Entwicklungszyklus (zu hohe Cycle-Time von abgeschlossenen Projekten). Letztendlich gelangen zu wenige attraktive Projekte in den Markt (Hit-Rate). Das SGM adressiert diese Problemstellung, indem eine bereichsübergreifende Kooperation und Zustimmung der Entscheidungsträger (Cross-Functional-Alignment) hergestellt wird.

Im Wesentlichen setzt sich das SGM aus 3 Komponenten zusammen: 1. das Prozessmodell (Stages&Gates), 2. die Programmsteuerung (Gate Committee) und 3. die Entscheidungsinformationen (Deliverables).

---

[1] Hoogewinkel 68, 24107 Kiel, contact@thomas-andressen.de

Im SGM durchlaufen alle Entwicklungsvorhaben den Stage-Gate-Prozess, von der Idee über die Entwicklung bis zum Markt-Launch. Hierbei gibt das Gate-Committee an jedem Gate das Projekt sowie die damit verbundenen Ressourcen frei (go). Die Grundlage für ihre Entscheidungen sind verbindlich definierte Informationsanforderungen an die Projekte und transparente Entscheidungskriterien [Ha16], welche das Entwicklungsteam an jedem Gate vorzulegen hat (Deliverables). Sind die mit den Deliverables verbundenen Vorgaben nicht hinreichend erfüllt, kann das Gate-Committee ein Projekt zurückschicken (re-cycle oder re-work) oder ein Projekt ganz stoppen (kill). Das Gate-Committee wird hierbei cross-funktional mit Entscheidungsträgern besetzt. Im Innovationsmangement kann das Gate-Committee als Gremium somit die Rolle von Macht-, Prozess- und Beziehungspromotoren [Ha16] übernehmen. Die Entscheidungen des Gate-Committees sind Projekt- und Portfolioentscheidungen und berücksichtigen sowohl die individuellen Beiträge der einzelnen Vorhaben zur Unternehmensstrategie als auch die wechselseitigen Abhängigkeiten zwischen den Vorhaben aus der Perspektive des Gesamtunternehmens.

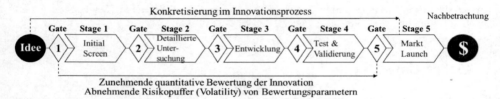

Abb. 1: Stage-Gate-Modell in der Produktentwicklung

Ein üblicher Stage-Gate-Prozess für die Produktentwicklung basiert auf 5 Kern-Phasen (Stages in Abb. 1). Bevor ein Projekt eine neue Stufe im Entwicklungsprozess nehmen darf, müssen die formulierten Deliverables erfüllt sein, welche die Erfolgswahrscheinlichkeit des Projektes aus Unternehmenssicht widerspiegeln und im Zeitablauf immer konkreter werden müssen. Eine wesentliche Anforderung an das Projektteam besteht darin, die Innovation immer weiter zu detaillieren, Interdependenzen aufzulösen, Abstimmungen mit betroffenen Stakeholdern durchzuführen sowie die finanzielle Wirkung der Innovation mit sinkendem Risiko-Puffer (Contingency) abzuschätzen.

2 Adaption für digitale Innovationsprozesse

Das SGM kann auf digitale Innovationsprozesse übertragen werden, indem die einzelnen Komponenten (Stages&Gates, Deliverables, Gate-Committee) adaptiert werden. Im ersten Schritt wäre das Phasenmodell an die Anforderungen innerhalb eines digitalen Transformationsumfeld zu übertragen. Hier sind, je nach Umfeld, unterschiedliche Ausprägungen denkbar. Im Folgenden wird eine Modellausprägung diskutiert, die in dieser Form bereits praktisch aufgebaut wurde.

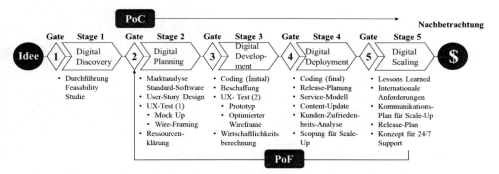

Abb. 2: Digitaler Stage-Gate-Prozess (Proof-of-Concept und Proof-of-Feasability)

- **Pre-Stage-Gate – Idee (Abschluss mit Gate 1):** Vor dem Eintritt in den Stage-Gate-Prozess werden digitale Innovations-Ideen innerhalb klassischer Abteilungen und Bereiche generiert, gesammelt und initial bewertet. Diese Vorbereitung liegt außerhalb von Projektstrukturen, d. h. sie erfolgt ohne zugeordnetem Entwicklungsbudget bzw. als Grundlagentätigkeit. Sobald eine cross-funktionale Einbindung bzw. Budgets oberhalb der Basisaufgaben benötigt werden, muss die Idee in den Stage-Gate-Prozess eingebracht werden.

- **Stage 1 – Digital Discovery (Abschluss mit Gate 2):** Das Ziel der Stage 1 liegt darin, einen möglichen Lösungsraum abzugrenzen und diesen einer cross-funktionalen Gruppe vorzustellen. Für hohe Innovationgrade ist hier ein Proof-of-Concept (PoC) als erster „Pilot" zu empfehlen, in dem die Umsetzbarkeit und der potenzielle Wert einer Idee geprüft werden kann. Bei guter Durchführung gibt ein Pilot im Zeitablauf sehr gute Einsichten in die Notwendigkeit der künftigen Steuerung sowie den Ressourcenbedarf. Mit einem „Go" in Gate 2 wird der PoC als budgetiertes Projekt im Unternehmen verankert.

- **Stage 2 – Digital Planning (Abschluss mit Gate 3):** In der Planning-Stage werden die Zielstellung konkretisiert (User-Story) sowie erste UX-Tests durchgeführt (z. B. via Mockup, Wireframe). Gleichzeitig werden die Ressourcenbedarfe geklärt und Zeitrahmen abgeschätzt. Im Digital Planning erfolgt auch eine grobe Marktanalyse, inwiefern anstelle einer Eigenentwicklung die Nutzung einer vorhandenen Standard-Technologie möglich wäre. Für das folgende Gate 3 sind dem Gate-Committee konkrete Ressourcen-Abschätzungen zu nennen (an dieser Stelle können Werte mit 20 % Contingency empfohlen werden, siehe auch „Projekt-Management Deliverables" in Abb. 3). In Stage 2 sollte ein konkreter Beschaffungsplan mit dem Strategischen Einkauf erarbeitet werden, wenn möglich wurden bereits erste „Request for Information" (RFI) an externe Partner versendet.

- **Stage 3 – Digital Development (Abschluss mit Gate 4):** Ziel dieser Stage ist ein funktionsfähiger Prototyp, welcher auf Usability geprüft wird. Je nach Projekt-Art kann neben den internen Leistungen (z. B. Coding) auch externe Leistungen (Consultants, Entwickler, Solution-Provider) notwendig sind, müssen die Beschaffungsvorgänge für den PoC in der Stage 3 abgeschlossen sowie als Option für die Stage 4 verhandelt worden sein. Mit der Konkretisierung in Stage 3 sinkt die Contingency im Budget auf z. B. 10 %.

- **Stage 4 – Digital Deployment (Abschluss mit Gate 5):** Ziel des Stages 4 ist eine vollständige Umsetzung des PoC, inklusive Service-Modell für die Wartung, User-Support und Zufriedenheitsanalyse. Zum Ende des Stages wird die Analyse auf einen möglichen Rollout bzw. Proof-of-Feasability erweitert. Ein PoF basiert auf dem „Nice Pilot … but"-Syndrom, welches zwar attestiert, dass ein Pilot getestet, die Robustheit allerdings noch nicht nachgewiesen wurde. Darum werden weitere Piloten im Sinne einer „Proof of Feasability" empfohlen [KP11], bei dem „laborbezogene" Rahmenbindungen sukzessive reduziert werden.

- **Stage 5 – Digital Scaling:** Mit Stage 4 endet der eigentliche Pilot und wird in Stage 5 auf eine Skalierung geprüft. Je nach Maturität der entwickelten Lösung kann der Innovationsprozess nun in Richtung eines weiteren PoC, eines PoF (siehe Stage 4) oder auch in Richtung eines Roll-Out gesteuert werden.

Eine wesentliche Governance-Komponente liegt in der Festlegung von Deliverables für den Stage-Gate-Prozess. Die Deliverables ermöglichen eine zielgerichtete, strategische Bewertung der Vorhaben durch das Stage-Gate-Committee. In Abbildung 3 wird ein Auszug an Deliverables dargestellt, welcher drei Aspekte berücksichtigt: Projektmanagement, Digitales Innovationsmangement sowie den Anwendungsfall der Land-, Forst- und Ernährungswirtschaft. Für letzteres könnten exemplarisch folgende zwei Deliverables eingesetzt werden:

- **GMP-Validierung:** Good-Manufacturing-Practice (GMP) basiert auf den Anforderungen der US Food and Drug Administration (FDA) und regelt Anforderungen z. B. für Futtermittel oder Medizinisch/Pharmazeutische (Vor-)Produkte. Je nach Kundenstruktur und Vertriebsweg ist eine GMP-Zertifizierung eine wesentliche Grundlage für eine Geschäftsbeziehung. Alle in der Produktion eingesetzten physischen Assets, Prozesse und digitalen Systeme sind hinsichtlich ihrer Erfüllung der GMP-Anforderungen zu validieren [Sp20]. Ist GMP relevant, muss ein GMP-Deliverable im Stage-Gate-Prozess definiert werden.

- **EU Bio Siegel:** Mit dem Bio-Siegel können Produkte und Lebensmittel gekennzeichnet werden, die nach den EU-Rechtsvorschriften für den ökologischen Landbau produziert und kontrolliert wurden [Bm21]. Handelt es sich beim EU-Bio-Siegel um ein relevantes Produktmerkmal, so ist die digitale Technologie hinsichtlich einer direkten und indirekten Wirkung auf die Wirksamkeit und den Erhalt des Siegels zu prüfen und entsprechend als Deliverable im Stage-Gate-Prozess zu formulieren. Die Beispiele hierfür sind vielfältig [Hä21]: Sensorik kann die Supply Chain überwachen, in der Blockchain können Zertifikate gespeichert werden (smart contracts) [Sp19].

Alle folgenden Deliverables wurden exemplarisch ausgewählt und müssen nach Bedarf an das jeweilige Unternehmen sowie deren Prozesse und Anforderungen angepasst werden. Das Design kann folgender Systematik folgen:

1. Industrie-spezifische Deliverables (hier GMP u. Bio-Siegel)
2. Digital-spezifische Deliverables (hier Interdependenzen u. Software-Lösungsraum)
3. Projekt-Management-spezifische Deliverables (hier Budget- u. Einkaufsplan)

	Deliverables für	Generelle Beschreibung	Gate 1	Gate 2	Gate 3	Gate 4	Gate 5	Nachbetrachtung
Land-, Forst und Ernährungswirtschaft	GMP-Validierung	Bewertung zur Konformität mit GMP-Anforderungen der FDA (U.S.)	Nicht notwendig	Machbarkeitsanforderung von GMP-Beauftragtem liegen vor	Machbarkeitsanforderung von GMP-Beauftragtem liegen vor	Vollständig abgestimmter GMP. Prüfplan liegt vor mit 20% Contingency	GMP Prüfplan abgeschlossen, Dokumentation ist erfolgt und freigegeben	Abschätzung für Skalierung
	EU-Bio Siegel	Bewertung der Idee hinsichtlich Konformität mit EU-Bio Siegel	Unbelegte Idee zur Wirkung auf Bio-Siegel (nicht über Expertisen belegt)	Grundlegende Einschätzung zur Wirkung auf Bio-Siegel (Literaturrecherche)	Grundlegende Einschätzung zur Wirkung auf Bio-Siegel (Expertenbewertung)	Einschätzung zur Wirkung auf Bio-Siegel: Expertisen und jur. Gutachten liegen vor	Gutachten wird bestätigt bzw. kein Widerspruch im Projekt entstanden	Abschätzung für Skalierung
Digitales Innovationsmanagement	Interdependenz-Analyse	Welche Wechselwirkungen bestehen zu anderen Projekten / Anwendungen?	Nennung, wenn bekannt. Keine Recherche notwendig	Grobe Einschätzung zu Wechselwirkungen nach individueller Kenntnis	Detaillierte Abschätzung im cross-funktionalen Projekt-Team	Detaillierte Analyse mit Freigabe durch alle relevanten Stakeholder im Unternehmen	ggfs. Update	Abschätzung für Skalierung
	Software-Lösungsraum	Sind Standard-Lösungen am Markt vorhanden?	Nennung, wenn bekannt. Keine Recherche notwendig	Grober Marktüberblick	Marktüberblick über Lösungen im Markt	Marktüberblick (>2 Alternativen detailliert)	Nicht notwendig	Nicht notwendig	Abschätzung für Skalierung
Projekt-Management	Budgetplanung	Umfang der Budget-Planung und der Risikopuffer	Nicht notwendig	Plan vorhanden mit 30% Contingency	Plan vorhanden mit 20% Contingency	Change Requests im Budget-Plan mit 10% Contingency	Finale Abrechnung mit Lessons Learnd u. Budget	Roll-Out-Budget-Plan mit 30% Contingency
	Einkaufsplan ist vorhanden	Bei Notwendigkeit zur Beschaffung externer Produkte und Leistungen.	Nicht notwendig	Entwurf Beschaffungsplan (RFI, RFP, RFQ)	Beschaffungsplan vorhanden (RFI, RFP, RFQ); Strategischer Einkauf ist eingebunden.	Beschaffung ist abgeschlossen (Angebote ausgewertet, Verträge sind geschlossen)	Lessons-Learnd für Scoping, Claims-Management	ggfs. Budget-Angebote für Skalierung mit Einkauf eingeholt (RFP, RFQ)

* Claims (Nachträge bzw. Nachforderungen), Contingency (Risikopuffer), FDA (Federal Drug Administration), GMP (Good Manufacturing Practice), HR (Human Resources Abteilung), RFI (Request for Information, informative Preisanfrage), RFP (Request for Proposal, Anfrage für kreative Lösung), RFQ (Request for Quotation, Anfrage für Angebot), UX (User Experience)

Abb. 3: Deliverables für Digital-Stage-Gate im Kontext von Land-, Forst- und Ernährungswirtschaft (Auszug)

Abschließend ist die Komponente des Gate-Committees für einen digitalen Stage-Gate-Prozess in der Land-, Forst- und Ernährungswirtschaft aufzubauen: Hierbei ist darauf zu achten, dass die berufene Gruppe aus Mitgliedern mindestens im Status eines „Senior Managers" multidisziplinär, cross-funktional besetzt und mit Ressourcen-Befugnis ausgestattet sind. Es ist sicherzustellen, dass die Gruppe die Qualität der gelieferten Informationen bewerten kann, damit sowohl die einzelne Initiative als auch deren Wirkung im Portfolio beurteilt werden können. Nur so kann eine sinnvolle Gate-Entscheidung (Go, Recycle/Rework, Kill) getroffen sowie die benötigen Ressourcen zugeordnet werden [Co90]. Durch die Portfolio-Darstellung (vgl. Abb. 4) erhält die Unternehmensführung jederzeit einen Statusüberblick zum digitalen Innovations-Funnel der gesamten Organisation.

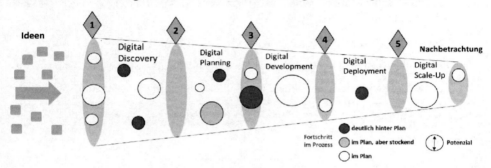

Abb. 4: Innovations-Funnel (Porfolio-Darstellung)

Zusammenfassend kann festgehalten werden, dass das SGM sehr geeignet für die Planung und Steuerung eines digitalen Innovations- und Transformationsprozesses ist. Allerdings bedarf es einer gewissen organisationalen Größe und Komplexität, welche den Koordinationsaufwand rechtfertigen. Ist diese Größe erreicht, können die zu Beginn formulierten Defizite adressiert werden. Für digitale Innovationsprozesse in der Land-, Forst- und Ernährungswirtschaft kann das SGM analog angepasst werden.

Literaturverzeichnis

[Bm21]   Bundesministerium für Ernährung und Landwirtschaft. https://www.bmel.de/DE/themen/landwirtschaft/oekologischer-landbau/bio-siegel.html (Aufgerufen am 27.07.2021)

[Co90]   Cooper, R. G.: Stage-Gate systems: A new tool for managing new products, in: Business Horizons 33 (3), 1990, S. 44-54.

[Ha16]   Hauschildt, J.; Salomo, S.; Schultz, C. und Kock, A.: Innovationsmangement (6. Auflage), München 2016.

[Hä19]   Härtel, I. Agrar-Digitalrecht für eine nachhaltige Landwirtschaft 4.0 ., in NuR (Natur und Recht), Ausgabe 41, 2019 S. 577-586.

[KP11]   Keller, S.; Price, C.: Beyond Performance, How Great Organizations build ultimate Competetive Advantage, New Jersey 2011.

[Sp19]   Sparer D., Deeken H., Künsting B., Sprenger P.: Smart Contracts und Smart Payment im Farming 4.0, in: Stich V., Schumann J., Beverungen D., Gudergan G., Jussen P. (Hrsg.): Digitale Dienstleistungsinnovationen. Berlin 2019, S. 6-22.

[Sp20]   Spiller, Susan: Validierung von computergestütztem Equipment: Beachtung der Datenintegrität im GMP-Bereich - Teil 1, in: Technopharm, 10. Jahrgang, 3. Ausgabe, 2020, S. 172-175.

Detection rate and spraying accuracy of Ecorobotix ARA

Thomas Anken[1] and Annett Latsch[1]

Abstract: Machine Learning enabled the long hoped-for breakthrough in the field of automated single-plant weed control. Ecorobotix ARA (Ecorobotix, Yverdon, Switzerland) was the first commercially available spot-sprayer allowing automated single-plant detection and control of broad-leaved dock (Rumex obtusifolius) in meadows. Cameras are used to record the vegetation and machine learning-based algorithms detect the plants in real time. This makes it possible to selectively treat only the target plants. The aim of the present research was to investigate the accuracy of the detection and spraying of the plants in comparison to manual treatment with a knapsack sprayer. With a detection rate of over 85 % in most cases and a slightly better spraying accuracy compared to manual treatment, this first spot sprayer for meadows showed a good performance in practical use.

Keywords: spot spraying, weed, meadow, Rumex obtusifolius, computer vision

1 Introduction

In contrast to arable farming, single plant recognition of weeds in meadows is challenging, as species number and plant densities are high and overlapping leaves are frequent. Furthermore, different soil conditions, management and climate create a large variability of the habitus of the plants. Discrimination based on colours only failed. Gebhardt and Kühbauch [GK07] as van Evert [Ev11] used classification algorithms to attribute homogeneous regions of the images to different plant varieties. To overcome the problem of recognizing a "green plant in a green meadow", Seatovic et al. [Se09] tried to use three-dimensional point clouds to be able to determine leaf surfaces. All these approaches were not able to solve the issue of overlapping leaves.

The development of machine learning-techniques made it possible to overcome the problem for the recognition of broad-leaved dock in meadows. Koulanakis et al. [KTN19], Valente et al. [Va19] as well as Schori et al. [SAS19] were able to detect broad-leaved dock in grassland by means of convolutional neural networks (CNN). Their results, presented during the last few years, clearly prove that machine learning has the potential to solve the issue of single plant recognition.

Ecorobotix (www.ecorobotix.com) presented the first commercially available spot sprayer able to recognize and spray broad-leaved dock plants in meadows. The goal of this work

---

[1] Agroscope, Tänikon 1, CH-8356 Ettenhausen
 thomas.anken@agroscope.admin.ch, annett.latsch@agroscope.admin.ch

was the investigation of the recognition rate and the spraying accuracy of the sprayer ARA of Ecorobotix.

2 Material and Methods

2.1 Ecorobotix ARA and test locations

Field and indoor trials were carried out with the spot sprayer Ecorobotix ARA (Ecorobotix, Yverdon, CH) to determine its recognition rate and spraying accuracy. The machine has a working width of 6 m, composed of three identical units, each with a working width of 2 m. Two RGB cameras per unit take images of the vegetation, which are analysed in real time by an on-board computer NVIDIA Jetson (Nvidia, Santa Clara, USA). To allow a homogeneous illumination, the cameras are placed in big boxes with an open bottom to avoid sunlight disturbing the image recognition. LED flashes are used instead. When broad-leaved dock plants are detected, the computer opens the nozzle valves above the target plants, which are thus treated individually.

Ecorobotix ARA was tested on three locations in Switzerland: on an ecological compensation area in Dietwil and on two sites in Tänikon (Tab. 1). At the Dietwil site, the plants were treated with 4 % metsulfuron-methyl, "Ally Tabs" (Stähler Suisse SA, Zofingen, CH) with 3 tablets per 10 lt water, including food colouring "Ally" 3 ml/10 lt water. In Tänikon, pure water with 1 % white dye (food colouring 6432077, Trawosa SA, St. Gallen, CH) was used. The application rate of the spray liquid was 413 l/ha at a driving speed of 1.94 m/s.

2.2 Determination of the detection rates and spraying accuracy

One purpose of the investigation was to determine the proportion of correctly detected (true-positive) and sprayed broad-leaved dock plants by the Ecorobotix ARA as well as the non-detected (true-negative) ones and finally to count the incorrectly sprayed plants (false-positive). For this purpose, people followed the device in the field during the treatment and stuck a small marking stick into the soil wherever the sprayer treated a plant. Visual recognition of the sprayed areas was improved by the addition of a dye (see 2.1). A second pass was used to determine and count all the treated plants. In addition, the individuals searched the areas to determine how many broad-leaved dock plants had been left out by the machine.

To test the technical spraying accuracy, freshly picked broad-leaved dock plants were placed on brown wrapping paper sheets inside a hall. Each spraying method treated 4 lanes with 5 plants each. Two spraying methods were compared: i) Ecorobotix ARA and ii) manual treatment with knapsack sprayer with hand pump, equipped with flat spray nozzle Teejet 8002 with 80 ° spraying angle (model: Iris, Birchmeier Sprühtechnik AG, Stetten,

CH). Water mixed with 1 % fluorescent dye (Lumilux Dispersion Yellow CD 997; Honeywell, Seelze, DE) was used for spraying in both methods. After the treatment, plants were illuminated with a sealed UV light box (fluorescent tubes Sylvania Blacklight blue, F8W/BLB T5 (Sylvania, Erlangen, DE)) and photographed at a distance of 75 cm with a reflex camera (Nikon D7500, with 28 mm lens (Nikon, Tokyo, JP) mounted on the box.

The evaluation of the spray images was done with the image editing programme GIMP (version 2.10.24, Free Software Foundation, https://www.fsf.org/), which was used to count the number of pixels in the manually circled areas. The real pixel size in mm^2 was determined by photographing and converting scales placed in the image. The following parameters were determined for each image: i) total area sprayed ii) leaf area of broad-leaved dock plants sprayed iii) leaf area of broad-leaved dock plants not sprayed. A Welch-t-test (unequal variances, α=0.05) was used to test the degree of difference between the two treatments.

Field description
Dietwil – ecological compensation meadow, treatment 22.04.2021 test area 960 m^2 (3 strips of 4 x 80 m), coordinates 47.1446/8.4040 heavy abundance of dock plants, stand height about 20 cm, very variable stand with about 70 % grasses, 1 % clover and approx. 30 % herbs
Tänikon – Mühlewies, meadow, treatment 04.05.2021 test area 1260 m^2 (3 strips of 6 x 70 m), coordinates 47.4773/ 8.9101 moderate abundance of dock plants, stand height 25 cm, 95% grasses, 1 % white clover, 3 % gaps; 2 % herbs
Tänikon – Waldegg, pasture, treatment 04.05.2021 test area 1170 m^2 (3 strips of 6 x 65 m), coordinates: 47.4913/8.9203 moderate to low abundance of dock plants, stand height 10 cm. 80 % grasses, 10 % clover, 5 % herbs, 5 % Gaps

Tab. 1 Characteristics of the three test locations

3 Results

3.1 Detection rates

At the Dietwil site, Ecorobotix ARA detected broad-leaved dock plants (true-positive) at a rate of over 90 % (Fig. 1), although they were often heavily covered by other plants. Among the falsely treated species (false-positive), sorrel (Rumex acetosa) should be mentioned in particular, which was sprayed regularly (Tab. 2). Ribwort (Plantago lanceolata) was also treated repeatedly. However, this species was very strongly represented, so that the 11 plants treated here only make up a small percentage. On the two sites "Mühlewies" and "Waldegg" in Tänikon, broad-leaved dock was detected by Ecorobotix ARA to over 85 % with one exception (strip 2 Mühlewies). As in the trial in

Dietwil, dandelion (Taraxacum officinale) and common plantain (Plantago major) were occasionally sprayed. The only two sorrel plants at site "Mühlewies" were also treated.

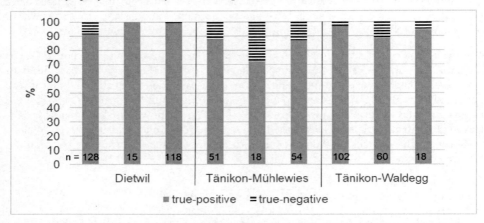

Fig. 1: Detection rate of broad-leaved dock plants by Ecorobotix ARA at the three test locations. Single results of the three measuring strips per location. n = number of dock plants per strip

Plant species	Dietwil	Mühlewies	Waldegg
Sorrel (Rumex acetosa)	145	2	0
Common plantain (Plantago major)	7	0	6
Ribwort (Plantago lanceolata)	11	0	0
Dandelion (Taraxacum officinale)	4	3	7
Others (e.g. Trifolium repens, Silene dioica, Phleum pratense, Poa ssp.)	14	6	4

Tab. 2: Number of falsely treated plants (false-positive cases) by Ecorobotix ARA at the three test locations (sum of the three strips per location)

3.2 Spraying accuracy

While the manual treatment with a knapsack sprayer covered about 96 % of the leaf area of the dock plants with a spray film, the value with the Ecorobotix ARA was about 89 % (Tab. 3). The unsprayed leaf area of the dock plants was thus about 4 % with the manual treatment and about 11 % with Ecorobotix. The area unnecessarily sprayed around the dock plants was on average about 4 times the area of the dock plant for the manual treatment with knapsack sprayer and about 2.5 times for Ecorobotix ARA.

	Ecorobotix ARA	Knapsack sprayer	T-Test
Mean Dock area total (cm^2) = 100 %	487.0	571.0	
Dock area sprayed (%)	88.7	95.8	0.006
Sprayed area around dock plant (%)	247.2	402.5	0.007

Tab. 3: Share of sprayed areas by Ecorobotix ARA and by manual treatment with a knapsack sprayer. Surface of dock plants = 100 %, n= 20

4 Discussion

The conditions on the three test locations were not the easiest ones as the average height of grass was about 20-25 cm, so that dock plants were often overlapped by other plants. Nevertheless, the rate of correctly treated plants (true-positive) was around 80 % on Tänikon-Mühlewies and over 90 % on the two other sites. These detection rates of the Ecorobotix ARA are very good and comparable with the ones published by different research projects [KTN19; Va19; SAS19].

The trial participants agreed on the fact that in case of a manual treatment, more dock plants would be missed than by the machine. In addition, the Ecorobotix ARA works the same way from morning to night, whereas the human quickly tires or overlooks individual plants. In terms of true-positive recognition, this machine has a very good level.

A different picture emerged for the incorrectly treated plants (false-positive cases). The front-runner was sorrel (Rumex acetosa), which was treated falsely to a very large extent. In addition, common plantain (Plantago major) was treated sporadically, but also dandelion (Taraxacum officinale) and other plants like daylight carnation (Silene dioica) or meadow foxtail (Phleum pratense) were occasionally treated. Sorrel is quite similar to broad-leaved dock and was probably mislabelled for machine learning. In the case of the falsely sprayed daylight carnation and meadow foxtail, red-coloured stems or flowers were always visible. The red colouring of the plants was above average due to this year's very strong and long lasting late frosts. Such a red colouration is also quite common for broad leaved dock and could be the reason for the wrong classification by the system. The proportion of incorrectly treated plants is acceptable overall. However, the results clearly show that the system can still be improved. The accuracy of the spraying process of the Ecorobotix ARA differs only slightly from the standard manual treatment with a knapsack sprayer. The latter sprayed the leaves of the dock plants more completely, but also sprayed more of the area around them. These values show that the spraying accuracy of the machine still has some room for improvement.

First economical estimations lead to the following numbers: machine costs of about 90 euros/ha occur by taking into account the following assumptions: costs for a new machine 100'000 euros, amortisation 10 years, annual utilisation 300 ha (standard parameters and calculation based on www.maschinenkosten.ch). Including the costs for tractor (15 €) and driver (10 €) for the duration of half an hour per hectare results in total costs of about 115 €/ha. Compared to the standard manual single plant treatment, which takes about 2 to 10 hours/ha (depending on the abundance of weeds), this is also economically viable.

5   Conclusions

After decades of research by various institutes, spot-spraying of single plants in meadows has made the breakthrough and found its way into practice. The big technical improvements in the domain of imaging and machine learning enabled this significant progress. Ecorobotix ARA already presents a high technical standard and is ready for practical application. There is still potential in reducing the number of falsely identified plants and in improving the accuracy of the spray application on the target plants. This base technology is an important step on the way towards sustainable weed regulation and will be a door opener for herbicide free technologies for weed regulation.

References

[GK07]   Gebhardt, S. and Kühbauch, W.: A new algorithm for automatic Rumex obtusifolius detection in digital images using colour and texture features and the influence of image resolution. Precision Agriculture. 8, 1, 1-13, 2007.

[KTN19] Kounalakis, T., Triantafyllidis, G. A. and Nalpantidis, L.: Deep learning-based visual recognition of rumex for robotic precision farming. Computers and Electronics in Agriculture. 165, 1-11, doi:10.1016/j.compag.2019.104973, 2019

[SAS19] Schori, D., Anken, T. and Seatovic, D.: Using Fully Convolutional Networks for Rumex Obtusifolius Segmentation, a Preliminary Report. International Symposium ELMAR, 119-122, doi: 10.1109/ELMAR.2019.8918914, 2019.

[Se09]   Seatovic, D., Kutterer, H., Anken, T. and Holpp, M.: Automatic Weed Detection in Grassland - SmartWeeder, let the machines do the job! VDI-Berichte, 2060, 187-192, 2009.

[Ev11]   van Evert, F., Samsom, J., Polder, G., Vijn, M., van Dooren, H.-J., Lamaker, A., van der Hei-jen, G., Kempenaar, C., van der Zalm, T. and Lotz, L.: A Robot to Detect and Control Broad-Leaved Dock (Rumex obtusifolius L.) in Grassland. Journal of field robotics. 28, 2, 264-277, 2011.

[Va19]   Valente, J., Doldersum, M., Roers, C. and Kooistra, L.: Detecting rumex obtusifolius weed plants in grasslands from UAV RGB-imagery using deep learning. ISPRS Annals of the Photogrammetry, Remote Sensing and Spatial Information Sciences. 4, 2/W5, 29 May, 179-185, 2019.

The pitfalls of transfer learning in computer vision for agriculture

Julius Autz[1], Saurabh Kumar Mishra[1], Lena Herrmann[1] and Joachim Hertzberg[1,2]

Abstract: Computer vision applications based on modern AI methods are becoming increasingly important in agriculture, supporting and automating common processes. These applications are usually based on well-established architectures and pre-trained models. However, our prior experience has shown that applying the concept of transfer learning to AI tasks in agriculture repeatedly resulted in systematic issues. The structure of agricultural images, containing objects similar in shape, color and texture, makes the reuse of well-established applications more challenging. To give a more detailed insight into the expected challenges, we trained two different networks, which are well-established in the literature: Mask R-CNN and YOLOv5 [He18; Jo21] and investigated them in two different learning setups. First, we applied the concept of transfer learning to these models by pre-training each on the COCO dataset and subsequently continued expanding the available target set with classes of the sugar beets dataset [Ch17]. In the second setup, we skipped pre-training and only trained the models on the given agriculture dataset. Furthermore, we describe the reasons for the results in more detail and highlight possible causes for the identified differences. Finally, the different performances of the networks allowed us to improve on best practices for the agricultural domain and give some advice for future computer vision tasks in this area.

Keywords: Machine Learning, Precision Farming, Transfer Learning Computer Vision

1 Introduction

Machine learning, and by extension ML-based computer vision techniques have been successfully applied in numerous areas [Ch17], recently expanded by applications in the area of agriculture [Li18]. There, they enable the automation, and therefore simplification, of existing processes like tracking crop growth, monitoring livestock or detecting damaged fruits during harvest. Aside from saving manpower and costs, obvious interests of the industry, they are also capable of increasing efficiency and sustainability, e.g. by reducing waste [Ba18].

The large amount of data required to develop reliable automated processes can be overcome with the application of transfer learning, where a network previously trained on a different dataset is used to learn new classes of interest [We16]. For example, within object detection, transferring global features such as edges can help reduce training time [Yo14] and improve results when data is limited or difficult to acquire. Having the

---
[1] DFKI Labor Niedersachsen, Plan Based Robot Control, Osnabrück, vorname.nachname@dfki.de
[2] Osnabrück University, KBS Group, Osnabrück, joachim.hertzberg@uni-osnabrueck.de

challenges of computer vision in agriculture in mind, these arguments for transfer learning seem to apply directly for this area of work. At a glance, reusing a pre-trained neural network should lead to qualitative reliable results. For transfer learning to work, however, the source and target domain need to be sufficiently related to successfully transfer the already learned structures to new images.

Previous experience shows that these techniques repeatedly failed when transferred into the domain of agriculture. Therefore, we decided to directly compare two networks in the manner of transfer learning and end-to-end training, to show that transfer learning is not always a valid option to achieve representative results. We based our experiments on Mask-RCNN and YOLOv5 [He18] [Jo21], using the sugar beets dataset as a representative of the agricultural domain [Ch17]. We analyzed the networks pre-trained on the COCO-dataset [Li14] and without any previous knowledge. A comparison of the results will show that the application of transfer learning is not as beneficial as would be assumed in the first place. To the best of our knowledge, there has not been a comparison between transfer learning and training from scratch using established neural network architectures and publicly available datasets for the agricultural domain. Our research seeks to address this gap of experiments and provide a better understanding of the limitation and requirements of transfer learning in this specific context, across multiple networks.

2 Related Work

Other works have used neuronal networks in various agricultural contexts, such as plant phenotyping [Si16], fruit detection and yield estimation [BU17], plant health monitoring [Mo14] and more [Li18]. In these cases, enough data has been (manually) labeled that the networks can be trained from scratch and provide good performance. However, in many agricultural use cases it is challenging to collect sufficient training data. Here, transfer learning can ease the burden by reducing the amount of training data needed for new use-cases [We16]. Transfer learning is an active research topic, with applications and research ranging from medical imaging/disease recognition to traffic scenes/driving assistance [Zh20] and beyond. In the field of agriculture, several recent experiments have used transfer learning with success [Bo20]. At the same time, as transfer learning is applied more often, its limitations and prerequisites are revealed, leading to analyses of so called "negative transfer" [Wa19; We16], supplementing and expanding upon prior research on the limitations of transfer learning [Yo14].

3 Models overview

The Mask R-CNN [He18] belongs to the family of R-CNN architectures, extending from Faster R-CNN. It is a two-stage process; the first stage is the Region Proposal Network (RPN), where the category-independent region proposals are generated from an image.

The second stage consists of object classification, bounding box regression and mask-prediction. The paper's authors used variants of ResNets as a backbone and performed an ablation study with and without Feature Pyramid Network (FPN). The current state of the art in instance segmentation architecture – Swim Transformer [Li21] in terms of mean average precision (mAP) metric on COCO dataset [Li14], also used Mask R-CNN with Swim-T as a backbone. Further, we use YOLOv5, the latest version of the YOLO object detector and closely based on YOLOv4 [Jo21; Bo20]. With YOLOv4, new features were introduced to further improve the accuracy and performance of the network. Among those features are the Mosaic and Self-Adversarial Training for data augmentation, which provide a mechanism to let the model learn to detect an object independent of its context. Through the development of YOLOv5, the model was transferred from the Darknet framework to pytorch [So21]. Furthermore, according to the authors, the architecture is now more suitable for smaller edge devices with still good performance. This makes the YOLOv5 a proper choice for an application within the agriculture area, as farming robots or even larger machines only provide little space for an operating unit.

4 Experiments

We use two different network architectures: Mask R-CNN and YOLOv5. Both have proven useful within the areas of object detection and segmentation. We trained each network in two different settings. In the first setup, we used each network pre-trained on the COCO dataset [Li14] and transferred it to the new domain. In the second setup, we trained each network end-to-end from scratch. As our target we used the sugar beets dataset [Ch17], containing plants and weeds, as an object detection task related to precision farming. The images are available in RGB and near infrared with corresponding segmentation masks, but we only focused on the RGB images because they are commonly used and were also the base of the COCO dataset. The dataset contains about 11.000 images, split into four smaller parts containing 1.000, 2.000, 3.000 and 5.000 images for training. In addition to that, we selected fixed parts for testing with 1.000 and validation with 2.000 images, keeping those parts entirely distinct.

The reduced datasets resemble situations where data is limited and transfer learning is a valid option. During a pre-processing step we first reduced the size of the images to 512 x 512 and further transformed the segmentation masks into the COCO and the YOLOv1.1 format, respectively. Each network was trained with optimized hyperparameters, for different amounts of epochs, depending on the network and the training behavior. We trained the YOLOv5 for 300 epochs and the Mask R-CNN for 8.000+ epochs.

5 Results

Comparing the networks with each other is difficult, given that Mask RCNN unlike YOLOv5 uses segmentation masks in addition to bounding boxes. We compare the performance within a network across the different sized datasets, as well as pre-trained and training from scratch. For Mask R-CNN, we use Average precision (AP) as metric to evaluate the performance of object detection and segmentation. The calculation is based on the intersection over union (IoU) with different levels of thresholds. AP^{50} and AP^{75} calculating the precision over all classes with a threshold of 50 % and 75 % respectively. The metric $AP^{50:.05:.95}$ applies 10 thresholds ranging from 50 % to 95 % with a step size of 5 % between each value. The mAP used for YOLOv5 is calculated after the same principle, but expressed as percentage values.

Mask R-CNN	1k Datapoints		2k Datapoints		3k Datapoints		5k Datapoints	
Scratch	bbox	segm	bbox	segm	bbox	segm	bbox	segm
$AP^{.50:.05:.95}$	51.40	49.11	54.03	51.74	54.29	52.26	54.81	52.20
$AP^{.50}$	71.57	71.95	73.90	74.39	74.65	74.91	74.91	75.33
$AP^{.75}$	56.19	55.15	58.57	57.85	59.28	58.66	60.13	58.43
Pre-trained								
$AP^{.50:.05:.95}$	52.24	53.59	53.59	50.84	53.59	51.24	53.83	51.47
$AP^{.50}$	73.17	73.71	73.53	73.87	73.74	74.12	73.95	74.55
$AP^{.75}$	59.24	58.72	60.93	59.77	60.74	60.04	61.09	60.08

Tab 1: Performance overview of Mask R-CNN

In case of the Mask R-CNN, we can observe in Table 1 that more data leads to better performance for both the pre-trained and the end-to-end training. However, the pre-trained network solely achieves higher metrices when applying 1k datapoints. This holds true for bounding boxes and segmentation alike. If the amount of data increases, the training from scratch constantly outperforms the pre-trained variation. As such, one can consider there to be a negative transfer, where the prior knowledge of the COCO dataset hinders the learning of the new sugar beets dataset. This becomes apparent as soon as the amount of sugar beet training data is sufficient. Yet if we apply a higher threshold, like for $AP^{.75}$, the pre-trained network shows slightly better results. In summary, no training significantly outperforms the other, suggesting there is no substantial benefit from transfer learning in this application.

YOLOv5				
Scratch	1k Datapoints	2k Datapoints	3k Datapoints	5k Datapoints
mAP$^{.50}$	0.76	0.77	0.81	0.75
mAP$^{.50:.05:.95}$	0.55	0.58	0.62	0.55
Pre-trained				
mAP$^{.50}$	0.73	0.75	0.77	0.79
mAP$^{.50:.05:.95}$	0.48	0.50	0.55	0.57

Tab 2: Performance overview of the YOLOv5

The results of the YOLOv5, while not as straightforward to interpret in regard to the amount of data, still showed better performance for the scratch trained network, except in the case of 5k datapoints (Table 2). In this case, the performance of the network abruptly drops. The pre-trained YOLOv5 used a special variation of transfer learning wherein the weights of the backbone are frozen for 250 epochs and reintegrated into the training for the last 50 epochs. Although we apply the pre-trained YOLOv5, which should lead to better results, it still underperformed compared to the end-to-end training, which indicates negative transfer.

6 Conclusion

While transfer learning remains a useful tool in many cases, this paper shows that blind application of pretrained networks not only does not improve performance, but may instead hinder it. Especially in situations where there are not immense, but still substantial amounts of data, a more efficient network trained from scratch seems to be a better solution than an extensively pretrained large one. While the performance often can be equalized by extensive re-training, the "unlearning" of the inapplicable information, combined with the pre-training and the related computational requirements cause additional costs. Until data becomes as broadly available for agriculture as it has become for other fields, we recommend using transfer learning sparsely, between related fields, and avoiding large networks which require equally large datasets to train.

The DFKI Niedersachsen Lab (DFKI NI) is sponsored by the Ministry of Science and Culture of Lower Saxony and the VolkswagenStiftung.

References

[Bo20] Bosilj,P.; Aptoula, E.; Duckett, T; Cielniak, G.: Transfer learning between crop types for semantic segmentation of crops versus weeds in precision agriculture. *Journal of Field Robotics*, 37(1):7-19, 2020.

[Ba18] Balducci F.; Impedovo, D.; Pirlo, G.: Machine learning applications on agricultural datasets for smart farm enhancement. *Machines*, 6(3):38, 2018.

[BU17] Bargoti, S.; Underwood J.: Image segmentation for fruit detection and yield estimation in apple orchards. *Journal of Field Robotics*, 34(6):1039-1060, 2017.

[Bo20] Bochkovskiy, A.; Wang, C. Y.; Liao, H.: Yolov4: Optimal speed and accuracy of object detection. *arXiv preprint arXiv:2004.10934*, 2020.

[Ch17] Chebrolu, N.; Lottes, P.; Schaefer, A.; Winterhalter, W.; Burgard, W.; Stachniss, C: Agricultural robot dataset for plant classification, localization and mapping on sugar beet fields. *The International Journal of Robotics Research*, 2017.

[Da20] Dargan, S.; Kumar, M.; Ayyagari, M.; Kumar, G.: A survey of deep learning and its applications: a new paradigm to machine learning. *Archives of Computational Methods in Engineering*, 27(4):1071-1092, 2020.

[He18] He, K.; Gkioxari, G.; Dollár, P.; Girshick, R.: Mask r-cnn, 2018.

[Jo21] Jocher, G.; et. al: ultralytics/yolov5: v5.0 - YOLOv5-P6 1280 models, AWS, Supervise.ly and YouTube integrations, April 2021.

[Li18] Liakos, K.; Busato, P.; Moshou, D.; Pearson, S.; Bochtis, D.: Machine learning in agriculture: A review. *Sensors*, 18(8):2674, 2018.

[Li21] Liu, Z.; Lin, Y.; Cao, Y.; Hu, H.; Wei, Y.; Zhang, Z.; Lin, S.; Guo, B.: Swin transformer: Hierarchical vision transformer using shifted windows, 2021.

[Li14] Lin, T.; Maire, M.; Belongie, S.; Hays, J.; Perona, P.; Ramanan, D.; Dollár, P.; Zitnick C.: Microsoft coco: Common objects in context. In *European conference on computer vision*, pages 740-755. Springer, 2014.

[Mo14] Moshou, D.; Pantazi, XE.; Kateris, D.; Gravalos, I.: Water stress detection based on optical multisensor fusion with a least squares support vector machine classifier. *Biosystems Engineering*, 117:15-22, 2014.

[Si16] Singh, A.; Ganapathysubramanian, B.; Singh, A. K.; Sarkar, S.: Machine learning for high-throughput stress phenotyping in plants. *Trends in plant science*, 21(2):110-124, 2016.

[So21] Solawetz, J.: Yolov5 new version - improvements and evaluation. https://blog.roboflow.com/yolov5-improvements-and-evaluation/, accessed: 21.10.2021.

[Wa19] Wang, Z.; Dai, Z.; Póczos, B.; Carbonell, J.: Characterizing and avoiding negative transfer. In *Proceedings of the IEEE/CVF Conference on Computer Vision and Pattern Recognition*, pages 11293-11302, 2019.

[We16] Weiss, K.; Khoshgoftaar, T.; Wang, D.: A survey of transfer learning. *Journal of Big data*, 3(1):1-40, 2016.

[Yo14] Yosinski, J.; Clune, J.; Bengio, Y.; Lipson, H.: How transferable are features in deep neural networks? *arXiv preprint arXiv:1411.1792*, 2014.

[Zh20] Zhuang, F.; Qi, Z.; Duan, K.; Xi, D.; Zhu, Y.; Zhu, H.; Xiong, H.; He, Q.: A comprehensive survey on transfer learning. *Proceedings of the IEEE*, 109(1):43-76, 2020.

Indicator plant species detection in grassland using EfficientDet object detector

Deepak Hanike Basavegowda[1,2], Paul Mosebach[3], Inga Schleip[3] and Cornelia Weltzien[1,2]

Abstract: Extensively used grasslands (meadows and pastures) are ecologically valuable areas in the agricultural landscape and part of the multifunctional agriculture. In Germany, the quality of these grasslands is assessed based on the occurrence of certain plant species known as indicator or character species, with indicators being defined at regional level. Therefore, the recognition of these indicators on a spatial level is a prerequisite for monitoring grassland biodiversity. The identification of indicator species for the status quo of grassland using traditional methods was found to be challenging and tedious. Deep learning-algorithms applied to high-resolution UAV imagery could be the key solution, where UAV with remote sensors can map a large area of grassland in comparison to manual or ground mapping methods and deep learning-algorithms can automate the detection process. In this research work, we use an EfficientDet based algorithm to train an object detection model capable of recognizing indicators on RGB data. The experimental results show that this approach is very promising in contrast to the difficult and time-consuming manual recognition methods. The model was trained with the momentum-SGD optimizer with a momentum value of 0.9 and a learning rate of 0.0001. The model was trained and tested on 1200 images and achieves 45.7 AP (and 85.7 AP_{50}) on test data set. The dataset includes images of four distinct indicator plant species: Armeria maritima, Campanula patula, Cirsium oleraceum, and Daucus carota.

Keywords: digital agriculture, indicators recognition, biodiversity in grassland, HNV farming, deep learning, object detection

1 Introduction

Grassland accounts for more than one third of the agricultural land in Germany, with a total area of around 5 million hectares [UB21], and is among the most species-rich habitats in Europe. It plays a very important role in biodiversity and ecosystem service provision across Europe, providing habitat for many endangered species and having a positive impact on plant diversity, soil stability, resilience to extreme weather events and carbon sequestration [DP09]. Therefore, these non-intensively used grassland regions are primary targets of nature conservation in the EU Common Agricultural Policy (CAP) [EC21] and are considered an important part of high nature value (HNV) farmland [DP09].

---

[1] Leibniz-Institut für Agrartechnik und Bioökonomie e.V., Technik im Pflanzenbau, Max-Eyth-Allee 100, 14469 Potsdam-Bornim, dbasavegowda@atb-potsdam.de; CWeltzien@atb-potsdam.de
[2] Technische Universität Berlin, FG Agromechatronik, Straße des 17. Juni 135, 10623 Berlin,
[3] Hochschule für Nachhaltige Entwicklung Eberswalde, Schickerstraße 5, 16225 Eberswalde, Paul.Mosebach@hnee.de; Inga.Schleip@hnee.de

In Germany, native grassland plant species are used as indicators to identify HNV grassland. Indicators are plants and animals that, by their presence, abundance, absence, or chemical composition, reveal a specific aspect of the character or quality of the site on which they thrive. These species are defined on a region level, resulting in seven different indicator species lists for Germany [BFH15]. To identify HNV grassland, every seemingly species-rich and homogenous area is examined for indicator species by using a standardized transect of 30 m length and 2 m width [BFH15; St17]. This transect-based approach is labour intensive as it has to be conducted regularly on about 5 million hectares of grassland and requires a good knowledge of grassland plant species at the regional level. Therefore, there is a need for new techniques to identify indicator plants in a given data sample.

Convolutional Neural Networks (CNN), a deep learning-oriented computer vision technique, are evolving as promising tools for plant species identification and biodiversity monitoring. The general structure of a typical CNN is composed of multiple convolutional layers interlaced with pooling layers, followed by some fully connected layers in the end. The convolutional layers automatically extract the hierarchical and high-level feature representation, while pooling layers reduce the image resolution and help achieve spatial invariance, and the fully-connected layers reduce the image dimension and output a 1-D distribution over classes. In general, the maximum output in the 1-D distribution corresponds to the predicted result, which classifies one image to one single label [LB95].

In this paper, we briefly explain the importance of indicator species identification for grassland biodiversity monitoring and explain our data collection effort. We train and evaluate an object detection-model based on a transfer learning-approach for identifying and locating grassland indicator species.

2 Materials and Methods

2.1 Indicator species selection

For this research work, indicator species were selected based on the fact that the species are used for monitoring HNV farmland areas and are included in the list of indicator species of the *NO* region (in total, the list includes 28 species and species groups), a region including the Federal States of Mecklenburg-Western Pomerania and Brandenburg in Germany [BF18]. The following indicator species were selected for our study (Fig. 1): *Armeria maritima*, *Campanula patula*, *Cirsium oleraceum* and *Daucus carota*.

To our knowledge, there is no open source image dataset available for the indicator plant species. Although a few images are available under the Creative Commons (CC) license in various search engines, they are biased for a specific growth stage and are available in very small numbers. To collect images of the indicators in their vegetative growth phase, the selected indicators were grown in a greenhouse.

Fig. 1: Selected indicator plant species
(i) Armeria maritima, (ii) Campanula patula, (iii) Cirsium oleraceum, and (iv) Daucus carota (left to right) (photo: Hanike Basavegowda, Deepak)

2.2 Data Collection

A four-wheeled hand-driven equipment carrier 1.4 m wide, 1.5 m long and 2.7 m high above the ground was designed and fabricated to mount an image sensor. Images were acquired with the DSLM camera ILCE-6000 (Sony, Japan) with an APS-C type sensor chip (23.5 × 15.6 mm) and a 50 mm lens attached. The camera was mounted on an equipment carrier in the nadir position to capture ortho-images. The images used for this work were taken during the 4th week of June 2020 by randomly placing indicator plants on a 15 m long and 2 m wide meadow outside of the green house. The distance between the camera and the plant surface was set to capture images with a ground surface distance (GSD) of 0.15 mm/pixel on a projected area of 0.9 m × 0.6 m on the ground. The camera was set in autonomous mode to capture images with a frequency of one image per second as the camera carrier moved across the meadow. Six hundred indicator plant samplings, one hundred fifty from each class, were used for data collection work. We had collected approximately 1200 images during this work.

2.3 Object Detection Model

EfficientDet, a scalable and efficient object detection model, was proposed by the Google Brain Team [TPL20]. The family of EfficientDet models are a great choice for object detection tasks considering their higher efficiency and better efficiency across a wide spectrum of resource constraints. The architecture of EfficientDet consists of three basic components: (i) EfficientNet as a backbone network to extract features from the given image; (ii) BiFPN or Weighted Bi-directional Feature Pyramid Network as a feature network that takes multiple levels of features from the backbone as input and outputs a list of fused features representing salient features of the image; and (iii) the final class/box network that uses the fused features to predict the class and location of each object [TPL20].

3 Results and Discussion

The CNN-based object detector was trained using the transfer learning-approach since training the model from scratch requires a large dataset. The pre-trained EfficientDet object detection model was downloaded from the TensorFlow 2 Detection Model Zoo [Hu17]. A pre-trained model is a stored network that has been previously trained on a large dataset. During training, through backpropagation, errors from the new data were used to update the weights of the convolutional layers to fit the model into a new task.

The model was trained and evaluated on an Ubuntu workstation with images of size 768 × 768 pixels, using Python 3.9 as the programming language and TensorFlow 2 (TF 2) version 2.6 as the deep learning-framework. Four CUDA 11.4-compatible GeForce RTX 2080 Ti graphics cards (NVIDIA, California, USA) were used for model training. The images used for training were randomly augmented during training to increase the robustness and transferability of the model. The augmentation techniques used are random horizontal and vertical flipping and random cropping with a pad to ensure the uniform input size.

The model was trained for 500 epochs with a batch size of 12. The final class values were calculated using the sigmoid function. The Momentum SGD optimizer with a momentum value of 0.9 and a learning rate of 0.0001 was used for optimization. Figure 2 shows the loss convergence of the detection model during training. The model weights of an epoch were only considered if the accuracy exceeded the accuracy obtained in the previous epoch. We evaluated the accuracy of the final model using the test data, i.e., the images that were not used for training the CNN model. The model achieved 45.7 AP (and 85.7 AP_{50}) on the test data set.

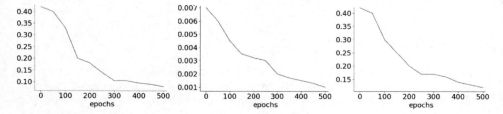

Fig. 2: Training losses of the object detection model

(i) Classification Loss, (ii) Localization Loss, and (iii) Total Loss (left to right)

The result of this work, the object detection model for identifying indicator species in grassland, can be readily applied to grassland images to search for indicator species. Species recognition can then be linked to the HNV farmland (extensive grassland) type addressed and its quality classes. For example, based on the number of indicator species detection, the grassland is classified into one of three classes [An03; St17]:

- HNV 1: exceptionally high nature value farmland (8 or more HNV character species)
- HNV 2: very high nature value farmland (6 or 7 HNV character species)
- HNV 3: moderately high nature value farmland (4 or 5 HNV character species)

Previous studies focused on HNV farmland mostly addressed other HNV farmland types [An03], and limited works focused on HNV grassland detection relied on spectral variability of grassland vegetation to distinguish HNV grassland from others [St17] and were unable to differentiate grassland quality levels. Our method can be used to identify both HNV grasslands and their quality levels. Furthermore, the method can be extended to include more indicator species and can be easily applied to all regions, as most indicator species overlap in the regional species list.

Fig. 3: Indicator species identification using the object detection model

4 Conclusion

In this work, RGB images of indicator species were collected by growing them in a greenhouse, and then a CNN-based object detection-model was proposed for species recognition and localization. Since the image dataset was not sufficient to train a model from scratch, a transfer learning approach was used to train the model. Our results were in line with those of the original model [TPL20] and show that indicator species detection using deep learning is a promising way to monitor grasslands. It should also be noted that indicator species with less conspicuous leaves or small characteristic species in tall vegetation might be more difficult to identify using this method. In our future work, the training data will include more images to cover the complete growth stages of the indicators, and the method will be applied to high resolution UAV-imagery.

Acknowledgment

This research was conducted as part of the *Digital Agricultural Knowledge and Information System* (DAKIS) project and funded by the Federal Ministry of Education and Research (BMBF), Germany. DAKIS Homepage: https://adz-dakis.com/

References

[An03]   Andersen, E.; Baldock, D.; Bennett, H.; Beaufoy, G.; Bignal, E.; Brouwer, F.; Elbersen, B.; Eiden, G.; Godeschalk, F.; Jones, G.; McCracken, D.I.; Nieuwenhuizen, W.; vanEupen, M.; Hennekens, S.; Zervas, G: Developing a High Nature Value Indicator. Report for the European Environment Agency (EEA), 2003.

[Ar12]   Armsworth, P. R.; Acs, S.; Dallimer, M.; Gaston, K. J.; Hanley, N.; Wilson, P.: The cost of policy simplification in conservation incentive programs. Ecology letters, 15(5), S. 406-414, 2012.

[BFH15] Benzler, A., Fuchs, D., Huenig, C.: Methodik und erste Ergebnisse des Monitorings der Landwirtschaftsflächen mit hohem Naturwert in Deutschland. Beleg für aktuelle Biodiversitätsverluste in der Agrarlandschaft. Natur und Landschaft 90 (7), S. 309-316, 2015.

[BF18]   Benzler, A.; Fuchs D.: Biodiversität in der Agrarlandschaft: erstmals ein Stopp des Rückgangs? Natur und Landschaft 93(9/10), S. 470-471, 2018.

[DP09]   Dierschke, H.; Peppler-Lisbach, C.: Erhaltung und Wiederherstellung der Struktur und floristischen Biodiversität von Bergwiesen – 15 Jahre wissenschaftliche Begleitung von Pflegemaßnahmen im Harz. Tuexenia, 29, 145-179, 2009.[EC21]   European Commission, https://ec.europa.eu/info/sites/default/files/food-farming-fisheries/key_policies/documents/technical-handbook-monitoring-evaluation-framework_june17_en.pdf, 20.11.2021.

[Hu17]   Huang, J.; Rathod, V.; Sun, C.; Zhu, M.; Korattikara, A.; Fathi, A.; Murphy, K.: Speed/accuracy trade-offs for modern convolutional object detectors. In Proceedings of the IEEE conference on computer vision and pattern recognition (pp. 7310-7311), 2017.

[LB95]   LeCun, Y.; Bengio, Y.: Convolutional networks for images, speech, and time series. The handbook of brain theory and neural networks, 3361(10), 1995.

[St17]   Stenzel, S.; Fassnacht, F. E.; Mack, B.; Schmidtlein, S.: Identification of high nature value grassland with remote sensing and minimal field data. Ecological indicators, 74, S. 28-38, 2017.

[TPL20] Tan, M.; Pang, R.; Le, Q. V.: Efficientdet: Scalable and efficient object detection. In Proceedings of the IEEE/CVF conference on computer vision and pattern recognition (pp. 10781-10790), 2020.

[UB21]   Umwelt Bundesamt, https://www.umweltbundesamt.de/daten/land-forstwirtschaft/gruenlandumbruch#gefahrdung-des-grunlands, 20.11.2021.

AI-supported data annotation in the context of UAV-based weed detection in sugar beet fields using Deep Neural Networks

Jonas Boysen[1] and Anthony Stein[1]

Abstract: Recent Deep Learning-based Computer Vision methods proved quite successful in various tasks, also involving the classification, detection and segmentation of crop and weed plants with Convolutional Neural Networks (CNNs). Such solutions require a vast amount of labeled data. The annotation is a tedious and time-consuming task, which often constitutes a limiting factor in the Machine Learning process. In this work, an approach for an annotation pipeline for UAV-based images of sugar beet fields of BBCH-scale 12 to 17 is presented. For the creation of pixel-wise annotated data, we utilize a threshold-based method for the creation of a binary plant mask, a row detection based on Hough Transform and a lightweight CNN for the classification of small, cropped images. Our findings demonstrate that an increased image data annotation efficiency can be reached by using an AI approach already at the crucial Machine Learning-process step of training data collection.

Keywords: weed detection, data annotation, Convolutional Neural Networks, semantic segmentation, interactive AI

1 Introduction

The application of herbicides on agricultural fields and their impact on the environment are highly discussed in society. Site-specific spraying can reduce the applied amount of herbicides by between 14.0 % and 39.2 % in maize [Ca17]. Application maps enable site-specific spraying and can be computed from geo-referenced drone images [Fe18]. The computation of the application maps can be done by segmenting the images [Ca17].

Recent Deep Learning-based Computer Vision methods include image segmentation by utilizing Convolutional Neural Networks (CNNs), which are applied for semantic segmentation. Semantic segmentation is the pixel-wise assignment of classes and requires data-intensive training of the underlying CNN-models by means of pixel-wise annotated images [Al21]. Such a pixel-wise annotation of training data is a very time-consuming task [Be20]. In this work, an annotation pipeline for UAV-based images of sugar beet and weed plants is created with the goal to increase the annotation efficiency and quality, i.e., by reducing annotation errors in this crucial step.

---

[1] University of Hohenheim, Department of Artificial Intelligence in Agricultural Engineering, Garbenstr. 9, 70599 Stuttgart, Germany, jonas.boysen@uni-hohenheim.de, anthony.stein@uni-hohenheim.de

2 Related work

In agricultural fields, CNNs have successfully been used in several tasks including the semantic segmentation of crops and weed in canola fields [AB20] and rice, sugar beet and carrot images [Kh20]. Apart from the segmentation of different types of plants, also binary plant masks of images have been created by using threshold methods using the Excess Green Index (ExG) [Wo95] or combining different color spaces [RRG20; Ta20]. These binary plant masks have also been successfully created using CNNs which are applied for semantic segmentation [Fa19; Ta20].

The detection of rows in soy bean fields has been accomplished by Bah et al. [BHC18] through utilization of Hough Transform for the line detection in combination with a method to detect the main angle of the crops. CNNs have been used to classify small cropped images as crop or weed plants [MLS17; Fa19] as well as in specific plant species [Pe20]. In these works, the small images are cropped from the original images based on connected pixels on a binary plant mask.

3 Approach

In this work, RGB images with a size of 9504 x 6336 pixels displaying on average about 260 sugar beet plants in BBCH-scale from 12 to 17 and 310 weed plants are used. The images are sampled from a database of one of thirteen flights each. For the processing and annotation of the images, a software tool with a visual interface has been developed. Initially, a high level of manual handling is required, which however can be substantially reduced by automation in later iterations. One iteration here describes the processing of one of these full-sized drone images.

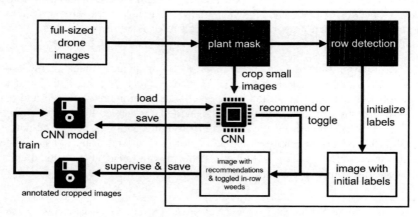

Fig. 1: The workflow of the annotation pipeline. This schematic illustrates the case when the annotator CNN is still trained after each iteration.

The whole workflow of the annotation pipeline is displayed in Figure 1. In the first step, the user of the software needs to create a binary plant mask, which is then utilized to find connected white pixels. These instances of connected white pixels are cropped with a bounding rectangle from the original images and are considered as the plants of the image. The plant mask is computed in two different ways in this work. The first approach to create the binary plant mask is threshold-based (TB). The method of Riehle et al. [RRG20] is used to propose a threshold that the user can manually adapt with visual feedback to create the binary plant mask. The second approach to create the binary plant mask is called the ground truth (GT) plant mask. It is similar to the first approach but includes a fine-tuning by the user who can improve the plant mask by drawing or erasing pixels.

In the next step, a row detection utilizing Hough Transform is performed to annotate all plants within rows as sugar beet plants and all plants between the rows as weeds. The crop rows are identified similar to the method proposed by Bah et al. [BHC18] by detecting lines on the plant mask. Subsequently, the main angle is calculated by putting the angles of all lines in a histogram and selecting the bin with the most members. The threshold of the Hough Transform-based line detection can be adapted until all rows are found.

After the initial annotation by the row detection, the user can supervise the annotation and toggle wrong labeled plants manually. When the annotation of the first image is completed, all plants are automatically cropped in a size of 64 x 64 pixels and saved with the respective label. In case the plants are of different size, smaller plants are centered in the bounding rectangle and larger plants are interpolated to fit the rectangle. The cropped images are used to train a classification CNN, which is called the annotator CNN. Subsequent iterations can use the annotator CNN to classify the plants found on the plant masks. The classifications of the annotator CNN are used to toggle detected weed plants that are positioned in the detected crop rows and give the user recommendations where other plants are predicted differently to the initialization of the row detection. This way the user can focus on the crop rows when manually supervising the annotations before saving them.

The combination of automatic plant annotation, annotation with human supervision and two different plant masks result in a total of four methods. These are tested for their performance in terms of the Intersection over Union[2] (IoU) and their speed recorded by the time of a single user who annotated all images. The tests utilize an annotator CNN which already has been trained on thirteen full-sized drone images resulting in about 10,000 cropped training images doubled by the use of data augmentation techniques [Al21]. The experiments include an evaluation regarding the errors due to the annotation process. Furthermore, the performance of CNN-models trained on the created data applied for semantic segmentation is evaluated in a ten-fold cross-validation manner. The CNN applied for semantic segmentation is a U-net [RFB15] with a pre-trained VGG-16 [SZ15] backbone using Transfer Learning and has an input size of 512 x 512 pixels. The annotator CNN is rather shallow as it comprises only four convolutional layers.

---

[2] Area of overlap divided by the area of union

4 Results and Discussion

For the evaluation of the four different methods, thirteen full-sized images are annotated with each method. All methods share the same annotator CNN-model pre-trained on a different set containing thirteen full-sized drone images. The masks created by the method using the GT plant mask and the annotation supervised by the user are considered the ground truth masks. In the following evaluation, each image is cut into 216 smaller images of size 512 x 512 pixels and the intersection over union (IoU) of the results with the ground truth masks is compared. The results of the comparison of the training data and the U-net are shown in Figure 2 in the respectively labelled rows. The rows display the mean IoU and the IoU of the single classes. The U-net predictions are performed by models which are trained on the training data created using the respective method. All statistical differences are calculated with a Kruskal-Wallis-Test since most of the data series are not normally distributed and are of homogeneous variances. Entries in the same row not sharing a letter are significantly different. The first row of the table displays the average time needed for the user to finish the annotation of one of the thirteen images.

	TB plant mask automatic labels	TB plant mask supervised labels	GT plant mask automatic labels	GT plant mask supervised labels
avg. time / img	1.7 min.	6.9 min.	59.8 min.	64.8 min.
avg. mean IoU ±1SD				
training data	72.6%[a] ±5.36	77.1%[a] ±6.45	88.8%[b] ±7.00	(100%)
U-net pred.	75.9%[a] ±0.64	77.0%[a] ±0.59	79.6%[b] ±1.03	79.3%[b] ±0.70
avg. backg. IoU ±1SD				
training data	99.6%[a] ±0.40	99.6%[a] ±0.40	100%[b] ±0.00	(100%)
U-net pred.	99.6%[a] ±0.03	99.6%[a] ±0.02	99.8%[b] ±0.02	99.8%[b] ±0.01
avg. s. beet IoU ±1SD				
training data	79.7%[a] ±7.59	82.1%[a] ±6.26	95.6%[b] ±6.62	(100%)
U-net pred.	82.2%[a] ±0.86	82.3%[a] ±0.91	90.8%[b] ±0.80	90.8%[b] ±0.71
avg. weed IoU ±1SD				
training data	38.6%[a] ±19.3	49.6%[a] ±18.7	70.9%[b] ±22.5	(100%)
U-net pred.	48.6%[a] ±4.65	51.1%[a] ±6.15	48.6%[a] ±8.45	46.2%[a] ±3.66

Fig. 2: Measured time needed for the user to annotate with either the TB or the GT plant mask with either automatic or supervised annotation of single plants and the performance of the annotation with n = 13 for the training data and n = 10 for the U-net predictions (±1 standard deviation, α = 5%).

The two methods using the TB plant masks are significantly different in the mean IoU as well as the IoU of every class to the method using the GT plant mask and automatic labels by the annotator CNN. No significant difference exists between the methods sharing the same plant mask but using different annotation methods. The more automated methods have on average a lower IoU than the methods using more manual techniques. It is observable that the weed class has the lowest average IoU values. The average values of the ten-fold cross-validation of the U-net predictions also show significant differences between the methods which use different plant masks except for the weed class. No significant differences are found in the weed class across all four methods. Methods that share the same plant mask also do not show significant differences.

A qualitative analysis including several samples shows that the TB plant mask interprets plant borders differently than the user does in the GT plant masks, as the TB mask applies less detailed and oversized borders. This explains the significant differences between the methods with different plant masks which are present in the created training data as well as in the predictions of the U-net except for the weed class. The usage of the annotator CNN to automate the annotations instead of giving recommendations and toggling only in the plant rows does not significantly change the IoU. Especially after the created training data is used for the training of the U-net, the average IoU of the methods sharing the same plant mask and using different annotation methods are less different.

Since the IoU of the weed class is not showing significant differences for all methods after using the training data for the training of U-net models, the choice of the method has no significant impact on the IoU of the important weed class. This result is confined by the fact that the IoU of the weed class is generally very low, indicating that the detection of the weed class is not learned well by the U-net. This is influenced by the class imbalance in the data set because the sugar beet class contains more pixels than the weed class.

The increased levels of automation reduce the average amount of time the user needs to create the training masks. The majority of time can be saved by using the TB plant mask instead of creating the GT plant mask. The automated annotations of the annotator CNN are especially useful when using the TB plant mask because a high amount of time relative to the total amount of time can be saved.

In summary, the iteratively increasing degree of automation and the interactive use of the annotator CNN in the proposed methods are expected to be of high potential value in practical use. They constitute an initial step towards a completely automatic annotation by incorporating a modified version of the U-net for the plant mask generation similar to Fawakherji et al. [Fa19] and combining this plant mask with an automatic annotator CNN.

5 Conclusion

The annotation process can be accelerated by using the methods of this work including the two different plant masks, the row detection and the different applications of the annotator CNN. The increased levels of automation reduced the time effort of the user and thus increased the annotation efficiency. Most of the errors in the created training data originate from the plant mask creation, while the annotator CNN showed no significant impact on the IoU. After the created training data has been used for the training of a U-net model, the differences in the IoU originating from the annotator CNN even reduced, but the differences between methods with different plant masks stayed significant.

Acknowledgment

Thanks to SAM-DIMENSION (https://sam-dimension.com) for providing the images used in this work and to Patrick Hansen for his contribution in the initial project.

References

[AB20] Asad, M. H.; Bais, A.: Weed detection in canola fields using maximum likelihood classification and deep convolutional neural network. Information Processing in Agriculture 7(4), 535-545, 2020.

[Al21] Alzubaidi, L. et al.: Review of deep learning: concepts, CNN architectures, challenges, applications, future directions. Journal of Big Data 8(1), 1-74, 2021.

[Be20] Beck, M. A. et al.: An embedded system for the automated generation of labeled plant images to enable machine learning applications in agriculture. PLOS ONE 15(12), 1-23, 2020.

[BHC18] Bah, M.; Hafiane, A.; Canals, R.: Deep Learning with Unsupervised Data Labeling for Weed Detection in Line Crops in UAV Images. Remote Sensing 10(11), 1-22, 2018.

[Ca17] Castaldi, F. et al.: Assessing the potential of images from unmanned aerial vehicles (UAV) to support herbicide patch spraying in maize. Precision Agriculture 18(1), 76-94, 2017.

[Fa19] Fawakherji, M. et al.: Crop and Weeds Classification for Precision Agriculture Using Context-Independent Pixel-Wise Segmentation. In (IEEE): 2019 Third IEEE International Conference on Robotic Computing (IRC), 146-152, 2019.

[Fe18] Fernández-Quintanilla, C. et al.: Is the current state of the art of weed monitoring suitable for site-specific weed management in arable crops? Weed Research 58(4), 259-272, 2018.

[Kh20] Khan, A. et al.: CED-Net: Crops and Weeds Segmentation for Smart Farming Using a Small Cascaded Encoder-Decoder Architecture. Electronics 9(10), 1-16, 2020.

[MLS17] Milioto, A.; Lottes, P.; Stachniss, C.: Real-Time blob-wise Sugar Beets VS Weeds Classification for Monitoring Fields Using Convolutional Neural Networks. ISPRS Ann. Photogramm. Remote Sens. Spatial Inf. Sci. IV-2/W3, 41-48, 2017.

[Pe20] Peteinatos, G. G. et al.: Weed Identification in Maize, Sunflower, and Potatoes with the Aid of Convolutional Neural Networks. Remote Sensing 12(24), 1-22, 2020.

[RFB15] Ronneberger, O.; Fischer, P.; Brox, T.: U-Net: Convolutional Networks for Biomedical Image Segmentation. In (Springer): MICCAI, 234-241, 2015.

[RRG20] Riehle, D.; Reiser, D.; Griepentrog, H. W.: Robust index-based semantic plant/background segmentation for RGB- images. Computers and Electronics in Agriculture 169, 105201, 2020.

[SZ15] Simonyan, K.; Zisserman, A.: Very Deep Convolutional Networks for Large-Scale Image Recognition. arXiv preprint arXiv:1409.1556, 2015.

[Ta20] Tausen, M. et al.: Greenotyper: Image-Based Plant Phenotyping Using Distributed Computing and Deep Learning. Frontiers in Plant Science 11, 1-17 2020.

[Wo95] Woebbecke, D. M. et al.: Color indices for weed identification under various soil, residue, and lighting conditions. Transactions of the ASABE 38(1), 259-269, 1995.

Akustische Insektenerkennung – Deep Learning zur Klassifikation leisester Fluggeräusche

Acoustic insect detection – deep learning for classification of low level flight sounds

Jelto Branding[1], Dieter von Hörsten[1] und Jens Karl Wegener[1]

Abstract: Assistenzsysteme und Apps bieten ein großes Potenzial für die Steigerung der Effizienz und Nachhaltigkeit im Gartenbau. Im Bereich der Schädlingsbekämpfung haben alle aktuellen Apps und Systeme gemein, dass sie eine große Schwachstelle in der digitalen Erfassung der Insektenpopulationen im Gewächshaus aufweisen. Aus diesem Grund werden im Projekt IPMaide verschiedene sensorische Ansätze für die automatisierte Detektion von Insekten untersucht. Eine vielversprechende Möglichkeit ist die akustische Insektenerkennung. Hier sollen Methoden aus der Schädlingserkennung im Vorratsschutz mit neuesten Ansätzen im Bereich der Klassifikation von Geräuschen zusammengebracht werden, um eine Sensorlösung für die Insektenerkennung im Gewächshaus zu entwickeln. Für die nötige Datensatzerstellung wurde eine schallgeschützte Messumgebung entworfen und High- und Low-Cost-Messtechnik für akustische Aufnahmen unter Labor- und Realbedingungen verglichen. Die Ergebnisse zeigen, dass kostengünstigere Mikrofone gerade im relevanten tiefen Frequenzbereich unempfindlicher sind. Ein Lösungsansatz zur Filterung von Nutz- und Störgeräuschen stellen Array-Anordnungen der Mikrofone dar.

Keywords: Akustik, Schädlingserkennung, Gartenbau 4.0, Deep Learning, Sound-Klassifikation

1 Einleitung

Im Gartenbau liegen viele Prozessparameter nicht als messbare Werte vor, sondern werden vom Menschen mit seinen Sinnen erfasst. Mit Blick auf die Optimierung des Schädlingsmanagements stellt die Entwicklung geeigneter Schädlingssensoren eine Schlüsselkomponente für den Erfolg digitaler Assistenzsysteme im Gartenbau dar. Nur wenn es gelingt, dass derartige Systeme über eine geeignete Sensorik direkt das tatsächliche Schädlingsaufkommen auf den Pflanzen abbilden und arbeitsintensive Bonituren ersetzt werden, können diese Systeme ihr volles Potenzial entfalten. Aus diesem Grund werden im Projekt IPMaide verschiedene Sensorikansätze, wie die akustische Sensorik, untersucht.

Um mit digitalen Systemen den Unterschied zwischen Nützlingen und Schädlingen zu erkennen, bedarf es zwingend der Methode des „Erlernens". Deep-Learning-Verfahren eröffnen die Chance, Systeme zu entwickeln, welche Insekten anhand kaum hörbarer

---

[1] Julius Kühn-Institut (JKI), Institut für Anwendungstechnik im Pflanzenschutz, Messeweg 11/12, 38104 Braunschweig, jelto.branding@julius-kuehn.de, dieter.von-hoersten@julius-kuehn.de, jens-karl.wegener@julius-kuehn.de

Geräusche unterscheiden können. Im Projekt wird daher ein umfassender akustischer Datensatz mit Aufnahmen verschiedener relevanter Schad- und Nutzinsekten erstellt. Dieser soll anschließend für das Training eines Deep-Learning-Modells verwendet werden. Als Vorbild dient dabei das Vorgehen in der Vogelstimmenerkennung. Erfolgreiche Ansätze in diesem Bereich nutzen dabei oft die Erstellung von Frequenz-Zeit-Schaubildern, so genannten Spektrogrammen, um anschließend Bilderkennungs-Algorithmen (CNN) für die Klassifikation der Geräusche nutzen zu können [Ka19]. Neben der Vogelstimmenerkennung dienten auch die Erfolge im Bereich der Erkennung von Vorratsschädlingen als Motivation für den Forschungsansatz. Hier konnten Getreideschädlinge mit Hilfe der Auswertung von akustischen Signalen bis zu acht Wochen vor dem Auftreten anderer Indikatoren für einen Befall in Getreidelagern festgestellt werden [Mu18]. Ziel ist es, diese Ansätze zu kombinieren und in Form eines Deep-Learning-basierten akustischen Sensorsystems in den Gartenbau zu übertragen.

2 Material und Methoden

Um Aufnahmen einzelner Insektenarten getrennt voneinander und möglichst ohne Störgeräusche zu erstellen, musste zunächst mit einer schall- und halldämmenden (anechoischen) Box eine kontrollierte Messumgebung geschaffen werden. Auch an die Messtechnik stellen sich für die Erfassung der Geräusche der zum Teil sehr kleinen Schädlinge im Gartenbau, wie der Weißen Fliege *Trialeurodes vaporariorum*, höchste Anforderungen. Mit modernster Messtechnik soll hier die Grenze des technisch Machbaren aufgezeigt werden. Vergleichend dazu soll eine Low-Cost-Lösung in Form eines MEMS-Mikrofon-Arrays eingesetzt werden. Die Erstellung des Datensatzes sowie die geplanten Praxisversuche sollen mit beiden messtechnischen Ansätzen gleichzeitig erfolgen. Um beide Varianten praxisrelevant zu vergleichen, sollen beide Datensätze anschließend jeweils zum Training eines Deep-Learning-Modells genutzt werden.

2.1 Messtechnik

Für die Durchführung der Vorversuche wurde ein Low-Noise-Messmikrofon der Firma Microtech Gefell mit der Bezeichnung MMS214 eingesetzt. Das vorpolarisierte ½"-Freifeldmikrofon weist eine hohe Empfindlichkeit von 320 mV/Pa bei einem niedrigen Eigenrauschen von 6,5 dB(A) auf. Es verfügt über einen linearen Frequenzgang und ist zur Aufnahme von Tönen bis 20 kHz gut geeignet. Damit deckt dieses Mikrofon den hörbaren Frequenzbereich eines menschlichen Ohres ab, kann aber aufgrund seiner hohen Empfindlichkeit und dem geringen Rauschen auch Geräusche, deren Intensität weit unterhalb der menschlichen Hörschwelle liegt, erfassen. Zum Betrieb des Mikrofons wurde ein Gerät der Firma Roga Instruments mit Namen Plug.n.DAQ verwendet. Diese Einheit liefert die zum Betrieb des Mikrofons nötige Spanungsversorgung und funktioniert gleichzeitig als Analog-Digital-Konverter mit 16 Bit Auflösung und einer Abtastrate von 48 kHz. Zudem wird das Signal um +20 dB vorverstärkt. Das digitale Signal wurde an einem handelsüblichen Laptop mit Hilfe der Software Audacity aufgezeichnet und als WAV-Datei abgespeichert.

Als Low-Cost-Variante wurde ein MEMS-Mikrofon-Array der Firma Seeed, Modell ReSpeaker Core v2.0 eingesetzt. Das als Bauteil für Voice-Interface-Anwendungen angebotene Gerät verfügt über 6 MEMS-Mikrofone der Firma Knowles, Modell SPU0414HR5H, die auf einem Kreis mit Radius 92,6 mm gleichmäßig in einer Ebene angeordnet sind. Für die Aufnahmen wurde auf diesem Gerät eine Abtastrate von 48 kHz bei 32 Bit Auflösung gewählt.

2.2 Anechoische Box

Auf Basis einer Recherche üblicher Messaufbauten in verwandten Projekten mit vergleichbaren Anforderungen [Nj16; RW16] wurde ein doppelwandiger Aufbau aus zwei Holzboxen gewählt. Die innere Box wurde dabei aus 25 mm dicken MDF-Holzplatten gefertigt. Die Dimensionierung der Wandabstände erfolgte mit Blick auf eine gleichmäßige Verteilung der Raummoden, um die Intensität von Resonanzeffekten zu minimieren. Es wurden Innenmaße von 1170 mm in der Höhe, 960 mm in der Breite und 750 mm in der Tiefe gewählt. Um Halleffekte im Inneren der Box zu eliminieren, wurde die innere Box mit drei Schichten à 50 mm eines offenporigen Akustikschaums ausgekleidet. Diese innere Box wurde an vier Federn in einer zweiten, größeren Box aufgehängt. Die äußere Box wurde aus 28 mm MDF-Platten gefertigt und mit einer Schicht von 100 mm dickem Schwerschaum ausgekleidet. Sie wurde so dimensioniert, dass zwischen dem Schwerschaum und der inneren Box ein 100 mm Luftspalt verbleibt.

2.3 Versuchsaufbauten in der anechoischen Box

Für den Vergleich der Messtechnik wurden die zwei Mikrofone innerhalb der anechoischen Box in gleichem Abstand zu einem Kopfhörer positioniert. Über diesen wurde eine Testtonsequenz abgespielt und zeitgleich mit beiden Mikrofonen aufgenommen. Als Testtöne wurden in ihrer Intensität linear abklingende Sinustöne bei Frequenzen von 250 Hz, 500 Hz, 1 kHz und 2,5 kHz gewählt. Für die akustischen Aufnahmen der Insekten wurden diese in Insektenzuchtkäfigen aus Netzmaterial mit einer Maschenweite 160 µm vor dem Mikrofon in der anechoischen Box positioniert.

3 Ergebnisse

Der Vergleich der Aufnahme von Testtönen (vgl. Abb. 1) mit dem ReSpeaker und dem Messmikrofon zeigt, dass die tieffrequenten Töne bei 250 Hz und 500 Hz von den unempfindlicheren MEMS-Mikrofonen des ReSpeaker nicht erfasst werden. Erst die höheren Töne von 1 kHz und 2,5 kHz lassen sich in beiden Aufnahmen erkennen.

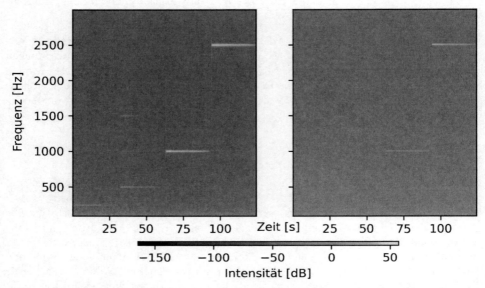

Abb. 1: Vergleich der Aufnahmen von Testtönen: MMS214 Low-Noise-Messmikrofon (links) und Respeaker Core v2.0 (rechts)

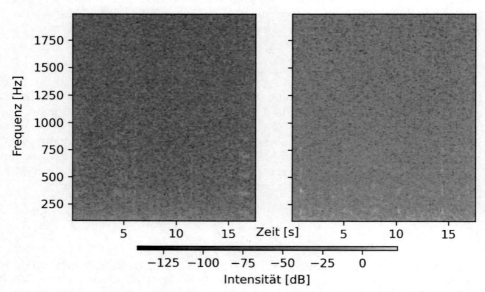

Abb. 2: Vergleich der Aufnahmen von Fluggeräuschen der Weißen Fliege Trialeurodes vaporariorum: MMS214 Low-Noise-Messmikrofon (rechts) und Respeaker Core v2.0 (links) in der anechoischen Box

Der exemplarische Vergleich verschiedener Aufnahmen des Fluggeräusches einiger Weißer Fliegen mit dem Messmikrofon und dem ReSpeaker in der anechoischen Box zeigt die Auswirkungen dieser Unterschiede auf die Aufnahme von Fluggeräuschen kleinster Insekten (vgl. Abb. 2). Da diese Aufnahmen nicht simultan erfolgten, ist hier zwar kein direkter Vergleich der einzelnen Geräusche möglich, dennoch zeigen die Spektrogramme prinzipiell den Effekt der Mikrofonempfindlichkeit sowie des Eigenrauschens. Während bei den Aufnahmen des ReSpeaker lediglich der lauteste Teil eines Geräuschereignisses zu erkennen ist, bilden die Aufnahmen mit dem Messmikrofon auch das Auf- und Abklingen eines Geräusches ab. Das höhere Eigenrauschen des ReSpeaker ist an der helleren Hintergrundfärbung im Spektrogramm zu erkennen.

4 Diskussion und Ausblick

Die Vorversuche mit Testtönen und Aufnahmen mit echten Insekten zeigen, dass die MEMS-Mikrofone nicht nur generell weniger empfindlich als die Low-Noise-Messtechnik sind, sondern besonders im tieffrequenten Bereich unter 1 kHz deutlich weniger Signale erfassen. Der Vergleich der Aufnahmen echter Fluggeräusche zeigt, dass genau dieser Frequenzbereich relevant für die Aufnahme der Insekten ist. Die genauen Auswirkungen dieser Unterschiede in den Mikrofoneigenschaften auf den Informationsgehalt eines Datensatzes lassen sich jedoch nur schwer abschätzen. Im Weiteren sollen daher die mit den zwei Messtechnikansätzen parallel erstellten Datensätze ebenso parallel zum Training zweier Deep-Learning-Modelle genutzt werden, um einen praxisrelevanten Unterschied zu quantifizieren. Dass sich Insekten grundsätzlich in Flügelschlagfrequenzen unterscheiden, konnte bereits in diversen Studien belegt werden [BBS88; Ha13]. Auch, dass sich Insekten prinzipiell akustisch anhand ihrer Geräusche, wie Flug-, Lauf- und Fraßgeräusche, mittels Machine-Learning-Ansätzen unterscheiden lassen, konnte anhand einer exemplarischen Studie gezeigt werden [Le11]. Fraglich bleibt, ob sich dieser Ansatz in einer praxistauglichen Form in das Gewächshaus übertragen lässt.

Mit Blick auf die Praxis ist anzumerken, dass eine Filterung im Frequenzbereich schwierig werden wird, da der Großteil der Störgeräusche in unserer Umwelt, genau wie die Fluggeräusche der Insekten, tieffrequent ist. Ein möglicher Lösungsansatz ist die räumliche Trennung der Geräuschquellen mit Methoden der Array-Datenverarbeitung. Derartige Verfahren können bei simultaner Aufzeichnung der Geräusche durch mehrere Mikrofone die einzelnen Geräuschquellen trennen [Gr21]. Um das Potenzial solcher Ansätze zu untersuchen, soll die akustische Datensatzerstellung zeitgleich mit dem Respeaker und einem aus vier Low-Noise-Messmikrofonen aufgebauten zweiten Array erfolgen. Unter anderem soll so untersucht werden, wie die angesprochene Datenverarbeitung im Sinne eines Arrays den Einfluss der Störgeräusche bei Praxistests minimieren kann.

Danksagung

Die Förderung des Vorhabens erfolgte aus Mitteln des Bundesministeriums für Ernährung und Landwirtschaft (BMEL) aufgrund eines Beschlusses des deutschen Bundestages. Die Projektträgerschaft erfolgte über die Bundesanstalt für Landwirtschaft und Ernährung (BLE) im Rahmen des Programms zur Innovationsförderung (ptBLE, FKZ: 2818506A18).

Literaturverzeichnis

[BBS88] Byrne, D. N.; Buchmann, S. L.; Spangler, H. G.: Relationship Between Wing Loading, Wingbeat Frequency and Body Mass in Homopterous Insects. The Journal of experimental biology 135, S. 9-23, 1988.

[Gr21] Grondin, F.; Létourneau, D.; Godin, C.; Lauzon, J.-S.; Vincent, J.; Michaud, S.; Faucher, S.; Michaud, F.: ODAS: Open embeddeD Audition System.

[Ha13] Ha, N. S. et al.: Relationship between wingbeat frequency and resonant frequency of the wing in insects. Bioinspiration & biomimetics 4/8, S. 46008, 2013.

[Ka19] Kahl, S. et al. Hrsg.: Overview of BirdCLEF 2019: Large-Scale Bird Recognition in Soundscapes, 2019.

[Le11] Le-Qing, Z. Hrsg.: Insect Sound Recognition Based on MFCC and PNN, 2011.

[Mu18] Mueller-Blenkle, C. et al. Hrsg.: A new approach to acoustic insect detection in grain storage. Julius-Kühn-Archiv, Nr. 463 (2018): Proceedings of the 12th International Working Conference on Stored Product Protection (IWSPP) in Berlin, Germany, 2018.

[Nj16] Njoroge, A. W. et al.: Frequency and time pattern differences in acoustic signals produced by Prostephanus truncatus (Horn) (Coleoptera: Bostrichidae) and Sitophilus zeamais (Motschulsky) (Coleoptera: Curculionidae) in stored maize. Journal of Stored Products Research 69, S. 31-40, 2016.

[RW16] Ressl, M. S.; Wundes, P. E.: Design of an acoustic anechoic chamber for application in hearing aid research. Recent Advances in Acoustics & Music, 2016.

Algorithmusbasierte Düngungsplanung und digitale Gebrauchstauglichkeit

Wirtschaftsdünger-Bewertung kann Verständnis für Optimierungsergebnisse erleichtern

Jan-Hendrik Buhk[1], Hans-Hennig Sundermeier[1] und Uwe Latacz-Lohmann[1]

Abstract: Effizientes Nährstoffmanagement gehört nach dem Green Deal der EU zu den vordringlichen Handlungsfeldern der Gemeinsamen Agrarpolitik. Die derzeit für Entscheidungshilfen benutzten Methoden modellieren die individuelle einzelbetriebliche zeitliche, räumliche und ökonomische Allokationskomplexität nur unzureichend. Düngungsplanung mit gemischt-ganzzahliger Linearer Programmierung (MILP) ermittelt unter simultaner Berücksichtigung aller relevanten Bedingungen die betrieblich optimale Kombination aus Wirtschafts- und Handelsdüngeraufbringungsalternativen und eröffnet damit eine gebrauchstaugliche Digitalisierung von Routine-Entscheidungsprozessen für die Praxis.

Keywords: Düngungsplanung, Düngeverordnung, DüV, Lineare Programmierung, MILP, Gebrauchstauglichkeit

1 Einleitung

Der europäische Green Deal soll das Naturkapital der EU schützen und dabei u. a. ein faires, gesundes und umweltfreundliches Lebensmittelsystem entstehen lassen. Zu den in der Gemeinsamen Agrarpolitik zur Zielerreichung vereinbarten prioritären Handlungsfeldern gehört auch das Nährstoffmanagement mit dem Ziel, Nährstoffausträge von Wirtschaftsdüngern in die Umwelt zu reduzieren. Insbesondere in Regionen mit räumlich stark konzentrierter Tierhaltung belasten Stickstoff- und Phosphat-Austräge Grund- und Oberflächenwasser. Die Gemeinsame Agrarpolitik will im Zielbündel „Umweltschutz" die Düngemittelmengen reduzieren und ihre Verwendung u. a. durch verbesserte Düngungsberatung – auch digital unterstützt – effizienter gestalten.

Da das Sachproblem schon seit geraumer Zeit besteht, sind eine Reihe von Entscheidungshilfen (decision support tools, DST) zur Düngungsplanung und – in besonders gefährdeten Gebieten – auch spezialisierte Beratungsorganisationen zum Gewässerschutz entstanden. Exemplarisch offenbaren die Reviews von Karmakar et al. [Ka07] für Nordamerika als auch von Nicholson et al. für die EU [Ni20] die Vielzahl der DST, die Vielfalt ihrer

---

[1] Institut für Agrarökonomie der Christian-Albrechts-Universität zu Kiel, Wilhelm-Seelig-Platz 6/7, 24118 Kiel; jhbuhk@ae.uni-kiel.de; hhsundermeier@ae.uni-kiel.de; ulatacz@ae.uni-kiel.de

methodischen Ansätze (Tabellenkalkulation, (dynamische) Systemsimulation, Expertensysteme, ...) aber auch (bei [Ni20]) die jeweiligen Defizite der Gebrauchstauglichkeit.

Trotz gestiegenen gesellschaftlichen Drucks und Verschärfung ordnungsrechtlicher Regelungen (in Deutschland z. B. durch die Düngeverordnung 2017 und ihre Novelle 2020 sowie durch die Stoffstrombilanzverordnung) akzeptieren die Landwirte DST und Beratung zur Düngungsplanung nicht im erstrebten Maß (s. z. B. [Da18]). Offensichtlich verfehlen die in den vergangenen Jahrzehnten entwickelten bzw. derzeit verfügbaren Entscheidungshilfen zur Düngungsplanung deren ambitionierte Einsatzziele – insbesondere für Wirtschaftsdünger.

Schils et al. [Sc20] sehen im „fertilizer replacement value" (FRV) den Ausgangspunkt für eine zutreffende Bewertung von Wirtschaftsdüngern („organic residue") in Düngungsplanungen und definieren: „The fertilizer replacement value (FRV) of an organic residue – given crop type, soil type, application time, and application method – specifies how much standard mineral fertilizer – given formulation, application time, and application method – is needed for a similar crop response measured over a given period. The FRV is expressed as kilograms mineral fertilizer-nutrient per 100 kg manure-nutrient" [Sc20, S. 205].

Diese rein agronomische Ermittlung von naturalertragsneutralen Nährstoff-Wirkungsäquivalenten der Wirtschaftsdünger basiert zwar auf dem Gleichwertigkeitsprinzip der jeweiligen Nährstofffraktionen; sie abstrahiert jedoch von den individuellen, situationsspezifischen betrieblichen Gegebenheiten zu den verschiedenen Entscheidungszeitpunkten im Düngejahr (z. B. kann ein Wirtschaftsdünger gar nicht oder nicht in der entsprechenden Menge verfügbar sein) und insbesondere von der intrinsisch ökonomischen Motivation der Entscheidungsträger. Bei gegebenem Anbauprogramm, unterstellten Ertragserwartungen und durch Bodenproben fundierten Versorgungszuständen der einzelnen Flächen bzw. Bewirtschaftungseinheiten sind Beschaffung und Aufbringung der Handelsdünger zur Schließung der Nährstoffdefizite relativ einfach planbar. Die Handelsdüngerbeschaffung ist von weiteren betrieblichen Managementkomplexen weitgehend unabhängig. Lediglich bei ihrer Aufbringung sind Transportentfernungen, Aufbringmengen und Verfahrenstechnik in den Aufbringungskosten zu differenzieren.

2 Entscheidungsalternativen aus betrieblicher Sicht

Wirtschaftsdünger aus der Tierhaltung bzw. aus dem Betrieb von Biogasanlagen (Gärrückstände) sind mit dem laufenden Stoffstrommanagement der jeweiligen Herkunftsprozesse eng verflochten und davon losgelöst nicht disponibel. Abbildung 1 zeigt dieses Beziehungsgeflecht in einem vereinfachten Schema. An anderer Stelle [BS19] haben wir bereits unsere Auffassung dargelegt, dass die Düngungsplanung (zu welchem Zeitpunkt sind auf welchem Schlag welche Mengen an Wirtschafts- und/oder Handelsdünger aufzubringen) vornehmlich als zeitliches und räumliches Allokationsproblem anzusehen und daher als mathematische Lösungsmethode die Lineare Programmierung (LP) vorzugsweise einzusetzen sei. Terminologie, Inhalt und Anordnung der Modellkonstituenten erfolgen in Abbildung 1 vor diesem Hintergrund (Aufbau einer LP-Matrix).

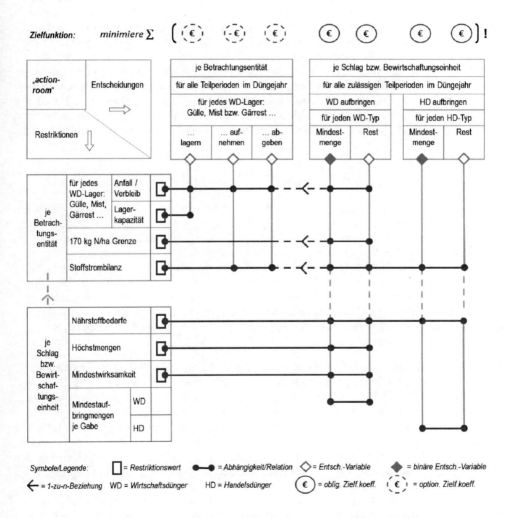

Abb. 1: Architektur der Entscheidungshilfe zur Düngungsplanung mit MILP

Die übergeordnete Zielfunktion verkörpert hier symbolisch die ökonomische Motivation des Entscheidungsträgers: Ermittele die Kombination von Düngungsmaßnahmen, die alle

Restriktionen (Anforderungen und Beschränkungen) zu minimalen Kosten befriedigt.

Jede Entscheidungsalternative zur Aufbringung von Wirtschaftsdünger ist mit den betrieblichen Prozesskomplexen des Anfalls, des Verbleibs, der Lagerung und damit auch der Lagerkapazitäten verbunden. Jede einzelne Wirtschaftsdüngeraufbringungsalternative kann auf den Einzelschlägen (den agronomischen Komplexen bestehend aus den zeitlich und mengenmäßig differenzierten Nährstoffbedarfen, Höchstmengenbeschränkungen und Mindestwirksamkeitsannahmen) Handelsdünger substituieren. Die wesentlichen pflanzenbaulichen und agrotechnischen Differenzierungsaspekte aller Parzellen können – soweit sie zu Beginn des Düngejahrs bekannt sind – zeitlich differenziert einfließen. Mindestmengen bei den Aufbringprozessen und degressive Aufbringungskosten lassen sich mit binären Entscheidungsvariablen abbilden. Die Methode der Linearen Programmierung (LP) ist daher um „Gemischt-Ganzzahligkeit" (mixed integer) zu erweitern zu MILP.

3 Verwertung und Bewertung von Wirtschaftsdünger

Mit dem dargestellten Ansatz lassen sich Wirtschaftsdünger und Gärrückstände zeitlich im Düngejahr und räumlich auf den Einzelschlägen optimal kombinieren und situationsspezifisch bewerten. Die Simultaneität im Optimierungsprozess stellt dabei die bestmögliche Verwertung der Wirtschaftsdünger sicher und verhindert gleichzeitig eine Überschätzung des Wirtschaftsdüngerwertes dieser, wie sie bei einer Bewertung über die Nährstoffgehalte durch ungenutzte Nährstoffe entstehen könnte. Die in Abbildung 2 als Ersparnispotenzial dargestellten Wirtschaftsdüngerwerte gehen aus einem Vergleich der realen Entscheidungssituation eines Betriebes mit einer fiktiven, in welcher ausschließlich Handelsdünger die Bedarfswerte befriedigen können, hervor. Dieses Vorgehen behebt die oben dargestellten Abbildungsdefizite des FRV.

Gesamtbetrieblich erzielte der Wirtschaftsdüngereinsatz im aus [BS19] und [BSL20] bekannten Beispielbetrieb bei Einhaltung der DüV 2020 eine Ersparnis von 17.368 Euro, welche dem Wert der Wirtschaftsdünger und Gärrückstände insgesamt entspricht. Der schlagspezifische Beitrag geht aus Abbildung 2 hervor: Die größte Einsparung von ca. 1.040 Euro (8 ha × 130 Euro/ha) trägt ein zum Silomaisanbau genutzter Schlag in 1,7 km Entfernung zur Lagerstätte bei. Dabei reduzieren die Aufbringungskosten das Gesamtersparnispotenzial (Einsparung + Aufbringungskosten) stark. Auf kleineren Schlägen sind die Aufbringungskosten im Vergleich höher, dennoch können hier hohe Einsparungen erzielt werden. Silomais – teilweise nach Zwischen- oder Zweitfrüchten – und Winterraps sind die Kulturen, welche in diesem Betrieb den Wirtschaftsdünger am besten verwerten. Eine Wirtschaftsdüngeraufbringung im Spätsommer und Herbst scheint hohen Ersparnissen trotz der schlechteren Stickstoffverwertung nicht entgegenzuwirken. Dies kann ebenfalls an den knappen Lagerkapazitäten liegen, die eine Aufbringung im Vorwinter unumgänglich machen. Auf dem letzten Schlag in Abbildung 2 kommt es sogar zu einer negativen Einsparung durch eine Wirtschaftsdüngung, d.h. zu zusätzlichen Kosten: Die Aufbringungskosten der Wirtschaftsdünger sind höher als deren Ersparnis aus den substituierten Nährstoffen. Damit ist der Wert der Wirtschaftsdünger auf diesem Schlag negativ. Eine Aufbringung ist dennoch einer Weiterlagerung oder Abgabe vorzuziehen.

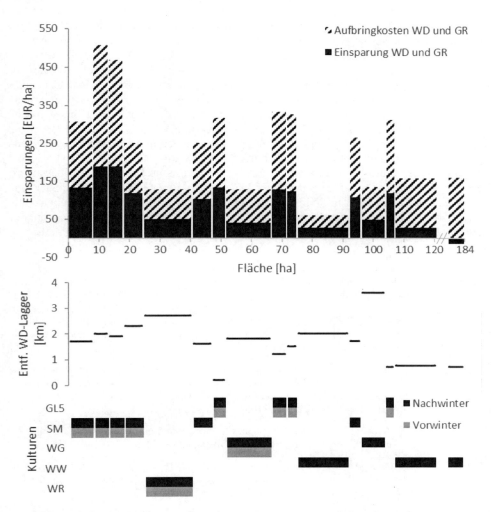

WD = Wirtschaftsdünger, GR = Gärrückstand, Entf. = Entfernung, GL5 = Grünland (5 Schnitte), SM = Silomais, WG = Wintergerste, WW = Winterweizen, WR = Winterraps

Abb. 2: Ersparnispotenzial durch Wirtschaftsdünger und Gärrückstände bei zeitlich und räumlich optimaler Düngeraufbringung im Vergleich zu optimaler Handelsdüngung – Schläge absteigend geschichtet nach Ersparnis (dunkle Rechtecke), ergänzt um Schlagentfernung zur Lagerstätte und jeweilige Fruchtart sowie Aufbringungszeitraum (Auszug für 16 von insgesamt 30 Schlägen)

4 Fazit

Entscheidungshilfen sind gemäß DIN EN ISO 9241-11 gebrauchstauglich, wenn sie in ihrem Nutzungskontext die gesetzten Ziele effektiv, effizient und für den Nutzer zufriedenstellend erreichen. Die vorgestellte, MILP-basierte Entscheidungshilfe zur Düngungsplanung erscheint für die landwirtschaftliche Praxis in folgenden Aspekten besonders gebrauchstauglich: Sie modelliert im einzelbetrieblichen Nutzungskontext die zentrale Aufgabenstellung: Wann (im Düngejahr) sind wo (auf welchem Schlag) welche Mengen an Wirtschaftsdünger und/oder Handelsdünger aufzubringen, um die schlag- bzw. fruchtart- sowie vegetationsspezifischen Nährstoffbedarfe wirtschaftlich effizient (kostenminimal bei gegebener Ertragserwartung) zu befriedigen? Sie berücksichtigt dabei effektiv und simultan alle Substitutionsmöglichkeiten von Handels- und Wirtschaftsdüngern (fertilizer replacement), deren Beschaffungskosten bzw. Abnahmevergütungen sowie deren mengen-, verfahrens- und entfernungsabhängigen Aufbringungskosten. Die vorentscheidungsfreie Abbildung des vollständigen Alternativenraums im Düngejahr (insbesondere die Verflechtung zu Anfall, Lagerung und Lagerkapazitäten der Wirtschaftsdünger einschließlich der operationalen und wirtschaftlichen Eigenschaften der Aufbringungslogistik) sowie die Ermittlung der Optimalkombination durch den MILP-Algorithmus führen stets zur bestmöglichen Nährstoffverwertungseffizienz des Wirtschaftsdüngeranfalls.

Literaturverzeichnis

[BS19]   Buhk, J.-H.; Sundermeier, H.-H.: Düngungsplanung mit gemischt-ganzzahliger Linearer Programmierung: bedarfsgerecht, betriebsspezifisch, kostenminimal und verordnungskonform. In (Meyer-Aurich, A. et. al., Hrsg.): Referate der 39. GIL-Jahrestagung in Wien, 18.-19. Februar 2019: Digitalisierung für landwirtschaftliche Betriebe in kleinstrukturierten Regionen – ein Widerspruch in sich? Lecture Notes in Informatics (GI Lecture Notes) 287, S. 31-36, 2019.

[BSL20] Buhk, J.-H.; Sundermeier, H.-H.; Latacz-Lohmann, U.: Nitratrichtlinie und kostenminimale Wirtschaftsdüngerallokation in Abhängigkeit von der Lagerkapazität – Fallstudie für ein Düngejahr mit gemischt-ganzzahliger Linearer Programmierung. Austrian Journal of Agricultural Economics and Rural Studies, 29, S. 105-112, 2020.

[Da18]   Daxini, A. et al.: Which factors influence farmer's intentions to adopt nutrient management planning? Journal of Environmental Management, 224, S. 350-360, 2018.

[Ni20]   Nicholson, F. et al.: How can Decision Support Tools Help Reduce Nitrate and Pesticide Pollution from Agriculture? A Literature Review and Practical Insights from the EU FAIRWAY Project. Water 2020, 12, 768, 2020.

[Ka07]   Karmakar, S. et al.: Integrated decision support system (DSS) for manure management: A review and perspective. Computers and Electronics in Agriculture 57, S. 190-201, 2007.

[Sc20]   Schils, René et al.: Fertilizer Replacement Value: Linking Organic Residues to Mineral Fertilizers. In (Meers, E. et al., Hrsg.): Biorefinery of Inorganics: Recovering Mineral Nutrients from Biomass and Organic Waste. John Wiley & Sons, 2020.

Sensibilität für Resilient Smart Farming (RSF) und seine Bedeutung in Krisenzeiten

RSF für eine nachhaltige, umweltgerechte und resiliente digitale Landwirtschaft

Daniel Eberz-Eder[1], Franz Kuntke[2] und Christian Reuter[2]

Abstract: Mit der globalen COVID-19-Pandemie und dem Hochwasser in West- und Mitteleuropa im Sommer 2021 hat unter anderem Deutschland in jüngster Vergangenheit zwei schwerwiegende Krisenszenarien erlebt. Die Auswirkungen auf die Gesellschaft und Wirtschaft sind verheerend. Parallel lassen sich Krisenereignisse im digitalen Raum, wie die Zunahme an Cyberkriminalität, beobachten. Es wird zunehmend deutlich, dass die Resilienz analoger sowie digitaler Prozesse wichtiger für die vollständige Betriebsfähigkeit wird. Die vorliegende Arbeit setzt sich mit der Bedeutung des Resilient Smart Farming (RSF) in Krisenzeiten als Möglichkeit für eine nachhaltige, umweltgerechte und resiliente digitale Landwirtschaft auseinander. Dazu wurden u. a. lokale Schadensmeldungen gruppiert und mögliche RSF-Gegenmaßnahmen aufgezeigt. Im Ergebnis zeigt sich eine Bewertung von Konzepten des RSF hinsichtlich der Krisenprävention und -bewältigung anhand aktueller realer Beispiele. Aufgrund zunehmender Bedrohungen durch Naturkatastrophen und Cyberkriminalität gehen wir davon aus, dass die Aufmerksamkeit von Gesellschaft und Politik für die Resilienz der Primärproduktion weiter steigen wird.

Keywords: Resilient Smart Farming, IoT, Ausfallsicherheit, Resilienz, Digitalisierung

1 Einleitung

Die Digitalisierung wird allgemein als ein Transformationsprozess für das gesellschaftliche und wirtschaftliche Leben beschrieben. Der digitale Wandel von analogen zu digitalen Prozessen hat sich im letzten Jahrzehnt durch zahlreiche technologische Innovationen rasant weiterentwickelt. Von dieser Entwicklung ist auch die Landwirtschaft als Primärsektor mit einem nicht unerheblichen Anteil betroffen. Einige der vormals rein analogen Planungs- und Umsetzungsprozesse wurden digitalisiert, z. B. durch den Einsatz von digitalen Schlagkarteien oder Farm Management Informationssystemen (FMIS). Die schnelle Umsetzung digitaler Prozesse in der Praxis birgt jedoch die Gefahr, dass gerade Sicherheitsaspekte vernachlässigt und hinten

---

1 Dienstleistungszentrum Ländlicher Raum (DLR) Rheinhessen-Nahe-Hunsrück, Bad Kreuznach, daniel.eberz@dlr.rlp.de
2 Technische Universität Darmstadt, Wissenschaft und Technik für Frieden und Sicherheit (PEASEC), 64289 Darmstadt, kuntke@peasec.tu-darmstadt.de, https://orcid.org/0000-0002-7656-5919; reuter@peasec.tu-darmstadt.de, https://orcid.org/0000-0003-1920-038X

angestellt werden. Da die Anwendungen im normalen Regelbetrieb jedoch unabhängig von der Sicherheit einer Anwendung funktionieren, wird oftmals nach der Einführung einer solchen digitalen Anwendung bzw. Lösung nicht nachgebessert. In Folge können gefährdete Systeme großflächig Einsatz finden. Diese können in erheblichen Schadenslagen auch großflächige Störungen in Wirtschafts- und Verwaltungsabläufen mit sich bringen.

Durch die globale COVID-19-Pandemie und das Hochwasser in West- und Mitteleuropa im Sommer 2021 hat unter anderem Deutschland in jüngster Vergangenheit zwei schwerwiegende Krisenszenarien erlebt. Dabei waren die Auswirkungen auf die Gesellschaft und Wirtschaft verheerend. Die Konsequenzen dieser Krisenszenarien haben sich dabei konkret auf die lokale und regionale Bevölkerung und Wirtschaft ausgewirkt. In dieser Krisenzeit wurde zunehmend deutlich, dass die Thematik der Resilienz analoger sowie digitaler Prozesse in Gesellschaft und Politik an Bedeutung gewinnt.

Das Konzept des Resilient Smart Farming (RSF) [Re18], welches im Innovationsprojekt GeoBox-I und GeoBox-II durch das Bundesministerium für Ernährung und Landwirtschaft (BMEL) gefördert wird, ist auf eine nachhaltige, umweltgerechte und resiliente digitale Landwirtschaft ausgerichtet. Durch die Einbindung von landwirtschaftlich relevanten öffentlichen georeferenzierten Daten und Fachinformationen wie z. B. Wetterdaten, Schaderregerauftreten oder Gewässerabstände können die digitalen Anwendungen als Entscheidungshilfe einen wichtigen Beitrag zur umweltgerechten Landwirtschaft leisten. Durch die Umsetzung in Form eines dezentralen Informationssystems mit Anspruch an Krisentauglichkeit soll die betriebliche Resilienz gestärkt werden. Der Wirtschaftsökonom Brunnermeier geht in seinem Buch „Die resiliente Gesellschaft" 2021 davon aus, dass es immer wieder Krisen geben wird [Br21]. Daher ist es wichtig, sowohl die Gesellschaft als auch einzelne Sektoren resilienter zu machen und auf Krisenszenarien vorzubereiten. Die vorliegende Arbeit analysiert, inwieweit das Konzept des RSF sowie die technologische Umsetzung in konkreten Gefährdungslagen die landwirtschaftliche Produktion gesichert hätten, oder einen wichtigen Beitrag für den zivilen Schutz durch die Verwendung landwirtschaftlicher Infrastruktur geschaffen hätten.

2 Hintergrund – resiliente Technologie für die Landwirtschaft

Der Markt für digitale Anwendungen im Precision Farming sowie Smart Farming ist mittlerweile sehr umfassend. Die digitalen Anwendungen bieten vielfältige Chancen für die landwirtschaftliche Produktion und leisten einen wichtigen ökonomischen und ökologischen Beitrag durch betriebsindividuelle Entscheidungshilfen. Die derzeit auf dem Markt verfügbaren Dienstleistungen und Produkte sind dabei vordergründig durch die Funktionsweise des Cloud-Computings geprägt. Das bedeutet, dass Daten nicht mehr vor Ort gespeichert werden, sondern auf zentralen Servern in Rechenzentren ausgelagert werden. In der landwirtschaftlichen Praxis werden internetabhängige, u. a. vor allem hochleistungsbasierte Anwendungen nicht selten durch unzureichende Bandbreiten und hohe Latenzzeiten eingeschränkt.

Eine Alternative zu zentralisierten Ansätzen in Form von Cloud-Computing ist, zumindest für gewisse Anwendungen ein eigenes dezentrales Netzwerk zu errichten und die Anwendungen mit einem „Offline-First"-Ansatz zu entwickeln. Bei einem solchen „Offline-First"-Ansatz geht es darum, dass Programme grundsätzlich ohne Internetanbindung nutzbar sind [RSE19]. Diese Idee setzen wir mit technologischen Konzepten um, die wir unter dem Begriff Resilient Smart Farming (RSF) sammeln. Die technologische Umsetzung des RSF ist zwischen Edge Computing [Sh16] und Fog Computing [Hu17] einzuordnen. Die Datenhoheit von landwirtschaftlichen Betriebsdaten spielt entsprechend bei der Akzeptanz digitaler Anwendungen eine wichtige Rolle. Durch das GeoBox-Projekt wird anhand des Resilient Edge Computing (REC) [Eb21] eine dezentrale Datenhaltung konzipiert und getestet, die wichtige Erkenntnisse zur resilienten, betrieblichen und lokalen Datenhaltung beinhaltet. Diese Testumgebung wird gemeinsam mit dem Projektvorhaben EF-Südwest auf der Open Data Farm Hofgut Neumühle aufgebaut. Die hierbei entstehende HofBox dient als lokaler Mini-Server mit Einsatz direkt im Betrieb, um Datenbanken vorzuhalten und auch IoT-Geräte anzubinden. Weiterhin kann die HofBox selbst auch Anwendungen bereitstellen, die beispielsweise per Browser aufrufbar sind. Weitere Konzepte aus dem RSF-Umfeld sind die Nutzung von LPWAN-Technologien für den Aufbau resilienter, drahtloser Datenkanäle, die in Notfällen eine infrastrukturlose Kommunikation unterstützen. Mit einem ähnlichen Ansatz können dabei auch Geräte drahtlos angebunden werden, die von sich aus keine LPWAN-Anbindung mitbringen [Ku21]. Grundgedanke im Umfeld des RSF ist stets, einen hohen Anteil an Autarkie der notwendigen Infrastruktur zu erreichen – sowohl software- als auch hardwareseitig – was neben dem Resilienzgedanken auch positive Effekte bzgl. Datenhoheit und Privatsphäre mit sich bringt. Durch diese Technologien zur Dezentralisierung und Absicherung von internetbasierten Anwendungen wird die Datenhaltung zurück in die Betriebe verlagert und sichert somit die initiale Datenhoheit den Landwirten zu.

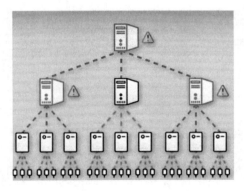

Abb. 1: Ausfall zentraler Dienste in der Hierarchie führt nicht zum Totalausfall des Systems

Im folgenden Kapitel wird eine Auswahl an Ereignissen dargestellt, um die Tauglichkeit der RSF-Entwicklungen theoretisch zu eruieren. Die Abbildung 1 zeigt schematisch den Aufbau des REC im landwirtschaftlichen Kontext mit einem zentralen Landesserver, einer regionalen Landkreisinstanz und die betrieblichen HofBoxen mit unterschiedlichen IoT-Sensoren. Ein Ausfall zentraler Dienste, z. B. Landesserver und die darunter liegenden Landkreisserver, führen bei einem Krisenereignis (z. B. Internetausfall) nicht zum Ausfall der betrieblichen HofBoxen.

3 Schadensereignisse in jüngster Vergangenheit

Eine systematische Recherche von Vorfällen in domänenspezifischen Nachrichtenportalen (agrarheute.com, topagrar.com, lz-rheinland.de) mit Stichworten (u. a. Hackerangriff, Defekte, Störungen, Stromausfall, Internetausfall, Ausfall, Hacker, Angriff, Cyber) hat zu einer Liste von Ausfällen einzelner Betriebe in der DACH-Region (Schwerpunkt Deutschland) geführt. Zum Zeitpunkt der Analyse im Jahr 2021 gab es sieben größere Vorfälle[3], teils mit bezifferten erheblichen finanziellen Schäden im sechs- oder siebenstelligen Euro-Bereich.

Zwei der sieben Fälle können dabei eindeutig dem Bereich *Cyberattacke* zugeordnet werden. In beiden Fällen wurden dabei gezielt Großbetriebe attackiert und als Folge die Unternehmens-IT lahmgelegt. Da in den Berichten von „Lösegeld für die Wiederherstellung der Daten" berichtet wird, handelte es sich vermutlich um Attacken auf Basis von Ransomware, bei denen Daten verschlüsselt werden. Für die Wiederherstellungsschlüssel wird i.d.R. ein Lösegeld gefordert. In der Vergangenheit ist eine Zunahme solcher Störungen in vielen Sektoren verstärkt zu beobachten. Ein Schadensereignis ist laut Nachrichtenportal auf einen technischen Defekt zurückzuführen, bei dem große Mengen Milch in ein Abwasserwerk flossen. Dabei wurde eine Verunreinigung eines benachbarten Flusses gefürchtet. Vier weitere Fälle beschreiben Brände in großen Ställen, wobei in zwei Fällen direkt technisches Versagen festgestellt wurde, bei zwei weiteren Fällen konnte allerdings keine direkte Brandursache erkannt werden. Die recherchierten Schadensereignisse von landwirtschaftlichen Betrieben sind statistisch nicht signifikant, sie verdeutlichen jedoch, dass der Ausfall von (Informations-)Technik zu erheblichen ökonomischen Verlusten sowie Tierleid führen kann.

---

[3] www.lz-rheinland.de/nachricht/detail/grossanlage-in-brand; www.agrarheute.com/tier/schwein/schon-brand-schweinemastbetrieb-580280; www.agrarheute.com/tier/technischer-defekt-huehnermobil-abgebrannt-581390; www.agrarheute.com/land-leben/stallbrand-800-1000-schweine-sterben-581626; www.agrarheute.com/management/hackerangriff-fleischgigant-jbs-schlachtbaender-stehen-still-581786; www.agrarheute.com/land-leben/technischer-defekt-25000-liter-milch-fliessen-klaeranlage-582538; www.agrarheute.com/management/agribusiness/hacker-legen-cyberangriff-molkerei-oesterreich-lahm-582644

4 Nutzung von RSF-Technologie

Obwohl der grundlegende Fokus der RSF-Thematik in der Stärkung der Resilienz liegt, könnten die angesprochenen technischen Lösungen einen wichtigen Beitrag in einzelnen Betrieben vor den Auswirkungen technischer Defekte oder Cyberangriffen leisten:

(a) Redundante Datenhaltung: Bei der Hauptapplikation wird die Datenhaltung sowohl auf Client (Smartphone, Tablet, oder Computer), als auch Server (HofBox) vorgehalten, sofern es der Speicher ermöglicht. Durch die Redundanz der Daten führt ein technischer Defekt eines einzelnen Gerätes nicht zu einem vollständigen Datenverlust – unabhängig von der Realisierung ordentlicher Backups, die in der Praxis leider zu selten anzutreffen sind.

(b) Autarke Lauffähigkeit durch „Offline-First"-Ansatz: Sind global angebundene Server nicht erreichbar, sei es durch eine größere Attacke[4], einen Brand eines Rechenzentrums[5] oder menschliches Versagen[6], brechen auch die darauf angewiesenen Dienste zusammen. Die naheliegende Lösung sollte deshalb sein, bei kritischen bzw. krisenrelevanten Anwendungen nach Möglichkeit auf eine Internetabhängigkeit zu verzichten. Bei „Offline-First"-Anwendungen wird deshalb die Abhängigkeit reduziert, indem bereits bei der Entwicklung sichergestellt wird, dass die Funktionen so gut wie möglich auch offline, d. h. ohne Internetzugang, funktionieren. Dennoch können diese Anwendungen im „Normalbetrieb" von einer funktionierenden Internetverbindung profitieren.

(c) Datenhaltung des Farm Managements auf dedizierter Hardware: Die Separierung der betrieblichen Datenhaltung von den Endgeräten macht das System weniger anfällig für häufige Angriffsmuster. Beispielsweise Schadcode, der per Mail-Anhang auf einem Endgerät Einzug erhält, ist somit bereits separiert von der Hardware mit den Daten für das Farm Management. Ebenso macht es die Spezialisierung der Hardware-Software-Kombination unwahrscheinlicher, zu den Zielen breitflächiger Angriffe zu gehören, durch den Verzicht auf breitflächig eingesetzte Software (z. B. Microsoft Windows), welche i.d.R. als Einfallstor solcher Attacken dient.

(d) Integration einer IoT-Plattform zur einfachen Anbindung von Sensorik und Aktorik: Aktuell ist der Einsatz und Aufbau von betrieblichen IoT-Umgebungen aufwändig und mit viel Recherche verbunden. Durch die Integration einer IoT-Plattform in die HofBox soll die Hemmschwelle für den Einsatz von IoT-Sensorik gesenkt werden, um beispielsweise schneller über kritische Zustände (Temperatur, Klimatisierung und Belüftung) in Ställen informiert zu werden.

---

4 https://www.heise.de/news/Cyberangriff-auf-Anhalt-Bitterfeld-Landkreis-zeigt-sich-weiterhin-unerpressbar-6160917.html
5 https://www.faz.net/aktuell/wirtschaft/digitec/brand-bei-cloud-betreiber-millionen-von-webseiten-betroffen-17238989.html
6 https://www.zdf.de/nachrichten/digitales/facebook-ausfall-dns-konfigurationsfehler-100.html

5 Abschluss und Ausblick

Im Hinblick auf die steigende Anzahl an Gefährdungen durch Naturereignisse und Cyberkriminalität müssen Schwachstellen verringert werden. Dies spricht für die Entwicklung resilienter Systeme. Ein Versuchsaufbau auf der Open-Data-Farm Neumühle zeigt bereits, dass das technologische Zusammenspiel aus „Open Horizon" als Management-Framework (Cloud) für die Verwaltung und containerisierten Anwendungen auf der betrieblichen HofBox-Ebene (Edge-Device) funktioniert. Es können hierbei die HofBoxen mit aktuellen Softwarepaketen provisioniert und anschließend autark betrieben werden, auch wenn Teile der Infrastruktur vom Internet abgeschnitten sind. In Zukunft wird weiterhin analysiert, ob die im Krisenfall notwendigen Datenpakete auch über eine Notfallkommunikation z. B. durch LPWAN-Technologie (z. B. LoRa) kommuniziert werden können. Dafür steht die in den Projekten GeoBox-I/II und EF-Südwest aufgebaute digitale Infrastruktur auf der Open-Data-Farm Neumühle zur Verfügung und ermöglicht in den kommenden Monaten weitere Tests hinsichtlich resilienter digitaler Infrastruktur. Sowohl die großen Krisenereignisse in den letzten Monaten als auch die vielen kleineren, aber dennoch existenzgefährdenden Schäden haben dazu geführt, dass die Sensibilität für das Thema Resilienz in vielfältiger Weise gestiegen ist. Nach heutigem Stand und einer ersten Bewertung gehen wir davon aus, dass die Aufmerksamkeit innerhalb der Landwirtschaft, Wirtschaft, Gesellschaft und Politik zu Resilienz und Resilient Smart Farming in den nächsten Jahren steigen wird.

Literaturverzeichnis

[Br21] Brunnermeier, M. K. et al. (Übers.): Die resiliente Gesellschaft: wie wir künftige Krisen besser meistern können. Berlin: Aufbau, 2021.

[Eb21] Eberz-Eder, D. et al.: Technologische Umsetzung des Resilient Smart Farming (RSF) durch den Einsatz von Edge Computing. 41. GIL-Jahrestagung: Informatik in der Land-, Forst- und Ernährungswirtschaft, 2021.

[Hu17] Hu, P. et al.: Survey on fog computing: architecture, key technologies, applications and open issues. In: Journal of Network and Computer Applications, Bd. 98, 2017.

[Ku21] Kuntke, F. et al.: Low Power Wide Area Networks (LPWAN) für krisentaugliche Datenübertragung in landwirtschaftlichen Betrieben. 41. GIL-Jahrestagung: Informatik in der Land-, Forst- und Ernährungswirtschaft, 2021.

[RSE19] Reuter, C.; Schneider, W.; Eberz, D.: Resilient Smart Farming (RSF) – Nutzung digitaler Technologien in krisensicherer Infrastruktur. 39. GIL-Jahrestagung: Informatik in der Land-, Forst- und Ernährungswirtschaft, 2019.

[Re18] Reuter, C. et al.: Resiliente Digitalisierung der kritischen Infrastruktur Landwirtschaft – mobil, dezentral, ausfallsicher. Mensch und Computer 2018: Workshopband, 2018.

[Sh16] Shi, W. et al.: Edge Computing: Vision and Challenges. In: IEEE Internet of Things Journal, Bd. 3, 2016.

Einfluss der Samplingrate von Outdoor-Tracking-Systemen für Milchkühe auf abgeleitete Bewegungsparameter

Christiane Engels[1] und Wolfgang Büscher[1]

Abstract: Um den Einsatz von Outdoor-Tracking-Systemen zur Gesundheitsüberwachung auf der Weide zu testen, wurde in dieser Studie der Einfluss der Samplingrate, also der Häufigkeit der Positionsbestimmung, auf die Ableitung von Bewegungsparametern untersucht. Dabei wurden die GPS-Positionsdaten von fünf trockenstehenden Milchkühen über 21 Tage mit einer Frequenz von 1 Hz erfasst und daraus die zurückgelegte Wegstrecke und die Raumnutzung für verschiedene Samplingraten berechnet und ausgewertet. Ein Intervall von 1 min stellte sich dabei als notwendig heraus, um Bewegungsparameter in ausreichender Präzision abzuleiten. Für eine praxistaugliche Akkulaufzeit muss daher mit den derzeit verfügbaren Trackingsystemen ein Kompromiss hinsichtlich des Genauigkeitsverlusts eingegangen werden.

Keywords: Trackingsysteme, GNSS, Precision Dairy Farming

1 Einleitung

Im Zuge der Digitalisierung der Landwirtschaft hin zur Landwirtschaft 4.0 nimmt der Einsatz von Trackingsystemen zur digitalen Tierbeobachtung in der Rinderhaltung stetig zu. Diese Systeme finden hauptsächlich im Indoor-Bereich Anwendung, um Milchkühe im Stall zu lokalisieren und aus deren Bewegungsaktivität Rückschlüsse auf Brunst- oder Gesundheitsereignisse zu ziehen. Im Outdoor-Bereich steht das Auffinden der Tiere, z. B. in der extensiven Weidehaltung im Gebirge, im Vordergrund. Durch die vermehrten Forderungen von Verbrauchern nach weidebasierten Haltungssystemen erscheint es sinnvoll, Outdoor-Trackingsysteme auch in Haltungssystemen mit Weidegang zum Gesundheitsmonitoring einzusetzen. Denn Steigerungen der tierindividuellen Aktivität können auch hier auf eine Brunst und Rückgänge beispielsweise auf eine Lahmheit hindeuten.

Im Outdoor-Bereich ist die Positionsbestimmung mittels Navigationssatelliten (z. B. GPS) Standard. Dieses Verfahren ist sehr energieintensiv, sodass ein Zielkonflikt zwischen einer hohen Samplingrate und einer praxistauglichen Akkulaufzeit besteht. Zusätzlich stellt die Datenübertragung im Outdoor-Bereich eine Herausforderung dar, deren Häufigkeit sich ebenfalls auf die Akkulaufzeit auswirkt.

Grundsätzlich lassen genauere Daten in höherer zeitlicher Auflösung bessere abgeleitete Ergebnisse zu. Milchkühe bewegen sich auf der Weide jedoch mit einer mäßigen

---
[1] Rheinische Friedrich-Wilhelms-Universität Bonn, Institut für Landtechnik, Nußallee 5, 53115 Bonn, christiane.engels@uni-bonn.de, buescher@uni-bonn.de

Geschwindigkeit von ca. 0,8-1,2 m/s und verbringen bis zu 12 h mit Ruhen. Somit stellt sich die Frage nach einer geeigneten Samplingrate, um Bewegungsparameter mit hoher Präzision abzuleiten und gleichzeitig eine möglichst lange Akkulaufzeit zu erreichen. McGavin et al. haben in ihren Studien ein Samplingintervall von 5-10 s als optimal zur Berechnung der zurückgelegten Wegstrecke bei der verwendeten GPS-Sensorik festgestellt [Mc18]. Dieses Intervall liegt weit unter den Samplingintervallen von 15, 30 oder 60 min, die bei kommerziellen Systemen üblicherweise voreingestellt sind. In den laufenden Untersuchungen soll daher u. a. geklärt werden, ob kommerzielle Outdoor-Trackingsysteme geeignet sind, Bewegungsparameter für eine Auswertung im Sinne der Gesundheitsüberwachung zu erfassen.

2 Material und Methode

2.1 Versuchsdurchführung

Für diese Studie wurden die GPS-Positionsdaten von fünf trockenstehenden Milchkühen der Rasse Deutsche Holstein auf dem Campus Frankenforst der Universität Bonn in Königswinter-Vinxel erhoben. Der Versuch erfolgte über einen Zeitraum von 21 Tagen im August und September 2021. Der Kleingruppe (tragende Jungrinder und Trockensteher, max. 19 Tiere) wurde zunächst eine eingezäunte Weidefläche von 1,1 ha zur Verfügung gestellt. An Tag 7 wurde diese Fläche um 0,3 ha erweitert und eine Futterraufe mit Heusilageballen aufgestellt. An Tag 16 erfolgte ein Umtrieb auf eine angrenzende, frische Weidefläche von 0,8 ha (ohne zusätzliche Futterraufe). An Tag 21 endete der Versuch mit der Aufstallung von drei Versuchstieren in den Liegeboxenlaufstall, in welchem die Tiere während der Laktation gehalten werden.

Zur Aufzeichnung der Positionsdaten wurden Outdoor-Smartphones K10000 der Firma Oukitel verwendet, welche in einer Schutzhülle am Halsband der Tiere befestigt waren. Die Daten wurden mittels der App *„GPS Logger"* (BasicAirData) mit einer Frequenz von 1 Hz aufgezeichnet. An vier Versuchstagen wurden die Smartphones für 2:30 – 4:45 h vom Halsband abgenommen, um eine Datensicherung vorzunehmen und die Akkus nachzuladen, während sich die Tiere in einer Separationsbox am Liegeboxenlaufstall befanden. Die auswertbare Versuchsdauer betrug somit 460 h. Die Smartphones wurden im Vorfeld getestet und zeigten stabile Positionsdaten ('zurückgelegte Strecke' von 0-14 m bei statischer Platzierung über 90 min). Während des Versuchs betrug die mittlere GPS-Satellitenanzahl 9,0 ± 0,2.

2.2 Datenauswertung

Für verschiedene Samplingraten (1 s, 5 s, 10 s, 30 s, 1 min, 5 min, 10 min, 30 min und 60 min) wurden Bewegungsparameter aus den GPS-Positionsdaten berechnet. Dabei wurden verschiedene Offsets für die Samplingraten berücksichtigt. Für jedes Tier wurde die täglich und stündlich zurückgelegte Wegstrecke als akkumulierte lineare Distanz zwischen den (gefilterten) Datenpunkten berechnet. Zur Auswertung der Raumnutzung wurde die Versuchsfläche in gleichmäßige, quadratische Rasterzellen unterteilt und auf täglicher und stündlicher Basis für jedes Tier die Anzahl der betretenen Rasterzellen bestimmt. Zusätzlich wurden die Rasterzellen mit der längsten Verweildauer und die 5, 10, 25, 50, 75, 90 und 95 % Quantile berechnet. Insgesamt wurden sechs unterschiedliche Kantenlängen (1 m, 2 m, 3 m, 5 m, 10 m und 20 m) getestet. Die Berechnung ist an die Vorgehensweise von [Vá18] zur Ableitung von Raumnutzungsparametern für ein Indoor-Tracking-System angelehnt.

Zum Vergleich der Samplingraten wurden Varianzanalysen (ANOVA) mit paarweisen Post-hoc-Tukey-Tests durchgeführt. Die Berechnung der Parameter sowie die statistische Auswertung erfolgten in Python.

3 Ergebnisse

Im Mittel haben die Versuchstiere eine tägliche Strecke von 2,9-5,7 km zurückgelegt. Dabei ist festzustellen, dass sich die ermittelte Position pro Tier nur in 3,2-6,1 % der Positionsbestimmungen in den Rohdaten (Samplingrate 1 s) gegenüber der vorigen Position verändert. Mit steigender Samplingrate steigt dieser Anteil von 4,9 ± 1,1 % bei 1 s auf 9,5 ± 2,0 % bei 10 s und 26,0 ± 4,8 % bei 1 min, bis zu 95,1 ± 2,1 % bei 60 min.

Durch das Filtern werden neben den Datenpunkten ohne Positionsveränderung auch zunehmend Datenpunkte mit Positionsveränderung herausgefiltert. So hat die Sampling-rate – wie erwartet – einen Einfluss auf die berechnete zurückgelegte Wegstrecke. Schon bei einer Samplingrate von 5 s wird die täglich zurückgelegte Wegstrecke gegenüber der 1-s-Strecke signifikant um 7,5 % unterschätzt. Bei 5 min sind dies bereits 34,4 % und 79,0 % bei einer Samplingrate von 60 min.

Wie in Abbildung 1 beispielhaft für ein Tier dargestellt, ändert sich der relative Verlauf der täglich zurückgelegten Wegstrecke jedoch erst ab einer Samplingrate von 1 min signifikant gegenüber der 1-s-Strecke. Tabelle 1 fasst die relativen Fehler der absoluten und relativen täglich zurückgelegten Wegstrecke zusammen. Der Offset hat dabei keinen Einfluss auf die Berechnung der zurückgelegten Wegstrecke: Bei einer Samplingrate von 1 min beträgt der Einfluss zwischen 0,1-0,3 %, bei einer Samplingrate von 10 min zwischen 0,4-0,9 %.

Für die Raumnutzungsparameter ergeben sich ähnliche Resultate. Mit zunehmender Samplingrate sinkt die Anzahl der täglich betretenen Rasterzellen. Abbildung 2 zeigt die Anzahl täglich betretener Rasterzellen über alle Versuchstiere und -tage hinweg für die verschiedenen Samplingraten bei einer Kantenlänge von 5 m. Dabei wird die genutzte Fläche um 10,1-94,7 % unterschätzt. Bei den Quantilen hingegen wird der relative Fehler für das 50, 75, 90 und 95 % Quantil bei einer Kantenlänge von 5 m erst ab einer Samplingrate von 5 min signifikant. Für 1 min liegt der relative Fehler bei 0,6-3,0 %.

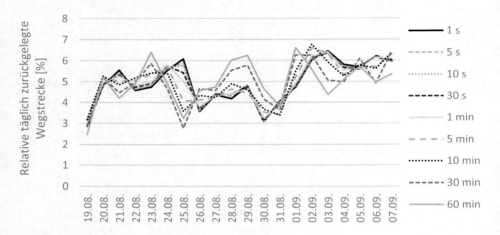

Abb. 1: Verlauf der relativen täglich zurückgelegten Wegstrecke eines Tieres über den Versuchszeitraum berechnet für die verschiedenen Samplingraten

Samplingrate	Absolute Wegstrecke	Relative Wegstrecke
5 s	7,5 %	1,1 % [ab]
10 s	10,3 %	1,6 % [ab]
30 s	14,9 %	3,0 % [ab]
1 min	19,1 %	4,7 % [b]
5 min	34,4 %	10,1 % [c]
10 min	44,6 %	12,6 % [c]
30 min	66,8 %	18,0 % [d]
60 min	79,0 %	21,3 % [d]

Tab. 1: Relativer Fehler der absoluten und relativen täglich zurückgelegten Wegstrecke für die verschiedenen Samplingraten. Die Buchstaben markieren signifikante Unterschiede bzgl. der 1-s-Strecke ([a]), $p < 0,001$

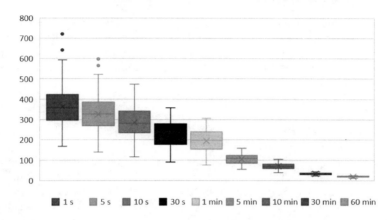

Abb. 2: Anzahl der täglich betretenen 5 m × 5 m Rasterzellen in den verschiedenen Samplingraten

Die Rasterzellen mit der jeweils längsten Verweildauer sind für alle Samplingraten (mit Ausnahmen bei 10-60 min) identisch, da sich die Tiere dort sowohl in der stündlichen als auch in der täglichen Auswertung mit durchschnittlich 27 min bzw. 2,5 h im Verhältnis zur Samplingrate ausreichend lange aufgehalten haben.

Der Offset hat einen geringen Einfluss auf die Raumnutzungsparameter (0,4 % bei 10 s, 1,2 % bei 1 min und 4,4 % bei 10 min).

4 Diskussion

Brunst- und Gesundheitsereignisse werden üblicherweise aus Veränderungen des tierindividuellen „Normalverhaltens" abgeleitet. So ist es ausreichend, mit der relativen zurückgelegten Wegstrecke die Tendenz des Bewegungsverhaltens zu erkennen. Erst ab einer Samplingrate von 1 min wird der Fehler dort signifikant und auch die relativen Fehler von 10,1 bzw. 12,6 % für Samplingraten von 5 bzw. 10 min sind vergleichsweise klein, sodass auch Systeme mit einer geringeren Anzahl an Positionsbestimmungen genutzt werden können, um Veränderungen im Bewegungsverhalten hinsichtlich der zurückgelegten Wegstrecke zu detektieren. Für die Raumnutzung ist ein Samplingintervall von 1 min notwendig, um die Quantile für ausreichend große Rasterzellen ohne signifikanten Fehler abzuleiten.

Mit Samplingraten von 30-60 min ist keine stündliche Auswertung des Bewegungsverhaltens möglich. Diese wäre aber wünschenswert für ein frühzeitiges Erkennen von möglichen Gesundheitsstörungen, um rechtzeitig mit einer Behandlung zu beginnen.

Die in der Studie als Referenz verwendete 1-s-Strecke gibt aufgrund der Ungenauigkeit des GPS nicht die tatsächlichen Positionen der Milchkühe wieder. Für den Zweck der

Studie wurde sie als hinreichend genau erachtet. Für Trackingsysteme mit großen Samplingintervallen kann beispielsweise durch die Verwendung eines Ruhezustands ein zusätzlicher Fehler entstehen. Geht ein GPS-Gerät zwischen zwei Positionsbestimmungen in den Ruhezustand, muss anschließend der Satellitenempfang neu aufgenommen werden, was die Genauigkeit der ermittelten Position beeinträchtigen kann.

5 Fazit und Ausblick

Samplingraten von 1 s-1 min sind mit resultierenden Akkulaufzeiten von unter einer Woche in der Praxis derzeit nicht umsetzbar. Ein vielversprechender Ansatz ist die Verknüpfung mit Beschleunigungssensoren. Nur bei einer Bewegung des Tieres wird eine neue Position ermittelt und gesendet. Dies hätte die Anzahl der Positionsbestimmungen in der durchgeführten Studie ohne Informationsverlust im Mittel um den Faktor 20 reduziert. Zusätzlich können die Daten des Beschleunigungssensors dazu genutzt werden, zwischen verschiedenen Verhaltensweisen (Liegen vs. Stehen bei gleicher Position) genauer zu differenzieren und diese in die Auswertung miteinzubeziehen (vgl. [Ri20]).

Zudem sind auch die Entwicklungen von besonders energieeffizienten GNSS-Geräten und Datenübertragungsverfahren wie *LoRa* interessant, um die angestrebten Samplingraten in praxistauglichen Sensoren zu ermöglichen.

Förderhinweis

Die Förderung des Vorhabens erfolgte aus Mitteln des Bundesministeriums für Ernährung und Landwirtschaft (BMEL) aufgrund eines Beschlusses des deutschen Bundestages. Die Projektträgerschaft erfolgte über die Bundesanstalt für Landwirtschaft und Ernährung (BLE) im Rahmen der Förderung der Digitalisierung in der Landwirtschaft mit dem Förderkennzeichen 28DE108A18 (Experimentierfeld CattleHub).

Literaturverzeichnis

[Mc18] McGavin, S. L. et al.: Effect of GPS sample interval and paddock size on estimates of distance travelled by grazing cattle in rangeland, Australia. The Rangeland Journal (40), S. 55-64, 2018.

[Ri20] Riaboff, L. et al.: Development of a methodological framework for a robust prediction of the main behaviours of dairy cows using a combination of machine learning algorithms on accelerometer data. Computers and Electronics in Agriculture (169), 2020.

[Vá18] Vázquez Diosdado, J. A. et al.: Space-use patterns highlight behavioural differences linked to lameness, parity, and days in milk in barn-housed dairy cows. PLoS ONE 13(12), 2018.

Route-planning in output-material-flow arable farming operations aiming for soil protection

Santiago Focke Martinez[1] and Joachim Hertzberg [1,2]

Abstract: This paper presents two approaches for route planning in output-material-flow arable farming: one for time optimization and one for soil protection. The two approaches were used to plan the routes of one harvester and one transport vehicle performing a harvesting operation in a test field, and were compared by analyzing the operation duration, travel distance, and area driven over by the machines. The results show the benefits and drawbacks of planning the machine routes using the proposed method for soil protection: the plans can reduce the impact of driving over the soil, but it can result in higher operation durations and traveled distances.

Keywords: route planning, precision farming, smart farming

1 Introduction

In the last years, technologies and methods have been developed aiming to improve the efficiency of arable farming processes, addressing topics such as operational costs, energy consumption, traffic intensity in the field, and soil compaction. This tendency has been driven by the introduction of more advanced, and at times heavier and larger, machinery in the field. One of the focus research topics is route planning, which aims to generate suitable driving paths for the machines following some target optimization criteria and the specific requirements and characteristics of the farming operations [Mo20; Ed17; NZ20]. Current research includes operations involving input-, output-, and neutral-flow operations, with both capacitated and non-capacitated machines.

This paper presents two of the approaches for path-search optimization used in the route planning tool presented in [Fo21], namely operation-time optimization and soil protection. This tool was developed to process the field geometries, generate the paths that the primary machines working the field need to follow to cover the complete area, and plan the transit of primary and service machines (in the spatio-temporal domain) following a specified optimization criterion while considering the capacity constraints of the operations. This paper presents a short overview of the route planning tool, followed by the details of the two proposed optimization approaches. Next, exemplary results and comparisons between the two approaches are shown. Finally, limitations, and conclusions are presented.

---
[1] German Research Centre for Artificial Intelligence (DFKI), PBR, Berghoffstraße 11, 49090 Osnabrück, santiago.focke@dfki.de
[2] University of Osnabrück, Berghoffstraße 11, 49090 Osnabrück, joachim.hertzberg@uos.de

2 Methods

The tool used for the overall planning process was previously presented in [Fo21]. Given a field, a working group of machines, and some operation and planning parameters, this tool generates the field geometries and machine routes for a target output-material-flow operation (e.g., harvesting). Two types of machines are considered: a primary machine (PM), which is the one performing the main work in the field (e.g., harvester); and service units (SU), which cooperate with the primary machine in the process (e.g., transport vehicles). The service units are introduced in the operation when the PM has no capacity, hence the need for these units to transport the biomass. Initially, the field geometries are generated, which include the boundaries between the (surrounding) headland of the field and the inner-field (main) region, as well as the headland and inner-field tracks to be followed by the PM to cover the field's working area (Fig. 1(a)). Based on these boundaries and tracks, the so-called base route of the PM is computed, which represents the route that the PM would follow to cover the field without considering the capacity constraints or unloading activities. The base route holds information about the amount of biomass to be extracted from the field and the initial timestamps of when an area will be worked. Next, a graph is constructed based on the field geometries (incl. boundaries, tracks, and access points), the base route, and the locations of the facilities where the biomass can be unloaded (Fig. 1(b)). Finally, the process routes are computed. For this final step, the process is divided into sub-processes, derived from the working windows of the capacitated machines. These working windows are computed based on the capacity constraints of the machines and the amount of biomass in the field, and each one comprises three route segments: 1) driving while working the field until the machine's capacity is reached (e.g., harvesting an area and, in the case of the SUs, overloading the biomass from the PM to the SU); 2) driving to an unloading facility to deposit the biomass; and 3) driving to the next working/overloading point (if needed). The first route segment of the window (referred to as working segment) will be dictated by the corresponding segment of the base route, whereas the planning of the second and third segments (referred to as transit segments) is done using an A* search on the generated graph based on the edge-cost definitions given by the desired optimization criterion, while ensuring that the machines will not drive over unworked areas.

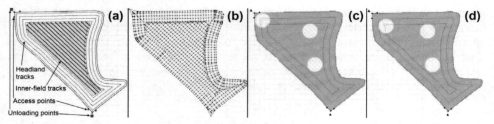

Fig. 1: (a) Test field: headland and inner-field regions with their respective tracks; (b) Graph; (c) Soil-cost gridmap CM1; (d) Soil-cost gridmap CM2

This paper presents two different approaches for the definitions of the edge-costs used in the planning of the transit route segments: one aims to minimize the overall operation time; the other one aims to protect the soil during transit. The edge cost (EC) for operation-time optimization (T_{OPT}) is given by

$$EC = t_d + K_{wt} \cdot t_w + P + K_d \cdot d , \qquad (1)$$

where t_d is the time spent driving over the edge (in seconds), t_w is the time the machine must wait to drive over the edge (in seconds), K_{wt} is the waiting time coefficient, d is the distance travelled in the edge (in meters), $K_d = 0.001$ is the distance coefficient, and

$$P = \begin{cases} 0 & ; \text{Nomal edge} \\ K_{TC} \cdot t_d & ; \text{Edge crossing tracks} \\ K_{BC} \cdot t_d & ; \text{Edge in the field boundary} \end{cases} , \qquad (2)$$

is the penalty cost for driving over special edges, where K_{TC} is the penalty coefficient for edges that connect vertices belonging to different tracks, and K_{BC} is the penalty coefficient for edges located in the field's boundary. Both penalty coefficients can be set by the user depending on the operation preferences. For instance, K_{TC} can be set based on whether it is preferred that the machines drive to the goal without changing tracks inside the field or not. Likewise, K_{wt} can be set depending on whether the time a machine is stationary and waiting for an area to become available should be considered in the cost or not.

The edge cost for soil protection (S_{OPT}) is defined based on two main criteria: 1) reduce the amount of mass that drives over the edge throughout the operation; and 2) reduce transit over edges with high soil-cost. The edge cost is given by

$$EC = \begin{cases} K_p \cdot \left(d \cdot m_\Sigma \cdot (K_b + K_s \cdot c_s^2 + K_t \cdot t/d)\right) & ; \text{inside the field} \\ 0.1 \cdot (d + t) & ; \text{outside the field} \end{cases} , \qquad (3)$$

where $t = t_d + K_{wt} \cdot t_w$ is the time spent in the edge (in seconds), $0 \le c_s \le 1$ is the soil-cost value for the area driven under the edge, $K_b, K_s,$ and K_t are the bias-, soil-cost-, and time- coefficients, respectively,

$$K_p = \begin{cases} 1 & ; \text{Nomal edge} \\ 1 + K_{TC} & ; \text{Edge crossing tracks} \\ 1 + K_{BC} & ; \text{Edge in the field boundary} \end{cases} , \qquad (4)$$

is the penalty factor for driving over special edges, and

$$m_\Sigma = m + K_w \cdot \sum m_{prev} , \qquad (5)$$

where m is the mass (in kg) of the machine planning to drive over the edge, $\sum m_{prev}$ is the sum of the masses (in kg) of the machines planned to drive over the edge at an earlier time (i.e., corresponding to previously planned route segments), and K_w is the coefficient of the sum of previous masses. The soil-cost value c_s is obtained from a soil-cost grid-map generated specifically for the current state of the field and is given as a planning parameter by the user. This cost-map should be generated based on factors such as the soil type, current compaction level, and moisture. More generally, it can be generated in a way that depicts the sensitive areas that should be avoided during transit. Note in (3) that, for edges corresponding to transit outside of the field, factors such as the soil state and the machine mass are not considered; however, shorter/faster paths are preferred.

To assess the proposed methods, a harvesting operation was planned for the test field in Figure 1 (area: 2.31 ha). The field has two access regions (with three access points each), connected to a corresponding unloading point located outside of the field. Additionally, two soil-cost grid-maps with cell resolution of 1 meter were generated, namely CM1 (Fig. 1(c)) and CM2 (Fig. 1(d)), where three circular regions with a high cost of *1.0* were added, whereas the remaining field area was left with a low cost of *0.1*. The difference between CM1 and CM2 lies in the location of the high-cost area near one of the access regions (closer to the access points in CM1), which correspond to an area with high potential to transit. The harvesting operations were planned with a desired headland width of 24 m, an average yield of 40 t/ha, and two machines: a non-capacitated harvester (mass: 19.6 Mg, working width: 6 m) and a transport vehicle (mass: 21.16 Mg, container capacity: 10 Mg). Four different sets of planning parameters were used to test the results: one corresponding to T_{OPT} and the other three to S_{OPT}. The cost coefficients can be seen in Table 1. S_{OPT-1} aims to balance the costs related to driving over areas with high soil-costs and driving over areas previously driven; S_{OPT-2} aims mostly to avoid as much as possible driving over areas with high soil-cost; and S_{OPT-3} aims mostly to reduce driving over already driven areas.

Optimization type	K_{wt}	K_w	K_p	K_s	K_t	K_{TC}	K_{BC}
T_{OPT}	1	--	--	--	--	2.5	15
S_{OPT-1}	--	0.5	0.2	3	0	2.5	50
S_{OPT-2}	--	0.5	0.01	3	0	2.5	50
S_{OPT-3}	--	0.5	0.2	0.01	0	2.5	50

Tab. 1: Cost coefficients

To compare the results, a grid-map with a resolution of 1m was generated for each planned operation, and the routes generated for both machines were mapped into the grid-map based on the respective machine's width. This grid-map holds information about the mass driven over the area corresponding to each cell. All the cells that were driven over were used to obtain the average (*Avg*), maximum value (*Max*), and standard deviation (*SD*) of the following values: the mass driven over the cell (*MDC*), and the mass driven over the cell multiplied by the corresponding soil-cost of the cell (*MDC×SC*). Additionally, the duration and travelled distance of all plans were compared to the duration and distance resulting from the corresponding T_{OPT} plan (T_{diff} and D_{diff}, respectively).

3 Results

Tab. 2 shows the results for all planned operations. As expected, the duration and travelled distance for T_{OPT} is lower than for the S_{OPT} plans. Note that the differences (T_{diff}, D_{diff}) between T_{OPT} and S_{OPT-1} and S_{OPT-2} are much higher for CM1 than for CM2. This shows how the soil-cost-based planning is highly dependent on the soil state throughout the field, or, in other words, on the proximity of high-cost areas to areas with high transit potential (such as field access regions). These plans will search for alternative paths to avoid these costly areas, which could result in significantly higher durations and increased travel inside the field if the alternatives are limited. On the other hand, lower travel distances result in less driven area; however, this does not necessarily correspond to an overall lower negative impact on the soil. S_{OPT-3} shows the best mass distribution in the field, with low average and SD of the MDC. When considering the cells' soil-cost in addition to the mass (MDC×SX), S_{OPT-2} yields the best results, as it aims to decrease the total mass driven over high-cost areas. Finally, the results for S_{OPT-1} show the compromise between avoiding driving over previously driven areas and avoiding driving over high soil-cost regions.

Soil-cost gridmap	Opt. type	T_{diff} [%]	D_{diff} [%]	MDC [kg] (Mass driven over a cell)			MDC×SC (MDC [kg] × soilcost)		
				Avg.	Max.	SD	Avg.	Max.	SD
CM1	T_{OPT}	0.0	0.0	42137	389586	34861	8188	389586	19933
	S_{OPT-1}	6.5	4.6	43958	322216	33158	7439	186174	13097
	S_{OPT-2}	15.7	10.8	46442	326159	36371	7354	112484	11090
	S_{OPT-3}	1.9	1.2	42636	343636	32936	8228	343636	18515
CM2	T_{OPT}	0.0	0.0	42137	389586	34861	7681	343018	17049
	S_{OPT-1}	1.6	1.3	42247	266670	32807	6910	100512	10948
	S_{OPT-2}	2.5	2.0	42539	268231	33158	6930	100512	10926
	S_{OPT-3}	1.9	1.2	42634	328146	32750	7406	168536	13534

Tab. 2: Results

It is important to note that the planning process is not free of limitations [Fo21], which are reflected also in the assessment process. The route planning and assessment do not consider the complete kinematics of the machines and the location of the wheels, which are the ones in contact with the ground. Instead, in this paper, the area considered to be driven over by the machine between two route points corresponds to a rectangular projection on the ground derived from the distance between the route points and the width of the machine. Moreover, the planned routes are computed based on the geometries of the graph, which is generated based on the tracks and is a discretized version of the field. Because of this, areas between the tracks are not fully utilized during planning, for instance, in cases where the working width of the PM is higher than the base widths of the machines. For the test field, only about 80 % of the cells were considered to be overrun.

4 Conclusions

This paper presented two of the approaches for path-search optimization used in the planning tool from [Fo21]: one to optimize the operation duration and the other one to improve the soil protection. The two approaches were compared by analyzing the duration, travel distance, and area driven over for the planned operations. Although the presented assessment method has limitations, it exhibits the benefits and drawbacks of planning the machine routes based on the criteria used to define the edge-costs aiming for soil protection (S_{OPT}). The results suggest that it is possible to reduce the impact of driving on the soil using the proposed method for soil protection. However, depending on the specific state of the soil and the geometries of the field, planning the routes with this method could significantly increase the process duration and travel distance of the machines, which results in higher utilization of resources (machinery, fuel, etc.). A way to mitigate this drawback is to improve the potential for alternative paths (as possible), for instance, by increasing the number of field access points. Moreover, the route planning process can be enhanced to improve the results. For instance, a track-sequence planner that considers the optimization targets can be incorporated in the process. In the case of soil protection, leaving the tracks that overlap with higher soil-cost areas to be worked towards the end of the operation would improve the drivability in the field in the early stages of the operation. Moreover, selecting a proper cost definition is a challenging task; different criteria for soil protection would result in different cost definitions and/or coefficient values. Finally, an extended assessment that considers the real driving following the planned paths, the kinematics of the wheels and corresponding wheel load on the ground, and that incorporates more complex transit and soil-impact models should be carried out.

The SOILAssist project is funded by the Federal Ministry of Education and Research (BMBF) within the framework of the BonaRes-initiative (grant no. 031B0684B). The DFKI Niedersachsen Lab (DFKI NI) is sponsored by the Ministry of Science and Culture of Lower Saxony and the VolkswagenStiftung.

References

[Mo20]   Moysiadis, V. et.al: Mobile Robotics in Agricultural Operations: A Narrative Review on Planning Aspects. Applied Sciences 10/20, p. 3453, 2020.

[Ed17]   Edwards, G. et.al: Route planning evaluation of a prototype optimised infield route planner for neutral material flow agricultural operations. Biosystems Engineering 153/17, p. 149-157, 2017.

[NZ20]   Nilsson, R.S.; Zhou, K. Decision Support Tool for Operational Planning of Field Operations. Agronomy 10/20, p. 229, 2020.

[Fo21]   Focke Martinez, S. et.al: Overview of a route-planning tool for capacitated field processes in arable farming, in 41. GIL-Jahrestagung, Informations- und Kommunikationstechnologie in kritischen Zeiten, Bonn, 2021.

Re-Identifikation markierter Schweine mit Computer Vision und Deep Learning

Maik Fruhner [1], Heiko Tapken[1] und Henning Müller[2]

Abstract: Das Forschungsprojekt SmartTail untersucht die frühzeitige Erkennung von Schwanzbeißen bei Mastschweinen mithilfe von künstlicher Intelligenz. Durch Video-Livestreams aus den Versuchsställen können die Tiere automatisiert erkannt und überwacht werden. Beim Auftreten aggressiven Verhaltens muss das System jedoch in der Lage sein, Aggressor und Opfer zu identifizieren. Hierzu wurden unterschiedliche Arten der Markierung untersucht, die von einem Computersystem autonom erkannt werden sollen. Der Einsatz von auf Ohrmarken gedruckten Data Matrix Codes hat gezeigt, dass die Wiedererkennung eines Tieres auch nach langer Verdeckung oder Abwesenheit gewährleistet werden kann, indem die Codes im Videomaterial lokalisiert und ausgelesen werden. In Verbindung mit einem Tracking-Verfahren ist so eine robuste Identifikation und Überwachung von Tieren möglich. Die gesammelten Daten können zudem für die Untersuchung weiterer wissenschaftlicher Fragestellungen genutzt werden.

Keywords: Schwanzbeißen, Computer Vision, Object Detection, Re-Identification, Precision Livestock Farming

1 Einleitung

Ein in der Schweinemast immer wieder auftretendes Problem ist das Schwanzbeißen. Bei diesem weit verbreiteten Tierverhalten beißen sich die Tiere gegenseitig in die Ringelschwänze, wodurch schwere Verletzungen mit weitreichenden Folgen entstehen können. Die Gründe für das Verhalten sind multifaktoriell und abhängig vom jeweiligen Tier und dessen Umweltsituation [Ve16]. Das übliche Vorgehen zur Minimierung dieses Risikos ist das künstliche Verkürzen der Ringelschwänze – auch Kupieren genannt – in bereits sehr jungem Alter. Dieser sehr umstrittene Vorgang wird durch den „Aktionsplan Kupierverzicht" schrittweise eingedämmt, wodurch jedoch neuartige Maßnahmen zur Erkennung und Verhinderung von Schwanzbeißen notwendig werden.

Daher entwickelt das Forschungsteam des EiP-Agri Projekts SmartTail ein KI-System zur automatisierten, frühzeitigen Erkennung von Schwanzbeißen. Ein kostengünstiges, zwischen Buchten übertragbares Blackbox-System soll die Schweine mithilfe von Video-Streams autonom überwachen und durch KI-Algorithmen erkanntes Schwanzbeißen

---

[1] Hochschule Osnabrück, Fakultät Ingenieurwissenschaften und Informatik, Albrechtstraße 30, 49076 Osnabrück, m.fruhner@hs-osnabrueck.de, https://orcid.org/0000-0002-9094-6996; h.tapken@hs-osnabrueck.de
[2] Hof Fleming, Ehrener Kirchweg 6, 49624 Löningen, henning.mueller@hof-fleming.de

melden. Um darüber informieren zu können, welches Tier von welchem angegriffen wurde, muss das System in der Lage sein, die sehr ähnlichen Tiere voneinander zu unterscheiden.

Für diese computerbasierte Re-Identifikation der Schweine im Stall wurden verschiedene Deep-Learning-Architekturen sowie auf Markierungen basierende Computer-Vision-Ansätze untersucht, da herkömmliche Methoden, wie z. B. RFID, sich für diesen Zweck als ungeeignet herausgestellt haben. Ein erstes Zwischenziel des Projekts ist daher die Ermittlung eines optimalen Markers für die anschließende Identifikation des Einzeltieres.

2 Stand der Forschung

In der Literatur finden sich bereits verschiedene Ansätze zur (Wieder-) Erkennung von Schweinen im Stall. Einige davon setzen auf RFID-Technik, wie z. B. Burose et al. [Bu10], die mit Mikrochips versehene Ohrmarken von speziellen Antennen auslesen ließen, ohne dass diese jedoch an einem Tier befestigt waren. Der praktikable Einsatz wird aufgrund der Resultate zudem von den Autoren in Frage gestellt. Hammer et al. [Ha16] zeigten das Potenzial von Ultra High Frequency (UHF) Transpondern in Ohrmarken, die jedoch schwankende Resultate beim Auslesen aufwiesen.

Die Wiedererkennung von Schweinen mithilfe von Computer Vision wurde unter anderem von Kashiha et al. [Ka13] untersucht, indem die Tiere eindeutige Markierungen auf ihren Körpern erhielten. Anhand Muster erkennender Algorithmen erkannten die Autoren, welche Tiere sich häufig in welchen Bereichen der Bucht aufhielten.

Hansen et al. [Ha18] identifizierten zehn zuvor bekannte Schweine einer Bucht durch Gesichtserkennung an der Tränke. Cowton et al. [CKB19] führten die Wiedererkennung noch weiter und erstellten ein „Re-Identification" Datensatz über 25 individuelle Tiere. Dieser wurde anschließend genutzt, um ein auf Personenidentifikation trainiertes KI-Modell auf Schweineerkennung zu spezialisieren. Dieses Re-ID-Problem wurde von den Autoren als deutlich schwieriger eingestuft als Personen-Re-ID, da diese sich nicht etwa über die Kleidung farblich unterscheiden können.

Es wurden zudem weitere Datensätze veröffentlicht, die für die Entwicklung solcher Computer-Vision-Modelle nötig sind. Psota et al. [Ps19] haben einen Datensatz zur Erkennung und Lokalisierung verschiedener Körperteile von Schweinen erstellt. Kim et al. [Ki20] zeigten einen Datensatz zur Posen-Erkennung bei Schweinen, ähnlich zu dem von Nasirahmadi et al. [Na19], die anhand dessen die Aktivitäten im Stall beobachteten. Zur Verfolgung freilaufender Schweine entwickelten Ahrendt et al. [AGK11] einen auf Computer Vision basierenden Prototypen, der das Tracking bis zu acht Minuten aufrechterhalten konnte.

Dieser Einblick in den Stand der Forschung zeigt, dass ein generelles Interesse an der Identifikation von Stalltieren existiert. Viele Veröffentlichungen zeigen jedoch nur Ansätze oder Prototypen. Mit unserer Arbeit wollen wir die Identifikation von Schweinen mittels Computer Vision weiter vorantreiben.

3 Versuchsaufbau

In diesem Kapitel wird der technische Aufbau der Installation sowie die verwendete Hard- und Software dargestellt.

3.1 Stalltechnik

Im Projekt wurden in drei Versuchsställen Buchten mit IP-Kameras ausgestattet, die leicht zu installieren und gleichzeitig kostengünstig sind. Die Kameras, die sowohl in Farbe als auch mit aktivem Infrarot aufzeichnen können, sind unter der Stalldecke montiert und senkrecht zum Boden hin ausgerichtet.

Ein Stallrechner dient der Konfiguration, Überwachung und der manuellen Aufzeichnung von Daten. Ein NAS speichert rund um die Uhr Daueraufnahmen eines Mastzyklus aus derzeit zwei unterschiedlichen Buchten. Die Computer-Vision-Analysen führt ein Nvidia Jetson Xavier aus. Eine Nvidia DGX-Station kommt als Deep-Learning-Server zum Einsatz, auf dem die aufgezeichneten Rohdaten verarbeitet, annotiert und anschließend genutzt werden, um KI-Modelle zu trainieren.

3.2 Software

Für die Umsetzung des KI-Systems kommt ein Software-Stack von Nvidia zum Einsatz. Mithilfe des Nvidia Train, Adapt and Optimize (TAO) Toolkits [NV18] werden die annotierten Bilddaten genutzt, um auf dem DGX-Server verschiedene KI-Modelle mit unterschiedlichen Architekturen zu trainieren. Diese objekterkennenden Modelle (engl.: Object Detector) sind anschließend in der Lage, die im Datensatz markierten Objekte in neuen, unbekannten Bildern zu lokalisieren. Die diversen Architekturen unterscheiden sich dabei in Genauigkeit und Geschwindigkeit, sodass ein Kompromiss gefunden werden muss, welche für den eigenen Anwendungsfall passend ist.

Für das Projekt wurden zunächst die Objektklassen „Schwein", „Kopf" und „Ringelschwanz" antrainiert. Die fertigen Modelle werden auf den Jetson Edge-Computer exportiert und mit dem Nvidia DeepStream SDK [NV16] ausgeführt, sodass Positionen von Schweinen und deren Köpfe sowie Ringelschwänze erkannt werden.

4 Methoden

In diesem Kapitel werden die Lösungsansätze vorgestellt, die im Laufe des Projekts erprobt wurden. Es werden jeweils die Vor- und Nachteile aufgezeigt sowie Gründe für oder gegen den jeweiligen Ansatz genannt.

4.1 Körpermarkierung mittels Viehzeichenstift

Vier Schweine einer Bucht haben mittels Viehzeichenstift eine Form als Merkmal aufgezeichnet bekommen. Ein mustererkennender Klassifikator, der auf die verschiedenen Formen trainiert wurde, erzielte eine Genauigkeit von knapp 93 %. Jedoch wurde ersichtlich, dass die Farbe auf der Haut bereits innerhalb weniger Tage deutlich verwischt und ausgewaschen war. Für eine Weiterführung des Experiments hätte dies zur Folge, dass die Markierungen aller Tiere regelmäßig erneuert werden müssten. Dies ist nicht nur für den Landwirt sehr aufwändig und langfristig unwirtschaftlich, sondern würde auch das Stresslevel der Tiere unnötig erhöhen und somit dem eigentlichen Ziel des Projektes entgegenwirken.

4.2 Ohrmarken mit Zahlen

Eine typische Art der Markierung von Masttieren sind beschriftete Ohrmarken. Verschiedene OCR-Verfahren (Optical Character Recognition) wurden evaluiert, um die auf den Ohrmarken aufgedruckten Zahlen maschinell auszulesen. Das Problem dieses Ansatzes ist jedoch, dass die Zahlenerkennung nicht rotationsinvariant ist. Die Tiere können sich frei im Stall bewegen, was bedeutet, dass eine senkrecht hinabblickende Kamera die Ohrmarken in jeder möglichen Rotation aufzeichnen kann. Daraus folgt, dass die Zahlen in den seltensten Fällen so rotiert sind, wie man sie beim alltäglichen Lesen erwarten würde. Dies verhindert den Einsatz vieler OCR-Systeme, die nicht dafür konzipiert sind, rotierte Zeichen zu erkennen. Ein auf Ziffern trainierter Klassifikator lieferte ebenfalls keine nützlichen Resultate. Besonders bei ähnlichen Ziffern, wie 1, 2 und 7, kam es zu häufigen Verwechselungen.

4.3 Ohrmarken mit Barcodes

Als Verbesserung der Ohrmarkenerkennung wurden die Ziffern durch maschinenlesbare Codes ersetzt. In verschiedenen Varianten der QR- sowie Data-Matrix-Standards wurden Ziffern zur Identifikation jedes Tieres codiert, die anschließend auf eigens angefertigte Ohrmarken gedruckt wurden.

In die Pipeline des Objekt-Detektors wurde ein weiterer Schritt hinzugefügt, der versucht, die Barcodes zu dekodieren. Dies gelingt zwar nur in den seltenen Fällen, in denen die

Marken im korrekten Winkel zur Deckenkamera ausgerichtet sind, dann jedoch problemlos.

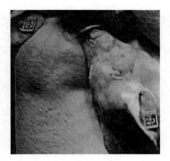

Abb. 1: Data-Matrix-Ohrmarken in günstigem Winkel zur Kamera

5 Ergebnisse und Diskussion

Mithilfe von objekterkennenden Algorithmen sowie speziellen Ohrmarken, die mit unterschiedlichen Codes bedruckt sind, können die verschiedenen Tiere einer Bucht lokalisiert und stellenweise identifiziert werden. Herkömmliche Ohrmarken mit Ziffern sowie eine direkte Markierung des Tieres waren hingegen nicht zielführend.

Durch Kombination mit einem Tracking-Verfahren kann eine in einem bestimmten Bild ausgelesene Ohrmarke zudem auch vorherigen sowie nachfolgenden Bildern zugeordnet werden, wodurch eine robuste Verfolgung der zugehörigen Tiere möglich wird. Das korrekte Dekodieren jeder Ohrmarke in jedem Bild ist somit nicht notwendig. Stattdessen wird nach jeder gelungenen Dekodierung die ID des zugehörigen Tieres erneuert.

6 Schlussfolgerung und Ausblick

Wir haben gezeigt, dass es grundsätzlich möglich ist, mithilfe von KI verschiedene Tiere in einem Stall zu erkennen und anschließend durch einen geeigneten Marker voneinander zu unterscheiden. Verschiedene Markierungstechniken zeigen hierbei unterschiedliche Erfolgsquoten, wobei Ohrmarken mit aufgedruckten Data-Matrix-Codes in unseren Versuchen die besten Resultate bei der Wiedererkennung einzelner Tiere lieferten.

Diese Ergebnisse werden für die Bearbeitung weiterer Forschungsfragen genutzt, wie z. B. dem Aktivitätstracking sowie der Aggressor- und Opfererkennung. Des Weiteren kann aus den gespeicherten Identitäten ein Datensatz aufgebaut werden, der für die Entwicklung einer Re-Identifikations-KI genutzt werden kann, die zukünftig keinerlei Markierungen mehr benötigt.

Danksagung

Das Forschungsprojekt SmartTail, im Zuge dessen die wissenschaftliche Arbeit für diese Veröffentlichung entstanden ist, wurde durch eine Förderung im Rahmen der Europäischen Innovationspartnerschaft „Produktivität und Nachhaltigkeit in der Landwirtschaft" (EIP Agri) ermöglicht. Mit dieser Maßnahme wird die Zusammenarbeit zwischen Landwirtschaft, Ernährungswirtschaft und Wissenschaft unterstützt. Ziel ist die Durchführung von Projekten, die zu Innovationen und einer Stärkung der Wettbewerbsfähigkeit in der Landwirtschaft führen.

Literaturverzeichnis

[AGK11] Ahrendt, P.; Gregersen, T.; Karstoft, H.: Development of a real-time computer vision system for tracking loose-housed pigs. Computers and Electronics in Agriculture 2/76, S. 169-174, 2011.

[Bu10] Burose Frank et al.: Stationary RFID Antenna Systems for Pigs Identification. Agrarforschung Schweiz, S. 272-279, 2010.

[CKB19] Cowton, J.; Kyriazakis, I.; Bacardit, J.: Automated Individual Pig Localisation, Tracking and Behaviour Metric Extraction Using Deep Learning. IEEE Access 7, S. 108049-108060, 2019.

[Ha16] Hammer, N. et al.: Comparison of different ultra-high-frequency transponder ear tags for simultaneous detection of cattle and pigs. Livestock Science 187, S. 125-137, 2016.

[Ha18] Hansen, M. F. et al.: Towards on-farm pig face recognition using convolutional neural networks. Computers in Industry 98, S. 145-152, 2018.

[Ka13] Kashiha, M. et al.: Automatic identification of marked pigs in a pen using image pattern recognition. Computers and Electronics in Agriculture 93, S. 111-120, 2013.

[Ki20] Kim, Y. J. et al.: Pig Datasets of Livestock for Deep Learning to detect Posture using Surveillance Camera: 2020 International Conference on Information and Communication Technology Convergence (ICTC). IEEE, S. 1196-1198, 2020.

[Na19] Nasirahmadi, A. et al.: Deep Learning and Machine Vision Approaches for Posture Detection of Individual Pigs. Sensors (Basel, Switzerland) 17/19, 2019.

[NV16] NVIDIA Developer: NVIDIA DeepStream SDK. https://developer.nvidia.com/deepstream-sdk, Stand: 06.10.2021.

[NV18] NVIDIA Developer: TAO Toolkit. https://developer.nvidia.com/tao-toolkit, Stand: 06.10.2021.

[Ps19] Psota, E. T. et al.: Multi-Pig Part Detection and Association with a Fully-Convolutional Network. Sensors (Basel, Switzerland) 4/19, 2019.

[Ve16] Veit, C.: Influence of raw material and weaning management on the occurrence of tail-biting in undocked pigs, 2016.

Datenhoheit, Datenschutz und Datensicherheit bei KI im Agrar- und Ernährungssektor

Klaus Gennen[1] und Laura-Sophie Walter[1]

Abstract: Rechtsfragen der Datenhoheit, des Datenschutzes und der Datensicherheit spielen beim Einsatz von KI eine erhebliche Rolle. Der Wunsch nach eigener Datenhoheit und nach Datenschutz ist bei den Erzeugern (z. B. Land- und Forstwirten, Winzern) sehr stark ausgeprägt. Auf der anderen Seite werden von den Herstellern und Betreibern von KI-Systemen große Mengen an Daten benötigt, um KI sinnvoll und wirksam trainieren und sodann einsetzen zu können. Alle Beteiligten haben dabei ein Interesse daran, die Datensicherheitsanforderungen zu wahren. Der Beitrag wirft einen Blick auf dieses Spannungsfeld und beleuchtet sowohl die aktuelle Rechtslage, etwa hinsichtlich der datenschutzrechtlichen Anforderungen beim Einsatz von KI, als auch aktuelle europäische Gesetzgebungsvorhaben zur KI-Regulierung.

Keywords: Datenhoheit, Datenschutz, Datensicherheit, KRITIS, Vertragsgestaltung, KI, Machine Learning, DSGVO

1 Einleitung

Der Einsatz künstlicher Intelligenz zur Verbesserung von Prognosen, zur Optimierung von Abläufen und der Ressourcenzuweisung kann für die Gesellschaft und die Umwelt von Nutzen sein und Unternehmen Wettbewerbsvorteile verschaffen. Insbesondere der Agrarsektor, von dem im Bereich der Lebensmittelgewinnung eine große Wirkung ausgeht, steht im Fokus neuer Technologien. Während der Einsatz von KI hier erhebliche Vorteile mit sich bringt, gilt es auch, die von ihrem Einsatz ausgehenden Risiken und Nachteile für den Einzelnen, die Gesellschaft sowie für Umwelt und Tierwelt zu beachten und ggf. rechtlich zu ordnen.

2 Datenhoheit bei Agrardaten

Das Bedürfnis der Beteiligten im Agrarsektor, selbständig über die selbst erzeugten Agrardaten zu verfügen und über deren Nutzung zu entscheiden, ist insbesondere bei den Erzeugern (Landwirte, Winzer, etc.) besonders stark ausgeprägt [FR20]. Die Nutzung von Agrardaten ist mit der aktuellen Rechtslage nur teilweise geregelt, so dass Agrardaten keinem einheitlichen gesetzlichen Ordnungsrahmen unterliegen.

---

[1] LLR Rechtsanwälte Partnerschaft mbB, Bereich IT/IP/Datenschutz, Mevissenstraße 15, 50668 Köln, klaus.gennen@llr.de; laura.walter@llr.de

Ein „Eigentum an Daten" kennt weder der deutsche noch der europäische Gesetzgeber. Datenhoheit über sämtliche Daten, die im Agrarsektor erzeugt und verarbeitet werden, besteht derzeit nicht.

Damit stellt sich in erster Linie die Frage, ob Agrardaten dem mit der Europäischen Datenschutzgrundverordnung (DSGVO) geregelten Ordnungsrahmen unterfallen. Auch die Frage, inwieweit bei der Anwendung von KI die Vorschriften der DSGVO zu beachten sind, hängt zunächst von der Frage ab, ob im konkreten Einsatzfall überhaupt personenbezogene Daten verarbeitet werden.

Bei KI kann das bereits im Rahmen des Testbetriebs der KI-Komponenten der Fall sein, wenn das Training der Algorithmen mit personenbezogenen „Echtdaten" erfolgt – also solchen Daten, denen Informationen zugrunde liegen, anhand derer echte Personen identifiziert oder identifizierbar sind. Wird mit anonymisierten oder aggregierten Daten trainiert, ist nur die Datenverarbeitung bis zur endgültig vollzogenen Anonymisierung / Aggregation datenschutzrechtlich relevant.

Im Produktivbetrieb können personenbezogene Daten sowohl der eigentliche Gegenstand der Datenverarbeitung sein als auch als Nebenprodukt anfallen, wie in Form sogenannter Metadaten oder Telemetriedaten, die zumindest einer Person zuordenbar sind. Auch hier wird der Anwendungsbereich des Datenschutzrechts im Falle der endgültigen Anonymisierung von Daten vermieden. Rein technische Daten unterliegen nicht dem Anwendungsbereich der DSGVO, wenn diese nicht im Wege der Kontextualisierung auf eine einzelne Person in der Form beziehbar sind, dass die Person mit Hilfe dieser Daten identifiziert werden kann.

Abhilfe hinsichtlich der derzeit insofern fehlenden Datenhoheit kann teilweise der „EU-Verhaltenskodex für den Austausch landwirtschaftlicher Daten mit Hilfe vertraglicher Vereinbarungen" schaffen. Dieser sieht eine Art „Datenurheberschaft" vor und bestimmt, dass grundsätzlich der „Datenurheber" das Recht hat, zu bestimmen, wer auf die von ihm generierten Daten zugreifen bzw. sie nutzen kann. Allerdings ist die Anwendung des Kodex freiwillig und basiert letztlich auf der vertraglichen Regelung der beteiligten Parteien. Er kann somit eine klare Rechtslage als Ordnungsrahmen nicht ersetzen.

3 Rechtliche Regulierung von KI

Derzeit ist KI bzw. maschinelles Lernen rechtlich weder definiert noch spezifisch geregelt. Insofern ist ein Rückgriff auf die allgemeinen Gesetze notwendig, etwa unter dem Blickwinkel des Datenschutzes durch die Datenschutz-Grundverordnung (DSGVO) und BDSG, hinsichtlich etwaiger Geschäftsgeheimnisse durch das Geschäftsgeheimnisgesetz (GeschGehG) sowie ergänzend durch Produkthaftungsgesetz (ProdHaftG), BGB und Urhebergesetz (UrhG). Während diverse Regelungen dieser allgemeinen Gesetze unmittelbar auf KI Anwendung finden und insofern eine rechtliche Regelung vorhanden ist, ergeben sich auch deutliche Regelungslücken. Dies gilt insbesondere für Regelungen rund um den Schutz nicht-personenbezogener Daten. Während hinsichtlich der Verarbeitung personenbezogener Daten auf DSGVO und BDSG verwiesen werden kann, gibt es eine entsprechende Regelung für nicht-personenbezogene Daten derzeit nicht. Weitere Regelungsbereiche, die derzeit nicht spezifisch adressiert sind, finden sich etwa hinsichtlich etwaiger Dokumentationspflichten (für nicht-personenbezogene Daten), der Regulierung von Trainingsdaten, sowie der Regelungen zur Produkthaftung und Produktsicherheit. Sowohl auf nationaler als auch auf europäischer Ebene gibt es allerdings aktuell Bestrebungen, KI künftig stärker in den Fokus zu nehmen.

3.1 KI-Strategie der Bundesregierung

Auf nationaler Ebene gibt es Bestrebungen, den Ordnungsrahmen für KI zu überprüfen und ggf. anzupassen. Teil der Digitalstrategie der Bundesregierung ist die Strategie Künstliche Intelligenz der Bundesregierung, die mittlerweile in der Fortschreibung 2020 vorliegt [BU20].

3.2 Europäischer Rahmen

Auch die EU-Kommission hat KI als Thema auf der Agenda. Ausgangspunkt ist dabei die Digitalstrategie „Gestaltung der digitalen Zukunft Europas", aus denen der Bericht über die Auswirkungen künstlicher Intelligenz, des Internets der Dinge und der Robotik in Hinblick auf Sicherheit und Haftung [EU20] und das „Weißbuch zur KI – Ein europäisches Konzept für Exzellenz und Vertrauen" [EU(2)20] hervorgegangen sind.

Am 21.4.2021 hat die EU-Kommission darüber hinaus einen Vorschlag für eine neue Verordnung zur Festlegung harmonisierter Vorschriften für KI vorgelegt [EU21]. Ziel des Vorschlags ist es, sichere KI in Verkehr zu bringen, die die bestehenden Grundrechte und Werte der Union wahrt, Rechtssicherheit als Grundlage für Investitionen in KI zu erreichen, Governance und die wirksame Durchsetzung des geltenden Rechts zur Wahrung der Grundrechte sowie die Sicherheitsanforderungen an KI zu stärken und die Entwicklung eines Binnenmarktes für rechtskonforme, sichere und vertrauenswürdige KI zu erleichtern und eine Marktfragmentierung zu verhindern.

Ausgangslage des Entwurfs ist eine Definition des Begriffs „KI-System", der entwicklungsoffen formuliert wurde. Demnach bezeichnet *„'System der künstlichen Intelligenz' (KI-System) eine Software, die mit einer oder mehreren der in Anhang I aufgeführten Techniken und Konzepte entwickelt worden ist und im Hinblick auf eine Reihe von Zielen, die vom Menschen festgelegt werden, Ergebnisse wie Inhalte, Vorhersagen, Empfehlungen oder Entscheidungen hervorbringen kann, die das Umfeld beeinflussen, mit dem sie interagieren."*

Die Grenze einer Software hin zu KI dürfte damit relativ gering angesiedelt sein.

Inhaltliche Grundlage des Vorschlags ist außerdem ein risikobasierter Ansatz, der die Erlaubnisse, Verbote und Rechtsfolgen an das Risiko der jeweiligen KI knüpft. Der Vorschlag unterteilt dabei in drei Risikoklassen: Unannehmbare Risiken, Hohe Risiken und Geringe Risiken.

Bei den sog. unannehmbaren Risiken sieht der Entwurf zunächst ein striktes Verbot vor. Die Aufstellung der verbotenen Praktiken umfasst KI-Systeme, die als unannehmbar gelten, weil sie Werte der Union, beispielsweise Grundrechte, verletzen, oder die geeignet sind, Personen durch Manipulation zu beeinflussen oder die Schwächen bestimmter Personengruppen ausnutzen. Im Bereich Agrar dürften sich diese Risiken in der Regel nicht realisieren, so dass die strikten Verbote einem KI-Einsatz im Agrarbereich in der Regel nicht entgegenstehen werden.

Neben den strikten Verboten für KI-Systeme mit unannehmbaren Risiken sieht der Entwurf Regelungen für KI-Systeme vor, bei denen die Risiken als „hoch" bewertet werden. Bei diesen sieht der Entwurf zwar kein striktes Verbot vor, aber strengere Regelungen als bei KI-Systemen mit geringen Risiken. Zu den Hochrisikosystemen zählen etwa KI-Systeme, die Entscheidungen im Bereich Personal oder Bildung, der Strafverfolgung und der Rechtspflege treffen. Auch kritische Infrastrukturen im Bereich der Wasser-, Gas-, Wärme- und Stromversorgung werden erfasst, nicht jedoch der Sektor Ernährung. Nicht ausgeschlossen ist, dass der Entwurf bis zum Inkrafttreten der Verordnung noch geändert und KI im Bereich der Lebensmittelversorgung zu den Hochrisikosystemen gezählt wird. Der derzeitige Entwurfsstand sieht dies allerdings nicht vor.

Als dritte Variante sieht der Vorschlag der EU-Kommission Regelungen für KI-Systeme vor, von denen lediglich ein geringes Risiko ausgeht. Zu diesen werden nach derzeitigem Entwurfsstand auch KI-Systeme im Agrarsektor regelmäßig zu zählen sein. Für diese sieht der Entwurf lediglich Transparenz- und Informationspflichten vor. Im Übrigen dürften diese KI-Systeme im Einklang mit den übrigen bestehenden Gesetzen verwendet werden.

4 KI datenschutzkonform nutzen

4.1 Hambacher Erklärung zur KI (DSK 2019)

Der Einsatz von KI ist in der DSGVO nicht ausdrücklich geregelt. Es gelten daher die allgemeinen Regelungen der Datenverarbeitung.

Die Konferenz der unabhängigen Datenschutzaufsichtsbehörden des Bundes und der Länder in Deutschland („DSK") hat in der „Hambacher Erklärung zur Künstlichen Intelligenz" im Jahre 2019 in Anlehnung an die DSGVO und verfassungsrechtliche Grundsätze sieben Anforderungen definiert:

1. KI darf Menschen nicht zum Objekt machen.
2. KI darf nur für verfassungsrechtlich legitimierte Zwecke eingesetzt werden und das Zweckbindungsgebot nicht aufheben.
3. KI muss transparent, nachvollziehbar und erklärbar sein.
4. KI muss Diskriminierungen vermeiden.
5. Für KI gilt der Grundsatz der Datenminimierung.
6. KI braucht Verantwortlichkeit.
7. KI benötigt technische und organisatorische Standards.

4.2 Grundsätze der Verarbeitung bei KI

Die Datenverarbeitung durch die KI muss ferner die allgemeinen Grundsätze der Datenverarbeitung nach der DSGVO erfüllen, mehr noch – da es sich stets um eine technische Einrichtung handelt – die Grundsätze des Datenschutzes durch Technikgestaltung und durch datenschutzfreundliche Voreinstellungen erfüllen („Privacy by design / default").

Die KI muss Daten mithin rechtmäßig, nach Treu und Glauben („fair") und transparent verarbeiten. Sie muss das Gebot der Zweckbindung wahren wie auch die Datenminimierung und die Speicherbegrenzung. Eine große Herausforderung liegt überdies in der Richtigkeit der Datenverarbeitung, die schon immer in Frage steht, wenn die KI fehlerhaft trainiert wurde.

Im Wege des risikobasierten Ansatzes der DSGVO muss die Anwendung der KI angemessenen technischen und organisatorischen Maßnahmen zum Datenschutz unterliegen, wie zum Beispiel der Verschlüsselung von Daten.

Diese Grundsätze sind schon bei Gestaltung bzw. Konfiguration von KI-basierten Test- und Entwicklungsmethoden zu wahren.

Den datenschutzrechtlich Verantwortlichen trifft die sog. Rechenschaftspflicht dahingehend, die Einhaltung der vorgenannten Grundsätze jederzeit nachweisen können.

5 Datensicherheitsanforderungen an KI / KRITIS

Die Gewährleistung eines Mindeststandards der Schutzziele der Datensicherheit (Integrität, Vertraulichkeit, Verfügbarkeit etc.) nach dem Stand der Technik liegt schon im Eigeninteresse eines jeden Betreibers der KI zum Schutz der eigenen IT- Infrastruktur und darin enthaltener vertraulicher Daten wie Geschäftsgeheimnissen.

Über die datenschutzrechtlichen Anforderungen an die Datensicherheit aus Artt. 32, 24 und 25 DSGVO hinaus, die zudem nur für die Verarbeitung personenbezogener Daten gelten, gibt es aber keine unmittelbare und allgemeine gesetzliche Pflicht zur Einhaltung von IT- oder Datensicherheitsmaßnahmen.

Sektorspezifische Sonderregelungen stellen indes die Sicherheitsanforderungen an Kritische Infrastrukturen (KRITIS) dar. Einer der neun Sektoren, die grundsätzlich in den Anwendungsbereich der gesetzlichen Sonderreglungen (§ 10 Abs. 1 BSI-Gesetz i.V.m. BSI-Kritisverordnung) fallen, ist der Ernährungssektor, sodass auch Anwender von KI in der Agrarwirtschaft unter den Adressatenkreis des IT-Sicherheits- bzw. BSI-Gesetzes fallen können, wenn dabei eine Anlage zur Herstellung von Lebensmitteln betrieben wird, die gesetzlich vorgesehene Schwellwerte erreicht. Dabei muss der Betreiber die für die Erbringung der Dienste erforderliche IT nach dem Stand der Technik angemessen absichern und diese Sicherheit mindestens alle zwei Jahre überprüfen lassen. Werden Sicherheitsmängel aufgedeckt, kann das BSI im Einvernehmen mit den Aufsichtsbehörden deren Beseitigung verlangen. Er muss dem BSI erhebliche Störungen der IT melden, sofern diese Auswirkungen auf die Verfügbarkeit kritischer Dienstleistungen haben können.

6 Fazit und Ausblick

Der Einsatz von KI im Agrarsektor ist derzeit nur fragmentarisch geregelt. Die derzeitigen europäischen Gesetzesvorhaben sehen eine weitere Regulierung von KI vor, nehmen dabei aber Fragen der Datenhoheit, des Datenschutzes und der Datensicherheit von Agrardaten nicht in den Blick. Es bleibt auf absehbare Zeit somit bei den bestehenden gesetzlichen Schutzmechanismen.

Literaturverzeichnis

[BU20] Bundesregierung, Strategie Künstliche Intelligenz der Bundesregierung, Fortschreibung 2020, Stand: Dezember 2020.

[EU20] Europäische Kommission, Bericht über die Auswirkungen künstlicher Intelligenz, des Internets der Dinge und der Robotik in Hinblick auf Sicherheit und Haftung, 2020.

[EU(2)20] Europäische Kommission, Weißbuch zur KI – Ein europäisches Konzept für Exzellenz und Vertrauen, 2020.

[EU21] Europäische Kommission, Vorschlag für eine neue Verordnung zur Festlegung harmonisierter Vorschriften für KI, 2021.

[FR20] Fraunhofer IESE u.a., Machbarkeitsstudie zu staatlichen digitalen Datenplattformen für die Landwirtschaft; Abschlussbericht, 2020.

Ein k-Means-basierter Algorithmus zur Bestimmung der optimalen Position eines Anhängers zur Heuballenbergung

Jens Harbers [1]

Abstract: In dieser Arbeit wird ein Algorithmus vorgestellt, der einzelne Ballen zu Gruppen sortiert, sodass diese in einer Tour vom Feld geholt werden können. Dieser basiert auf dem k-Means-Algorithmus, welcher mit weiteren Nebenbedingungen zur Optimierung nach den Kriterien der kleinsten Wegstrecke und der maximalen Ladekapazität in Stückguteinheiten des Anhängers fähig ist und den klassischen k-Means-Algorithmus erweitert. Der Algorithmus weist in der Simulationsstudie jedem Ballen genau eine Gruppe zu und liefert unter Einhaltung aller Bedingungen für das Optimierungsproblem eine gültige Lösung. Die Abstellkoordinaten für den Anhänger können für die weitere Praxis verwendet werden, dennoch soll der Algorithmus weiter ausgebaut werden, damit weitere Faktoren in die Optimierung einfließen können.

Keywords: k-Means-Algorithmus, konvexe Optimierung, Landwirtschaft, Ballenbergung

1 Einleitung und Problemstellung

In der deutschen Landwirtschaft stellen Dauergrünland und Ackerland die wichtigsten Bewirtschaftungsformen einer Fläche dar. Ein Teil der Bewirtschaftung ist die Futtergewinnung und die anschließende zügige Futterbergung der Ballen, um diese mit hoher Futterqualität zu lagern und damit die Milchkühe mit Heu oder Ballensilage höchster Qualität versorgen zu können [CM03]. Gleiches gilt für die Bergung von Strohballen zur Sicherung schimmelfreier Einstreu. Neben der ökonomischen Dimension des Ressourcenaufwands der Futterbergung kommen ökologische Komponenten zum Tragen: Einerseits soll eine häufige Befahrung des Bodens aufgrund der Gefahr der Bodenverdichtung vermieden werden [Sv94], andererseits soll der Betriebsmittelaufwand aufgrund negativer Umweltauswirkungen reduziert werden. Eine Zielgröße ist es daher, die Fahrstrecke zu minimieren. Stand der praktischen Landwirtschaft ist, dass keine landwirtschaftliche Maschine eine solche Optimierung anbietet und der Landwirt nach Erfahrungswissen den Anhänger zur Beladung abstellt. Die herkömmliche Vorgehensweise, nach der der Anhänger nach Erfahrungswerten abgestellt wird, stellt nicht die Optimallösung für eine zeitgemäße Erntelogistik dar, sodass eine mathematische Bestimmung geeigneter Abstellpositionen die Schlagkraft erhöht. Insgesamt ist die Erntelogistik ein wichtiges Thema in der Agrarwissenschaft (vgl. [Ig16]), sodass hier ein Bedarf einer mathematisch fundierten Bestimmung der Abstellposition vorliegt.

---

[1] Landwirtschaftsverlag Münster, Data Analyst, Hülsebrockstraße 2-8, 48165 Münster, jens.harbers@lv.de
https://orcid.org/0000-0001-6634-623X

2 Material und Methoden

Das geplante Anwendungsszenario des Algorithmus ist in Abbildung 1 gezeigt: In der Praxis werden die Koordinaten der Ballen von der Rund- bzw. Quaderballenpresse erfasst und entweder in einer Datenbank gespeichert oder auf einem Speicher des Bedienterminals abgelegt. Anschließend werden die Positionen der Ballen mit dem Flächenplan markiert. Das Programm erstellt dann die Abstellpositionen des Anhängers sowie die zugehörigen Ballen für jede Tour. Die Ergebnisse werden anschließend auf einem Monitor als Karte dargestellt, sodass der Fahrer des Anhängers den Plan abarbeiten kann. Im Folgenden wird auf den Algorithmus selbst näher eingegangen.

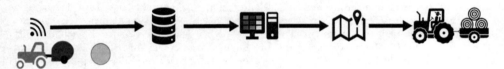

Abb. 1: Piktogrammfolge des Prozessablaufs vom Pressen der Ballen und der Übermittlung der Ballenkoordinaten bis zum Beladen

2.1 Aufbau des Optimierungsszenarios und der Simulationsstudie

Zuerst werden die Bedingungen für das Optimierungsszenario aufgestellt, die der Algorithmus einzuhalten hat. Um die Parameter korrekt zu bestimmen, werden die fachlichen Kenntnisse der Landwirtschaft und mathematische Prinzipien kombiniert. Folgende Einflussgrößen wurden in das Modell aufgenommen:

1. Zuerst werden die Lagekoordinaten der Ballen auf dem Landstück benötigt, die Anzahl kann aus den Daten durch Abzählen ermittelt werden. In dieser Ausarbeitung werden die Positionen auf einer Gitterstruktur (Breite: 15 m, Länge 22 m je Masche) simuliert und einer Streukomponente aus einer Gleichverteilung (Minimum: 0 m, Maximum: 2 m) für den Breitengrad, und einer Gleichverteilung (Minimum: 0 m, Maximum: 15 m) für den Längengrad versehen, um Unregelmäßigkeiten der Ballenkoordinaten zu berücksichtigen. Zur Überlagerung mit der Fläche wurde der Minimalwert des Flächenfensters des Breitengrades (454815) und des Längengrads (5936546) addiert. Diese Koordinaten sind in EPSG 25832 projiziert. Die Projektion EPSG 25832 wird von der European Petroleum Survey Group Geodesy (EPSG) für Europa als Referenzsystem systematisiert.

2. Für die Flächenzuordnung der Ballen werden sogenannte Shapefiles benötigt. Die Ballen werden mittels einer räumlich basierten Verknüpfung (Spatial Join via Points in Polygon) dem Landstück, auf dem sie liegen, mit dem Polygon, das im Shapefile enthalten ist, zugeordnet. Ballen, die nicht auf der betreffenden Fläche liegen,

werden damit nicht weiter berücksichtigt. Für die Projektion der Geokoordinaten des Polygons wird das Modell EPSG 25832 verwendet. Die Umwandlung der Koordinaten von der Ausgangsprojektion WGS84 in EPSG 25832 hat den Vorteil, dass eine Änderung um eine Einheit einer Änderung von einem Meter entspricht.

3. Ladekapazität des Anhängers. Je nach Maß der Ballen und der Ladetechnik ergibt sich die maximale Anzahl an Ballen, die in einer Tour abgefahren werden können. Eine Überschreitung der maximalen Zulademenge kann den Anhänger beschädigen und zudem Verstöße gegen die Straßenverkehrsordnung nach sich ziehen. In der Simulationsstudie beträgt die minimale Anzahl an Ballen, die in einer Tour geholt werden können, ein Stück, da keine Ballen auf der Fläche verbleiben dürfen. Als Maximalwert wird eine Lademenge von acht Ballen je Fahrt unterstellt.

4. Als Kostenfunktion für k-Means wird die einfache Fahrstrecke verwendet. Diese soll in der Optimierung minimiert werden. Eine Lösung mit geringerer Fahrtstrecke ist einer anderen Lösung mit längerer Strecke vorzuziehen. Diese wird als summierte Distanz zwischen der Anhängerposition (Clusterzentrum) und den Ballen, basierend auf dem k-Means-Algorithmus [St82] ausgedrückt.

2.2 Implementierung und Ablauf des Optimierungsszenarios

Nachdem die Nebenbedingungen vollständig definiert sind, wurde das Optimierungsproblem in Python implementiert. Dazu wurden die Bibliotheken pandas [Mc10], GeoPandas [Jo20], NumPy [Ha20] und PuLP [MCD11] verwendet, die als Standardbibliotheken weit verbreitet sind. Der Algorithmus basiert auf einer Arbeit von Bennet et al. [BBD00], worin die mathematischen Hintergründe beschrieben sind. Die Anzahl der Gruppen (Cluster) wird durch Dividieren der Ballenanzahl durch die maximale Lademenge des Anhängers gebildet und wird anschließend auf die nächst höhere Ganzzahl aufgerundet.

Die Optimierung läuft nach der Datenvorbereitung (siehe Abschnitt 2.1) wie folgt ab: Der Algorithmus weist für die Initialisierung der Cluster zufällig ausgewählten Datenpunkten aus dem Datensatz einen Cluster zu. Die Datenpunkte werden dem nächstgelegenen Zentroid zugewiesen. Anschließend wird auf das Einhalten der Clustergröße der Cluster geachtet. Wenn die Clustergrößen aller Cluster eingehalten werden, werden in der nachfolgenden Iteration der Mittelwert der Datenpunkte eines Clusters als neuer Zentroid gebildet und die Distanzen ermittelt. Die Iteration wird solange fortgeführt, bis entweder keine Verkleinerung der Wegstrecke möglich ist oder die Clustergröße nicht mehr eingehalten wird. Wenn Cluster außerhalb der gültigen Clustergrößen gebildet wurden, so wird der Algorithmus mit anderen Startwerten neu durchgeführt. Die Testung der simulierten Ballen auf Zufälligkeit wurde mithilfe von der Ripleys k-Funktion [Ri76] aus dem spatstat-Paket [BRT15] durchgeführt und ergab dabei eine signifikante Clusterbildung ($p < 0{,}05$) der simulierten Ballenpositionen. Die Visualisierungen in Abbildung 2 und Abbildung 3 wurden in R [R 21] mit ggplot2 [Wi16] erstellt.

3 Ergebnisse

Es wurden 16 Cluster ermittelt, wie in Abbildung 3 gezeigt. Insgesamt werden 2386 m in einfacher Entfernung (ohne Hofstrecke) zurückgelegt, wenn der Anhänger an den angegebenen Koordinaten abgestellt wird und die Ballen gemäß der Zuordnung geladen werden. Durchschnittlich muss ein Weg von 19,2 m Länge vom Ballen zum abgestellten Anhänger gefahren werden. Die Spannweite der Distanzen liegt zwischen 2,3 m und 35,6 m. Die mittlere Standardabweichung innerhalb der Cluster in Abb. 2 beträgt 7,53 m.

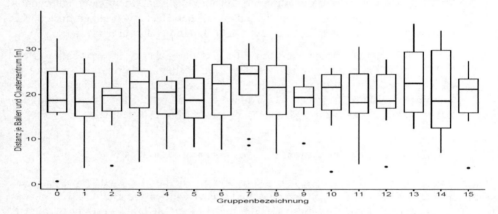

Abb. 2: Boxplots mit Quartilen und Ausreißern der Distanzverteilung [m] der Rundballen innerhalb der Gruppen, gemessen zwischen den Ballen und dem Clusterzentrum, auf dem sich der abgestellte Anhänger befindet, für 16 Cluster

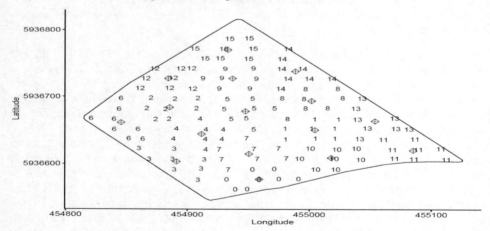

Abb. 3: Rundballen mit zugehörigem Gruppencode sowie den Zentroiden (schwarze Quadrate mit Kreuzen), basierend auf einem modifizierten k-Means-Algorithmus

4 Diskussion

Die vorhandene Optimierung ist funktionsfähig und konvergiert, sodass Cluster gebildet werden. Außerdem werden die Nebenbedingungen eingehalten und sie liefert nach den Kriterien in 2.1 eine gültige Lösung. Für kleine Flächen mit weniger als 150 Ballen benötigt der Algorithmus auf einem normalen Bürorechner (Windows 10 mit 16 GB RAM und 500 GB SSD-Festplattenspeicher) zwei Minuten für die Berechnung. Dies deckt mehr als 80 % der Grünlandflächen in Niedersachsen ab. Die gezeigte Fläche in Abbildung 3 hat eine Größe von 4,53 ha, jedoch steigt der Rechenaufwand bei steigender Ballenanzahl stark an, sodass andere Möglichkeiten in Betracht gezogen werden müssen, wenn mehr als 150 Ballen den Clustern zugeordnet werden sollen. Aus mathematischer Sicht ist das Problem, das der k-Means-Algorithmus heuristisch löst, im Allgemeinen NP-schwer [MNV12]. Das bedeutet, dass nach aktuellem Stand der Forschung das Problem nicht in polynomieller Zeit lösbar ist und somit auch, dass von algorithmischer Seite keine wesentlichen Vereinfachungen zu erwarten sind.

5 Ausblick

Zudem muss erfasst werden, welcher Ballen genau verladen wird. Ferner muss eine Kommunikationsschicht implementiert werden, die vom Traktor ausgehend die bereits verladenen Ballen anzeigt und diese von der Karte entfernt, um nur die Ballen anzuzeigen, die noch nicht verladen wurden. Hierzu bedarf es robuster und fehlertoleranter Infrastruktur, um den korrekten Ballen aus einer Gruppe von Ballen zu erkennen und als ‚verladen' zu kennzeichnen. Zudem muss eine Datenübertragung zu einem Rechner aufgebaut werden, die den Bedingungen des ländlichen Raumes genügt. Der gezeigte Prototyp kann bei einem Wechsel des Flächenpolygons auf jede beliebige Fläche angewendet werden, sodass ein breiter Einsatz in der Landwirtschaft möglich ist.

Auch wenn einige praxisrelevante Parameter wie Ladekapazität, Anzahl an Ballen und indirekt die Flächenform in die Optimierung einbezogen wurden, so muss das Verfahren um weitere Komponenten ergänzt bzw. für weitere Anwendungsszenarien erweitert werden. Entwicklungsmöglichkeiten liegen in der Berechnung der Abstellposition für mehrere benachbarte Flächen. Die Zuwegung dafür muss bei der Berechnung der Distanzen einfließen. Ferner müssen Entwässerungsgräben und andere Landschaftselemente einbezogen werden, da die Berechnung der Distanzmatrix sich dadurch verändert. Dies trägt dem Umstand Rechnung, dass nicht alle Objekte auf einer Landfläche befahrbar sind und daher Umwege genommen werden müssen. Bei Rundballen muss zudem beachtet werden, dass diese nicht von allen Richtungen gleichermaßen aufgenommen werden können, sondern nur über die Stirnseite. Quaderballen können von der Stirnseite und von der Querseite sicher aufgenommen werden. Zudem muss der Wenderadius einbezogen werden, da ansonsten die Ballen nicht angefahren werden können. Nur wenn diese Kriterien in Folgearbeiten berücksichtigt werden, kann dieses Verfahren in der Praxis erfolgreich genutzt werden.

Danksagung

Ich bedanke mich herzlich bei der Landwirtschaftsverlag GmbH für die Bereitstellung der notwendigen Ressourcen für das Projekt. Zudem bedanke ich mich bei beiden Reviewern, die mit den durchdachten Anmerkungen die Qualität des Manuskriptes verbessert haben.

Literaturverzeichnis

[BBD00]   Bennett, K. P.; Bradley, P. S.; Demiriz, A.: Constrained K-Means Clustering, 2000.

[BRT15]   Baddeley, A.; Rubak, E.; Turner, R.: Spatial Point Patterns: Methodology and Applications with R. Chapman and Hall/CRC Press, London, 2015.

[CM03]   Coleman, S. W.; Moore, J. E.: Feed quality and animal performance. Field Crops Research 1-2/84, S. 17-29, 2003.

[Ha20]   Harris, C. R. et al.: Array programming with NumPy. Nature 7825/585, S. 357-362, 2020.

[Ig16]   Igathinathane, C. et al.: Biomass bale stack and field outlet locations assessment for efficient infield logistics. Biomass and Bioenergy 91, S. 217-226, 2016.

[Jo20]   Jordahl, K. et al.: geopandas/geopandas: v0.8.1. Zenodo, 2020.

[Mc10]   McKinney, W.: Data Structures for Statistical Computing in Python. In (van der Walt, S.; Millman, J. Hrsg.): Proceedings of the 9th Python in Science Conference, S. 56-61, 2010.

[MCD11]   Mitchell, S.; Consulting, S. M.; Dunning, I.: PuLP: A Linear Programming Toolkit for Python, 2011.

[MNV12]   Mahajan, M.; Nimbhorkar, P.; Varadarajan, K.: The planar k-means problem is NP-hard. Theoretical Computer Science 442, S. 13-21, 2012.

[R 21]   R Core Team: R: A Language and Environment for Statistical Computing. R Foundation for Statistical Computing, Vienna, Austria, 2021.

[Ri76]   Ripley, B. D.: The second-order analysis of stationary point processes. Journal of Applied Probability 2/13, S. 255-266, 1976.

[St82]   Stuart P. Lloyd: Least squares quantization in PCM. IEEE Trans. Inf. Theory 28, S. 129-136, 1982.

[Sv94]   Soane, B. D.; van Ouwerkerk, C.: Chapter 1 - Soil Compaction Problems in World Agriculture. In (Soane, B. D.; van Ouwerkerk, C. Hrsg.): Developments in Agricultural Engineering. Elsevier, S. 1-21, 1994.

[Wi16]   Wickham, H.: ggplot2: Elegant Graphics for Data Analysis. Springer-Verlag New York, 2016.

Cyberattacks in agribusiness

Christa Hoffmann [1], Roland Haas[2], Nidhish Bhimrajka[2] and Naga Srihith Penjarla[2]

Abstract: Cyberattacks are increasing across different industry sectors. The agribusiness sector has seen an accelerating rate of ransomware attacks both upstream as well as downstream. The article analyses attacks which were reported over more than a decade and summarizes the major trends. The increasing connectivity and deployment of sophisticated IT solutions for precision and smart farming makes this sector potentially very vulnerable.

Keywords: cyberattacks, attack surface, cybercrime, precision agriculture, smart farming, ransomware, critical infrastructure, data leaks and breaches, hacktivists, cybersecurity management systems

1 Introduction

Digitalization and connectivity in agriculture and food industry has led to tremendous gains in efficiency in the last decades. However, connected systems are prone to cyberattacks. In recent years, cyberattacks have caused massive disruptions and damages in companies and their environment. For this reason, they rank globally among the top 10 risks in terms of likelihood and impact, right behind the risks posed by climate change [Th20].

So far, cyberattacks in agriculture have hardly been perceived as a threat. But more recently, since the software of tractors has been manipulated by farmers themselves, this topic has got more attention [Jo18]. In the agri-food industry, cyberattacks are increasingly being made public, as was the case in June of this year with the world's largest meat company, JBS from Brazil [Fl21]. Using ransomware, central computer systems of the company were blocked until a payment of eleven million dollars in cryptocurrencies was made to the blackmailers. However, the financial damage to the company and the industry is far greater, including the shutdown of entire slaughterhouses and loss of trust and reputation.

Ransomware is only one possible source of danger. The increasing digitalization and networking of smart machines and smart factories opens up many avenues for possible cyberattacks. Attacks could target the integrity of data, the availability of a resource, the privacy of sensitive information, and they could try to gain unauthorized access to operational technology or inject inaccurate information. A cyber threat is the potential exploit of a vulnerability in IT, control and communication systems. Information systems

---

[1] Oeconos GmbH, Burghof 13, 73265 Dettingen, christa.hoffmann@oeconos.de 0000-0002-3949-2335
[2] International Institute of Information Technology Bangalore, 26/C, Electronics City, Hosur Road, Bengaluru, roland.haas@iiitb.ac.in, nidhish.bhimrajka@iiitb.ac.in, naga.srihith@iiitb.ac.in

might have known vulnerabilities that can be used for an attack. The risk depends on the likelihood of a successful cyberattack and the criticality of the asset targeted. The damage scenario can range from the nuisance to deal with a SPAM mail to the catastrophic failure of IT or operational technology like irrigation, spraying, or processing. Also, attacks could target an autonomous tractor with potentially life threatening consequences [HH20].

2 Methodology

This paper provides an overview of cyberattacks on companies along the entire value chain, from upstream industry (e.g. seed production, agriculture machinery production) to agriculture, food processing (e.g. slaughterhouses, breweries) to food retail. Newspaper articles, media reports, white papers and law enforcement reports like [Cy21; To21; Ti21] about cyberattacks published in English (worldwide) on the internet over the past 15 years were screened. The researched cyberattacks were clustered, among other things, by company (upstream, agriculture, downstream), by the targets of the attack, by type of cyberattack (e.g. ransomware) and by the amount of money demanded. We deployed Google as the primary search engine using keywords like cyberattacks, cybercrime, malware, data leaks, breaches, ransomware, hacktivists in combination with the terms agriculture, precision agriculture, smart farming, agritech, agribusiness, food industry and critical infrastructures.

3 Results

In total, we found 31 reported cyberattacks in the agrifood sector – along the whole supply chain. Most of the cyberattacks reported happened in 2020 and 2021 (see Figure 1). This could be because of two effects: Firstly, a general increase in attention to cybercrime in agribusinesses and secondly a rise of attacks during the Covid19 pandemic.

The latter effect can also be seen in other sectors of critical infrastructures like healthcare and finance. Covid19 has disrupted social interaction, with people working from home and in-person meetings being replaced by virtual interactions. This social and economic instability is being exploited by cybercriminals and has led to a steep increase of cyberattacks as described in the report from Interpol [In20].

There are only very few incidents being reported before 2010. The first severe incident being the Anonymous attack on Monsanto in 2011, which caused a massive data leak and disruption of web assets as well as mail servers [AN19].

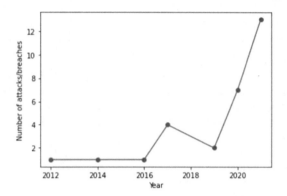

Fig. 1: Attacks per year from 2012 until now – note the steep increase in 2020

Many big global companies (like JBS, Monsanto) fell prey to the attackers. The main targets of these attackers were important sectors like water, food, storage houses, supply chains, chemical industries, and farming equipment. More and more companies are hit twice or multiple times, like Monsanto.

3.1 Type of attacks

Regarding the type of cyberattacks, some conspicuous features could be identified. Most of the cyberattacks researched (18 cases) were typical ransomware attacks. Over the years, there was a massive increase in ransom attacks across different industries, which also affected agribusinesses, both upstream and downstream. One of the best-known cases in recent years was Kaseya. At least 200 organizations have been affected due to the hack. One of them was Coop [Ti21], one of Sweden's largest grocery chains. The company was forced to close because its cash registers were operated by Visma Escom, which utilised Kaseya's technology [Pa21].

Phishing attacks, poor password management, security flaws in third-party service providers are the most common attack vectors the attackers utilize to successfully hack an organization. Humans are the weakest point in the security of a network. An attacker could take over an entire network by making an employee click on a spam email that contains malware. Lack of security practices in companies led to an increased possibility of getting targeted. The attacks found exploited the following vulnerabilities: SQL injection, phishing (email containing malware), vulnerability in Microsoft's implementation of the Server Message Block protocol, vulnerability in Microsoft Exchange Server (proxy login), vulnerability in VSA service (remote monitoring and management utility), vulnerability in a business process management tool called Pega, poor password management, flaws in using hard-coded tokens with app exposed sensitive data. Apart from ransomware attacks that shut down operations and often take weeks to months before everything is running smoothly, IoT attacks are on the rise and particularly dangerous. These attacks could leverage the interconnectivity of systems in precision agriculture, moving laterally and disrupting critical subsystems with devastating consequences for downstream businesses.

Precision agriculture is very sensitive to the manipulation of critical parameters. Take for example the temperature control of food storage. A sophisticated SCADA (Supervisory Control and Data Acquisitions) attack that would change temperatures in a storage house without the operators being able to see this could lead to massive waste and the disruption of supply chains.

3.2 Amount of money

Ransomware has the aim to blackmail money from companies. Figure 2 shows the known and reported ransom demanded from the companies who fell prey to these attacks.

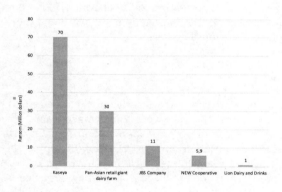

Fig. 2: Amount of ransomware demanded by the attackers

There are companies that do not publicly disclose the amount of ransom demanded by the attackers, to protect the company's reputation or for some other reasons. Also, there are firms that did not pay the ransom because they practised good cybersecurity hygiene and kept frequent backups, according to the disclosed list of ransomware attacks. Some organisations paid the hefty ransom to the attackers out of fear of their data and those of their customers being leaked, or to avoid future assaults.

3.3 Attacks on smart farming equipment

Although the observation found no specific attack schemes primarily targeting the agri sector, white hackers have shown the theoretical risks and the well-documented attacks on other critical infrastructure sectors like water supply and energy demonstrate the risks. To mention one example, in June 2020, Israeli infrastructure [Ci20] was hit with two cyberattacks. One of the attacks hit agricultural water pumps in upper Galilee.

Several research papers address the theoretical threat of attacking smart farming equipment [SGC20; HH20; Th18]. However, as of now, we did not find evidence of a sophisticated, multi-faceted black hat attack on agritech equipment or systems. This could be a similar situation like in the field of automotive cybersecurity, where Miller and Valasek demonstrated the potential threat of a wireless attack [MV15], while later the industry saw a string of malicious attacks that exploited all sorts of wireless attack surfaces. The authorities responded with passing a regulatory framework for product cybersecurity and homologation.

4 Outlook and future work

Cyberattacks on critical infrastructures such as the energy grid, water supply, traffic management, communication systems etc. are already a real threat. With this overview paper, we now have a clearer idea of trends in cyberattacks on agribusinesses. Next steps must be interviews to quantify the ratio of unreported to reported cyber incidents and cyberattacks. Also, we plan to use semantic search technologies and standardized repositories of cyber terms to broaden the search. Cross checks with other general search engines like Bing and cybercrime repositories will help to validate the findings. Another search domain that could provide additional results is the field of IoT security.

Although we found no specific attack schemes primarily targeting the farm sector, detailed analyses of vulnerabilities in smart farming are needed. With the increase of autonomous farm equipment and a rapidly increasing degree of automation, the potential attack surface widens and the risk of an attack is rising. From this perspective, it is very important to insure proper cyber protection for precision agriculture. This will involve organizational measures, threat intelligence, cyber solutions, awareness trainings and mitigation strategies. It is precisely in these areas that synergies and similarities with other sectors, foremost between automotive and agritech, should be exploited. Also, the implementation of Cyber Security Management Systems (CSMS) along the supply chain is a task to reduce future attacks in agribusiness. In [HMH20], a lightweight CSMS for the agritech sector was proposed. Further steps should be a description of the impact of critical infrastructure cybersecurity on agribusinesses and a compilation of lessons learned so far. Cybersecurity is a compromise between acceptable risks to critical assets and the cost to protect these assets. This compromise requires continuous finetuning to an emerging threat landscape.

References

[Ay14]   Ayers, E.: Monsanto confirms data breach, emphasizes limited scope. https://www.advisenltd.com/2014/06/01/monsanto-confirms-data-breach-emphasizes-limited-scope/; 01.12.2021

[AN19]   Anonymous and associated hacker groups continue to be successful using rudimentary exploits to attack public and private organizations. NCCI Bulletin A-0010-NCCIC - 160020110719: https://info.publicintelligence.net/NCCIC-Anonymous.pdf; 01.12.2021

[Ci20]   Cimpanu, C.: Over 100 irrigation systems left exposed online without a password. https://www.zdnet.com/article/over-100-irrigation-systems-left-exposed-online-without-a-password/#:~:text=More%20than%20100%20ICC%20PRO, spread%20across%20the%20entire%20globe; 01.12.2021

[Fl21]   Fleischkonzern JBS zahlt Cyberkriminellen elf Millionen Dollar Lösegeld; https://www.spiegel.de/netzwelt/netzpolitik/fleischkonzern-jbs-zahlte-cyberkriminellen-elf-millionen-dollar-loesegeld-a-c7c6357c-6b2e-42cf-ba24-1af13f5b571b

[HH20]   Haas, R.; Hoffmann, C.: Cyber Threats and Cyber Risks in Smart Farming. LAND.TECHNIK2020, ISBN print: 978-3-18-092374-1 S., S. 37-44, 2020

[HMH20]   Hoffmann, C.; Müller, M; Haas, R.: Cyber Security Management Systems for Agricultural Technology Products - A CSMS "light", ISBN print: 978-3-18-092374-1 S., S. 445-450, 2020.

[In20]   INTERPOL report shows alarming rate of cyberattacks during COVID-19. https://www.interpol.int/News-and-Events/News/2020/INTERPOL-report-shows-alarming-rate-of-cyberattacks-during-COVID-19; 01.12.2021

[Jo18]   John Deere Software Hack –Thoughts on Tractor Hacking –The Farmers Breaking Big Tech's Monopoly.https://www.youtube.com/watch?v=KTjSPDsTe2U, 2018; 01.12.2021

[MM21]   Mccrimmon, R; Matishak, M. Cyberattack on Food Supply followed years of warning https://www.politico.com/news/2021/06/05/how-ransomware-hackers-came-for-americans-beef-491936; 01.12.2021

[MV15]   Miller, C.; Valasek, C.: Remote Exploitation of an Unaltered Passenger Vehicle, http://illmatics.com/Remote%20Car%20Hacking.pdf; 01.12.2021

[Pa21]   Panettieri, J.: Kaseya REvil ransomware cyberattack timeline and investigation. https://www.msspalert.com/cybersecurity-breaches-and-attacks/kaseya-rmm-cyberattack-warning/; 01.12.2021

[SGC20]   Sontowski, S.; Gupta, M.; Chukkapalli, S. et al 2021. https://ieeexplore.ieee.org/document/9319032; 01.12.2021

[Th20]   The Global Risk Report 2020, World Economic Forum. http://www3.weforum.org/docs/WEF_Global_Risk_Report_2020.pdf; 01.12.2021

[To21]   Todd, Drew: Molson Coors still recovering, counting cost of data breach. https://www.secureworld.io/industry-news/molson-coors-recovering-data-breach; 01.12.2021

[Th18]   Threats to Precision Agriculture (2018 Public-Private Analytic Exchange Program report) DOI: 10.13140/RG.2.2.20693.37600

[Ti21]   Tidy, J.: Swedish Coop supermarkets shut due to US ransomware cyber-attack. https://www.bbc.com/news/technology-57707530; 01.12.2021

Reifegradbasierte Integration künstlicher Intelligenz in landwirtschaftliche Betriebsabläufe

Implementierungsunterstützung für unterschiedliche Betriebstypen

Saskia Hohagen[1], Valentin Langholf[1] und Uta Wilkens[1]

Abstract: In der Landwirtschaft wird bereits heute auf künstliche Intelligenz (KI) zurückgegriffen und die Bedeutung wird weiter zunehmen. Vor dem Hintergrund aktueller Untersuchungen zu den Herausforderungen landwirtschaftlicher Betriebe wird sich der Fragestellung gewidmet, wie KI bei der Bewältigung dieser Herausforderungen unterstützen kann. Auf Grundlage eines Reifegradkonzeptes zur Nutzung von KI wird exemplarisch für zwei Fallbeispiele diese Thematik näher beleuchtet und konkrete Handlungsempfehlungen für die betriebliche Praxis werden abgeleitet.

Keywords: Künstliche Intelligenz, Reifegradansatz, Landwirtschaft

1 Einleitung

KI wird bereits in der Landwirtschaft zur Unterstützung der Aussaat oder Ernte verwendet [Ry19] und ermöglicht es, die Landwirtschaft weiterzuentwickeln [AS21]. Vor dem Hintergrund der aktuellen Herausforderungen an die landwirtschaftliche Betriebsführung kann KI als unterstützende Technologiekomponente zur Problembewältigung herangezogen werden [MK20]. Dazu fehlt es gegenwärtig allerdings an einer Orientierungshilfe, wie eine Implementierung an den Bedarfen und Entwicklungsständen der Betriebe ausgerichtet werden kann. Ziel sollte es sein, dass alle landwirtschaftlichen Betriebe gleichermaßen an der KI partizipieren können.

Dieser Beitrag bringt daher Forschungserkenntnisse[2] zu aktuellen Herausforderungen landwirtschaftlicher Betriebe mit Reifegradkonzeptionen zur Nutzung von KI [Wi21; Li20] zusammen, um sich der Frage zu widmen, wie landwirtschaftliche Betriebe bei der Bewältigung von Herausforderungen durch den Einsatz von KI auf Basis ihres jeweiligen Entwicklungsstands unterstützt werden können.

---

[1] Ruhr-Universität Bochum, Institut für Arbeitswissenschaft, Lehrstuhl Arbeit, Personal und Führung, Universitätsstraße 150, 44780 Bochum, saskia.hohagen@rub.de, valentin.langholf@rub.de, uta.wilkens@rub.de
[2] Diese Arbeit fand im Rahmen der Forschungsprojekte „Experimentierfeld Agro-Nordwest", welches durch das BMEL über die BLE gefördert wird (FKZ: 28DE103D51), und „Kompetenzzentrum HUMAINE", welches über das BMBF gefördert wird (FKZ: 02L19C200), statt.

2 Theorie

Die Auseinandersetzung in der landwirtschaftlichen Forschung mit KI nimmt zu [Ru20], vor allem auch vor dem Hintergrund, dass die traditionelle Landwirtschaft in einer modernen Welt mit weiteren Herausforderungen konfrontiert wird. Die Automatisierung von Prozessen und der Einsatz von KI können dabei unterstützen [Jh19]. Unter KI werden dabei Algorithmen verstanden, die Maschinen zu kognitiven Fähigkeiten zur Problemlösung oder Entscheidungsfindung befähigen [Ha18]. KI bietet den landwirtschaftlichen Betrieben die Möglichkeit der Effizienzsteigerung (z. B. ressourcenschonende Koordination von Erntemaschinen), der Arbeitserleichterung (z. B. Sensorik zur Differenzierung zwischen Pflanze und Beikraut) bis hin zur Unterstützung von Entscheidungsprozessen (z. B. die zielgenaue Steuerung der Düngermenge). KI kann in Maschinen, die relativ autonom agieren, verbaut sein (physische KI) oder in Form von Software bei Entscheidungen unterstützen (virtuelle KI). Virtuelle KI kann in der Landwirtschaft beispielsweise eingesetzt werden, um mit einer Software auf Basis von maschinellem Lernen den Ertrag durch konkrete Handlungsempfehlungen signifikant zu steigern. Physische KI beinhaltet z. B. Roboter, die auf Basis von Bilderkennung Unkraut entfernen. Zum aktuellen Zeitpunkt gibt es bereits verschiedene Beispiele für den Einsatz physischer KI (siehe z. B. [St21]). Im Vordergrund steht mithin nicht die Substitution von Arbeit – dies ist allenfalls bei schwerer körperlicher Last oder gesundheitsbeeinträchtigender Haltung der Fall und dann auch wünschenswert – sondern es geht um die Unterstützung der Landwirtinnen und Landwirte bei der Betriebsführung [Hä20]. Das Ausmaß, in dem KI in Arbeitssysteme eingreift und dabei Arbeitsrollen und Organisationsstrukturen verändert, ist höher als bei anderen Technologien [Be21]. Dabei sollte jedoch festgehalten werden, dass Technologieentwicklungen nicht gleichermaßen von allen landwirtschaftlichen Betrieben eingesetzt werden können [We20]. Kühl, Reckleben und Schulze [KRS21] stellten im Kontext von Smart-Farming-Technologien heraus, dass bei kleineren landwirtschaftlichen Betrieben eine Kaufentscheidung von der Bedienbarkeit, dem Stand der Technik und der Ausfallsicherheit abhängt. Im Gegensatz dazu geht es bei größeren landwirtschaftlichen Betrieben mehr um die Datenplausibilität und den monetären Mehrwert. Dies zeigt deutlich, dass landwirtschaftliche Betriebe mit unterschiedlichen Erwartungen an digitale Technologien herangehen. Gleichermaßen gehen Investitionen abhängig von der Größe des landwirtschaftlichen Betriebs mit einem unterschiedlichen Kosten-Nutzen-Verhältnis einher [STH19]. Diese unterschiedlichen Voraussetzungen der Betriebe für den KI-Einsatz lassen sich anhand von Reifegradmodellen abbilden [We12]. Diese ermöglichen es den landwirtschaftlichen Betrieben, ihren eigenen Entwicklungsstand bezüglich des KI-Einsatzes zu ermitteln und darauf aufbauend konkrete Schritte einzuleiten, um den eigenen Reifegrad zu erhöhen. Es gibt inzwischen mehrere Reifegradmodelle für den KI-Einsatz, welche unterschiedliche Schwerpunkte setzen. So wird eine hohe Reife im Modell nach Lichtenthaler daran festgemacht, dass menschliche und künstliche Intelligenz so in ein Arbeitssystem integriert sind, dass ihre jeweiligen Stärken maximal zur Entfaltung kommen [Li20]. Das Reifegradmodell für humanzentrierte KI [Wi21] berücksichtigt die Integration menschlicher und künstlicher Intelligenz stattdessen als eine Facette humanzentrierter KI-Implementation unter mehreren und stellt den betrieblichen Kontext in den Vordergrund. In manchen Anwendungskontexten kann die Reife eines Betriebs in Bezug auf Datenverlässlichkeit und Erklärbarkeit zentral sein, während in anderen Kontexten Fragen der Regulation und des Arbeitsschutzes im Mittelpunkt stehen. Unterschiede entstehen durch verschiedene Branchen, unterschiedliche Qualifikations- und Kompetenzniveaus der Beschäftigten und Eigenschaften des eingesetzten KI-Systems (z. B. physisch vs. virtuell). Unterschiedliche Reifegradmodelle stehen nicht im Widerspruch zueinander, sondern versuchen jeweils unterschiedliche Ausgangsniveaus abzubilden und so einen zielgerichteten Entwicklungsprozess zu unterstützen.

Die unterschiedlichen Herangehensweisen und Voraussetzungen landwirtschaftlicher Betriebe beim Einsatz von KI und die verschiedenen Typen von KI legen nahe, dass eine kontextsensitive, reifegradorientierte Perspektive nützlich sein kann, um Implementierungshürden entgegenzuwirken. Dazu werden im Folgenden zwei Fallbeispiele skizziert.

3 Fallbeispiele

Grundlage dieses Beitrages sind zwei Fallbeispiele landwirtschaftlicher Betriebe, die sich aus den Ergebnissen einer Literaturanalyse sowie einer qualitativen Datenerhebung herauskristallisiert haben. Diese Datenerhebung wurde im Rahmen des BMEL-geförderten Experimentierfeldes Agro-Nordwest durchgeführt. Die qualitative Untersuchung stützt sich auf 15 durchgeführte Experteninterviews mit unterschiedlichen Akteuren der Landwirtschaft zu den aktuellen Veränderungen, Chancen und Herausforderungen durch die digitale Transformation in der Landwirtschaft (Ergebnisse dieser Untersuchung siehe [HWZ21]). Aus diesen gesammelten Erkenntnissen lassen sich zwei verschiedene Fallbeispiele von landwirtschaftlichen Betrieben skizzieren, für die im Folgenden exemplarisch herausgearbeitet wird, wie diese durch Nutzung von KI bei der Bewältigung verschiedener Herausforderungen unterstützt werden können. Diese beiden Fallbeispiele werden im Folgenden näher vorgestellt:

<u>Landwirtschaftlicher Betrieb mit hohem Technologieeinsatz:</u> Der erste Beispielbetrieb zeichnet sich durch einen hohen Technologieeinsatz (z. B. bei der Aussaat oder Ernte) aus. Bei einigen landwirtschaftlichen Maschinen kommt KI zum Einsatz, wie beispielsweise über die Nutzung von Sensoren an den Maschinen (physische KI). Dieser Betrieb bewirtschaftet tendenziell eher größere Flächen und wird von einem Betriebsleitenden statt von den Inhabern selber geführt. Die Betriebsleitung bringt viel Kompetenz zu Betriebsführung und Digitalisierung mit. Chancen der Digitalisierung werden vor allem in der Zukunftsperspektive im Hinblick auf Vernetzung von verschiedenen Akteuren und maschineller Erledigung landwirtschaftlicher Arbeiten gesehen. Es werden bereits Systeme, beispielsweise über Smartphones oder Tablets genutzt, um Betriebsdaten zu monitoren bzw. zu überwachen. Die Betriebsleitung fungiert als Manager des Betriebes und leitet die Beschäftigten an.

Traditionell familiengeführter landwirtschaftlicher Betrieb mit hohem implizitem Kontextwissen: Der zweite Beispielbetrieb wird von den Inhabern bereits über mehrere Generationen selber geführt, welche über umfangreiches landwirtschaftliches Erfahrungswissen verfügen. Dieses Wissen wurde von Generation zu Generation weitergegeben. Entscheidungen werden gemeinsam getroffen und die grundsätzliche Ausrichtung des Betriebes wird meist mit dem Generationenwechsel angepasst. Kompetenzen in den Bereichen Digitalisierung und Betriebsführung sind moderat ausgeprägt. Die Betriebsleitung verbringt mittlerweile mehr Zeit im Büro als im Stall oder auf dem Feld. Mit der Digitalisierung werden vor allem Entlastung bei der Büroarbeit, eine Prozessoptimierung und eine Arbeitserleichterung verbunden. Der Einsatz von KI wird hier eher bei der Verwaltung und zur Entlastung bei nicht primär landwirtschaftlichen Tätigkeiten angestrebt (virtuelle KI).

4 Reifegradbasierte Implementierungsunterstützung

Die skizzierten Fallbeispiele verdeutlichen drei Aspekte, in denen sich landwirtschaftliche Betriebe abhängig von Größe und Betriebsstruktur unterscheiden, die für die erfolgreiche Implementierung von KI-Lösungen zentral erscheinen (siehe Tab. 1).

	Fallbeispiel 1	Fallbeispiel 2
Personelle Voraussetzungen	Ausgeprägte kaufmännische und digitale Kompetenzen	Ausgeprägtes (implizites) landwirtschaftliches Erfahrungswissen
Technische Voraussetzungen	Technische Infrastruktur vorhanden; datenbasierte Anwendungen bereits im Einsatz	Technische Infrastruktur wenig ausgeprägt; bisher kein KI-Einsatz
KI-Strategie	Automatisierung, Produktivitätssteigerung	Bisher keine explizite Strategie formuliert; KI eher zur Entlastung von administrativen Tätigkeiten angedacht

Tab. 1: Unterschiedliche Ausgangsbedingungen für den KI-Einsatz

Im ersten Fallbeispiel sind technische und personelle Voraussetzungen gegeben, um sowohl physische als auch virtuelle KI bei den landwirtschaftlichen Tätigkeiten einzusetzen. Implementierungshürden können aber aus der Einbindung von KI in betriebliche Prozesse erwachsen. Automatisierung durch den Einsatz physischer KI kann die Tätigkeitsstruktur für die Beschäftigten stark verschieben. Beim Einsatz virtueller KI können sich neue Rollenanforderungen ergeben (z. B. Abnahme von Routinetätigkeiten, mehr komplexe Tätigkeiten, stärkere Bedeutung datenbasierter Entscheidungen). Die erwarteten Veränderungen in Tätigkeit und Rollenverteilung sollten im Implementierungsprozess von KI berücksichtigt werden, sodass Veränderungen der Arbeit aktiv gestaltet werden anstatt von der Technologie bestimmt zu werden [Wi21]. Probleme für die Implementierung können sich auch darin zeigen, dass implizites Wissens der Beschäftigten nicht in den KI-Lösungen integriert werden kann, weil entsprechende Schnittstellen fehlen. Dies führt in der Praxis häufig dazu, dass KI-Systeme zwar eine hohe Leistungsfähigkeit erreichen, im Praxiseinsatz aber schlechte Leistungen bringen [LLL21].

Im zweiten Fallbeispiel bestehen durch gering ausgeprägte technologische Voraussetzungen und eingeschränkte digitale Kompetenzen Hürden für den breiten KI-Einsatz über den gesamten Betrieb. Jedoch geht dieser auch an der Zielsetzung der Betriebsführung vorbei. Da umfassendes Erfahrungswissen vorhanden ist, wird das Potenzial von Digitalisierung und KI-Einsatz im Speziellen hier in der Entlastung von Verwaltungstätigkeiten gesehen, als ersten Anknüpfungspunkt für KI-Integration. Da zum aktuellen Zeitpunkt aber noch keine Erfahrungen mit KI gemacht wurden, besteht der erste Schritt darin, in einzelnen Bereichen mit KI zu experimentieren. Dabei kann auf Erfahrungen aus anderen Branchen zurückgegriffen werden, indem beispielsweise Potenziale von KI in ERP-Systemen genutzt werden [Vl17]. Sollten die ersten Erfahrungen positiv verlaufen, bestehen im zweiten Fallbeispiel die größten Herausforderungen darin, das menschliche Wissen und die vorhandenen Kompetenzen so mit Potenzialen von KI zu verbinden, dass die Integration beider Facetten einen Mehrwert stiftet [Li20].

5 Zusammenfassung und Ausblick

Ein Nutzen stiftender KI-Einsatz in der Landwirtschaft hängt von der genauen Analyse des betrieblichen Kontextes ab. Dabei spielen personelle und technologische Voraussetzungen sowie strategische Aspekte eine Rolle. Die Fallbeispiele verdeutlichen, dass abhängig vom aktuellen Reifegrad eines Betriebs Aspekte der Rollenentwicklung und Wissensintegration oder das Experimentieren in einem nicht primär landwirtschaftlichen Tätigkeitsbereich zentral für die weitere Entwicklung sein kann.

Literaturverzeichnis

[AS21]   Aggarwal, N.; Singh, D.: Technology assisted farming: Implications of IoT and AI. IOP Conference Series: Materials Science and Engineering, 1022, 1-11, 2021.

[Be21]   Berente, N.; Gu, B.; Recker, J.; Santhanam, R.: Managing artificial intelligence. MIS Quarterly, 45, 1433-1450, 2021.

[Hä20]   Härtel, I.: Künstliche Intelligenz in der nachhaltigen Landwirtschaft – Datenrechte und Haftungsregime. Natur und Recht 42, 439-453, 2020.

[Ha18]   Hashimoto, D. A.; Rosman, G.; Rus, D.; Meireles, O. R.: Artificial Intelligence in Surgery: Promises and Perils. Annals of Surgery, 268, 70-76, 2018.

[HWZ21] Hohagen, S.; Wilkens, U.; Zaghow, L.: Digitalisierung in der Landwirtschaft – Resilienz der Entwicklung aus arbeitswissenschaftlicher Perspektive. In (Meyer-Aurich, A. et al. Hrsg.): Informations-und Kommunikationstechnologie in kritischen Zeiten. Gesellschaft für Informatik, Bonn, S. 145-150, 2021.

[Jh19]   Jha, K.; Doshi, A.; Patel, P.; Shah, M.: A comprehensive review on automation in agriculture using artificial intelligence. Artificial Intelligence in Agriculture 2, 1-12, 2019.

[KRS21]   Kühl, J.; Reckleben, Y.; Schulze, H.: Smart-Farming-Technologien auf Ackerbaubetrieben–wie beurteilen Landwirte den Weg zur „Landwirtschaft 4.0 ". In (Meyer-Aurich, A. et al. Hrsg.): Informations-und Kommunikationstechnologie in kritischen Zeiten. Gesellschaft für Informatik, Bonn, S. 187-192. 2021.

[Li20]   Lichtenthaler, U.: Five Maturity Levels of Managing AI: From Isolated Ignorance to Integrated Intelligence. Journal of Innovation Management 8, 39-50, 2020.

[LLL21]   Lebovitz, S.; Levina, N.; Lifshitz-Assa, H.: Is AI Ground Truth Really True? The Dangers of Training and Evaluating AI Tools Based on Experts' Know-What. MIS Quarterly, 45, 1501-1526, 2021.

[MK20]   Mohr, S.; Kühl, R.: Künstliche Intelligenz in der Landwirtschaft. In (Gandorfer, M. et al. Hrsg.): Digitalisierung für Mensch, Umwelt und Tier. Gesellschaft für Informatik, Bonn, S. 193-198, 2020.

[Ru20]   Ruiz-Real, J. L.; Uribe-Toril, J.; Torres Arriaza, J. A.; de Pablo Valenciano, J.: A Look at the Past, Present and Future Research Trends of Artificial Intelligence in Agriculture. Agronomy 10, 1839, 2020.

[Ry19]   Ryan, M.: Ethics of Using AI and Big Data in Agriculture: The Case of a Large Agriculture Multinational. ORBIT Journal 2, 1-27, 2019.

[STH19]   Schukat, S.; Theuvsen, L.; Heise, H.: IT in der Landwirtschaft: mit einheitlichen Definitionen zu einheitlichem Verständnis. In (Meyer-Aurich, A. et al. Hrsg.): Digitalisierung für landwirtschaftliche Betriebe in kleinstrukturierten Regionen-ein Widerspruch in sich? Gesellschaft für Informatik, Bonn, S. 211-216, 2019.

[St21]   Strothmann, W.; Scholz, C.; Pamornnak, B.; Ruckelshausen, A.: Von der Forschung in die Praxis: das KI-basierte optisch-selektive mechanische Beikrautregulierungssystem MWLP-Weeder in verschiedenen Trägersystemen im Feldeinsatz. In (Meyer-Aurich, A. et al. Hrsg.): Informations-und Kommunikationstechnologie in kritischen Zeiten. Gesellschaft für Informatik, Bonn, S. 307-312, 2021.

[Vl17]   Vlasov, V.; Chebotareva, V.; Rakhimov, M.; Kruglikov, S.: AI User Support System for SAP ERP. Journal of Physics: Conference Series, 913, 1-7, 2017.

[We12]   Wendler, R.: The maturity of maturity model research: A systematic mapping study. Information and software technology, 54(12), 1317-1339, 2012.

[Wi21]   Wilkens, U.; Langholf, V.: Ontrup, G.; Kluge, A.: Towards a maturity model of human-centered AI – A reference for AI implementation at the workplace. In (Sihn, W.; Schlund, S. Eds): Competence development and learning assistance systems for the data-driven future. GITO-Verlag, S. 179-197, 2021.

Potential of Facebook's artificial intelligence for marketing

Based on a quantitative survey of consumer attitude towards buying food online before COVID19

Martin Janßen [1]

Abstract: Due to the Corona pandemic and the age of digitization, online food platforms have become more and more important. Therefore, the trend to buy food online is increasing. Nevertheless, many direct sellers and especially conventional farmers are not familiar with selling their products online. Different barriers can affect the acceptance of selling food online. Artificial Intelligence (AI) can help to reduce barriers and fill the gap of missing know-how. This study uses Facebook's AI for targeted marketing campaigns to find the potential audiences that consist of online food buyers based on significant results of a quantitative online survey (n=172). As a result, people with properties such as animal welfare proponents had a positive mood towards buying local food online.

Keywords: Artificial Intelligence (AI), marketing, direct marketer, Facebook Targeting, quantitative survey

1 Introduction

Due to the Corona pandemic and the age of digitization, online food platforms have become more and more important for direct sellers. [Ne16] shows that nowadays, one in three persons buys food or pet food online. There is a high probability that the Corona pandemic increases the demand for online food as well. Additionally, it is easy for consumers to receive recommendations or to get information about products [Ne16]. Therefore, the trend to buy food online is increasing. Buying food online has doubled in revenue over the last two years up to 2.6 bn euros in 2020 [St20]. [If20] shows that it now makes up 1.4 % of the retail sector. Thus, it is comprehensible that 70 % of organic farmers are planning to expand their direct marketing efforts [BK20]. Especially for smaller direct sellers, online food delivery can be a way to increase their revenues [Ro14]. Smaller farms are normally disadvantaged in the supply chain of the food sector due to lower quantities they typically provide and the higher transaction costs [WKL10].

---

[1] Georg-August University and University of Applied Sciences Osnabrueck, field economics of agriculture, Am Kruempel 31, 49090 Osnabrück, martin.janssen@hs-osnabrueck.de, https://orcid.org/0000-0002-1888-2967

Nevertheless, many direct sellers and especially conventional farmers are not familiar with selling their products online. Missing know-how and infrastructure can be a barrier for farmers [BM10]. Since the Corona pandemic, farmers and direct sellers have realized that digitization can be relevant for success. However, AI can help farmers break through existing barriers. Facebook's AI can be easily used for targeted marketing campaigns and to find the correct audience. [Fa2021]

Targeting within online marketing describes targeted advertising to a group with defined properties [Wa18]. As a result, properties such as location, demographics, behavior, social media connections or interests can be used to form a group for targeted advertising [Fa2021b]. Facebook can measure the reach and the impressions of an advertising post, for example. The latter includes how often the advertising was shown on a person's browser page while the reach is estimating the reached persons. [Fa2021c]

In this study, the AI of Facebooks targeting campaigns is used to find the correct audiences based on results of a quantitative survey, which analyzes consumer behavior of buying food online before the Corona pandemic started in Germany.

2 Material and Methods

To gather insights about the properties of the relevant audiences, a quantitative online survey was carried out. In the second step, the results of the survey were used for a targeted advertising campaign on Facebook. This campaign was based on defined properties, which are shown in Table 1 and can be used on the trial-and-error principle.

2.1 Quantitative online survey

The survey was conducted in German language in January 2019 to analyze consumers' behavior towards buying food online. It contains 23 questions about socio-demographic attributes, attitudes towards regionality, supermarkets, weekly food markets, animal welfare and fresh cooked or fast-food meals. The survey contained a mixture of five-point Likert-scaled and multiple-choice answers. Likert-scaled questions such as "Are you buying food on a weekly market?" could answered with "1" (never) up to "5" (always). Multiple choice questions such as "What fits you best?" were set with relevant answers like "vegan", "vegetarian", "flexitarian" and "meat-eater".

Google forms was used for preparing the survey. For this reason, sharing via social media platforms such as Facebook and Whatsapp was easily possible.

To find correlations between the answers, a multiple regression was conducted with SPSS. Regionality was used as the dependent variable. The multiple regressions confidence interval was set to 95 %.

2.2 Facebook's targeted advertising

The Facebook targeting was conducted for 24 hours in October 2021, based on a total budget of 30 euros. The results of the online survey described above were used as input for trial-and-error targeting. A Facebook advertisement campaign with a small budget was created, split into different targeted audiences. Table 1 shows the target interests of each audience, which had a high correlation with buying local food online. From the list of possible interest categories within Facebook, the most relevant ones were chosen that came closes to the survey's results. Male and female subjects between the ages of 18-65+ were included in a perimeter of 20 km around Gießen, Osnabrück and Stadthagen (Lower Saxony) in Germany. Consequently, a potential audience of 442,000 to 484,800 persons was estimated by Facebook given attributes. The impressions and the reach were measured with the Facebook Ad Manager. To avoid unfair conditions, all audiences (A1-A3) were shown the same Facebook posts, which intended an emotional marketing.

	Audience (A1)	Audience (A2)	Audience (A3)
Targeted interests	organic food, sustainability, regional foods, organic farming, natural environment, weekly market	animal welfare, Demeter, vegetarianism, livestock husbandry, free-range husbandry, veganism, Bioland	Chefkoch.de, cookbook, healthy diet, recipes, cooking, Thermomix
Targeted disinterests	Rewe, Edeka, Lidl, discount store, Aldi, Einkaufszentren		McDonald's, Burger King, Kentucky Fried Chicken, Fast Food
Estimated audience size	74,400-88,600	247,300-266,000	120,300-130,200

Tab. 1: Target interests of audiences A1-A3

3 Results

3.1 Quantitative online survey

172 participants were part of the survey. The adjusted R-Square is 0.383, which means that 38.3 % of the variance can be explained with the multiple regression model. The Anova shows a significance (<.001) correlation between the dependent variable and the predictors in the multiple regression model. Table 2 below shows the significance between the independent variables "happiness with supermarkets (7)", "weekly market buyers (9)", "informed in animal welfare (11)", "awareness of animal welfare (10)", "quality of meal (15)" and the dependent variable "regionality (16)"

Model	Unstandardized Coefficients		Standardized Coefficients	T	Sig.	95% Confidence Interval (B)	
	B	Std. Error	Beta			Lower Bound	Upper Bound
(Constant)	1.132	.576		1.964	.051	-.006	2.270
happiness with supermarkets (7)	-.216	.091	-.153	-2.359	.019	-.396	-.035
weekly market buyers (9)	.303	.087	232	3.483	.001	.131	.475
informed in animal welfare (11)	.176	.061	.179	2.882	.004	.056	.297
awareness of animal welfare (10)	.266	.059	.295	4.486	.000	.149	.383
quality of meal (15)	.174	.078	.145	2.222	.028	.019	.329

Tab. 2: Coefficients table of dependent variable a "regionality (16)"

3.2 Facebook's targeted advertising

The majority of the campaign budget (20.09 euros of 30 euros) was used for Audience A2. Facebook knows the participant's attitudes and measures the interaction between them and the advertising post to get the best performance. For this reason, Facebook uses this data to actively direct more budget to the audience with a higher performance indicator such as reach and impressions. Therefore, persons with properties concerning to animal welfare (Audience A2) received the largest amount of the budget. Persons with properties towards sustainability (Audience A1) received the least amount of budget, while persons with a focus on high quality food (Audience A3) were in the mid-reach, as shown in Figure 2 below.

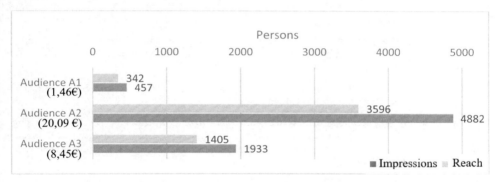

Fig. 1: Impressions, reach and budget of audience A1-A3

4 Discussion and conclusion

The results of the quantitative online survey can be used as an indicator and a basis for creating a targeted Facebook campaign to specify the audiences. Due to the multiple regression model, significant correlations between regionality and variables such as animal welfare, quality of meals and weekly market buyers could be found. The audience A1 performed the worst in the targeting campaign although it has the highest similarity with regionality. Missing interests in using social media and hence not being reached by Facebook's ads could be reasons for this. The fact that the survey was conducted in early 2019 at a time when local online food stores were not popular yet could further influence the results. Additionally, further variables such as income or education levels were not part of the insights due to missing Likert-scales in some of the survey's questions. Hence, such data could not be part of setting up the Facebook targeting more precisely.

Facebook's advertising campaigns can be a good solution for direct sellers to find and to promote the correct audiences. For an effective targeting it is necessary to know the properties of the company's audiences well. A broad targeting needs a higher campaign budget to find the correct audiences [Fa2021]. Nevertheless, it is a compromise to decide between a specified or a broad targeting. Last but not least, the success of a Facebook campaign depends on several parameters such as campaign duration, budget, selection of interests, attractiveness of the post or existing followers.

References

[St20]   Statista: Umsatz mit Lebensmitteln im deutschen Online-Handel bis 2020. Statista. [Online]. Available: https://de.statista.com/statistik/daten/studie/894997/umfrage/umsatz-mit-lebensmitteln-im-deutschen-online-handel/ (accessed: Oct. 29, 2021).

[BM10]   Brush, G. J.; McIntosh, D.: Factors influencing e-marketplace adoption in agricultural micro-enterprises. IJEB, vol. 8, 4/5, p. 405, 2010, doi: 10.1504/IJEB.2010.035295.

[Ne16]   Nestlé Deutschland AG: So is(s)t Deutschland 2016 - Nestlé Deutschland AG. [Online]. Available: https://www.nestle.de/unternehmen/publikationen/nestle-studie/2016 (accessed: Feb. 15, 2019).

[If20]   IFH Köln: Online Monitor 2020. [Online]. Available: https://einzelhandel.de/component/attachments/download/10433.

[BK20]   Böhm, M.; Krämer C.: Neue und innovative Formen der Direktvermarktung landwirtschaftlicher Produkte - Analyse und Erarbeitung von Handlungsempfehlungen. 2020. [Online]. Available: https://www.econstor.eu/bitstream/10419/184677/1/1040069878.pdf

[Ro14]   Rong-Da Liang, A.: Enthusiastically consuming organic food. Internet Research, vol. 24, no. 5, pp. 587–607, 2014, doi: 10.1108/IntR-03-2013-0050.

[WKL10]   Wiggins, S.; Kirsten, J.; Llambí, L.: The Future of Small Farms. World Development, vol. 38, no. 10, pp. 1341–1348, 2010, doi: 10.1016/j.worlddev.2009.06.013.

[Fa2021]   Facebook: Business-Hilfebereich: Zielgruppen. [Online]. Available: https://www.facebook.com/business/help/168922287067163?id=176276233019487 (accessed: Oct. 26, 2021).

[Fa2021b]   Facebook: Help your ads find the people who will love your business. [Online]. Available: https://en-gb.facebook.com/business/ads/ad-targeting (accessed: Dec. 6, 2021)

[Fa2021c]   Facebook: Was ist der Unterschied zwischen Seitenaufrufen, Reichweite und Impressionen auf Facebook? Facebook-Hilfebereich. [Online]. Available: https://www.facebook.com/help/274400362581037 (accessed: Oct. 7, 2021).

[Wa18]   Wagener, A.: Marketing 4.0. in Digitalisierung: Segen oder Fluch, D. Wolff and R. Göbel, Eds., Berlin, Heidelberg: Springer Berlin Heidelberg, 2018, pp. 125–150.

Treibhausgasbilanzierung beim Kartoffelanbau eines Praxisbetriebes in Nordwestdeutschland auf Basis eines Telemetriesystems

Tobias Jorissen [1], Silke Becker[1] und Guido Recke[1]

Abstract: Bei der Vermeidung von Treibhausgasen nimmt die Landwirtschaft eine wichtige Stellung im europäischen Green Deal ein. Im Zuge dessen nimmt die Bedeutung von transparenten und betriebsspezifischen Treibhausgasbilanzen zu. Am Beispiel eines Betriebes in Nordwestdeutschland und 18 Kartoffelschlägen werden mit Unterstützung des Telemetriesystems exatrek Dieselverbräuche erfasst und Treibausgasemissionen kalkuliert. Hierbei wird aufgezeigt, welche Unterschiede zu Standardkalkulationen vorliegen. Weiterhin wird diskutiert, welche zusätzlichen Parameter mittels eines Telemetriesystems erfasst werden müssen, um eine vollständige Treibhausgasbilanz vorzuweisen.

Keywords: Telemetriesysteme, Treibhausgasbilanzierung, Kartoffelanbau, Dieselverbrauch

1 Einleitung

Die Landwirtschaft kann durch Vermeidung von Lachgasemissionen aus dem Boden oder Betriebsmitteleinsparungen (z. B. Diesel und Stickstoffdünger) einen Beitrag zum Klimaschutz leisten. Diese Erfolge sollten nachweisbar sein und dokumentiert werden können. Derzeit gibt es eine Vielzahl an Treibhausgasrechnern, die allein keine schlagspezifische Bilanzierung für Praxisbetriebe ermöglichen [KO16]. Hingegen können am Markt erhältliche Telemetriesysteme Bewirtschaftungsparameter erfassen und Basis für schlagspezifische Treibhausgasbilanzen sein. Schlagspezifische Treibhausgasbilanzen befähigen den Landwirt zu einem besseren Management der emittierten Treibhausgase. Zusätzlich können erfasste digitale Prozessdaten und erstellte Treibhausgasbilanzen an nachgelagerte Industrien der Lebensmittelverarbeitung weitergeführt werden und Bestandteil eines CO_2-Fußabdruckes von Produkten sein. Dies kommt Forderungen für transparente Lieferketten nach [SZ20]. Im Vergleich zu anderen landwirtschaftlichen Ackerkulturen wie Winterweizen und Silomais ist der Kartoffelanbau vergleichsweise intensiv und mit hohen Treibhausgasemissionen verbunden [Jo19]. Beim Kartoffelanbau haben neben den stickstoffbezogenen Treibhausgasemissionen u. a. der Dieselverbrauch einen Einfluss auf die Treibhausgasbilanz. Eine Erfassung der Dieselverbräuche auf dem Feld ist mit dem Hard- und Software System exatrek der EXA Computing GmbH möglich. Ein Ziel des Beitrags

---

[1] Hochschule Osnabrück, Landwirtschaftliche Betriebswirtschaftslehre, Oldenburger Landstraße 24, 49134 Osnabrück, t.jorissen@hs-osnabrueck.de, https://orcid.org/0000-0001-8290-6284; s.becker.1@hs-osnabrueck.de; g.recke@hs-osnabrueck.de

ist die Analyse innerbetrieblicher Variabilität der Treibhausgasemissionen beim Dieselverbrauch bei der Feldbewirtschaftung im Vergleich zu Standardkalkulationen. Des Weiteren erfolgt eine kurze Bewertung des Systems exatrek, welche Parameter neben dem Dieselverbrauch für eine Treibhausgasbilanz erfasst werden können und sollten.

2 Material und Methoden

Die Analyse erfolgt am Beispiel eines Kartoffelversuchsbetriebes in Nordwestdeutschland. Der Betrieb baute 2021 auf 18 Schlägen Kartoffeln für die Chipsproduktion an. Erfasst wird der Kartoffelanbau mit der Hard- und Software exatrek der Firma EXA Computing GmbH. Das System exatrek ist eine Hersteller- und markenunabhängige Plattform, die gemischte Fahrzeugflotten integrieren kann, eine automatische Dokumentation des Maschineneinsatzes vornimmt und Live-Ansichten von Fahrten und Maßnahmen ermöglicht [EX21]. In exatrek wurden die für den Kartoffelanbau benötigten Zugmaschinen und Anbaugeräte/Anhänger erfasst (Tab. 1). Weiterhin wurden in exatrek die Schlaggrenzen aufgenommen, damit eine Zuordnung der Dieselverbräuche erfolgen kann.

Arbeitsverfahren	Leistung Zugmaschine (kW)	Arbeitsbreite (m)
Eggen, Kreiselgrubber	151	3
Grubbern, Flügelschargrubber	151	5
Pflügen, Drehpflug	158	3
Pflanzen, getragen mit Kreiselegge	217	3
Mineralische Düngung, Schleuderstreuer, angebaut	151	27
Organische Düngung, Schleppschlauchverteiler	217	15
Chemischer Pflanzenschutz, angehängt	151	27
Rodung, Bunkerroder	217	1,5

Tab. 1: Daten der eingesetzten Maschinen beim Kartoffelanbau

In den nachfolgenden Analysen wurden die Treibhausgasemissionen für den Dieselverbrauch der Arbeitsverfahren Eggen, Grubbern, Pflügen, mineralische Düngung, organische Düngung, chemischer Pflanzenschutz und Roden untersucht. Erfasst wurden mit exatrek die Dieselverbräuche je Schlag und Maßnahme. Die entsprechenden Daten wurden als CSV-Datei aus der Webanwendung geladen und in Excel analysiert. Multipliziert wurden die Dieselverbräuche mit einem Emissionsfaktor in Höhe von 3,02 kg $CO_{2äq}$/l [KT21].

Die Größe der 18 Kartoffelschläge liegt zwischen 2,1 ha und 19,7 ha. Das arithmetische Mittel ist 5,7 ha, der Median 4,7 ha. Die Bodenbeschaffenheiten der 18 Schläge war sandig bis schluffiger Lehm. Aufgrund der nassen Witterung fand ein überdurchschnittlich häufiger Pflanzenschutz statt (≈ 14-18 Überfahrten) Zur Vergleichbarkeit der empirisch erfassten Dieselverbräuche und kalkulierten Treibhausemissionen wurden Standardkalkulationen des Kuratoriums für Technik und Bauwesen in der Landwirtschaf e. V. (KTBL) herangezogenen [KT21]. Bei den Standardkalkulationen wurde eine gleichwertige Mechanisierung zu denen der empirischen Analyse gewählt. Für die Standardkalkulation wurden eine Schlaggröße von 5 ha und ein mittelschwerer Boden als Voreinstellung gewählt. In der KTBL-Datensammlung gelten die Standardkalkulationen für einen rechteckigen Schlag, der doppelt so lang wie breit ist. Beim Kartoffelversuchsbetrieb sind sechs Schläge annähernd rechteckig. Ein Großteil der Schläge ist nicht rechteckig, im Mittel mit sechs Eckpunkten.

3   Ergebnisse

3.1   Treibhausgasemissionen beim Dieselverbrauch

Bezogen auf einen Hektar und eine einzelne Überfahrt werden sowohl auf Basis der exatrek-Messungen als auch nach KTBL-Standardkalkulationen die meisten Treibhausgasemissionen bei der Rodung und beim Pflanzen emittiert (Abb. 1). Die wenigsten Treibhausgasemissionen entstehen bei der mineralischen Düngung und beim chemischen Pflanzenschutz. Bei den exatrek-Messungen zeigen sich hohe Standardabweichungen und Variationskoeffizienten beim Roden und Eggen. Bearbeitet wurden mit der Kreiselegge die Randbereiche eines Schlages, wodurch ein durchschnittlich höherer Dieselverbrauch pro Hektar gemessen wurde.

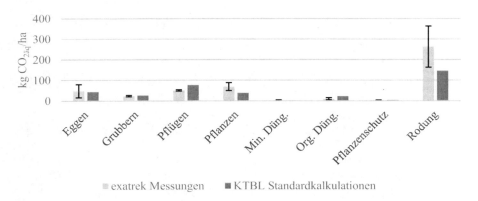

Abb. 1: Treibhausgasemissionen der Arbeitsverfahren auf dem Versuchsbetrieb bei einmaliger Überfahrt auf Basis von exatrek-Messungen und Standardkalkulationen der KTBL

Die hoch schwankenden Treibhausgasemissionen beim Roden sind möglicherweise durch stark schwankende Warte- und Instandhaltungszeiten bei laufender Zugmaschine und Dieselverbrauch auf dem Feld zu erklären. Weiterhin wirken sich beim Roden die betrieblich variierenden Bodenbeschaffenheiten zwischen den Schlägen stark schwankend auf die Dieselverbräuche aus. Ein dritter Faktor für erhöhte und stark schwankende Dieselverbräuche beim Roden ist die Wassersättigung im Boden. Diese war zu Beginn der ersten Rodungen gering und nahm mit den zunehmenden Niederschlägen zum Ende der Rodungen der letzten Kartoffelflächen zu. Im Vergleich zum Roden sind die Streuungswerte beim Pflügen und beim Pflanzenschutz gering. Hier erfolgen die Überfahrten homogen mit geringen Warte- und Instandhaltungszeiten. Insgesamt konnte kein Zusammenhang zwischen den Treibhausgasemissionen bei den Arbeitsverfahren und der Schlaggröße oder der Schlagform festgestellt werden.

Sowohl bei den exatrek-Messungen als auch bei den KTBL-Standardkalkulationen zeigt sich ein annähend linearer Trend beim Zusammenhang der Gesamt-Treibhausgasemissionen durch Dieselverbrauch und der Schlaggröße (Abb. 2). Dieser ist bei den exatrek-Messungen (R^2 = 0,88) niedriger als bei den KTBL-Standardkalkulationen (R^2 = 0,99). Bei Betrachtung der Punktwolke der exatrek-Messungen ist neben einem linearen Trend ein leichter degressiver Verlauf zu erkennen, der aber allein durch den Ordinatenwert bei 19,7 ha deutlich wird.

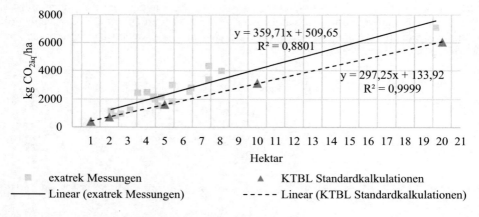

Abb. 2: Gesamt-Treibhausgasemissionen durch Dieselverbrauch der 18 Versuchsschläge auf Basis von exatrek-Messungen und Standardkalkulationen der KTBL-Datensammlung

Werden die KTBL-Werte als Schätzer für die Kartoffelflächen verwendet, sind bei kleinen Schlägen die absoluten Treibhausgasunterschiede vergleichsweise niedrig und die relativen Treibhausgasunterschiede vergleichsweise hoch. Bei größeren Schlägen steigen hingegen die absoluten Treibhausgasunterschiede und sinken die relativen Treibhausgasunterschiede zwischen Standardkalkulationen und exatrek-Messungen.

Kalkuliert für einen mittleren Kartoffelschlag von 5 ha betragen die Gesamtemissionen nach KTBL-Standardkalkulationen 1.796 kg $CO_{2äq}$/ha und nach exatrek-Messungen 2.550 kg $CO_{2äq}$/ha (Abb. 3). Ähnlich zur Betrachtung der Treibhausgasemissionen der einzelnen Überfahrten bei den Arbeitsverfahren werden bei der Rodung die meisten Treibhausgasemissionen durch Dieselverbrauch emittiert. Auf Basis der Standardkalkulationen werden die zweitmeisten Treibhausgase bei der Bodenbearbeitung emittiert und nach den exatrek-Messungen bei der Pflanzung. Im Vergleich zur oben durchgeführten Analyse bei einzelnen Überfahrten nimmt in einer Betrachtung der Gesamt-Treibhausgasemissionen der Anteil des chemischen Pflanzenschutzes zu, da verteilt über das Bewirtschaftungsjahr eine hohe Zahl an Überfahrten erfolgte.

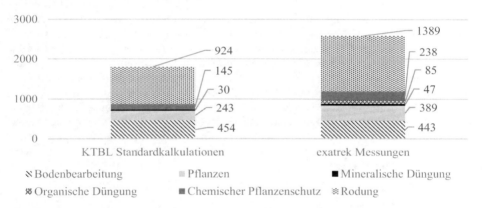

Abb. 3: Gesamt-Treibhausgasemissionen durch Dieselverbrauch auf Basis von exatrek-Messungen und Standardkalkulationen der KTBL-Datensammlung für einen Durchschnittsschlag von 5 Hektar

3.2 Kurzevaluierung exatrek zur Treibhausgasbilanzierung

In Bezug auf den Dieselverbrauch – so zeigen es die Untersuchungen im vorherigen Kapitel – scheint das System exatrek geeignet zu sein, um Daten für eine Treibhausgasbilanz zu liefern. Andere umfassende Studien zur Treibhausgasbilanz im Kartoffelanbau zeigen, dass weitere Emissionsquellen bilanziert werden müssen: Maschinenverschleiß, Düngemitteleinsatz (v. a. Stickstoff), Pflanzgut, Pflanzenschutzmittel, Veränderung im Bodenkohlenstoff und Lachgasemissonen [Jo19]. Ein Maschinenverschleiß kann derzeit über exatrek nicht abgebildet werden. Dieser könnte jedoch über den Dieselverbrauch mittels eines Emissionsfaktors abgeleitet werden [KT21]. Eingesetzte Betriebsmittel wie Dünger, Pflanzenschutzmittel und Pflanzgut können mittels exatrek erfasst werden. Zur Vervollständigung einer Treibhausgasbilanz bedarf es noch entsprechender Emissionsfaktoren, um Treibhausgasemissionen zu berechnen. Schlag- und maßnahmenspezifische Treibhausgasemissionen durch Bodenkohlenstoffänderungen sind komplex [Hü03]. Eine Erfassbarkeit ist nicht trivial und möglicherweise nicht einführbar in ein Telemetriesystem.

Die Erfassung von Lachgasemissionen auf dem Feld ist zwar ebenfalls komplex, könnte aber über den Eintrag von Stickstoff auf dem Schlag modelliert werden [IP20].

4 Diskussion und Ausblick

Die Analysen zeigen, dass für fast alle untersuchten Arbeitsverfahren beim Kartoffelbetrieb die KTBL-Standardkalkulationen ein guter Schätzer sein können. Im Umkehrschluss scheint eine Ermittlung der Treibhausgasmissionen durch Dieselverbrauch mittels exatrek vergleichbare Werte zu erzielen. Noch zu erklärende Streuungen und Unterschiede zwischen KTBL-Standardkalkulationen und exatrek-Messungen sind beim Arbeitsverfahren Rodung festzustellen. Neben Schlaggröße und Form könnten die Bodenbeschaffenheit und die Wassersättigung entscheidende erklärende Variablen sein. In weiteren Studien müssen beim Kartoffelanbau die Hof-Feld-Entfernungen und Abtransporte von Kartoffeln vom Feld erfasst werden. Weiterhin könnten großflächig aufgenommene Daten von Telemetriesystemen genutzt werden, um KTBL-Standardparameter kontinuierlich abzusichern und wenn nötig zu verbessern. Die Kurzevaluierung von exatrek zeigte auf, dass die Erfassung von Dieselverbräuchen ein erster Schritt zu einer kompletten Treibhausgasbilanz ist. Die Einbindung von stickstoffbezogenen Treibhausgasemissionen wäre ein entscheidender Schritt zur Erstellung einer mehr vollständigen Treibhausgasbilanz, der vergleichsweise einfach umzusetzen ist.

Literaturverzeichnis

[EX21]   exatrek, EXA Computing GmbH, https://exatrek.de/index.html, Stand: 23.10.2021.

[IP20]   IPCC: Chapter 11: N_2O Emissions from Managed Soils, and CO_2 Emissions from Lime and Urea Application, 2019 Refinement to the 2006 IPCC Guidelines for National Greenhouse Gas Inventories, 2019.

[Hü21]   Hülsbergen, Kurt-Jürgen: Entwicklung und Anwendung eines Bilanzierungsmodells zur Bewertung der Nachhaltigkeit landwirtschaftlicher Systeme, Shaker Verlag GmbH, Aachen, 2003.

[KO16]   Kätsch, Stephanie; Osterburg, Bernhard: Treibhausgasrechner in der Landwirtschaft – Erfahrungen und Perspektiven, Appl Agric Forestry Res 1/66, 29-44, 2016

[KT21]   KTBL, Kuratorium für Technik und Bauwesen in der Landwirtschaft e.V., https://www.ktbl.de/, Stand 24.10.2021.

[SZ20]   Süddeutsche Zeitung: Lebensmittelhändler wollen Lieferketten transparenter machen, https://www.sueddeutsche.de, 17.01.2021.

[Jo21]   Jorissen, Tobias: Analyse von Agroforstsystemen mit schnellwachsenden Gehölzen zur bioenergetischen Verwertung auf der Grundlage feldexperimenteller Daten und Modellkalkulationen, Verlag Dr. Köster, Berlin, 2019.

Horticulture Semantic (HortiSem) – Natural Language Processing bei Entwicklung und Interaktion mit einem semantischen Netzwerk für die Landwirtschaft

Jascha Daniló Jung[1], Xia He[2], Daniel Martini[1] und Burkhard Golla[2]

Abstract: Im Projekt HortiSem wird ein semantisches Netzwerk speziell für den Bereich der Landwirtschaft entwickelt. Ein semantisches Netzwerk ist eine Knowledge Base, in der Begriffe und ihre Bedeutung zueinander in Beziehung gesetzt werden. Dies geschieht üblicherweise über eine Triple-Beziehung, konkret über die Relation „Subjekt → Prädikat → Objekt". Auf diese Weise können große Datenmengen miteinander verknüpft und maschinenlesbar gemacht werden. Neben vorhandenen, strukturierten Daten aus verschiedenen Datenbeständen (BVL Pflanzenschutzmittel, AGROVOC, PS Info) sollen auch neue, semistrukturierte Datensätze und Informationen aus Textkorpora eingepflegt werden. Dazu werden relevante Texte mit Hilfe von Methoden des Natural Language Processing nach bestimmten Klassen (Kulturen, Schädlinge, u.a.) durchsucht und Annotationen in den Knowledge Graphen integriert. Begriffe sollen dabei möglichst automatisch zu anderen Begriffen und bereits vorhandenen Daten in Relation gesetzt werden.

Keywords: Datenmanagement, Smart und Big Data, Künstliche Intelligenz, Machine Learning, Natural Language Processing, Linked Open Data, semantisches Netzwerk

1 Einleitung

Im Projekt Horticulture Semantic (HortiSem)[3] wird ein semantisches Netzwerk speziell für den Bereich der Landwirtschaft entwickelt. Dazu werden Daten aus unterschiedlichen Quellen, meist Datenbanken, ausgelesen und in RDF-Notation [CWL14] transkribiert. Eine weitere Quelle, die nicht auf Datenbanken basiert, sind Texte. Fachtexte enthalten viele Informationen in sprachlicher Form, die nicht mit einfachen Methoden in passende Datensätze umgewandelt werden können. Viele dieser Texte beruhen auf der Abstraktion eines fachkundigen Autors, die zu Grunde liegenden Daten wurden also interpretiert und zueinander in Bezug gesetzt. Diese Daten und Beziehungen sollen möglichst automatisch in das semantische Netzwerk integriert werden.

Zu diesem Zweck bedienen wir uns Methoden des Natural Language Processing (NLP). Mit Hilfe von NLP-Verfahren können große Textmengen automatisch verarbeitet werden

---

1 Kuratorium für Technik und Bauwesen in der Landwirtschaft, Datenbanken und Wissenstechnologien, Bartningstraße 49, 64289 Darmstadt, j.jung@ktbl.de; d.martini@ktbl.de
2 Julius Kühn-Institut, Institut für Strategien und Folgenabschätzung, Stahnsdorfer Damm 81, 14532 Kleinmachnow, xia.he@julius-kuehn.de; burkhard.golla@julius-kuehn.de
3 HortiSem, https://hortisem.de

und für das semantische Netzwerk nutzbar gemacht werden. Die Daten und Informationen der Texte werden kontextualisiert, eingeordnet und somit maschinenlesbar gemacht. Neben der Gewinnung von neuen Daten für das semantische Netzwerk sollen auch die Texte selbst automatisch verschlagwortet und innerhalb des Netzes suchbar gemacht werden.

2 Wissensstand

2.1 Semantische Netzwerke

Semantische Netzwerke erlauben es, Daten zueinander in Beziehung zu setzen und maschinenlesbar zu machen. Damit können die zugrunde liegenden Informationen automatisiert und schnell abgerufen werden. Daten, die bereits in verschiedenen Datenbanken vorliegen, werden so zu einem großen Netzwerk zusammengefasst. Dieses Netzwerk kann dann mit zusätzlichen neuen Daten erweitert und Relationen zwischen den verschiedenen Daten können beschrieben werden.

2.2 NLP in der Landwirtschaft

Es ist zunächst nicht offensichtlich, dass der Einsatz von NLP im landwirtschaftlichen Bereich Sinn ergeben kann. NLP beschäftigt sich mit der automatischen Verarbeitung von linguistischen, also sprachlichen Daten und hat damit eine große Schnittmenge mit den Sprachwissenschaften, die zu den Geisteswissenschaften gehören. Damit stehen sich die eher theoretischen Überlegungen der Sprachwissenschaften und der sehr praxisorientierte Bereich der Landwirtschaft gegenüber. Dieser Widerspruch lässt sich auflösen, indem man Sprache als Informationsmedium definiert, das Daten und Informationen enthält. Auch im praktischen Bereich der Landwirtschaft erfolgen der Informationsaustausch und die Forschung über sprachliche Mittel. Computerlinguistische Verfahren sind also in allen Bereichen anwendbar, in denen Informationen über Sprache ausgetauscht werden.

2.3 NLP State-of-the-art

Bei der Named Entity Recognition (NER) handelt es sich um ein typisches Klassifizierungsproblem im Machine Learning Bereich. Es wird ein Modell entwickelt, das automatisch bestimmte Begriffe erkennen und klassifizieren, also einer bestimmten Kategorie wie „Erreger" oder „Kultur", zuordnen soll. Klassifizierungsprobleme wie NER werden üblicherweise nach Metriken wie Genauigkeit, Recall und Präzision bewertet. Diese Werte beschreiben das Verhältnis von falsch positiven, falsch negativen, richtig positiven und richtig negativen Ergebnissen. Zudem gibt es Mischwerte, die eine gewichtete Bewertung aus mehreren dieser Metriken darstellen. Bei NLP-Anwendungen wird oft der F_1-Score verwendet, der das harmonische Mittel aus Präzision und Recall beschreibt.

Der State-of-the-art im Bereich NER ist in den letzten Jahren stetig gestiegen und liegt inzwischen bei vielen Verfahren bei einem F_1-Score von über 90 % (siehe etwa [SSH21; Wa21; Ya20])[4]. Das heißt, dass im Schnitt über 90 % der gesuchten Klassen gefunden und korrekt klassifiziert werden.

Neben den Verfahren trägt die Qualität der Trainingsdaten für Machine-Learning-Verfahren maßgeblich zur abschließenden Performance der Anwendung bei. Trainingsdaten müssen daher besonders sorgfältig ausgewählt und erstellt werden.

3 Methoden

Bei der Arbeit am Projekt HortiSem hat sich ein Workflow herauskristallisiert, der im Folgenden dargestellt wird.

3.1 Erstellung des Korpus, Datenquellen, Annotation

Für die Erstellung eines NER-Verfahrens musste zunächst eine Textsammlung relevanter Texte gesammelt werden. Insbesondere die Pflanzenschutz-Informationstexte der Warndienste der Beratungseinrichtungen der Länder sollen später automatisch auf relevante Begriffe analysiert und verschlagwortet werden können, um diese dann in das semantische Netzwerk einzupflegen. Relevante Klassen sind dabei insbesondere Kulturen, Schädlinge, BBCH-Stadien, Pflanzenschutzmittel sowie Maschinen.

3.2 Named Entity Recognition mit spaCy

Für die Erstellung eines NER-Modells zur automatischen Klassifizierung von Begriffen wird zunächst eine möglichst große Menge an Trainingsdaten und Testdaten benötigt. Diese müssen zunächst von Hand annotiert werden. Anschließend werden die annotierten Daten als Input für die Erstellung des NER-Modells mit spaCy[5] [HM17] verwendet.

Für die manuelle Annotation wurde prodigy[6] verwendet, das auch von den spaCy-Entwicklern herausgegeben wird. Dadurch wird die Kompatibilität von Trainingsdaten und NER-Verfahren sichergestellt. spaCy ermöglicht es, einen Teil der annotierten Texte automatisch als Trainingsdaten zu verwenden, um das Modell zu trainieren. Der restliche

---

4 s.a. die folgende Übersicht über relevante wissenschaftliche Veröffentlichungen auf der Webseite NLP-progress, http://nlpprogress.com/english/named_entity_recognition.html, Stand: 28.10.2021.
5 spaCy Homepage, https://spacy.io
6 prodigy Homepage, https://prodi.gy

Teil kann dann zur automatischen Evaluation des Modells verwendet werden, um die Performance bewerten zu können.

3.3 Relation Extraction

Die automatische Relation Extraction (RE) ist ein sehr aufwändiges Verfahren, um die Beziehung von Worten untereinander zu beschreiben. Diese Verfahren wollen wir in Zukunft verwenden, um Vorschläge für relationale Verhältnisse von Konzepten im semantischen Netzwerk zu erhalten. Denkbar ist etwa eine semantische Nähe zweier Worte über Wortvektoren erkennen zu können. Daneben wurden aber auch linguistische Merkmale verwendet, um solche Beziehungen zu finden. Ist etwa Wort 1 in Wort 2 enthalten (Beispiel: „Häcksler" und „Feldhäcksler"), so kann es sich um eine Beziehung des Typs „Oberbegriff" und „Unterbegriff" handeln.

3.4 Einpflegen in das semantische Netzwerk

Für das semantische Netzwerk HortiSem wird die RDF-Notation Turtle verwendet. Dieser können verschiedene Spezifikationen (Ontologien) hinzugefügt werden, die die genaue Beschreibung der Daten mit den relevanten Informationen und Verhältnissen zu anderen Knoten im Netzwerk auf die jeweilige Fachdomäne zugeschnitten ermöglichen.

Das NER-Modell kann also auf beliebige Texte angewendet werden, um Kandidaten für das semantische Netzwerk zu gewinnen. Es kann dann überprüft werden, ob diese Begriffe bereits im Netzwerk vorliegen. Ist dies nicht der Fall, der Begriff aber für das Netzwerk relevant, so kann eine entsprechende Turtle Notation generiert und in das Netzwerk eingepflegt werden. Bei bereits bestehenden Knoten können gegebenenfalls neue Informationen und Relationen hinzugefügt werden, sofern diese relevant sind. Darüber hinaus kann der Text, auf den das Modell angewandt wurde, selbst verschlagwortet und per URI/URL dem semantischen Netzwerk hinzugefügt werden. Der Benutzer kann damit beispielsweise relevante Texte zu seiner Suche finden. Dabei können auch Links zu Texten, die hinter einer Bezahlschranke liegen und für deren Zugriff der Benutzer Geld bezahlen muss, hinterlegt und diese damit auffindbar gemacht werden.

4 Ergebnisse

4.1 F_1-Score

Während der Entwicklung wurden mehrere Modelle entwickelt und ausprobiert. Auch wurden mehrere Trainingssets erstellt und evaluiert. Für Modelle mit vielen unterschiedlichen Klassen (Schädlinge, Erreger, Kulturen …) wurden zunächst F_1-Werte zwischen 70 % und 80 % erzielt. Der Fokus lag allerdings im bisherigen Verlauf des

Projekts noch nicht auf einer Optimierung der Trainingsdaten und des Modells, da zunächst der gesamte Arbeitsschritt, von den unbearbeiteten Fachtexten bis zur Einpflegung in das semantische Netz, entwickelt wurde. Eine nachträgliche Verbesserung und Optimierung der NER-Modelle ist unproblematisch und kann jederzeit im Nachgang erfolgen.

4.2 Relation Extraction

Die Relation Extraction erfolgt zunächst auf linguistischer Ebene, soll aber auch mit Machine-Learning-Verfahren erfolgen. Denkbar sind beispielsweise Wordvektorverfahren (Word Embeddings), bei denen ähnliche Wörter eine geringe Distanz in einem n-dimensionalen Vektorraum haben. Die Generierung solcher Vektoren erfordert allerdings eine sehr große Menge an Textdaten, um eine zufriedenstellende Genauigkeit zu erreichen [YGD15].

Eine weitere Möglichkeit ist der Rückgriff auf bereits bekannte Knowledge Bases. Hier kann man Beziehungen zwischen Daten teilweise automatisch abrufen.

4.3 Vorteile für die Landwirtschaft

HortiSem bietet ein durchsuchbares, maschinenlesbares Netzwerk, das direkten Zugriff auf landwirtschaftliche Informationen und Daten enthält und diese in Beziehung zueinander setzt. Es basiert zu Teilen auf Texten, die für herkömmliche Suchmaschinen nicht zugänglich sind, und ist speziell für den deutschsprachigen Bereich entwickelt. Aus Fachtexten kann ein Mehrwert an Informationen gewonnen werden, die für den Benutzer direkt abrufbar sind. Bei der Suche nach relevanten Texten zu einem Thema oder Begriff kann sich für den Benutzer eine große Zeitersparnis ergeben. Für Landwirte ergibt sich damit eine zentrale Anlaufstelle für alle aktuellen und vergangene Warndienstmeldungen und Pflanzenschutzinformationen sowie ein breites Spektrum an kontextualisierten Informationen.

Denkbar sind zudem die Integration weiterer Verfahren, etwa bei der automatischen Bilderkennung. Zukünftig könnten etwa auch Bilder automatisch annotiert und in den Knowledge Graphen eingefügt werden.

4.4 Automatisierung des Ablaufs

Da das Netzwerk nicht unmittelbar aktualisiert wird und die Menge der Input-Texte überschaubar ist, können die Ergebnisse der hier vorgestellten Verfahren durchaus manuell überprüft werden. Es ist nicht nötig, alle Ergebnisse automatisch dem semantischen Netzwerk hinzuzufügen und damit zu riskieren, fehlerhafte Daten einzupflegen. Ebenso können Vorschläge für Relationen von Daten automatisch generiert werden, die Überprüfung auf Korrektheit, oder zumindest auf Plausibilität, kann dennoch von Fachkundigen übernommen werden.

Die Verschlagwortung von Fachtexten und das Einpflegen von URI/URLs kann dagegen vollautomatisch erfolgen, da es hier bereits bewährte Methoden gibt.

5 Fazit

Das im Projekt HortiSem gewählte Vorgehen hat gezeigt, dass moderne Machine-Learning-Verfahren im Bereich NLP in traditionellen Bereichen wie der Landwirtschaft produktiv eingesetzt werden können. Auch die Landwirtschaft profitiert von der Digitalisierung und Automatisierung von Informationsflüssen. Informationen können gezielter gesucht und in einen fachspezifischen Kontext gesetzt werden. Der Informationsfluss wird also optimiert, insofern die gesuchten Informationen sowie weitere im Kontext stehende Informationen zentral abrufbar werden. So wird die Informationssuche vereinfacht und geht schneller, die Benutzer können Zeit und Geld einsparen. Zudem können Informationen gefunden werden, die für die Fragestellung des Benutzers relevant sind, ohne dass gezielt nach diesen gesucht wurde.

Eine vollständige Automatisierung des vorgestellten Prozesses ist gegenwärtig allerdings nicht ohne Qualitätseinbußen möglich. Aufgrund der bislang hier überschaubaren Datenmenge ist dies allerdings auch derzeit nicht unbedingt nötig.

Literaturverzeichnis

[CWL14] Cyganiak, R.; Wood, D.; Lanthaler, M.: RDF 1.1 Concepts and Abstract Syntax. World Wide Web Consortium (W3C). http://www.w3.org/TR/rdf11-concepts/, Stand: 29.10.2021.

[HM17] Honnibal, M.; Montani, I.: spaCy 2: Natural language understanding with Bloom embeddings, convolutional neural networks and incremental parsing. 2017.

[SSH21] Straková, J.; Straka, M.; Hajic, J.: Neural Architectures for Nested NER through Linearization. 2021.

[Wa21] Wang, X.; Jiang, Y.; Bach, N.; Wang, T.; Huang, Z.; Huang, F.; Tu, K.: Improving Named Entity Recognition by External Context Retrieving and Cooperative Learning. 2021.

[Ya20] Yamada, I.; Asai, A.; Shindo, H.; Takeda, H.; Matsumoto, Y.: LUKE: Deep Contextualized Entity Representations with Entity-aware Self-attention. 2020.

[YGD15] Yu, M.; Gormley, M. R.; Dredze, M.: Combining Word Embeddings and Feature Embeddings for Fine-grained Relation Extraction. 2015.

Arbeitswirtschaftliche Aspekte am Beispiel eines teilautonomen Feldroboters beim Säen und Hacken von Biozuckerrüben

Moritz Jungwirth[1] und Franz Handler[1]

Abstract: Die teilautonome Arbeitsweise von Feldrobotern für das Säen und Hacken von Biozuckerrüben bedingt einen deutlich geringeren Zeitbedarf der Bedienperson im Verhältnis zu jenem des Roboters. Allerdings muss für die Beseitigung möglicher Störungen immer eine Person zur Verfügung stehen. Moderne traktorgezogene Anbaugeräte zur Aussaat und mechanischen Beikrautregulierung in Biozuckerrüben sind so effizient, dass das Einsparungspotenzial durch Entfall der Bedienperson nicht die hohen Kosten des Roboters ausgleichen kann. Erst die Einsparung von Handarbeitskräften durch die Fähigkeit des Roboters, in der Reihe zu hacken, kann zu geringeren Arbeitserledigungskosten durch den Robotereinsatz führen.

Keywords: Roboter, Saat, Beikrautregulierung, Biozuckerrübe, Arbeitszeitbedarf, Kosten

1 Einleitung

Im biologischen Landbau stellt die mechanische Beikrautregulierung eine große Herausforderung dar. Speziell in Reihenkulturen wie der Biozuckerrübe hinterlassen traktorangebaute Hackgeräte systembedingt ein sogenanntes unbearbeitetes Band. Beikräuter in diesem Bereich müssen durch Handhacke entfernt werden, was hohe Personalkosten nach sich zieht. Deshalb haben verschiedene Hersteller Roboter auf den Markt gebracht, die durch die Fähigkeit zum Hacken in der Reihe zur Lösung dieses Problems beitragen. Weiters stellten verschiedene Autoren in Literaturrecherchen [Ma19; Lo20] fest, dass für eine ökonomische Bewertung von Feldrobotern Daten bezüglich ihres Arbeitszeitbedarfes und der Veränderung von Arbeitsabläufen fehlen. Im Folgenden werden deshalb der Arbeitszeitbedarf der Bedienperson und des Roboters untersucht und die Arbeitserledigungskosten des Roboters mit jenen einer herkömmlichen Traktormechanisierung für das Säen und Hacken von Biozuckerrüben verglichen.

2 Material und Methode

Die Untersuchungen wurden mit einem Farmdroid FD20 durchgeführt, der in Dänemark für das Säen und Hacken von Zuckerrüben entwickelt wurde. Der dreirädrige Roboter ist elektrisch angetrieben. Vier Photovoltaikmodule bilden das „Dach" des Roboters und

---

[1] HBLFA Francisco Josephinum, Verfahrenstechnik, Rottenhauser Straße 1, 3250 Wieselburg, moritz.jungwirth@josephinum.at, franz.handler@josephinum.at

versorgen ihn mit Energie. Ein Energieüberschuss, wie er an sonnigen Tagen entstehen kann, wird in zwei Lithium-Ionen-Akkus für den Betrieb nach Sonnenuntergang zwischengespeichert. Beim sechsreihigen Gerät nehmen insgesamt zwölf Werkzeugträger die Hackdrähte zur mechanischen Beikrautregulierung zwischen den Reihen auf. An jedem zweiten Werkzeugträger sind für die Aussaat die Säeinheiten und für das Hacken in der Reihe je ein von einem Servomotor bewegtes Hackschar montiert. Die Säeinheiten vereinzeln das Saatgut mittels Lochscheiben und sind für eine möglichst präzise Ablage mit einem Säventil knapp über dem Boden ausgestattet. Die Steuerung der Säventile und Hackschare erfolgt auf Basis der Position des Roboters, welche durch zwei GNSS-Empfänger und das Korrektursignal der mitgelieferten RTK-Basisstation bestimmt wird. Eine umlaufende Sicherheitsleine schützt bei Kollisionen vor Schäden. Für den Transport von Feld zu Feld wird ein Anbaurahmen für den Traktor mitgeliefert.

Ausgehend von einer Ablaufanalyse aus der Sicht des Roboters und der Bedienperson wurden die zu erhebenden Arbeitsteilvorgänge der Bedienperson und des Roboters beim Säen und Hacken ermittelt. Dabei wurde die von [WF14] vorgestellte Gliederung angewandt. Die Zeitmessungen wurden im Rahmen von Arbeitsbeobachtungen beim Einsatz in Biozuckerrüben durchgeführt. Unregelmäßig auftretende Störzeiten wurden auf Basis der Fehlermeldungen über das Webportal und durch Aufzeichnungen der Bedienperson erhoben. Aufbauend auf den durch die statistische Auswertung der erhobenen Daten ermittelten Arbeitszeitbedarfe für die Teilvorgänge wurden Simulationen durchgeführt, um Effekte von Einflussgrößen wie Schlaggröße und Schlagform zu untersuchen.

Der Vergleich der Kosten für das Säen und Hacken zwischen dem Roboter und der üblichen Traktormechanisierung erfolgte auf Basis der Arbeitserledigungskosten [KT20].

3 Ergebnisse und Diskussion

Nach dem Transport des Roboters zum Schlag muss im ersten Schritt der virtuelle Schlag angelegt werden. Dazu werden mit dem am Traktor angebauten Roboter der Reihe nach die Eckpunkte des Schlages angefahren und nach dem Positionieren der vorderen GNSS-Antenne über dem Eckpunkt dessen Koordinaten aufgenommen. Gebogene Schlaggrenzen müssen in gerade Teilstücke zerlegt werden. Der Zeitbedarf für die Feldaufnahme setzt sich aus der Punktaufnahmezeit und der Fahrzeit zwischen den Punkten zusammen. Die Fahrzeit ist umfangabhängig. Der Feldumfang ergibt sich aus der Form und Größe des Schlages. Ein rechteckiger Schlag mit einem Seitenverhältnis von 1 zu 4 hat bei 1 ha 500 m Umfang und bei 10 ha 1.581 m. Bei einem rechtwinkeligen Dreieck mit gleichem Kathetenverhältnis reicht der Umfang von 645 m bei 1 ha bis 2.040 m bei 10 ha. Bezogen auf die Schlaggröße ergeben sich so bei rechteckigen Schlägen 33,50 AKmin/ha bei 1 ha und 3,67 AKmin/ha bei 10 ha Schlaggröße. Bei Dreiecksflächen ergeben sich Zeitbedarfe von 25,94 AKmin/ha beim 1-ha-Schlag und 3,01 AKmin/ha beim

10-ha-Schlag. Bei gebogenen Schlaggrenzen erhöht sich die Anzahl der Punkte und somit auch der Zeitbedarf (siehe Abb. 1).

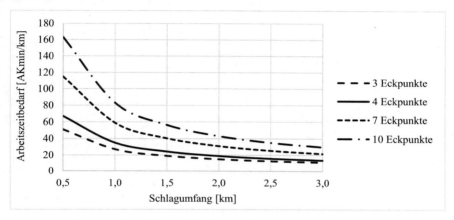

Abb. 1: Arbeitszeitbedarf für die Erstellung des virtuellen Schlages

Nach dem Anlegen der Eckpunkte und Hindernisse sowie dem Festlegen der Referenzlinie müssen weitere Einstellungen am System vorgenommen werden. Für das Wenden ist mindestens eine Vorgewendespur erforderlich. Nach diesen Einstellungen wird im System das Muster für die Aussaat erstellt, auf dessen Basis das Saatgut abgelegt wird.

Wie bei herkömmlicher Sätechnik muss nach Beginn der Aussaat die Ablage kontrolliert und gegebenenfalls angepasst werden. Dazu können diverse mechanische und elektronische Einstellparameter verändert werden. Im Mittel ist dafür rund eine Arbeitskraftstunde (AKh) pro Schlag erforderlich. Bei der Aussaat wurde eine Geschwindigkeit von 720 m/h erreicht, für das Anfahren des Endpunktes nach Fertigstellung der Aussaat sind maximal 950 m/h möglich.

Die Ergebnisse in Abbildung 2 beziehen sich auf rechteckige Schläge mit einem Seitenverhältnis von 1 zu 4. Die Flächenleistung des Roboters ist auf die Gesamtarbeitszeit bezogen. Sie umfasst die Arbeitsteilvorgänge von der Abfahrt am Hof bis zur Rückkehr am Hof nach Beendigung der Arbeit. Die Arbeitsverrichtungszeit ist die reine Saat- bzw. Hackzeit. Die Fahrgeschwindigkeit ist beim Säen und Hacken gleich. Der Anteil der Arbeitsverrichtungszeit an der Gesamtzeit und damit die Flächenleistung des Roboters ist auf Grund des Nachfüllens des Saatgutes und höherer Störzeiten beim Säen geringer als beim Hacken.

Nach Beendigung der Aussaat muss der Roboter für den Hackeinsatz umgerüstet werden. Dafür sind 0,75 bis 0,95 AKh erforderlich. Der Arbeitszeitbedarf für das Umrüsten von Hacken auf Säen liegt im gleichen Bereich.

Die auf RTK-GNSS basierende Arbeitsweise des Farmdroid FD20 erfordert bei jedem Hackeinsatz eine Kontrolle der im System hinterlegten Pflanzenpositionen. Aufgrund der begrenzten absoluten Genauigkeit kann es sein, dass die tatsächlichen Pflanzenpositionen wenige Zentimeter Versatz zur virtuellen Position aufweisen. Dieser Versatz muss vor Arbeitsbeginn im System des Roboters korrigiert werden. Um die unbearbeitete Fläche um die Kulturpflanzen und gleichzeitig die Kulturpflanzenverluste gering zu halten, sind bei jedem Hackeinsatz die Werkzeugeinstellungen zu kontrollieren. In Summe erfordern diese Arbeiten im Mittel etwa eine AKh pro Schlag.

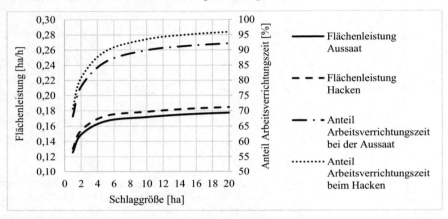

Abb. 2: Flächenleistung und Anteil der Arbeitsverrichtungszeit an der Gesamtzeit bei Aussaat und Hacken

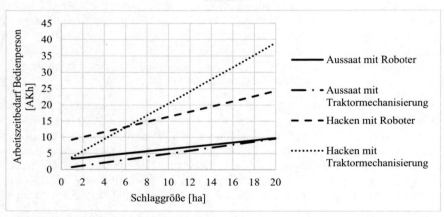

Abb. 3: Arbeitszeitbedarf pro Schlag der Bedienpersonen von Roboter und Traktormechanisierung für Aussaat und maschinelles Hacken

Abbildung 3 vergleicht den Arbeitszeitbedarf der Bedienperson des Roboters mit jenem der Bedienperson des Traktors mit einer zwölfreihigen Einzelkornsämaschine bzw. einem ungesteuerten zwölfreihigen Hackgerät bei vier Hackdurchgängen. Der Arbeitszeitbedarf für die Traktormechanisierung ist dem KTBL-Feldarbeitsrechner entnommen [KT21].

Der angeführte Arbeitszeitbedarf umfasst alle Arbeiten am Schlag inklusive der Wegzeiten zwischen Feld und Hof. Auf Grund der anfallenden Neben- und Störzeiten ist der Arbeitszeitbedarf der Bedienperson des Roboters beim Säen auch bei sehr großen Schlägen höher als bei der Traktormechanisierung. Beim viermaligen Hacken hat die Bedienperson des Roboters, unter den unterstellten Rahmenbedingungen, ab einer Schlaggröße von 6 ha einen geringeren Arbeitszeitbedarf als die Bedienperson am Traktor.

Einstellungsabhängig werden etwa 85 % der Fläche des Schlages durch die Hackdrähte zwischen den Reihen bearbeitet. Durch das Hacken in der Reihe von nur einer Seite können weitere 5-6 % bearbeitet werden. Weitere 3 % der Fläche können bearbeitet werden, wenn bei jedem Hackdurchgang die Fahrtrichtung gewechselt wird. Dadurch kann ein Teil der 92-280 AKh/ha [Ag21; Re04; SB18], die pro Saison für die Handhacke beim Einsatz von herkömmlichen traktorangebauten Hackgeräten in der Biozuckerrübe anfallen, eingespart werden.

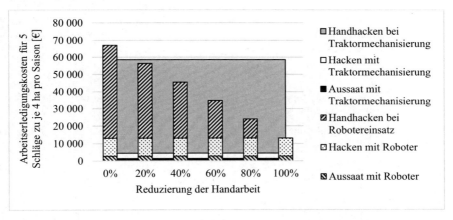

Abb. 4: Arbeitserledigungskosten für Aussaat und mechanische Beikrautregulierung in Biozuckerrüben

Damit können die Arbeitserledigungskosten verringert und die erhöhten Kosten für die Aussaat und maschinelle Beikrautregulierung mittels Roboter ausgeglichen werden. Ein Beispiel dafür ist in Abbildung 4 dargestellt. Darin ist unterstellt, das der Roboter 20 ha Biozuckerrübe verteilt auf fünf Schläge sät und viermal hackt. 20 ha ist die vom Hersteller angegebene Auslastungsgrenze. Die Fläche im Hintergrund des Diagramms repräsentiert die Kosten für die Aussaat und viermaliges maschinelles Hacken mittels zwölfreihiger Traktormechanisierung sowie die anfallenden Kosten der Handhacke bei 200 AKh/ha und Saison. Die gestapelten Säulen im Vordergrund geben die Kosten für Aussaat und maschinelles Hacken mittels Roboter und die durch den Robotereinsatz reduzierten Kosten für die manuelle Beikrautregulierung an. Bei einer Reduktion des Handarbeitszeitbedarfs von 16 % gleichen die verringerten Personalkosten die im Vergleich zur Traktormechanisierung höheren Kosten für Aussaat und maschinelles Hacken aus.

4 Schlussfolgerungen

Für den Einsatz des Farmdroid FD20 müssen in einem ersten Schritt die physischen Schlaggrenzen digitalisiert werden. Die Punkte dieser Polygone sind durch Geraden verbunden, weshalb bei gebogenen Schlaggrenzen die Anzahl und somit der erforderliche Arbeitszeitbedarf zur Digitalisierung erheblich ansteigen. Sowohl bei der Aussaat als auch beim Hacken mittels Roboter bedingt die geringe Fahrgeschwindigkeit eine geringere Schlagkraft und dadurch höhere Arbeitserledigungskosten als der Einsatz herkömmlicher Traktormechanisierung. In Verbindung mit dem Betreuungsaufwand bietet die autonome Arbeitsweise des Roboters der Bedienperson erst ab Schlaggrößen über 6 ha einen zeitlichen Vorteil. Trotzdem können die höheren Arbeitserledigungskosten für Aussaat und maschinelles Hacken mittels Roboter erst durch die Einsparung an Handarbeit ausgeglichen und dadurch der Robotereinsatz wirtschaftlich werden.

Dieser Beitrag entstand im Rahmen der Innovation Farm (www.innovationfarm.at), die von Bund, Ländern und der Europäischen Union im Rahmen des ländlichen Entwicklungsprogrammes LE 14–20 unterstützt wird.

Literaturverzeichnis

[Ag21]   Agroscope: LabourScope – Der Arbeitsvoranschlag für Land- und Hauswirtschaft. Web-Anwendung unter www.arbeitsvoranschlag.ch abgerufen am 20.10.2021.

[KT20]   KTBL: Betriebsplanung Landwirtschaft 2020/21. Kuratorium für Technik und Bauwesen in der Landwirtschaft e.V., Darmstadt 2020, S. 31.

[KT21]   KTBL: Feldarbeitsrechner. Web-Anwendung unter www.ktbl.de/webanwendungen/feldarbeitsrechner abgerufen im August 2021.

[Lo20]   Lowenberg-DeBoer, J., Huang, I.Y., Grigoriadis, V., Blackmore, S.: Economics of robots and automation in field crop production. Precision Agriculture (2020) 21: 278-299, doi:10.1007/s11119-019-09667-5.

[Ma19]   Marinoudi, V., Sørensen, C. G., Pearson, S., Bochtis, D.: Robotics and labour in agriculture. A context consideration. Biosystems Engineering, Volume 184, August 2019, S. 111-121.

[Re04]   Redelberger, H.: Management-Handbuch für die ökologische Landwirtschaft. Kuratorium für Technik und Bauwesen in der Landwirtschaft e.V., Darmstadt 2004, S. 135.

[SB18]   Staub, S.; Brell, S.: Automatische Steuerungssysteme zur effizienten mechanischen Beikrautregulierung. In Tagungsband Angewandte Forschung und Entwicklung für den ökologischen Landbau in Bayern, Schriftenreihe der Bayerischen Landesanstalt für Landwirtschaft, Freising-Weihenstephan 2018, S. 167-170.

[WF14]   Winkler, B.; Frisch, J.: Weiterentwicklung der Zeitgliederung für landwirtschaftliche Arbeiten. In Tagungsband 19. Arbeitswissenschaftliches Kolloquium, Bornimer Agrartechnische Berichte, Heft 83, Potsdam-Bornim 2014, S. 14-21.

Digitaler Experte im Stall: ein Expertensystem am Beispiel des Eutergesundheitsmanagements

Paula Kammler[1], Christian Heidemann[2], Kai Lingemann[1] und Karsten Morisse[2]

Abstract: Die tierschonende Bekämpfung von multiresistenten Keimen verlangt in der Veterinärmedizin ein Umdenken. Im Kontext der Milchviehhaltung bietet gerade das Trockenstellen ein großes Potenzial, den Antibiotika-Einsatz zu reduzieren. Um dabei nicht die Gesundheit der Einzeltiere und der Herde insgesamt zu gefährden, ist eine zuverlässige und frühzeitige Identifizierung der Risikotiere für Eutergesundheitsprobleme notwendig. Das hier vorgestellte Expertensystem soll Landwirte dabei unterstützen und ihnen eine nachvollziehbare Handlungsempfehlung auf Einzeltierebene präsentieren. Hierzu werden sowohl bereits standardmäßig erfasste Daten als auch speziell dafür bereitgestellte Daten und Untersuchungen genutzt. Zudem erfüllt das Expertensystem die im Nachfolgenden beschriebenen, aus dem Nutzungskontext ermittelten Anforderungen, wie z. B. die Nachvollziehbarkeit der bereitgestellten Empfehlung und die Erweiterbarkeit des Wissens im System durch neue Forschungserkenntnisse im Eutergesundheitsmanagement.

Keywords: Expertensystem, Erklärbarkeit, Entscheidungsbaum, Eutergesundheitsmanagement

1 Einleitung

1.1 Motivation

In den letzten Jahrzehnten ist ein deutlicher wissenschaftlicher Fortschritt bei der Erkennung und Behandlung von Euterentzündungen bei Milchkühen zu verzeichnen [Ru17]. Auf Basis dieser Erkenntnisse betreiben Milchviehbetriebe umfangreiche Datenerfassung sowohl für die gesamte Herde als auch für Einzeltiere. Allerdings können Landwirte selten das Optimierungspotenzial, welches in diesen Daten steckt, ausschöpfen, da es mit aufwendigen Auswertungen auf Einzeltierebene verbunden ist. Dies wird beispielsweise beim Trockenstellen von Milchvieh deutlich. So werden in Deutschland zwischen 61 % und 90 % aller Milchkühe antibiotisch trockengestellt [Wo14], obwohl bei rund einem Drittel der Mastitiden keine Erreger isoliert werden können und somit keine antibiotische Behandlung notwendig ist [MLW16]. Weiterhin handelt es sich bei etwa 20 % der Infektionen um gramnegative Keime, bei denen eine antibiotische Therapie für keine maßgebliche Verbesserung des Krankheitsbilds sorgt [GGS17].

---
[1] DFKI-Labor Niedersachsen, Planbasierte Robotersteuerung, Berghoffstraße 11, 49090 Osnabrück, vorname.nachname@dfki.de.
[2] Hochschule Osnabrück, Medienlabor, Albrechtstr. 30, 49076 Osnabrück, vorname.nachname@hs-osnabrueck.de

Studien zeigen, dass bei einer Auswertung der zur Verfügung stehenden Daten und dem selektiven Trockenstellen der infrage kommenden Einzeltiere in ausgewählten Betrieben zwischen 16 und 71 % der eingesetzten Antibiotika eingespart werden können [Sc19]. Allerdings wird die Entscheidung, ob antibiotisch trockengestellt werden soll, oftmals nur auf Basis vereinfachter Entscheidungsbäume getroffen und bezieht nur einen Teil der Erkenntnisse aus der Mastitis-Forschung in die Entscheidung mit ein [KWV16]. Ein automatisiertes Expertensystem kann hier helfen, aufwendige Diagnostik anhand der erfassten Daten zeiteffizient für Betriebe verfügbar zu machen. Das im Folgenden vorgestellte Konzept zielt darauf ab, eine derartige Auswertung mittels eines Entscheidungsbaumes automatisiert vorzunehmen und dem Landwirt eine nachvollziehbare Handlungsempfehlung zu präsentieren.

1.2 Anforderungen

Aus dem skizzierten Ist-Zustand und den eventuellen Gegebenheiten in landwirtschaftlichen Betrieben ergeben sich einige Anforderungen an das in diesem Papier vorgestellte System. Es müssen zunächst aktuelle Erkenntnisse aus der Forschung in das Expertensystem übertragen werden können, so dass die zur Verfügung stehenden Daten ausgewertet und das Optimierungspotential ausgenutzt werden kann. Dies setzt eine Komponente für das Erstellen und Bearbeiten von Entscheidungsbäumen voraus.

Weiterhin muss das System Empfehlungen zum selektiven Trockenstellen liefern, die für den Nutzer verständlich und nachvollziehbar sind. Hier bieten Entscheidungsbäume einen Vorteil gegenüber Ansätzen wie dem maschinellen Lernen, bei dem die Kriterien für eine Empfehlung oftmals nur begrenzt bis gar nicht einsehbar sind. Entscheidungsbäume erlauben es, jede aktivierte Regel mit den zugehörigen Daten abzubilden und somit die Entscheidungsfindung transparent darzustellen.

Da eine Empfehlung unter Umständen auf einer langen Regelkette beruhen kann, muss die Darstellung so entworfen werden, dass sie klar verständlich ist und trotzdem die Möglichkeit bietet, die genaue Argumentation nachzuvollziehen. Dies gilt es besonders zu berücksichtigen, da das System auf Smartphones in Form einer mobilen Applikation verfügbar sein muss, um den flexiblen Einsatz im Betrieb zu gewährleisten. Der Entscheidungsbaum kann allerdings nicht direkt auf dem Smartphone evaluiert werden, da er auf große externe Datenmengen angewiesen ist, die eine stabile Internetverbindung voraussetzen. Außerdem können ggf. umfangreichere Berechnungen die Akkulaufzeit von mobilen Geräten deutlich einschränken. Dementsprechend muss der Entscheidungsbaum auf einen Server ausgelagert werden und mit der Smartphone-Applikation kommunizieren. Die Datenkommunikation muss so optimiert sein, dass nur kleine Datenpakete gesendet werden müssen, um die relevanten Informationen darzustellen. Die App sollte zudem ein intelligentes Caching-System implementieren, um auch bei eingeschränkter Internetverbindung nutzbar zu bleiben.

2 Expertensystem Eutergesundheit

2.1 Konzept

Ein Expertensystem besteht üblicherweise aus mehreren Komponenten [Pu12; Ne05]. In der **Wissensbasis** ist das formalisierte Expertenwissen zur vorliegenden Domäne gespeichert, während in einer **Datenbank** die fallspezifischen Daten vorliegen. Die **Inferenzmaschine** stellt die Problemlösungskomponente dar und generiert auf Basis der verfügbaren Daten und des Expertenwissens in der Wissensbasis eine Entscheidung für den vorliegenden Fall. Diese wird dem Nutzer des Expertensystems in der **Dialogkomponente** präsentiert, welche ihm auch dazu dient, weitere Anfragen an das System zu stellen oder fehlende Informationen für den untersuchten Fall zu ergänzen. In der **Erklärungskomponente** findet der Nutzer weitere Informationen zur Entscheidungsfindung des Systems und Erläuterungen zu den verwendeten Daten des untersuchten Falls. Um das Expertenwissen der Wissensbasis abzuändern oder zu erweitern, verfügt ein Expertensystem meist über eine **Wissensakquisitionskomponente**.

Das hier vorgestellte Expertensystem Eutergesundheit setzt diese fünf Komponenten so um, dass sie die im vorherigen Kapitel beschriebenen Anforderungen erfüllen. Die Abbildung 1 zeigt die Komponenten und ihr Zusammenspiel untereinander, sowie mit den Nutzern und Experten.

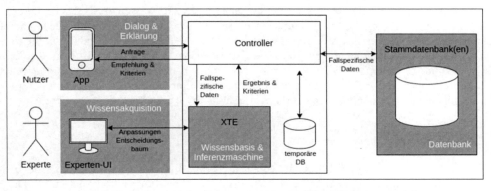

Abb. 1: Komponenten des Expertensystems und deren Zusammenspiel

2.2 App

Auf der linken Seite der Abbildung 1 steht der Nutzer mit der App als Bedienoberfläche. Diese ist für den Einsatz vor Ort als leicht bedienbare App für gängige Smartphones konzipiert und enthält zum einen die Übersicht der vorhandenen Kühe und zum anderen die Detailansicht für die einzelne Kuh. In der Übersicht finden sich neben grundlegenden Informationen über die Kühe auch die Empfehlungen aus der Evaluation des Entscheidungsbaums. Diese Empfehlung kann in der Detailansicht für einzelne Kühe anhand der evaluierten Kriterien und Daten nachvollzogen werden. Da es Fälle gibt, in denen die Daten, die im System gespeichert sind, durch weitere in-situ-Tests ergänzt werden müssen, um eine sichere Empfehlung zu generieren, bietet die App zudem den Nutzern die Möglichkeit, diese direkt einzugeben. Die App stellt damit sowohl die **Dialogkomponente** des Expertensystems als auch die **Erklärungskomponente** dar.

2.3 Controller

In der Mitte der Abbildung und des Expertensystems steht der Controller, der für die Kommunikation zwischen der App, dem XTE und den Stammdatenbanken verwendet wird. Je nach Anfrage der Nutzer ruft der Controller die benötigten Daten aus den Stammdatenbanken ab, stellt diese dem XTE bereit und schickt die von dort gelieferten Empfehlungen und Erklärungen an die App zurück. Für den Fall, dass Eingaben vor Ort über die App getätigt werden müssen, können diese auch vom Controller kurzzeitig zwischengespeichert werden.

2.4 XTE

Das XTE beinhaltet neben dem Entscheidungsbaum, der die **Wissensbasis** des Expertensystems darstellt, auch die **Inferenzmaschine**. Sobald der Controller eine Anfrage mit den notwendigen Daten an das XTE stellt, wird der Entscheidungsbaum anhand dieser durchlaufen. Um später nachvollziehen zu können, wie es dabei zum Endergebnis kam, werden die evaluierten Kriterien der Knoten im Entscheidungsbaum und deren Einzelergebnisse mitgeschrieben. Sie werden dann zusammen mit der Empfehlung an den Controller zurückgegeben, um dem Nutzer in der App anschaulich präsentiert werden zu können.

2.5 Experten-UI

Durch die Verwendung eines Entscheidungsbaums als Wissensbasis ist es konzeptionell sehr einfach möglich, diese zu erweitern. Realisiert wird dies durch die Experten-UI. Der Entscheidungsbaum wird den Experten dort graphisch dargestellt, ist damit menschenlesbar und auch für Personen ohne Informatik-Ausbildung leicht verständlich. Die Experten-UI ermöglicht es den Experten somit, den Entscheidungsbaum einzusehen, anzupassen und zu erweitern. Neue Erkenntnisse aus der Forschung und Anwendung lassen sich so mit geringem Aufwand direkt integrieren. Die Experten-UI bildet damit die **Wissensakquisitionskomponente** dieses Expertensystems ab.

2.6 Datenbanken

Der Controller spricht die bereits vorhandenen Datenbanken der Milchkontrolldienste an und fordert von diesen zum einen die notwendigen Daten für die Evaluation des Entscheidungsbaums, wie z. B. der Gehalt somatischer Zellen in der Milch, der geplanten Trockenstehdauer oder der Mastitis-Historie, und zum anderen die Basisinformationen zu den im Betrieb vorhandenen Kühen. Letztere sind für eine Identifizierung des Tiers vor Ort notwendig. Die Schnittstelle zu den Datenbanken wird als OpenAPI-Spezifikation bereitgestellt und lässt sich damit im Controller leicht implementieren.

3 Diskussion und Ausblick

Das vorgestellte Konzept präsentiert ein vielversprechendes System, welches Landwirten ermöglicht, anhand von bereits erfassten Daten neueste Erkenntnisse aus der Mastitis-Forschung in den alltäglichen, praktischen Betrieb zu implementieren. Ein solches Expertensystem kann maßgeblich zu einer Reduzierung des Antibiotika-Einsatzes beitragen, indem es ein umfangreicheres selektives Trockenstellen ermöglicht. Die Anforderungen und gewählten Ansätze zur Konzeption sind in Zusammenarbeit mit Experten aus der Mastitis-Forschung entstanden und werden im Rahmen des Projektes fortlaufend weiterentwickelt. Ebenfalls wesentlicher Gegenstand ist die intuitive Visualisierung des Entscheidungswegs in der App. Um die aus tierärztlicher Sicht fachliche Korrektheit der Entscheidungen und Praxistauglichkeit der App zu evaluieren, sind weitere Workshops und Befragungen mit Experten sowie Usability-Tests mit Anwendern geplant.

Als weitere Komponente im System ist in Zukunft eine innovatives bildbasiertes Tieridentifikationssystem geplant, welches eine eindeutige Identifikation von Einzeltieren anhand von Körpermerkmalen ermöglichen soll. Diese Komponente soll direkt in die App implementiert werden und so eine Identifikation vor Ort über die Smartphone-Kamera realisieren.

Förderhinweis

Das DFKI Labor Niedersachsen wird gefördert im Niedersächsischen Vorab durch das Niedersächsische Ministerium für Wissenschaft und Kultur und die VolkswagenStiftung. Die Arbeit wird gefördert durch das Bundesministerium für Ernährung und Landwirtschaft (FKZ: 281C202B19, Projekt: IQexpert).

Literaturverzeichnis

[GGS17] Ganda, E.K., Gaeta, N., Spika, A., Pomeroy, B., Oikonomou, G., Schukken, Y.H., Bicalho, C.: Normal milk microbiom is reestablished following experimental infection with Escherichia coli independent of intrammary antibiotic treatment with a third-generation cephalosporin in bovines. Microbiom 5, 2017.

[KWV16] Kiesner, K., Wente, N., Volling, O., Krömker, V.: Selection of cows for treatment at dry-off on organic dairy farms. Journal of Dairy Research 83, S. 468-475, 2016.

[MLW16] Mansion-de, E.M., Lücking, J., Wente, N., Zinke, C., Hoedemaker, M., Krömker, V.: Comparison of an evidence-based and conventional mastitis therapy concept with regard to cure rates and antibiotic usage. Milchwissenschaften 69, S. 27-32, 2016.

[Ne05] Negnevitsky, M.: Artificial intelligence: a guide to intelligent systems. Pearson education, 2005.

[Pu12] Puppe, F.: Systematic introduction to expert systems: Knowledge representation and problem-solving methods. Springer Science & Business Media, 2012.

[Ru17] Ruegg, P.: A 100-Year Review: Mastitis detection, management, and prevention. J. Dairy Sci. 100, S. 10381-10397, 2017.

[Sc19] Schmon, K.S.: Untersuchungen zur Implementierung eines kontrollierten Verfahrens zum Selektiven Trockenstellen in bayrischen Milchviehbetrieben. Dissertation, Tierärztliche Fakultät der Ludwig-Maximilians-Universität München, 2019.

[Wo14] Wolter, W.: Antibiotikaeinsatz in der Milchviehhaltung – eine (politische) Herausforderung für den Tierarzt. AVA Tagung Göttingen, 2014.

Beurteilung des ökonomischen Potenzials des virtuellen Zaunsystems in der deutschen Milchviehhaltung am Beispiel Brandenburgs

Anna Kiefer [1], Lukas Kiefer[1], Franziska Heinrich[1] und Enno Bahrs[1]

Abstract: In Deutschland ist seit Längerem ein Rückgang des Grünlands mit weidebasierter Milchviehhaltung zu beobachten, da eine Stallhaltung ein einfacheres Management und vielfach höhere Milchleistungen mit geringeren Stückkosten ermöglicht. Allerdings kann eine weidebasierte Milchviehhaltung in Grünlandregionen Vorteile hinsichtlich Futterkosten, höherpreisiger Vermarktung und einem meist höheren Maß an Tierwohl bieten. Größere Herden und damit einhergehend größere Weideflächen erfordern aber häufig eine möglichst präzise und damit arbeitsintensive Einzäunung frischer Grasflächen, um den Milchkühen stets ein optimales Futter bereitzustellen. Eine mögliche Lösung zur Reduktion der Arbeitsintensität kann der Einsatz virtueller Zäune sein. Erste Simulationen anhand eines brandenburgischen Grünlandbetriebs zeigen, dass die bislang hohen Anschaffungskosten noch keinen wirtschaftlichen Einsatz zulassen. Perspektivisch scheinen eine Reduktion der Kosten und in der Folge eine Etablierung am Markt durch Standardisierung des Herstellungsprozesses mit größeren Stückzahlen allerdings möglich. Zudem könnte die Akzeptanz virtueller Zaunsysteme durch weitere Maßnahmen wie z. B. Investitions- und Weiterbildungsförderung stimuliert werden.

Keywords: virtueller Zaun, ökonomische Modellierung, Milchviehhaltung

1 Einleitung

Sowohl in der EU als auch in Deutschland ist in der Rinderhaltung eine Konsolidierung, Intensivierung und Professionalisierung erkennbar. So hat sich in Deutschland in den vergangenen 10 Jahren die Zahl der Betriebe mit Rinderhaltung um 26 % von 144,9 Tsd. im Jahr 2010 [St11a] auf 108 Tsd. im Jahr 2020 [St21a] verringert. Die Situation in der Milchviehhaltung folgt mit einem Rückgang der Betriebe um 40 % bzw. der Milchkühe um 7 % dem gleichen Trend [St11a; St21a]. Um die größeren Herden besser und effektiver zu managen, setzen die Betriebsleiter vielfach auf Stallhaltung. Im Jahr 2019 erhielten noch 30,8 % der Milchkühe in Deutschland Zugang zu Weideflächen. Sie stehen auf etwa 42,9 % der milchviehhaltenden Betriebe [St21b].

Allerdings kann eine weidebasierte Milchviehhaltung in Grünlandregionen Vorteile hinsichtlich Futterkosten, höherpreisiger Vermarktung und einem meist höheren Maß an Tierwohl bieten. Zudem leistet die Grünlandverwertung über das Rind einen wichtigen

---

[1] Universität Hohenheim, Institut für Landwirtschaftliche Betriebslehre, Schwerzstraße 44, Schloss, Osthof-Süd, 70593 Stuttgart, anna.kiefer@uni-hohenheim.de, lukas.kiefer@uni-hohenheim.de, franziska.heinrich@uni-hohenheim.de, bahrs@uni-hohenheim.de

Beitrag zur Ernährungssicherheit und zum Klimaschutz durch die Kohlenstoffspeicherfähigkeit des Grünlands [IFR13].

Die entscheidenden Gründe für die überwiegende Stall- oder Weidehaltung sind betriebs- und arbeitsökonomisch motiviert. Eine Weidehaltung ist dann für die Betriebsleiter attraktiv, wenn das kostengünstige Futtermittel Gras möglichst effizient in möglichst viel Milch umgewandelt werden kann. Größere Herden und damit einhergehend größere notwendige Weideflächen machen es aber schwierig, die Weide sinnvoll zu nutzen. Das Problem liegt häufig in einer präzisen und möglichst häufigen Zuteilung frischer Grasflächen. Ein Grund dafür ist der hohe Arbeitsaufwand für die physische Einzäunung der Flächen [Um11]. Eine mögliche Lösung für dieses Problem kann der Einsatz virtueller Zäune (VF-System) sein. Studien aus Irland und Australien zeigen, dass Milchkühe damit zuverlässig innerhalb virtuell festgelegter Grenzen gehalten werden können [La21], was zudem eine effektive Auszäunung naturschutzfachlich relevanter Flächen ermöglicht.

Das Ziel dieser Studie, die im Rahmen des Forschungsprojektes „GreenGrass" durchgeführt wurde, war eine erste ökonomische Potenzialanalyse der Etablierung des VF-Systems in der deutschen Milchviehhaltung am Beispiel der Region Brandenburg.

2 Material und Methoden

Brandenburg wird im Projekt „GreenGrass" als Grünland-Modellregion untersucht, dessen Milchproduktion dem deutschlandweiten Trend der Reduktion der Weidehaltung folgt. Zudem sind rund 95 % Grünland in Brandenburg mit Kulissen für Agrarumwelt- und Klimamaßnahmen belegt [LE21]. Darüber hinaus gibt es in Brandenburg verschiedene Praxispartner, die an dieser digitalen Technologie interessiert sind. Deswegen bietet diese Region ein Potenzial für die Modellierung und Erprobung des Einsatzes des VF-Systems.

Für die Beurteilung der Einsatzmöglichkeit des in Deutschland noch nicht etablierten VF-Systems wurde zunächst ein ökonomisches Modell für die Kosten-Leistungs-Rechnungen entwickelt (Abb.1). Hierfür wurden auf regionaler Ebene im Rahmen eines Living Labs Modellbetriebe konzipiert, die typische Ausgangsformen mit Wiesen- und Weidenutzung aufweisen. Im Modell werden die bestehenden Weidesysteme (Ausgangsszenario) mit den virtuellen Weidesystemen verglichen. Dabei sind Faktoren wie z. B. die Genauigkeit der Ertragsausnutzung bzw. des Systems, die Art und Dauer der Weidehaltung, der Typ des virtuellen Zaunes, die Art der Flächennutzung usw. berücksichtigt.

Flankierend werden Kosten- und Leistungsrechnungen des Einsatzes eines virtuellen Zaunes für fiktive Modellbetriebe Brandenburgs durchgeführt. Die Annahmen für die Modellberechnungen sind auf Basis statistischer Daten aus Brandenburg, KTBL-Datensammlungen, des Living Lab sowie durch Expertengespräche mit Akteuren aus der Region getroffen worden [LE21; St11a; St21a; St21b]. Folgende Parameter wurden in das Modell eingebaut und können variiert werden: Tieranzahl, Milchleistung, Grünlandertrag, Herdenanzahl, Art und Umfang der Beweidung usw. Wichtige Parameter für diese Studie sind: Lohnansatz: 17,5 Euro/Akh; Zinsansatz: 4 %; Abschreibungsdauer VF-System: 10 Jahre; Pachtansatz: 152 Euro/ha; Kraftfutterkosten: 228 Euro/t; Grundfutterkosten (Rundballen): 127,81 Euro/t; Grünlandertrag: 90 dt TM/ha; 3 Schnitte pro Jahr; Milchleistung: 8000 kg ECM/Kuh; Grundfutterleistung: 5.000 kg ECM/Kuh; Weidedauer: 185 Tage; flächengebundene Prämien: 291 Euro/ha; Kosten des Kuhhalsbandes (VF-System): 300 Euro/Tier; jährliche Datenübertragungskosten werden mit 60 Euro/Tier unterstellt.

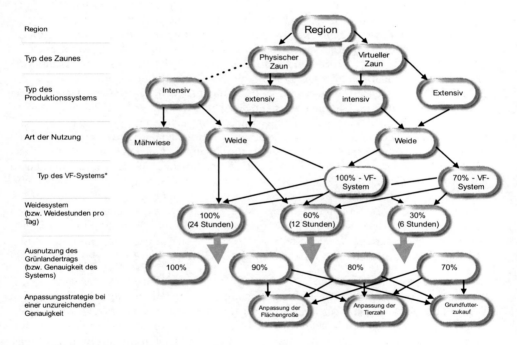

Abb. 1: Ökonomisches Modell für die Kosten-und Leistungsrechnungen des Einsatzes eines virtuellen Zaunes

Die Modellierung berücksichtigt somit alle Kosten, die mit dem Wertschöpfungsprozess zusammenhängen (z. B. für die Anschaffung und die Pflege/Betreibung sowohl des konventionellen Zaunes als auch der neuen digitalen Technologie; Flächenkosten; Futterkosten; Bestandsveränderungskosten; Lohnkosten und Maschinenkosten). Zudem sind Kosten für Dienstleistungen wie Software-Installation, Wartung und Weiterbildung integriert. Auf der anderen Seite bildet das Modell die Leistungen ab, wie z. B. eine Senkung der

Arbeitserledigungskosten, geringeren Kraftfuttereinsatz oder Grundfutterzukauf, Ersparnispotenzial bei den Maschinenkosten, sowie die Fütterungskosten im Stall, flächengebundene Direktzahlungen und Extensivierungsprämien. Damit können im Modell auch die (veränderten) Stückkosten je kg/ECM durch den Einsatz von virtuellen Zäunen ermittelt werden.

3 Erste Ergebnisse

Die ersten Ergebnisse gemäß Tabelle 1 zeigen, dass beim heutigen Stand der Technologie die Kosten für den Einsatz des Systems noch sehr hoch sind. Sogar mit einer 100%igen Genauigkeit des Systems (bzw. 100 % Ausnutzug des Grünlandertrags) und Vollweide muss ein Betrieb mit 50 Milchkühen mit reinen Technologiekosten (bzw. Anschaffungs- und laufenden Kosten) in Höhe von 4,06 ct/kg ECM für ein „100 % VF-System" und 4,51 ct/kg ECM für ein „70 % VF-System rechnen". Wenn aber das VF-System z. B. nur 80 % Genauigkeit hat, dann sind die Gesamtkosten noch höher und betragen 4,37 ct/kg ECM für ein „100 % VF-System" und 4,86 ct/kg ECM für ein „70 % VF-System". Dabei sollten zusätzlich aber noch die Arbeitskosten für den Umtrieb (Tab.1) berücksichtig werden, wenn das VF-System keine Tierlenkungsoption besitzt und damit nicht beim Aus- und Eintreiben hilft. Dies senkt damit das wirtschaftliche Potenzial der neuen Technologie. Es fallen dann nämlich beispielsweise für einen Betrieb mit 50 Kühen Gesamtkosten für das „100 % VF-System" in Höhe von 5,13 ct/kg ECM an. Solange sich der Außenzaun zudem aus rechtlichen Gründen (z. B. Straßenverkehrsrecht, Versicherungsrecht etc.) nicht durch ein virtuelles Weidezaunsystem ersetzen lässt, sinkt das monetäre Einsparpotenzial der VF-Einzäunung für die Milchviehhaltung. Dagegen betragen die Kosten eines physischen Zaunes (inkl. Arbeitskosten für den Umtrieb) für den gleichen Betrieb mit den gleichen Voraussetzungen für das Weidesystem mit 100%iger Genauigkeit nur rund 3,08 Ct/kg ECM und für das System mit 80 % Ausnutzung des Ertrags rund 3,44 Ct/kg ECM.

Die ersten Berechnungen zeigen auch, dass bei der Anschaffung des VF-Systems die Betriebe vor allem beim Umstieg von der Stallhaltung mit Silagefütterung auf eine intensive Weidehaltung profitieren können. Das VF-System bietet bei einer solchen Umstellung ein Ersparnispotenzial bei den Maschinenkosten, Arbeitserledigungskosten sowie den Fütterungskosten im Stall. Beim Ersatz eines physischen Zaunes durch ein VF-System bei einer bestehenden intensiven Weide profitieren eher größere Betriebe mit einem hohem Tierbestand und viel bzw. großen Weideflächen. Mit einem hohen Tierbestand wird der Großteil der Anschaffungs- und laufenden Kosten des VF-Systems, die nicht von der Tieranzahl abhängig sind, auf eine größere Milchmenge verteilt. Darüber hinaus kann das VF-System im Vergleich zum physischen Zaun ein einfacheres Weidemanagement bei größeren Flächen leisten und ein erhebliches Einsparungspotenzial in den Arbeitserledigungskosten für die Auf- und Zuteilung der Flächen bieten.

Genauigkeit der Ausnutzung des Ertrags		100%			90%			80%		
Anzahl Tiere		50	150	400	50	150	400	50	150	400
Kosten der Nutzung der Flächen als Mähwiese[1]		21,13	21,13	21,13	23,05	23,05	23,05	-	-	-
Kosten physischer Zaun (intensive Weide) inkl. Arbeitskosten für Umtrieb		3,08	2,43	2,21	3,24	2,59	2,37	3,44	2,78	2,56
mit Tierlenkungsfunktion*	Gesamtkosten des 100% VF-Systems[2]	4,06	3,2	2,93	4,2	3,34	3,07	4,37	3,51	3,24
	Gesamtkosten des 70% VF-Systems[3]	4,51	3,45	3,08	4,51	3,52	3,18	4,86	3,79	3,41
ohne Tierlenkungsfunktion	Gesamtkosten des 100% VF-Systems[2]	5,13	3,79	3,38	5,27	3,93	3,52	5,44	4,1	3,69
	Gesamtkosten des 70% VF-Systems[3]	5,58	4,04	3,53	5,62	4,11	3,63	5,93	4,38	3,86

* eine Tierlenkungsfunktion bedeutet, dass das VF-System die Arbeitskosten für den Umtrieb einsparen kann

[1] Umstellung von Mähwiese zu intensiver Weide mit VF-System führt zu zusätzlichen fixen Maschinenkosten
[2] 100% VF-System bedeutet einen virtuellen Zaun ohne jegliche physische Abgrenzung der Fläche
[3] 70% VF-System bedeutet einen virtuellen Zaun mit einem physischen Außenzaun

Tab. 1: Kosten in ct/kg ECM des bestehenden Vollweide-/Mähsystems und des VF-Weidesystems

4 Schlussfolgerungen

Die ersten Ergebnisse zeigen, dass der Einsatz von VF-Systemen zu einem Ersatz menschlicher Arbeit durch Kapital führt. Allerdings lassen die bislang hohen Anschaffungskosten der Technologie bei der Umstellung eines bestehenden Weidesystems noch keinen wirtschaftlichen Einsatz zu. Allerdings könnten technischer Fortschritt und Skaleneffekte mit zunehmendem Einsatz der Technologie zu Kostenreduktionen führen. Darüber hinaus wurden bei der bisherigen Betrachtung potenzielle (neue) positive Externalitäten des Systems noch nicht berücksichtigt, deren Umfang und Bewertung noch nicht klar sind. Dazu zählen verbesserte Möglichkeiten von VF-Systemen, Naturschutzflächen effizienter und effektiver zu bewirtschaften, auch mit dem Potenzial, einen höherwertigen Vertragsnaturschutz zu realisieren. Neben einer Weiterentwicklung dieser Annahmen wird das Modell auf andere Regionen sowie Tierarten und -haltungsformen mit ihren jeweils dazugehörigen weidebasierten Produktionssystemen erweitert. Die damit zusammenhängenden Modellanalysen ermöglichen eine verbesserte Prognose, in welchen Regionen mit welchen Tierhaltungssystemen virtuelle Zaunsysteme in der Landwirtschaft besonders vorzüglich sein könnten. Dabei sind die vorhandene Infrastruktur, die gesetzlichen Rahmenbedingungen, die staatliche Förderung inklusive des Umwelt- und Naturschutzes sowie andere Komponenten als wichtige Einflussfaktoren ergänzend ins Kalkül zu ziehen. Diese Prognose, die u.a. auf reale Daten der Living Labs zurückgreift, kann der Agrarpolitik als Entscheidungshilfe zur Etablierung nachhaltiger Agrarumweltprogramme und in diesem Zusammenhang dazugehöriger stärker digitalisierter Agrarsysteme dienen.

Danksagung: Das Projekt „GreenGrass" ist vom Bundesministerium für Bildung und Forschung im Rahmen des Programms Agrarsysteme der Zukunft gefördert.

Literaturverzeichnis

[IFR13]   Idel, A.; Fehlenberg, V.; Reichert, T.: Livestock production and food security in a context of climate change and environmental and health challenges. Trade and Environment Review, 138-153, 2013.

[La21]   Langworthy, A.D. et al.: Virtual fencing technology to intensively graze lactating dairy cattle. I: Technology efficacy and pasture utilization, Journal of Dairy Science, Volume 104, Issue 6, 2021, Pages 7071-7083, ISSN 0022-0302, https://doi.org/10.3168/jds.2020-19796, 2021.

[LE21]   LELF: Datensammlung für die betriebswirtschaftliche Bewertung landwirtschaftlicher Produktionsverfahren im Land Brandenburg. Ministerium für Landwirtschaft, Umwelt und Klimaschutz, Landesamt für Ländliche Entwicklung, Landwirtschaft und Flurneuordnung: Frankfurt (Oder), Germany, 2021.

[Le14]   Leisen, E.: Weidebasierte Milchviehhaltung in Deutschland. Grasland-und weidebasierte Milchproduktion, 98, 2014.

[St11a]   Statistisches Bundesamt: Landwirtschaftliche Betriebe mit Rinderhaltung und Rinderbestand nach regionaler Einheit. Landwirtschaftszählung 2010. www.destatis.de, Stand: 07.10.2021., 2011a.

[St21a]   Statistisches Bundesamt: Viehhaltung der Betriebe. Landwirtschaftszählung 2020. Land- und Forstwirtschaft, Fischerei. Fachserie 3 Reihe 2.1.3, 2021a.

[St21b]   Statistisches Bundesamt: Stallhaltung, Weidehaltung. Landwirtschaftszählung 2020. Land- und Forstwirtschaft, Fischerei, 2021b.

[Um11]   Umstatter, C.: The evolution of virtual fences: A review. Computers and Electronics in Agriculture, 75(1), S. 10-22, 2011.

[WB15]   WBAE: Wege zu einer gesellschaftlich akzeptierten Nutztierhaltung. Kurzfassung des Gutachtens. Wissenschaftlicher Beirat Agrarpolitik beim BMEL. Berlin, 2015.

Entwicklung einer flexiblen Sensorapplikation zur Erzeugung von validen Daten für KI-Algorithmen in landwirtschaftlichen Feldversuchen

Daniel König[1], Matthias Igelbrink[1], Christian Scholz[1], Andreas Linz[1] und Arno Ruckelshausen[1]

Abstract: Künstliche Intelligenz nimmt eine zunehmend bedeutende Rolle in der digitalen Transformation der Landwirtschaft ein. Der Nutzen wird maßgeblich durch die Integration in die einzelnen Prozesse bestimmt. Damit KI-Module anwendungsbezogen entwickelt und eingesetzt werden können, ist die Erfassung valider Sensordaten im Feld notwendig. Diese bilden die Basis für das Trainieren und Anwenden von KI-Netzen. Durch den Einsatz kostengünstiger Standard-Sensorik kann in Kombination mit künstlicher Intelligenz ein Mehrwert in Bezug auf die Qualität der Datenverarbeitung erzielt werden. Aus der Notwendigkeit heraus, valide Sensordaten bereitzustellen, wurde eine flexible Sensorapplikation entwickelt, die durch entsprechende Systemtechnik und typische kostengünstige Sensorik (RGB-Kamera, 3D-Stereokamerasystem, RTK-GPS) valide Daten unter Feldbedingungen aufnehmen kann. Diese Daten können einer KI zur Verfügung gestellt werden. Durch diese Sensorauswahl kann auf eine Vielzahl von Anwendungen im Feld eingegangen werden („70%-Setup"). Zudem wurde das System in eine Simulationsumgebung implementiert, um vorab z. B. Anbaupositionen von Sensoren etc. zu überprüfen. Für die Erzeugung von validen Sensordaten wurden als erste Praxisbeispiele zwei unterschiedliche Feldanwendungen betrachtet und hierfür geeignete Feldversuche durchgeführt.

Keywords: Sensormodul, Sensordatenaufnahme, landwirtschaftliche Feldversuche, künstliche Intelligenz

1 Einleitung

Die Nutzung von Künstlicher Intelligenz (KI) hält zunehmend in allen Lebensbereichen Einzug. Dies gilt auch für die digitale Transformation in der Landwirtschaft. Dabei soll die Künstliche Intelligenz Entscheidungshilfen für die Landwirte bereitstellen und bereits bestehende landwirtschaftliche Prozesse optimieren (z. B. Differenzierung von Nutzpflanze und Beikraut). Um den flächendeckenden Einsatz von anwendungsbezogenen KI-Containern in der Landwirtschaft zu ermöglichen, wird neben erheblichen Datenmengen ebenfalls eine digitale Infrastruktur benötigt. Diese wird im Forschungsprojekt Agri-Gaia [Ag21] vorangetrieben. Hierbei soll die Integration von anwendungsbasierten KI-Modellen mittels Kleinstcomputern in bereits bestehende

---

1 Hochschule Osnabrück, Competence Center of Applied Agricultural Engineering - COALA, Nelson-Mandela-Straße 1, 49076 Osnabrück, {philipp-daniel.koenig, matthias.igelbrink, c.scholz, a.linz, a.ruckelshausen}@hs-osnabrueck.de

Systemtechnik erfolgen. Die Verfügbarkeit von großen Datenmengen kann in der heutigen Zeit der Digitalisierung zwar gewährleistet werden, allerdings muss die Validität der Daten sichergestellt sein. Dies stellt einen zentralen Punkt für die Genauigkeit der von der KI generierten Vorhersagemodelle und somit für die Akzeptanz innerhalb der Landwirtschaft dar. Um den Mehrwert von kostengünstigen Sensoren in Verbindung mit KI-Netzen nutzen zu können, müssen Sensormodule entwickelt werden, die möglichst anwendungsfallunabhängig valide Sensordaten unter Feldbedingungen aufnehmen können. Fokus dieser Arbeit ist daher die Entwicklung eines entsprechenden Sensormoduls zur Aufnahme valider Sensordaten im Feld. Die Sensorapplikation umfasst mit einer Stereokamera sowie einer RGB-Kamera kostengünstige Sensorik, aus denen sich ein Großteil landwirtschaftlicher Anwendungsfälle ableiten lassen. Dies ist für eine möglichst flexible zukünftige Entwicklung von anwendungsbezogenen KI-Modulen essenziell wichtig. Zur Evaluierung, ob valide Daten mit dem Sensormodul und den eingesetzten Sensoren aufgenommen werden können, wurden exemplarisch zwei verschiedene Anwendungsfälle betrachtet. Zum einen wurden die Bearbeitungsschritte der konservierenden Bodenbearbeitung eines Ackers (ohne Pflug) und damit die Oberflächenrauheit des Ackerbodens betrachtet, da eine optimale Saatbettbereitung von großer Bedeutung ist und durch KI-Algorithmen entsprechend unterstützt werden könnte (Silbermedaille AGRITECHNICA 2017, Pöttinger). Zum anderen wurde die Feldaufgangszählung von Mais exemplarisch untersucht. Die Bestandszählung ist eine der gängigsten Methoden zur Beurteilung des Pflanzenzustands und beeinflusst Bewirtschaftungsmethoden während der Saison. KI-Algorithmen in Verbindung mit kostengünstiger Sensorik könnten hier ein geeignetes Werkzeug zur Vereinfachung und Objektivierung darstellen [Pa20].

2 Material und Methoden

Zur Aufnahme von validen Sensordaten bei landwirtschaftlichen Feldversuchen, die für KI-Algorithmen und deren Entwicklung genutzt werden sollen, ist eine flexibel einsetzbare, höhenverstellbare Sensorapplikation entwickelt worden. Die Hardwarestruktur des Systems wird durch einen Sensorträger und einen Grundrahmen definiert (Abb. 1, links). Die am Sensorträger montierte kostengünstige Sensorik umfasst neben einer RGB-Kamera (Microsoft LifeCam Studio HD) auch ein 3D-Stereokamerasystem (Intel Realsense D435i) sowie einen RTK-GPS-Empfänger. Nach Erfahrung der Autoren kann durch dieses Sensorsetup die Datenerfassung für einen Großteil von Anwendungen im Feld („ca. 70 %") abgedeckt werden. Der Grundrahmen des Sensormoduls enthält den Schaltschrank mit der Spannungsversorgung sowie einen Industrie-Computer (IPC). Für den flexiblen Einsatz des Sensormoduls im Feld wird lediglich eine Spannungsquelle von 230V AC (z. B. Generator) oder 12V DC (z. B. Bordnetz Traktor) benötigt. Die Softwarearchitektur des Sensorsystems basiert auf dem Betriebssystem Ubuntu 20.04 und verwendet als Middleware das Robot Operating System (ROS Noetic). Dieses „Open Source"-Softwareframework erlaubt den Aufbau einer

Entwicklung einer Sensorapplikation zur Erzeugung von validen Daten im Feld

modularen Softwarestruktur, wodurch eine flexible Erweiterbarkeit des Systems erreicht wird. Weiterhin bietet ROS die Möglichkeit, Sensordaten systematisch mit Zeitstempeln zu speichern.

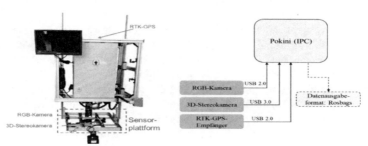

Abb. 1: Entwickelte Sensorapplikation/Sensormodul mit Sensorplattform (links) und eingesetzte Sensorik/Hardware als Datenflussdiagramm (rechts)

Zur Durchführung der landwirtschaftlichen Feldversuche und der damit verbundenen Sensordatenaufnahme wurde die Sensorapplikation als Beispiel in die Forschungsplattform BoniRob [Ba13] implementiert (Abb. 2). Das Sensorsystem ist mit dem BoniRob verbunden. Hierdurch wird u. a. das Sensormodul mit der benötigten Spannung (230V AC) versorgt. Zudem ist vorgesehen, das Modul auch beispielsweise mit Hilfe eines Generators oder des Bordnetzes eines Traktors zu versorgen, wodurch eine Trägerfahrzeugunabhängigkeit erreicht wird. Ebenfalls wurde das Sensormodul in einer Simulationsumgebung implementiert (Abb. 2A). Hierdurch können Vorabtests, wie z. B. die Positionierung von Sensoren evaluiert werden, da Adaptionen/ Veränderungen im Feld aufwendig sind und die Felder oft weiter entfernt liegen [Li19].

Abb. 2: Das Sensormodul bei Testfahrten implementiert in den BoniRob (A: in der Simulationsumgebung, B: bei Labortests, C: bei Feldmessungen)

2.1 Durchgeführte Feldmessungen

Bei der Bodenbearbeitung und der damit verbundenen Oberflächenrauheit des Ackerbodens standen die Distanzdaten der Stereokamera im Fokus. Gemessen wurde der Ackerboden ausgehend vom Zustand „Stand nach Winter", nach dem Einsatz eines Grubbers, nach dem Einsatz eines Grubbers mit Krümelwalze und nach dem Einsatz einer Kreiselegge. Die Messungen mit dem Sensor wurden aus der Vogelperspektive vorgenommen. Die Stereokamera generiert dabei eine Punktewolke der betrachteten Szene. Als Feldversuch wurden 10 m lange Ackerflächen nach den jeweiligen Bearbeitungsstufen vermessen. Zusätzlich wurde als Referenzmethode nach jedem laufenden Meter eine Höhenmessung des Ackerbodens von der Fahrspur des BoniRobs aus bis hin zur Ackeroberfläche erfasst. Dabei bildet die eingefahrene Fahrspur den tiefsten Referenzpunkt für eine Höhenmessung. Somit wird lediglich die Veränderung des Bodenprofils gemessen und kann als indirekter Vergleichswert für die Bodenrauheit herangezogen werden. Für die Feldaufgangszählung von Mais wurden die Daten der RGB-Kamera herangezogen, da diese Kamera ein größeren Bildbereich (Field-of-view) im Vergleich zur RGB-Kamera der Intel Realsense erfassen konnte. Hierzu wurden Bilder aufgehender Maispflanzen von einem 10 m langen Pflanzenstreifen erfasst. Diese Pflanzen wurden als Referenzmessung ebenfalls händisch ausgezählt.

2.2 Methoden zur Datenauswertung

Für die Oberflächenrauheit des Ackerbodens wurden die von der 3D-Stereokamera aufgenommenen Punktewolken genutzt, um den Rauheitskoeffizienten RC [CL70] für die Ackeroberfläche zu bestimmen. Der RC lässt Rückschlüsse auf die Rauheit und somit auf die Homogenität eines Ackerbodens zu. Dieser wird mit folgender Formel berechnet.

$$RC = \sqrt{[(Z(x,y)) - (Z(x0, y0)_{X,Y})]^2}_{X,Y} \qquad (1)$$

Hierbei wird die mittlere quadratische Abweichung in einem 3D-Bild/Punktewolke von allen darin enthaltenen Distanzwerten gebildet. Die Einheit des Rauheitskoeffizienten RC wird durch die Einheit der Messwerte bestimmt. Somit kann pro aufgenommenem 3D-Bild/Punktewolke ein Rauheitskoeffizient gebildet werden.

Für die Feldaufgangszählung wurde mittels „Image Stitching" ein Panoramabild des 10 m langen Feldversuches aus den aufgenommenen Farbbildern der RGB-Kamera erstellt. Anschließend wird eine Farbraumtransformation vom RGB- in den L*a*b*-Farbraum durchgeführt, was eine robustere Segmentierung farblicher Pixel ermöglicht. Für die genaue Farbsegmentierung wird ein k-Means-Algorithmus mit verschiedenen Clustern gewählt. Um verbleibende Störeinflüsse aus dem Binärbild zu entfernen, sind die morphologischen Basisoperationen (erodieren und dilatieren) verwendet worden. Das bereinigte Binärbild wird im Anschluss nach verbliebenen Binärclustern durchsucht und nach Clustergröße gefiltert, wobei zu kleine Cluster verworfen werden.

2.3 Simulationsumgebung

Das Sensormodul ist ebenfalls in der Simulationsumgebung „GAZEBO" implementiert worden. Hierdurch können im Vorfeld bereits Messungen mit dem System simuliert und Anpassungen durchgeführt werden. Hierzu zählen z. B. die Evaluierung von Sensoren,

Entwicklung einer Sensorapplikation zur Erzeugung von validen Daten im Feld 169

Anbaupositionen sowie Datenraten oder auch das Generieren von synthetischen Trainingsdaten für die KI. In der Simulation können zudem die Umgebungsbedingungen gezielt verändert werden, um vielfältige Testbedingungen zu schaffen. Ebenfalls können ganzjährig Tests simuliert werden, da keine Wetterabhängigkeit besteht.

3 Ergebnisse und Diskussion

Beim Ausgangszustand „Stand nach Winter" liegt ein sehr fester, inhomogener Ackerboden vor. Im ersten Schritt der Bodenbearbeitung (Einsatz des Grubbers) wird der Ackerboden grob aufgebrochen, wodurch größere Bodenaggregate entstehen. Somit ist die Oberfläche sehr rau und inhomogen. Wenn zusätzlich zu dem Grubber eine Krümelwalze eingesetzt wird, können größere Aggregate aufgebrochen werden. Somit wird ein annähernd homogener (leicht rauer) Boden zurückgelassen. Bei der folgenden Bearbeitung mittels einer Kreiselegge entsteht eine homogene und glatte Oberfläche, da zurückgebliebene Aggregate zerkleinert wurden. Durch diese Formunterschiede des Ackers nach den verschiedenen Bearbeitungsschritten sind durch die berechneten Rauheitskoeffizienten aus den Daten der 3D-Stereokamera Abstufungen zu erwarten. Pro Feldversuch wurden dabei 10 Rauheitskoeffizienten des 10 m langen Feldversuches berechnet. In der Tab. 1 sind die aus den Daten berechneten Mittelwerte und auftretenden Streuungen der gemessenen Rauheitskoeffizienten (RC) sowie die erfassten Referenzhöhen des jeweiligen Bearbeitungsschrittes aufgetragen.

Boden-bearbeitungsstufe	Mittelwert der 10 Referenz-höhen [cm]	Mittelwert des RC aus 10 Messungen [cm]	Streuung der RC`s [cm]
Stand nach Grubber	12,4	4,29	0,72
Stand nach Grubber mit Krümelwalze	4,8	2,17	0,24
Stand nach Kreiselegge	2,45	1,1	0,08

Tab. 1: Mittelwerte der gemessenen Referenzhöhen und der berechneten RC (10 Messungen) des jeweiligen Bodenbearbeitungsschrittes sowie die zugehörigen Streuungen der Messwerte

Die berechneten Rauheitskoeffizienten zeigen deutliche Abstufungen in den aufeinanderfolgenden Bearbeitungsschritten des Ackers vom „Stand nach Winter" bis hin zur Aussaat. Zudem ist die Streuung der Werte deutlich geringer bei abnehmender Rauheit des Bodens, was auf die steigende Homogenität des Ackerbodens hindeutet.

Mit Hinblick auf die Feldaufgangszählung bei Mais wurden mit dem Sensormodul 62 Maispflanzen auf 10 Metern aufgenommen. Unter den Pflanzen befanden sich trichterförmige Sprösslinge sowie Maispflanzen mit bereits zwei kleinen ausgebreiteten Blättern. Dabei hatten diese eine Höhe von 4-8 cm. Der Feldversuch wurde zweimal mit dem Sensormodul vermessen. Aus den Kamerabildern konnte jeweils ein Panoramabild erstellt werden, in dem die Pflanzen selektiert und gezählt wurden. Dabei wurden in den Daten der ersten Messung 69 und der zweiten Messung 70 Maispflanzen gezählt. Hierbei konnten alle Pflanzen in dem Feldversuch mithilfe einfacher Bildverarbeitung erkannt werden, wobei wenige Artefakte wie Beikräuter zusätzlich detektiert wurden.

4 Schlussfolgerungen

Mit dem entwickelten Sensormodul und den eingesetzten Sensoren konnten valide Daten aufgenommen werden. Dies konnte durch die Betrachtung zweier unterschiedlicher Anwendungsfälle auf dem Feld gezeigt werden, indem hierzu ein Pflanzenparameter (Maispflanzenanzahl) und ein Bodenparameter (Oberflächenrauheit des Ackerbodens) ausgewertet wurden. Die Daten, welche mit dem Sensormodul aufgenommen werden, können somit einer KI-Entwicklung zur Verfügung gestellt werden. Hierbei können die Sensordaten grundsätzlich als Trainingsdaten sowie auch als Eingangsparameter für KI-Anwendungen im Feld übergeben werden, was bereits mit anderen Projektpartnern in diesem Forschungsvorhaben durchgeführt wurde.

Danksagung

Diese Arbeit wurde im Rahmen des Forschungsprojektes Agri-Gaia durchgeführt, welches vom Bundesministerium für Wirtschaft und Energie (BMWi) gefördert wird. Ein weiterer Dank geht auch an den landwirtschaftlichen Betrieb Hof Langsenkamp, bei dem die Feldversuche unterstützend durchgeführt wurden.

Literaturverzeichnis

[Ag21]   Agri-Gaia, Ein agrarwirtschaftliches KI-Ökosystem für die Agrar- und Ernährungswirtschaft. https://www.agri-gaia.de/, gefördert durch das Bundesministerium für Wirtschaft und Energie, 2021.

[Ba13]   Bangert, W. et al.: „Field-Robot-Based Agriculture: "RemoteFarming.1" and "BoniRob-Apps", 71. Tagung LANDTECHNIK – Agricultural Engineering 2013.

[CL70]   Currence, D., Lovely, W.: "The analysis of soil surface roughness." Transactions of the ASAE. 13 (6): 0710-0714. (doi: 10.13031/2013.38702) 1970.

[Li19]   Linz, A., Hertzberg, J., Roters, J., Ruckelshausen, A. „Digitale Zwillinge" als Werkzeug für die Entwicklung von Feldrobotern in landwirtschaftlichen Prozessen. In GI Edition Proceedings Band 287 Informatik in der Land-, Forst- und Ernährungswirtschaft. 39. GIL-Jahrestagung 18.-19. Februar 2019 Wien, Österreich, S.125–130, ISBN: 978-3-88579-681-7, 2019.

[Pa20]   Pang, Y., Shi, Y., Gao, S., Jiang, F., Veeranampalayam-Sivakumar, A., Thompson, L., Luck, J., Liu, C.: Improved crop row detection with deep neural network for early-season maize stand count in UAV imagery. Computers and Electronics in Agriculture, Volume 178, ISSN 0168-1699, (https://doi.org/10.1016/j.compag.2020.105766.), 2020.

Angegebene Gründe für und gegen die Nutzung von integrierten Herdenmanagementprogrammen auf rinderhaltenden Betrieben

Miriam Kramer [1], Larissa Verfürth[1], Caroline Firmenich[1], Laura Schmitz[1], Nicole Tücking[1], Marc Boelhauve[1] und Marcus Mergenthaler[1]

Abstract: Dem digitalen Wandel in der Landwirtschaft stehen nach wie vor Hemmnisse gegenüber, denen sowohl über die Gestaltung der Anwendungen als auch über die Hinwendung zu den Anliegen der Nutzenden begegnet werden sollte. Im Projekt „Digitale Kuh 3.0" wurde allen Mitgliedsbetrieben des Landeskontrollverbands Nordrhein-Westfalen (LKV NRW) ein Papierfragebogen zugesandt, mit dem die Marktdurchdringung der Herdenmanagement-App (HM-App) *FokusMobil* und der dazugehörigen Webanwendung *Fokus 2.0* erhoben werden sollte. Neben der Angabe, ob das *Fokus*-Paket bei den Befragten in Nutzung ist, sollten zudem Gründe genannt werden, die für die potenziellen Nutzenden für oder gegen die Adoption der Software sprechen. Ebenso wurden die Strukturdaten der Betriebe erfasst, um mögliche weitere Einflussfaktoren ableiten zu können. Die Gründe für die Nutzung lassen sich unter der Verbesserung des Arbeitsalltags (Zeitersparnis, persönliche Digitalisierung, etc.) zusammenfassen, während die Gründe dagegen durch die Nutzung eines anderen Programms bzw. durch mangelnde Erfahrung und Ausstattung geprägt sind. Als weitere Einflussfaktoren konnten Tendenzen durch das Alter, die Ausbildung, die Herdengröße sowie die eingesetzte Melktechnik identifiziert werden. Zum Abbau der Hemmnisse bzw. zur gezielten Nutzung der fördernden Faktoren sind sowohl Milchviehhaltende als auch Software-Anbieter und Politik gefragt.

Keywords: Herdenmanagement, Milchkühe, Digitale Tools, Nutzungsgründe, Nutzungshemmnisse

1 Einleitung

Im Zuge der fortschreitenden Digitalisierung haben sich in den vergangenen Jahren Smartphone-Applikationen und PC-Programme zur Management- und Entscheidungsunterstützung zunehmend in der Landwirtschaft etabliert [RKR20]. Um durch die gezielte Zusammenführung und Auswertung verschiedener Datenpools zu einer konkreten Unterstützung für ihre Nutzenden zu werden, ist die umfassende Nutzung der Anwendungen zentral. Dafür muss jedoch der resultierende Mehrwert bewusst sein [vgl. MBM19]. Diesem Mehrwert und dem Einstieg in die hofeigene Digitalisierung stehen jedoch Hemmnisse gegenüber, wie beispielsweise die mitunter hohen Investitionskosten, die als undurchsichtig

---

[1] Fachhochschule Südwestfalen, Fachbereich Agrarwirtschaft, Lübecker Ring 2, 59494 Soest, kramer.miriam@fh-swf.de; larissa.verfuerth@gmx.de; firmenich.caroline@fh-swf.de; schmitz.laura@fh-swf.de; tuecking@lkv-nrw.de; boelhauve.marc@fh-swf.de; mergenthaler.marcus@fh-swf.de

empfundene Datensicherheit oder auch die eigene als unzureichend eingeschätzte Digitalkompetenz, die mit der großen Komplexität der Anwendungen assoziiert wird [RKR20]. Fördernde Einflüsse auf die grundsätzliche Adoption am Beispiel von Smartphone-Apps für das Herdenmanagement im Milchviehbereich von Seiten der Software (z. B. Bedienbarkeit, Funktionsumfang) wurden bereits untersucht [vgl. MBM19; Sc19]. Weniger Beachtung haben bisher jedoch konkrete Gründe gefunden, die aus der Sicht der Milchviehhaltenden selbst für oder gegen die Nutzung der Management-Apps und -programme sprechen und die eine langfristige Adoption dieser Tools im Betriebsalltag fördern oder dieser entgegenstehen. Im Rahmen der vorliegenden Teilstudie wurde anhand von Befragungsdaten aus einer umfangreichen Stichprobe untersucht, welche konkret abgefragten Gründe und weiteren fördernden und hemmenden Faktoren auf Seiten der Nutzenden sich auf die Nutzungsintention von Herdenmanagementprogrammen auswirken können. Ziel war zusätzlich die Ableitung von Empfehlungen, wie diese Faktoren zielführend genutzt bzw. Hemmnisse reduziert werden können, um die Nutzung digitaler Tools für das Herdenmanagement zur Stabilisierung der Herdengesundheit im Milchviehbereich zu fördern.

2 Methodisches Vorgehen

Die Untersuchung wurde beispielhaft am digitalen Herdenmanagement-Angebot des LKV NRW durchgeführt. Die postalische Befragung der 3.608 Mitglieder (Stand: November 2020) fand im Winter 2020/2021 statt. Diese Methodik bietet nach Reuband die Vorteile von relativ geringen Kosten und guter Erreichbarkeit der Zielpersonen sowie die Reduktion von sozial erwünschtem Verhalten und Druck bei der Beantwortung der Fragen. Den möglichen Schwierigkeiten (z. B. fehlende Motivierung und Kontrolle der Situation durch die interviewende Person, Verständnisschwierigkeiten) wurde gemäß seinen Empfehlungen durch das Aufgreifen eines für die Zielgruppe relevanten Themas und die Wahl eines passenden Umfangs und Befragungszeitraums sowie Formulierung eines motivierenden Anschreibens begegnet [Re14]. Die freiwillige und anonyme Beantwortung der Fragen konnte selbst-administriert nach Abscannen eines QR-Codes online oder als Paper-Pencil-Befragung mit Rückantwort per Fax ohne die Angabe von Kontaktdaten geschehen. Der Fragebogen enthielt offene und geschlossene Fragen. Bei der Abfrage der Gründe, die für oder gegen die Nutzung des *Fokus*-Pakets sprechen, waren Antwortalternativen vorgegeben, die in einer freien Kategorie noch weiter individualisiert werden konnten. Durch die Erfassung von Strukturdaten der Betriebe und der teilnehmenden Personen sollten weitere Einflussfaktoren ermittelt werden. Es wurde bewusst ein kompaktes Erhebungsinstrument mit einer niederschwelligen Beteiligungsmöglichkeit gewählt, um möglichst viele potenzielle Nutzende zu erreichen und unterschiedlichen technischen Fertigkeiten Rechnung zu tragen. Die 666 vollständigen Datensätze (Rücklaufquote: 18,5 %) wurden im Anschluss mittels Excel-Pivot ausgewertet.

3 Ergebnisse und Diskussion

3.1 Stichprobe der *Nutzenden* und *Nicht-Nutzenden* des *Fokus*-Pakets

Über die Hälfte der Teilnehmenden (55,3 %) wählten zur Beantwortung des Fragebogens die Option der Paper-Pencil-Befragung mit Rückantwort per Fax. Auffällig war hierbei, dass 58,1 % dieser Gruppe den Altersklassen 46-65 und über 65 Jahre angehören. Der Angabe, das *Fokus*-Paket mindestens einmal pro Monat zu nutzen, stimmten 394 Teilnehmende (59,2 %) zu. Diese Gruppe wurde als Teilstichprobe der *Nutzenden* definiert, während der Rest die Teilstichprobe *Nicht-Nutzende* (n = 272, 40,8 %) der Software darstellt. Bei der Differenzierung der Nutzung nach App und Webanwendung zeigt sich, dass für die App vermehrt ein täglicher Gebrauch angegeben wurde, für die Webanwendung jedoch eher ein monatlicher Nutzungsrhythmus. Dies könnte darin begründet liegen, dass die App durch den Vorteil der unmittelbaren lokalen Verfügbarkeit vielfach für die Dateneinsicht und -eingabe genutzt wird, die Webanwendung dagegen vornehmlich für Auswertungen der monatlichen Milchleistungsprüfungsergebnisse herangezogen wird, was die weniger häufige Nutzung erklären kann.

Die Gegenüberstellung der beiden Teilstichproben in Bezug auf die soziodemographischen Daten (siehe Tab. 1) ergibt, dass in der Gruppe der *Nutzenden* des *Fokus*-Pakets der Anteil der weiblichen Teilnehmenden fast doppelt so hoch ist wie bei den *Nicht-Nutzenden*. Erfahrungen aus dem Projekt haben gezeigt, dass die Partner*innen der betriebsleitenden Personen häufig mit Management- und Dokumentationspflichten des Betriebes betraut sind und somit die digitale Transformation meist eher forcieren. Bei der Verteilung der Altersklassen zeigt sich bei den *Nutzenden* ein gewisser Schwerpunkt in jüngeren Altersklassen. Auffällig ist hierbei v. a. der Anteil der unter 25-Jährigen (13,6 %). Parallel dazu ist ebenfalls der Anteil der Teilnehmenden mit abgeschlossenem Studium in der Gruppe der *Nutzenden* höher. Dies deckt sich mit früheren Forschungsergebnissen von Michels, dass jüngere Betriebsleitende mit Studienabschluss meist eher zur Nutzung von digitalen Tools neigen [vgl. Mi20]. Demnach wäre es möglich, dass die Nutzung von digitalen Lösungen und entsprechenden Fertigkeiten bisher stärker durch ein Studium gefördert werden. Die Auswertung von Herdengrößen und Melksystemen ergab, dass bei den *Nicht-Nutzenden* die Anteile mit großen (> 200 Kühe) und sehr kleinen Herden (< 39) größer sind als bei den *Nutzenden*. Gleichermaßen sind auch die Anteile der Automatischen Melksysteme (AMS) und der Melkkarusselle, aber auch die der Rohrmelkanlagen in dieser Gruppe tendenziell höher. Das lässt darauf schließen, dass bei den *Nicht-Nutzenden* bereits ein an das Melksystem angepasstes Herdenmanagementprogramm (HMP) vorhanden ist bzw. aufgrund der kleinen Herden ein digitales Tool als nicht notwendig angesehen wird [vgl. Sc19].

	Nutzende (n=394)		Nicht-Nutzende (n=272)	
	Personen	Prozent	Personen	Prozent
Geschlecht				
Männlich	318	80,8 %	246	90,4 %
Weiblich	70	17,7 %	26	9,6 %
Keine Angabe	6	1,5 %	0	0,0 %
Alter				
< 25 Jahre	54	13,6 %	7	2,6 %
26 – 45 Jahre	178	45,1 %	103	37,8 %
46 – 65 Jahre	160	40,7 %	152	55,9 %
> 65 Jahre	1	0,3 %	9	3,3 %
Keine Angabe	1	0,3 %	1	0,4 %
Bildungsabschluss				
Landwirt:in	31	7,8 %	14	5,2 %
Agrarbetriebswirt:in / Meister:in	244	62,1 %	200	73,3 %
Studium	67	16,9 %	27	10,0 %
Sonstiges	27	6,8 %	17	6,3 %
Keine Angabe	25	6,4 %	14	5,2 %

Tab. 1: Soziodemographische Daten der Teilstichprobe *Nutzende* (n = 394) und der Teilstichprobe *Nicht-Nutzende* (n = 272) des *Fokus*-Pakets

3.2 Gründe für und gegen die Nutzung des *Fokus*-Pakets

Die Gründe, die für die Nutzung des *Fokus*-Pakets angegeben wurden (siehe Abb. 1), liegen schwerpunktmäßig auf der Verbesserung des Arbeitsalltags. Bei den sonstigen Gründen fanden darüber hinaus die praktische Bedienbarkeit und unmittelbare Verfügbarkeit der Daten durch die App sowie die Möglichkeit vieler Meldungen (hier: Meldungen beim Herkunfts- und Informationssystem für Tiere HIT und Eigenbestandbesamungsmeldungen an die Zuchtorganisation) Erwähnung. Dagegen spricht aus der Sicht der *Nicht-Nutzenden* v.a. die Nutzung eines anderen HMP, an das sie möglicherweise aufgrund ihrer Melktechnik bereits gebunden sind. Die Notwendigkeit von Doppeleingaben wird gescheut, wie vorherige Untersuchungen bereits gezeigt haben [vgl. Sc19]. Vielen ist zudem das digitale HMP des LKV nicht bekannt. Auch die schon genannte als unzureichend empfundene Digitalkompetenz sowie eine mangelnde technische Ausstattung und fehlender Internetempfang finden sich unter den gewählten bzw. zusätzlich angegebenen Gründen (siehe Abb. 2). Zur Vermeidung von Anchoringeffekten wäre hier auch eine offene Fragestellung zu den Gründen für und gegen die Nutzung denkbar gewesen.

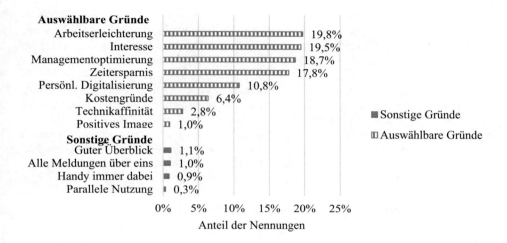

Abb. 1: Angegebene Gründe, die für die *Nutzenden* (n=394) für die Nutzung des *Fokus*-Pakets als Herdenmanagementprogramm (HMP) sprechen (n=1.149, Mehrfachn. mögl.) [Ve21]

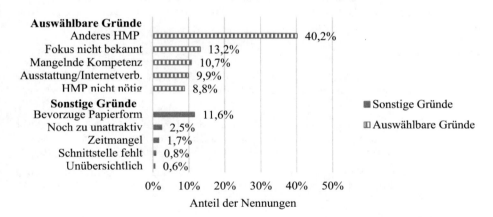

Abb. 2: Angegebene Gründe, die für die *Nicht-Nutzenden* (n=272) gegen die Nutzung des *Fokus*-Pakets als Herdenmanagementprogramm (HMP) sprechen (n=393, Mehrfachn. mögl.) [Ve21]

4 Schlussfolgerung und Empfehlungen

Der empfundene Mehrwert und die umfassende Nutzung digitaler Tools, hier HMP für Milchviehbetriebe, bedingen sich gegenseitig. Die abzuleitenden Empfehlungen für die Stakeholder stellen sich in Anlehnung an die vielfältigen Gründe und Einflussfaktoren ebenfalls facettenreich dar. Den Milchviehhaltenden ist zu empfehlen, genaue Planungen darüber anzustellen, welche Anforderungen an die digitalen Hilfsmittel gestellt werden, um Überforderung und Unzufriedenheit vorzubeugen. Das beinhaltet u. a. das Wahrnehmen von Supportangeboten, die wiederum vom LKV NRW und anderen Software-Anbietern forciert und zielgruppengerecht angepasst werden sollten. Ebenso ist vermehrt auf Vernetzung zu setzen, um die Abdeckung möglichst vieler Funktionen über ein Tool als förderlichen Faktor zu nutzen. Zur administrativen Regelung der digitalen Kooperation ist die Politik gefragt. Genauso sollte die Beschleunigung des Breitbandausbaus im Fokus stehen, was ebenso das Schaffen von Investitionsanreizen in strukturschwache Regionen umfasst. Durch die Anpassung der landwirtschaftlichen Ausbildung könnten bereits hier die nötigen Digitalkompetenzen vermittelt werden. Festzuhalten bleibt, dass der wesentlichste Faktor für den Mehrwert in der intrinsischen Motivation der potenziell Nutzenden liegt.

Danksagung

Die Daten wurden im Rahmen des Forschungsprojektes „Digitale Kuh 3.0 – Entwicklung nutzerspezifischer Managementhilfen zur Verbesserung der Gesundheit sowie zur Optimierung tiergerechter Haltungssysteme von Milchkühen" erhoben, welches vom MKULNV NRW finanziert wird.

Literaturverzeichnis

[MBM19]   Michels, M.; Bonke, V.; Musshoff, O.: Understanding the adoption of smartphone apps in dairy herd management. Journal of Dairy Science, Vol. 102 No. 10, S. 3020-3027, 2019.

[Mi19]   Michels, M.: Digitalisierung in der Landwirtschaft – Empirische Untersuchung zur Nutzung von Smartphones. Dissertation zur Erlangung des Doktorgrades (Dr. sc. agr) der Fakultät für Agrarwissenschaften der Georg-August-Universität Göttingen, 2019.

[RKR20]   Rohleder, B.; Krüsken, B.; Rheinhardt, H.: Digitalisierung in der Landwirtschaft 2020. Branchenverband der deutschen Informations- und Telekommunikationsbranche e.V., 2020.

[Re14]   Reuband, K.-H.: Schriftlich-postalische Befragung. In (Baur, N.; Blasius, J., Hrsg.): Handbuch Methoden der empirischen Sozialforschung, Springer VS, Wiesbaden, S. 643-660, 2014.

[Sc19]   Schütz, K. et.al.: Akzeptanz eines Herdenmanagement-Programms für PC und Smartphone auf rinderhaltenden Betrieben. In (Meyer-Aurich, A. et al., Hrsg.): Digitalisierung in kleinstrukturierten Regionen. Lecture Notes in Informatics (LNI), Gesellschaft für Informatik, Bonn, S. 239-244, 2019.

[Ve21]   Verfürth, L. et.al.: Gründe für und gegen die Nutzung des Fokus-Pakets vom Landeskontrollverband NRW aus Sicht der Mitgliedsbetriebe. Notizen aus der Forschung Nr. 32/2021, Fachbereich Agrarwirtschaft, Soest, 2021.

Web scraping of food retail prices

An analysis of internet food retail sales prices

Jens-Peter Loy[1] and Yanjun Ren[2]

Abstract: In this paper, we develop a theory of food retail promotional strategy. We test the theory using online food retail prices. A python code is applied to retrieve information from the web page mytime.de. Mytime.de is an online grocery outlet that belongs to the Bünting Group, a food retailer in North-West Germany. The promotional sales on mytime.de show a complementary relationship between breadth and depth of sales, indicating that in order to attract consumers, stores raise both the number (breadth) and the depth of price promotions.

Keywords: e-food retailing, promotional sales, Germany

1 Introduction

Price promotions (sales) dominate the marketing of many (food) retailers [Si92]. Twenty to fifty percent of stores' food product price variations are due to sales' prices (see [HR04] and [Be08]). Several models have been proposed to explain the sale's phenomenon, see [Va80; Bl81; La86], amongst others. These models also reveal some information on the level of price discounts (depth). However, most of these models focus on a single product or on a small subset of products and fail to address the problem of the optimal number of sales. Actual grocery stores, however, carry between a few thousand up to 35,000 products and offer various products on sale [KP05].

In this paper, we focus on multi-product retailers that carry n products and specifically address the question of the optimal number (breadth) and the optimal depth of promotional sales. We develop a theoretical model of a multiproduct retailer in the fashion of Varian [Va80] to derive the relationship between breadth and depth of promotional sales. Following, we collect data on price promotions by web scraping from the online grocery store mytime.de to test the theory.

---

[1] Christian-Albrechts-Universität zu Kiel, Marktlehre, Olshausenstraße 40, 24118 Kiel, jploy@ae.uni-kiel.de
[2] Leibniz-Institut für Agrarentwicklung in Transformationsökonomien (IAMO), Theodor-Lieser-Str. 2, 06120 Halle, ren@iamo.de

2 Depth and breadth of sales

We assume that consumers purchase one unit of each (perishable or non-storable) product of a fixed food basket.[3] The number of products in the shopping basket (n) is fixed and identical for all consumers. Each retailer k of the m retailers in the market sells all n products. Some products (n_1) are put on sale at a discount price p and all other goods $(n_2 = n - n_1)$ are sold at consumer reservation price v. There are two types of consumers: shoppers (non-store loyal) and store-loyal customers. The share of shoppers is $(1-\alpha)$, the share of store-loyal customers is α/m.[4] We assume shoppers to be fully informed about store prices at all times and to purchase at the store that offers the lowest costs (price index) for the fixed food basket.[5] In general, consumers perform one-stop-shopping; however, when price discounts for individual products rise, shoppers start cherry picking and collect items on sale across different stores. Loyal consumers always purchase at the same store. Retailer k chooses depth (the discount price $p_{i,k}$ for product $i \in n_{1,k}$) and breadth of sales (the number of products on sale $n_{1,k}$) simultaneously to maximize profits. For non-sale items, the customer's reservation prices are set. To simplify, the same reservation price is set for all consumers and for all n products. We also assume that buying-in prices or product costs are zero. Following [Va80], a store can choose to put products on sale or not; in either case the expected profit in equilibrium needs to be the same. In case no product is put on sale, only store-loyal customers buy at the store. C indicates the fixed costs of retailing. The profit of an individual store k that offers no sales (ns) is shown in (1). If we assume symmetry over all stores and products, (1) is simplified as shown in (2):[6]

$$\pi_{ns,k} = \sum_{i=1}^{n}(\alpha/m)v_{ik} - C_k \qquad (1)$$

$$\pi_{ns} = n(\alpha/m)v - C \qquad (2)$$

By offering products on sale, a store can attract shoppers and thereby increase the sale volume and profit. This happens if and only if the store wins the sale, meaning that the store offers the product basket at the lowest price index (costs for the fixed food basket). If the store wins the sale and attracts all shoppers, the store's profit consists of regular (n_2) and promotional product (n_1) sales according to Equation (3).

---

[3] To some extent we follow the approach by [Ri06], who also develops a theoretical model to prove complementarity between breadth and depth of sales. [LW09] show that the main result of this model is not valid.
[4] Without a lack of generality, the number of total consumers is set to one.
[5] The model does not consider any dynamic interactions but assumes the repetition of actions.
[6] We assume monopolistic competition; thus the store profit is zero and therefore $C=n(a/m)v$.

$$\pi_s = n_1(\alpha/m+1-\alpha)p + n_2(\alpha/m+1-\alpha)v - C \tag{3}$$

To see whether there is a certain relationship between depth and breadth of sales, we can take the total derivative of Equation 3:

$$d\pi = (\alpha/m+1-\alpha)(p-v)dn_1 + n_1(\alpha/m+1-\alpha)dp \tag{3a}$$

For profit maximization $(d\pi=0)$, we get $\dfrac{dn_1}{dp} = -\dfrac{n_1(\alpha/m+1-\alpha)}{(\alpha/m+1-\alpha)(p-v)} = \dfrac{n_1}{v-p} > 0$. This implies that depth and breadth of sales are substitutes. If the retailer increases the sale's price p (reduces sale's depth), the retailer also increases the number of sales. If the store is not winning the shoppers, the profit is $\pi_f = n_1(\alpha/m)p + n_2(\alpha/m)v - C$. The total derivative in this case is $d\pi_f = (\alpha/m)p\,dn_1 + n_1(\alpha/m)dp$. For $d\pi_f = 0$ we also result $\dfrac{dn_1}{dp} = \dfrac{n_1}{v-p} > 0$ for the relationship between breadth and depth of sales. We now introduce a random variable with two values (winning and not winning the shoppers) for the profit and the corresponding probabilities $(F(\cdot), 1-F(\cdot))$. Because the probabilities winning and not winning the shoppers add up to one, the same result holds for the derivative of the expected profits: $E[\Pi] = F(\cdot)\pi_s + (1-F(\cdot))\pi_f$. Following, the number of sales and the level of discounts are perfect substitutes at a given level of costs for the food basket. From the consumers' perspective, an offer with many sales and low discounts is equivalent to one with few sales and high discounts. When a retailer varies its level of expenditures for the food basket by putting products on sale to increase the probability of winning the sale, he can freely choose between these options. Thus, we would not expect to find a unique (strictly increasing or decreasing) relationship between the number of items on sale (breadth) and the level of average discounts (depth).[7] As deciding about prices and publishing of promotional sales information are costly (e.g. store flyers, newspaper advertisements, costs of deciding prices), we introduce non-linear menu costs. Menu costs are assumed to increase at a quadratic rate with the number of sale's items offered by the store (ϕn_1^2). The non-linear nature of menu costs reflects the increasing complexity of determining multiple optimal sales' prices. Every additional promotion needs to consider all interactions between promoted products. For a review of the literature and the empirical significance of menu costs in the field of food and general retailing see [Le97] and [Du99]. Menu costs set incentives for retailers to reduce the number of sales and increase individual discounts.

---

[7] Derivation of optimal depth and breadth of sales under these assumptions has no unique solution. Any combination of the number of sales and the level of sales' discounts that leads to the same food basket expenditure is a valid solution. The authors provide a formal proof upon request.

When stores offer large discounts on individual products, informed consumers (shoppers) may start buying only products on sale from different stores (cherry picking) instead of buying the entire food basket in one store (one-stop shopping) depending on their transaction costs. If we assume that stores randomize the choice of products they put on sale, a good amount of the products in the food basket will be on sale at the same time over all stores. Cherry picking reduces the profits for the store that wins the shoppers (see also [Mc09: 425]). There are different approaches to introduce cherry picking in the model. We assume that shoppers are not identical with respect to their transaction costs. Depending on the level of discounts offered, shoppers move from one-stop-shopping to cherry picking. As we assume transaction costs to differ between shoppers in a continuous fashion, the share of shoppers that switch to cherry picking strictly increases with the level of discounts offered. Thus, for a low level of discounts we observe few, for a high level of discounts we observe many shoppers starting cherry picking. Cherry pickers buy all the sales' products in the store that is winning the sale.[8] However, if sales' discounts are too high, these shoppers start to buy the rest of the food basket in competing stores that offer promotional sales for these items. From a store's perspective, cherry picking reduces the share of shoppers that also buy the products at regular prices to fill their food basket. We model this feature by introducing a function ω that strictly decreases with the level of price discounts offered by the store, respectively strictly increases with the sale's price p. ω is the share of shoppers that buy regular products in the store with the lowest price. A first candidate for ω is p/v. According to [Va80], stores choose the level of discount from a U-shaped random distribution function. As informed consumers in the multi-product case make the store choice based on the expenditures for the entire (fixed) food basket, retailers compete by their aggregate prices (food basket expenses). The products in our model are assumed to be identical (symmetric); thus, the decision which products to promote is arbitrary. The process of selecting products for promotion follows a uniform random process. Further, the random distributions of prices are *i.i.d.* across stores. Thus, consumers get a chance to cherry pick promotional sales across retail stores for the entire food basket. For this model, we can derive that breadth and depth are complements.

3 Data

The Bünting Group started its online grocery store www.mytime.de in April 2019. Mytime.de carries around 28,000 items. The Bünting Group is no. 14 in the list of the top 30 food retailers in Germany. We gather the information by employing tools provided with the programming language python. We collect daily prices of sales offers on www.mytime.de. The website promotes between 200 and 600 products per day. The data

---

[8] The intuition is as following: when depth and breadth are complements, the store that wins the shoppers also has the highest level of discounts and the most products on sale compared with all other stores. In case we receive a substitutional relationship, we still assume that cherry pickers buy at the store with the most products on sale to reduce transactions costs of shopping caused by store switching.

are gathered daily from February to May 2020. The difference between sales prices and regular prices relative to the regular price in percent represents the level of discounts. Breadth is the number of products on sale. Due to the Corona pandemic, we only use data before the first lock down in Germany starting at March 13th.

4 Results

For each day we calculate the number of promotional sales items and the respective relative price discount for each item. We calculate the unweighted means for the average price discount per day and correlate it with the number of discounts. We further calculate a price-weighted discount by dividing the average sales' price by the average regular prices. Thereby, price cuts from high price get a stronger weight compared to price cuts of low prices. Figure 1 and 2 show the relationships between breadth and depth of sales.

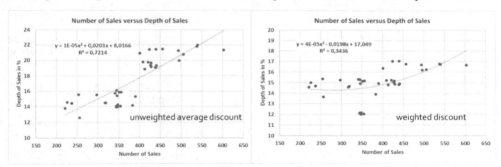

Fig. 1: Breadth and depth of promotional sales (all promotions)

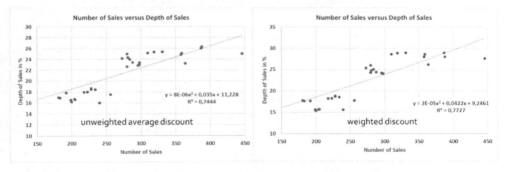

Fig. 2: Breadth and depth of promotional sales (promotions of items below 10 euros)

We also use only sales of less than 10 euros to exclude some sales of big packs which might not be so relevant to most consumers. For all variations in Figure 1 and 2, we find a complementary relationship between breadth and depth of promotional price sales.

5 Summary

Price promotion (sales) are an important tool in food retail marketing. A theory using menu costs and cherry picking predicts a complementary relationship between breadth and depth of sales. We test this theory by web scraping price data from an online food retailer. First evidence shows that breadth and depth of promotional sales are complements. The model may need to be extended to capture other factors influencing the promotional behavior of retailers, such as demand peaks (e. g. holidays), product characteristics (e. g. signpost items), contracts with the processing industry (e. g. promotion commitments) etc. The results allow us to better understand the factors determining the most important marketing tool in food retailing.

Literaturverzeichnis

[Be08] Berck P., J. Brown, J. M. Perloff and S. Villas-Boas (2008): Sales: tests of theories of causality and timing. International Journal of Industrial Organization, 26: S. 1257-1273.

[Bl81] Blattberg R. C., G. D. Eppen and J. Lieberman (1981): A theoretical and empirical evaluation of price deals for consumer nondurables. Journal of Marketing, 45(1): S. 116-129.

[Du99] Dutta S., M. Bergen, D. Levy and R. Venable (1999): Menu costs, posted prices, and multiproduct retailers. Journal of Money, Credit and Banking, 31(4): S. 683-703.

[HR04] Hosken D. and D. Reiffen (2004): How retailers determine which products should go on sale: evidence from store-level data. Journal of Consumer Policy, 27(2): S. 141-177.

[KP05] KPMG (2005): Consumers markets and retail. Der deutsche Lebensmitteleinzelhandel aus Verbrauchersicht. Cologne. (Download at www.kpmg.de)

[La86] Lazear E.P. (1986): Retail pricing and clearance sales. The American Economic Review, 76(1): S. 14-32.

[Le97] Levy D., M. Bergen, S. Dutta and R. Venable (1997): The magnitude of menu costs: direct evidence from large U.S. supermarket chains. Quarterly Journal of Economics, 112: S. 791-825.

[LW09] Loy J.-P. and C. R. Weiss (2009): Promotional food retail sales: frequency versus depth: a comment. Managerial and Decision Economics, 30: S. 513-515.

[Mc09] McAlister L., E. I. George and Y.-H. Chien (2009): A basket-mix model to identify cherry-picked brands. Journal of Retailing, 85 (4): S. 425-436.

[Ri06] Richards T. J. (2006): Sales by multi-product retailers. Managerial and Decision Economics, 27: S. 261-277.

[Si92] Simon H. (1992): Preismanagement – Analyse – Strategie – Umsetzung. 2. Edition Gabler, Würzburg.

[Va80] Varian H. R. (1980): A model of sales. The American Economic Review, 70(4): S. 651-659.

Verschiedene Sichtweisen – verschiedene Sprachen: Codesysteme für landwirtschaftliche Kulturen und wie sich Interoperabilitätsbarrieren überwinden lassen

Daniel Martini [1], Esther Mietzsch[1], Nils Reinosch[1], Jascha Jung[1] und Desiree Batzer-Kaufmann[1]

Abstract: In landwirtschaftlichen Datenbeständen werden für wichtige Konzepte wie Maschinen, Betriebsmittel, Kulturen oder Produkte unterschiedliche Bezeichner verwendet. Dabei werden in verschiedenen Systemen oder im Kontext verschiedener Anwendungsfälle teilweise auch für äquivalente oder zumindest nahverwandte Konzepte unterschiedliche Bezeichner genutzt. Dies führt zu Herausforderungen bei der Zusammenführung von Daten oder für die Interoperabilität im Datenaustausch. Wenn gemäß Spezifikationen des Semantic Web jedoch jedem Konzept eine URI als global eindeutiger Identifier zugewiesen wird, lassen sich Identitäten und Äquivalenzbeziehungen zwischen Konzepten über entsprechende Prädikate beschreiben. Werden die URIs anschließend auch in Datenbeständen genutzt, führt dies im Zusammenspiel mit den Beschreibungen der Beziehungen ohne weiteres Zutun zu einer Verknüpfung mit verwandten Konzepten. Gemeinsame Auswertungen von Daten aus verschiedenen Quellen lassen sich so ohne vorherige, aufwändige Transformation durchführen.

Keywords: Semantic Web, Interoperabilität, Identifikationssysteme, Wissensorganisation

1 Einleitung

In der Landwirtschaft existieren eine Vielzahl anwendungsfallspezifischer oder an bestimmte Softwaresysteme gebundener Datenbestände, die in unterschiedlichen Datenmodellen und -formaten abgebildet sind. Innerhalb dieser Datenrepräsentationen werden für wichtige Konzepte wie beispielsweise Maschinen, Betriebsmittel, Kulturen oder Produkte unterschiedliche Bezeichner verwendet. Zweck dieser Bezeichner ist eine eindeutige Identifikation, sodass diese beispielsweise in einem relationalen Datenbanksystem auch als Primärschlüssel herangezogen werden können. Im Folgenden werden Zusammenstellungen von solchen schlüsselartig verwendbaren Bezeichnern, also die Menge von in einem bestimmten Kontext nutzbaren Codes, „Codesysteme" genannt.

---

[1] Kuratorium für Technik und Bauwesen in der Landwirtschaft e.V. (KTBL), Datenbanken und Wissenstechnologien, Bartningstraße 49, 64289 Darmstadt, d.martini@ktbl.de, https://orcid.org/0000-0002-6953-4524; e.mietzsch@ktbl.de, n.reinosch@ktbl.de, j.jung@ktbl.de, d.batzer-kaufmann@ktbl.de

Heutzutage genutzte Codesysteme haben meist zwei Schwachpunkte: Zum einen sind die Bezeichner jeweils nur innerhalb ihres Kontextes wirklich eindeutig. Das heißt, sie beziehen sich in der Regel nur auf die Bezeichnung von Entitäten innerhalb bestimmter Softwaresysteme oder gar auf die Bezeichnung nur bestimmter Klassen von Objekten. Werden zum Beispiel im Umfeld relationaler Datenbanken übliche, seriell erzeugte, ganzzahlige Nummern als Bezeichner verwendet, so sind diese bereits außerhalb ihres Tabellenkontextes nicht mehr eindeutig. Auch systemübergreifend standardisierte Codesysteme sind außerhalb ihres Kontextes oft nicht mehr eindeutig. Überlappungen von Wertebereichen treten z. B. zwischen InVeKoS-Kulturcodes und DDI-Nummern des Standards ISO11783 [ISO15] auf.

Zum Anderen existieren verschiedene Codesysteme, die für äquivalente oder zumindest nahverwandte Konzepte unterschiedliche Bezeichner beinhalten. Dies ist häufig darin begründet, dass diese im Kontext unterschiedlicher Anwendungsfälle oder innerhalb nur schwach vernetzter, verschiedener fachlicher Interessensgemeinschaften parallel entwickelt wurden. Dies ist beispielsweise der Fall im Bereich von Codesystemen landwirtschaftlich angebauter Kulturen. Auf diese wird im Abschnitt 2.1 detaillierter eingegangen.

Sowohl die mangelnde Eindeutigkeit als auch die Heterogenität an zur Verfügung stehenden Codesystemen führen zu Herausforderungen bei der Zusammenführung von Daten für übergreifende Auswertungen oder für die Interoperabilität im Datenaustausch beispielsweise zwischen Farmmanagement-Informationssystemen und Entscheidungsunterstützungssystemen. So müssen häufig vorab Datentransformationen durchgeführt und individuell Zuordnungstabellen für Bezeichner und Codesysteme erstellt werden.

Verschiedene Spezifikationen des World Wide Web Consortium (W3C) adressieren genau diese Schwachpunkte. Außerdem wird in den FAIR-Prinzipien [Wi16] zur Sicherstellung der Auffindbarkeit und Interoperabilität von Datenbeständen gefordert, dass (Meta)daten global eindeutige Bezeichner erhalten sollen (Prinzip F1), über die diese auch abrufbar sind (Prinzip A1), dass (Meta)daten mit Hilfe formaler Sprachen für die Wissensrepräsentation beschrieben werden sollen (Prinzip I1) und dass sie qualifizierte Verweise auf weitere (Meta)daten beinhalten sollen (Prinzip I3). Was dies bedeutet und wie eine praktische Umsetzung erfolgen kann, wird hier anhand eines im Rahmen verschiedener Projekte entwickelten Systems zur Handhabung von Daten, die verschiedene Codesysteme für landwirtschaftliche Kulturen beinhalten, dargestellt.

2 Material und Methoden

2.1 Einbezogene Codesysteme und Datenbestände

Die folgenden Codesysteme für landwirtschaftliche Kulturen wurden eingebunden:

- **EPPO-Kulturcodes** wurden speziell für Anwendungsfälle des Pflanzenschutzes entwickelt. Die bereitgestellten Bezeichner werden beispielsweise im Rahmen der Zulassungs- und Registrierungsverfahren und in der Pflanzenschutzberatung genutzt. Gepflegt wird das System heute von der European Plant Protection Organisation (EPPO). Kulturpflanzen werden über fünfstellige Buchstabencodes bezeichnet, z. B. SOLTU für die Kartoffel.

- **InVeKoS-Kulturcodes** zur Bezeichnung von Kulturen werden im Verfahren zur Beantragung der Agrarförderung im Rahmen des Integrierten Verwaltungs- und Kontroll-Systems (InVeKoS) genutzt. Dabei werden numerische Codes verwendet: z. B. 115 für Winterweichweizen. Außerdem werden übergeordnete Codes für die Anbaudiversifizierung spezifiziert, der genannte Winterweichweizen gehört z. B. zur Systematik der Winterweizen, Code 1.28.2.1. Die Codezuweisungen sind zwar in allen Bundesländern identisch, es werden jedoch jeweils unterschiedliche Untermengen verwendet.

- **Kulturcodes des Beratungssystems PSInfo**: PSInfo ist ein vom Dienstleistungszentrum Ländlicher Raum Rheinpfalz bereitgestelltes System der Agrarberatung[2]. Die dort verwendeten Codes entsprechen weitgehend den EPPO-Codes, es wurden jedoch Erweiterungen hinzugefügt, die nach der Nutzung von Kulturen z. B. als Blatt- oder Wurzelgemüse differenzieren.

- **Kulturbezeichner des Bundessortenamtes** werden in der Sortenzulassung auf nationaler Ebene in Deutschland und in Veröffentlichungen zu Sortendaten genutzt. Diese Kulturpflanzen-Bezeichner bestehen aus einer Folge von einem bis drei Buchstaben, z.B. HWS für Sommerhartweizen.

Bereits ein Vergleich einiger der genannten Beispiele in den verschiedenen Codesystemen fördert eine Herausforderung zutage: So unterscheidet sich das Verständnis des Begriffes „Kultur": Während die Codes der EPPO weitgehend auf den Artbegriff abheben, unterscheiden die Bundessortenamt-Codes Sommer- und Winterformen. Sowohl PSInfo als auch das InVeKoS-Verfahren unterscheiden zusätzlich nach Nutzung (z. B. Speisekartoffeln (602), Stärkekartoffeln (601) und Pflanzkartoffeln (606)), letzteres System beinhaltet außerdem Codes z. B. für Brachen, Aufforstungen und Hecken.

Als umfassendere semantische Ressource wurde außerdem der AGROVOC-Thesaurus der FAO [FAO21] eingebunden.

2.2 Vorverarbeitung und Datenrepräsentation

Aufgrund der beschriebenen Aspekte ist für das Semantic Web spezifiziert, dass alle Konzepte – Ressourcen genannt – einen kontextfrei global eindeutigen Bezeichner zugewiesen bekommen sollen. Hierfür werden üblicherweise Uniform Resource Identifier (URIs, [BFM05]) genutzt. Die in den Codesystemen enthaltenen Bezeichner wurden daher durch

---

[2] https://www.pflanzenschutz-information.de/, Stand 31.10.2021

Hinzufügen eines Präfixes in URIs überführt. Aus dem InVeKoS-Code 115 wird z. B. `<https://srv.ktbl.de/daten/cc/invekos/115>`. Syntaktisch lassen sich URIs über die Deklaration von Namespace-Präfixen abkürzen, d. h. die Kurzform der o. g. URI lautet `cci:115`. Die dadurch entstehenden Semantic-Web-Ressourcen lassen sich mit Hilfe des Resource Description Framework (RDF, [CWL14]) durch logische Aussagen näher beschreiben. Dabei werden „Sätze" (Tripel) bestehend aus Subjekt, Prädikat und Objekt gebildet. Die Aussage `cci:115 rdf:type skos:Concept` drückt z. B. aus, dass der Code cci:115 als SKOS-Konzept typisiert wurde, dabei ist `cci:115` das Subjekt, `rdf:type` das Prädikat und `skos:Concept` das Objekt der Tripelaussage. SKOS steht für Simple Knowledge Organisation System [MB09] und ist eine Empfehlung des W3C zur Modellierung von Begriffssystemen. Über solche Aussagen lassen sich mit Hilfe entsprechender Prädikate auch begriffliche Verwandtschaften ausdrücken. Dabei lässt sich nicht nur die einfache Gleichheit zweier Konzepte, wie sie oft in Zuordnungstabellen modelliert wird, abbilden, sondern es lassen sich auch fein-granulare Äquivalenzbeziehungen und Ober-/Unterbegriffsrelationen oder losere Beziehungen darstellen. Hierfür stellt SKOS die Prädikate `skos:exactMatch`, `skos:broadMatch`, `skos:narrowMatch` und `skos:relatedMatch` zur Verfügung, die in dem Zusammenhang genutzt wurden. Auch den einbezogenen Codesystemen als Ganzes wurde eine URI zugewiesen, sodass sich diese als eigene Ressourcen mit weiteren Metadaten beschreiben lassen. In den Codesystemen enthaltene Codes wurden mittels des Prädikats `skos:inScheme` diesen Ressourcen zugewiesen. Außerdem wurden die Codesysteme mittels des DublinCore- [DCM20] sowie des PROV-Vokabulars [LSM13] mit ihren Quellen- und Provenienzangaben versehen.

Die Rohdaten wurden dabei aus Webseiten und teils auch PDF-Dokumenten bezogen und mit Hilfe von Python-Skripten als RDF aufbereitet. Bislang erfolgt die Aufbereitung dabei individuell für jede Datenquelle. Der hierfür im Internet als Open-Source-Software frei verfügbare Werkzeugkasten beinhaltet jedoch eine Reihe komfortabel nutzbarer Bibliotheken und Mappingwerkzeuge wie beispielsweise rdflib[3] oder pyTARQL[4], sodass sich damit verbundene Aufwände in Grenzen halten. Bereits jetzt als RDF bereitgestellte Datensätze lassen sich direkt ohne jegliche Vorverarbeitung nutzen. So waren für die Einbindung des AGROVOC beispielsweise keine vorbereitenden Schritte erforderlich. Dieser erfüllt die o. g. Anforderungen und FAIR-Prinzipien als RDF-Datensatz bereits vollständig.

2.3 Bereitstellung

Zur gezielten Abfrage werden die Daten über einen SPARQL-Service-Endpoint bereitgestellt. Zum Einsatz kommt dabei Apache Jena Fuseki. Abfragen können mit Hilfe der

---
[3] https://github.com/RDFLib/rdflib, Stand 6.12.2021
[4] https://github.com/RDFLib/pyTARQL. Stand 6.12.2021

SPARQL Query Language [HS13] formuliert werden und erlauben das Ausgeben praktisch beliebiger Zusammenstellungen enthaltener Aussagen mittels SELECT bzw. CONSTRUCT-Abfragen. Im Ergebnis stand somit nun ein semantisches Netz von Beziehungen zur Verfügung, das gezielt Abfragen und Auswertungen für eine Darstellung von Zusammenhängen verschiedener Codesysteme erlaubt.

3 Ergebnisse, Diskussion und Fazit

Mit Hilfe des Datenbestandes lassen sich über entsprechende Abfragen an die SPARQL-Schnittstelle nun beispielsweise folgende Fragen beantworten:

- Welche Bezeichner für Kulturen sind im InVeKoS-Verfahren des Bundeslandes Niedersachsen valide?
- Aus welchem Quelldokument wurden diese gewonnen, wo lassen sich diese nachlesen?
- Welche Bezeichner stellen Codesysteme für Winterweizen zur Verfügung?
- Welche genauen Entsprechungen gibt es für den Bezeichner 115 im InVeKoS-Verfahren in anderen Codesystemen?
- Welche weniger genauen Entsprechungen stehen zur Verfügung?

Es steht mithin ein System zur Verfügung, das für Datentransformationen notwendige Informationen bereitstellen kann – mehr noch: Wenn die Datenbestände selbst nach Spezifikationen des Semantic Web aufgebaut sind und URIs für ihre Codesysteme nutzen, können diese ohne Vorverarbeitung zusammengeführt werden und die in dem hier skizzierten Ansatz bereits vorhandenen Beziehungen für Querverknüpfungen nutzen.

Oft wird die Heterogenität vorhandener Codesysteme zum Anlass genommen, eine stärkere Standardisierung einzufordern – es soll ein einziges Codesystem geschaffen werden, das alle Anforderungen abbildet. Anzunehmen, das Problem ließe sich hierdurch lösen, ist indes unrealistisch: Abstimmungsprozesse hierfür sind aufwändig und angesichts der großen Anzahl Beteiligter nur schwer zu organisieren. Außerdem existieren Unterschiede in Granularität und hierarchischen Kategorisierungen, die in der Regel durch die jeweiligen Anwendungsfälle gut begründet sind und sich nur schwer auflösen lassen.

Wenn hingegen die Bereitsteller von Codesystemen und Standards einige einfache Grundprinzipien des Semantic Web wie die Nutzung von URIs anstatt nur einfacher alphanumerischer Bezeichner beachten würden, könnten Dritte gemäß der hier dargestellten Mechanismen Relationen zwischen Codesystemen beschreiben und durch Maschinen auswertbar und abfragbar machen.

4 Ausblick

Neben den genannten Codesystemen existieren im internationalen Umfeld weitere, die ebenfalls die Bezeichnung landwirtschaftlicher Kulturen beinhalten, z. B. die USDA Commodity Codes oder die Codes des europäischen Sortenamtes, der CPVO. Außerdem pflegt die EPPO Codesysteme auch für Schaderreger. Der Ausbau des semantischen Netzes um diese Bezeichner ist geplant.

Teilweise erfordert die Einpflege von Relationen noch manuelle Nacharbeit. Aktuell werden jedoch auch Mechanismen der automatischen Ableitung (Alignment) erprobt. Je mehr dabei auf bereits vorhandene Begriffssysteme und Relationen zurückgegriffen werden kann, desto eher lassen sich gute Ergebnisse erzielen.

Literaturverzeichnis

[BFM05] Berners-Lee, T.; Fielding, R.; Masinter, L.: RFC3986: Uniform Resource Identifier (URI): Generic Syntax. Internet Engineering Task Force (IETF), Network Working Group, 2005. https://www.rfc-editor.org/rfc/rfc3986.txt, Stand 31.10.2021.

[CWL14] Cyganiak, R.; Wood, D.; Lanthaler, M.: RDF 1.1 Concepts and Abstract Syntax. World Wide Web Consortium (W3C), 2014. https://www.w3.org/TR/rdf11-concepts/, Stand 31.10.2021.

[DCM20] DCMI Usage Board: DCMI Metadata Terms. 2020. https://www.dublincore.org/specifications/dublin-core/dcmi-terms/, Stand 31.10.2021.

[FAO21] Food and Agriculture Organization of the United Nations (FAO): AGROVOC – Semantic data interoperability on food and agriculture. Rome, 2021. https://doi.org/10.4060/cb2838en, Stand 31.10.2021.

[HS13] Harris, S.; Seaborne, A.: SPARQL 1.1 Query Language. World Wide Web Consortium (W3C), 2013. http://www.w3.org/TR/sparql11-query/, Stand 31.10.2021.

[ISO15] International Organization for Standardization: ISO 11783-10:2015 – Tractors and machinery for agriculture and forestry — Serial control and communications data network — Part 10: Task controller and management information system data interchange. 2015.

[LSM13] Lebo, T.; Sahoo, S.; McGuiness, D.: PROV-O: The PROV Ontology. World Wide Web Consortium (W3C), 2013. https://www.w3.org/TR/prov-o/, Stand 31.10.2021.

[MB09] Miles, A.; Bechhofer, S.: SKOS Simple Knowledge Organization System Reference. World Wide Web Consortium (W3C), 2009. https://www.w3.org/TR/skos-reference/, Stand 31.10.2021.

[Wi16] Wilkinson, M. D. et.al.: The FAIR Guiding Principles for scientific data management and stewardship. Scientific Data 3, 160018, 2016. https://doi.org/10.1038/sdata.2016.18, Stand 31.10.2021.

Nutzung von Daten aus elektronischen Feldkalendern

Ein Erfahrungsbericht aus dem Ressourcen-Projekt PestiRed

Lara Meier[1], Solène Clémence [2] und Alexander Zorn [2]

Abstract: Im Ressourcen-Projekt PestiRed werden alternative Pflanzenschutzmaßnahmen auf 68 teilnehmenden Ackerbaubetrieben getestet mit dem Ziel, den Einsatz von chemisch-synthetischen Pflanzenschutzmitteln reduzieren zu können. Zur Beurteilung der ökonomischen Effekte werden anhand der Daten aus zwei elektronischen Feldkalendern Wirtschaftlichkeitsanalysen durchgeführt. Mit den Informationen aus den Feldkalendern können der Arbeitsaufwand, die Maschinen- und Lohnunternehmerkosten sowie die Betriebsmittelkosten berechnet werden. In diesem Beitrag werden die Erfahrungen bei der Aufbereitung von Feldkalenderdaten für diese Zielsetzung behandelt. Die Schwierigkeiten und der Aufwand bestehen hauptsächlich darin, die zwei verschiedenen Feldkalenderauszüge zusammenzuführen, die Maschinenkosten zu berechnen und unvollständige Einträge von Arbeitsschritten aufzubereiten. Wir sehen jedoch ein gutes Potenzial für weitere Projekte mit Wirtschaftlichkeitsanalysen basierend auf Feldkalenderdaten.

Keywords: Feldkalender, Wirtschaftlichkeit, Pflanzenschutz, Kosten-Leistungs-Rechnung, Pflanzenschutzmittel, Nationaler Aktionsplan

1 Einleitung und Ablauf des Projektes

Das Ressourcen-Projekt PestiRed (www.pestired.ch) dauert insgesamt sechs Jahre. 68 Ackerbaubetriebe aus drei verschiedenen Schweizer Kantonen (Solothurn, Waadt und Genf) nehmen daran teil. Die teilnehmenden Betriebe bewirtschaften jeweils zwei Parzellen mit der identischen Kultur. Auf der Kontrollparzelle wenden die Betriebsleitenden ihre üblichen Anbauverfahren an und auf der innovativen Parzelle werden alternative Anbauverfahren mit reduziertem Einsatz von Pflanzenschutzmitteln umgesetzt. Es gibt eine Auswahl von alternativen Maßnahmen (präventive, Vermeidungsmaßnahmen, nicht-chemische Verfahren, vgl. www.pestired.ch/massnahmen), welche im Rahmen des Projekts durchgeführt werden können. Dabei erfassen die Betriebsleitenden alle Arbeitsschritte in elektronischen Feldkalendern. Im Projekt sind zwei verschiedene Feldkalender im Einsatz, die IP-Suisse-App für die Deutsche und ACORDA für die Französische Schweiz.

---

[1] ETH Zürich, Rämistrasse 101, 8092 Zürich, lameier@student.ethz.ch
[2] Agroscope, Forschungsgruppe Unternehmensführung und Wertschöpfung, Tänikon 1, 8356 Ettenhausen, solene.clemence@agroscope.admin.ch, https://orcid.org/0000-0003-0022-0655; alexander.zorn@agroscope.admin.ch, https://orcid.org/0000-0003-0829-4253

Anhand der Feldkalendereinträge sowie ergänzenden Informationen wird eine Kosten-Leistungs-Rechnung durchgeführt, um die Wirtschaftlichkeit beider Parzellen vergleichen zu können. Dies wird sowohl auf Betriebsebene als auch auf Kulturebene betrachtet. Die detaillierte Erfassung der Kosten der Reduktion des Pflanzenschutzmitteleinesatzes ist für die Gesamtbeurteilung der Effizienz der alternativen Maßnahmen von großer Bedeutung. In diesem Beitrag werden die Erfahrungen und wesentliche Herausforderungen der Verwendung von Feldkalenderdaten für Wirtschaftlichkeitsanalysen im Projekt PestiRed vorgestellt und diskutiert.

2 Verwendung der elektronischen Feldkalender für die Datenauswertung

Zur Verbreitung von elektronischen Datenmanagementsystemen in der Schweizer Pflanzenproduktion sind keine Quellen bekannt. Die auf norddeutschen Betrieben erfasste Nutzung elektronischer Systeme von über 80 % [AG18] dürfte in der Schweiz bei weitem nicht erreicht werden. Dies dürfte auf die gemäß bewirtschafteter Ackerfläche deutlich kleineren Schweizer Betriebe zurückzuführen sein.

Im Projekt PestiRed werden zwei unterschiedliche elektronische Feldkalender genutzt. Zum einen wird ACORDA verwendet, welcher teilweise für dieses Projekt angepasst wurde, so dass gewisse Felder für die einzelnen Einträge bereits gut auf die darauffolgende Datenauswertung abgestimmt sind. Die Auszüge der IP-Suisse-App, die bereits vor dem Projekt existierte und von LandwirtInnen verwendet wurde, sind allerdings nicht auf die Datenauswertung des Projekts abgestimmt. Zur Information der Landwirte, welche Daten für das Projekt von Bedeutung sind und wie diese zu erfassen sind, wurde zu beiden Feldkalendern jeweils eine Anleitung zur Datenerfassung entwickelt.

2.1 Datenerfassung mit Feldkalendern

Im Feldkalender wird für jede Maßnahme (z. B. Bodenbearbeitung, Saat, Düngung etc.) neben dem Datum sowohl der zeitliche Aufwand dieses Arbeitsschrittes, die eingesetzten Betriebsmittel (Menge und Kosten), die verwendeten Zugmaschinen und Geräte als auch die Kosten des Lohnunternehmers erfasst. Eine erste Kontrolle der Feldkalenderdaten auf Vollständigkeit und Plausibilität erfolgt durch die in das Projekt integrierten regionalen Ackerbauberater (vgl. Abb. 1). Nachdem diese die fehlenden Angaben und eventuelle Korrekturen eingefordert haben und die Auszüge aller Betriebsleitenden verfügbar sind, werden die Daten an Agroscope übergeben. Vor der Wirtschaftlichkeitsanalyse werden die Feldkalender noch einmal plausibilisiert und aufbereitet. Für die Plausibilisierung werden die Feldkalenderdaten kontrolliert und zwischen Betrieben verglichen, ob die Einträge vollständig und die Angaben, wie die Mengen, Kosten und Zeitaufwände, plausibel sind. Für die Aufbereitung werden die Kosten für die verwendeten Zugmaschinen und Geräte mithilfe standardisierter Maschinenkosten [Ga20] berechnet. Dies wird anhand der angegebenen Arbeitszeit auf dem Acker (Feldarbeitszeit) und der Angabe zur Zugmaschine und zum Gerät gemacht. Zusätzlich müssen auch die Mengen und Einheiten der Betriebsmittel vereinheitlicht werden, um die Kosten korrekt zu berechnen.

2.2 Nacherhebung

Die Direktzahlungen und Nebenleistungen sowie die genauen Ertragsangaben und Verkaufspreise müssen in einer Nacherhebung separat nacherhoben werden, da deren Erfassung in den elektronischen Feldkalendern nicht vorgesehen ist (vgl. Abb. 1). Dazu wurde eine E-Mail mit einem Formular an alle Betriebsleitenden versendet, in welchem diese zusätzlichen Angaben einzutragen waren. Dadurch konnten die fehlenden Informationen für die komplette Kosten-Leistungs-Rechnung ergänzt werden. Schlussendlich ist pro Betrieb und pro Kultur eine Kosten-Leistungs-Rechnung [Sc09] verfügbar (vgl. Abb. 1), auf deren Basis die Effekte der Maßnahmen-Umsetzung auf der Ebene Betrieb bzw. Kultur ausgewertet und verglichen werden können.

2.3 Wirtschaftlichkeitsanalyse

Für die innovativen und Kontrollparzellen wurden die durchschnittlichen Kosten und Leistungen kalkuliert. Direkt- und arbeitserledigungskostenfreie Leistung (DAL) bezeichnet die totale Leistung nach Abzug der Direktkosten und der Kosten der Arbeitserledigung. Ein Standardpreis für Weizen [SC19] wurde vorläufig angenommen, da die final erzielten Preise erst verzögert feststehen. Daher können sich einzelne Preise aufgrund der Ertragsqualität noch ändern, was die durchschnittliche Leistung und DAL erhöhen oder vermindern könnte.

2.4 Herausforderungen

Die unterschiedliche Struktur und Detailliertheit der Feldkalender (z. B. unterschiedliche Definitionen der Arbeitsschritte bzw. Maßnahmen) erfordert einen Datenabgleich. Teilweise entsprechen sich die einzelnen Arbeitsschritte, teilweise gibt es unterschiedliche Detailebenen. So werden beispielsweise beim ACORDA-Feldkalender die Verwendungszeit einzelner Maschinen und die Arbeitszeit separat erfasst, im Unterschied zum IP-Suisse-Feldkalender, bei welchem nur die Arbeitszeit erfasst wird. Beim IP-Suisse-Feldkalender werden pro Maßnahme alle Kosten (Saatgut, Maschinen, Lohnunternehmer etc.) und Arbeitszeiten im selben Bemerkungsfeld eingegeben, beim ACORDA-Feldkalender werden sie hingegen in spezifischen Feldern separat eingetragen. Die mögliche Auswahl an Maßnahmen überlappt zwischen den Feldkalendern, jedoch enthält IP-Suisse eine weitere Maßnahme: „Pflege Boden/Pflanzen". Spezifische Bodenbearbeitung, wie Striegeln oder Hacken, stehen nicht zur Auswahl; allerdings können Landwirte ihre spezifischen

Bodeneingriffe im Bemerkungsfeld präzisieren. Um die Daten für die Analyse in einem Datensatz zusammenzuführen, mussten diese Unterschiede harmonisiert werden.

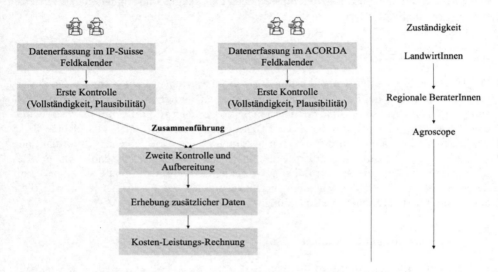

Abb. 1: Datenfluss im Projekt PestiRed

Eine wesentliche Herausforderung besteht in unvollständigen Einträgen von Arbeitsschritten im Feldkalender (fehlende Angaben zu Arbeitszeiten, Betriebsmittelkosten oder Zugmaschinen). Insofern bei den jeweiligen Betrieben nur einzelne Lücken bestehen, so werden diese Datenlücken mit Standardwerten aus der Literatur [Ga20; He20; SC19] gefüllt, um einen Wirtschaftlichkeitsvergleich vornehmen zu können. Da diese Analyse die Wirtschaftlichkeit zweier Parzellen eines Betriebs vergleicht, beeinflussen die beim Füllen von Datenlücken getroffenen Annahmen (z. B. die Festlegung einer spezifischen Maschine) i. d. R. beide Parzellen gleichermaßen. Die Belastbarkeit eines relativen Wirtschaftlichkeitsvergleichs bleibt dabei weitgehend erhalten. Betriebe mit schwerwiegenden Lücken (z. B. komplett fehlende Arbeitsschritte), müssen aus gewissen Analysen ausgelassen werden, da sonst die Standardwerte und Schätzungen das Resultat stark beeinflussen würden.

Schließlich liegen die Rohdaten aus den Feldkalendern in zwei verschiedenen Sprachen vor: Deutsch und Französisch. Für die Aufbereitung und Plausibilisierung der Daten führt das zu einem zusätzlichen Aufwand.

3 Diskussion und Schlussfolgerungen

Elektronische Feldkalender erleichtern die systematische Datenerfassung in einem langjährigen Projekt wie dem Ressourcen-Projekt PestiRed wesentlich. Der initiale Aufwand für das Harmonisieren unterschiedlicher Datenstrukturen und das Zusammenführen der Daten sowie die Plausibilisierung der Daten zweier Feldkalender in zwei Sprachen ist allerdings erheblich. Dieser Aufwand lohnt sich jedoch für ein sechsjähriges Projekt, um die Kosten der Reduktion des Pflanzenschutzmitteleinsatzes detailliert analysieren zu können.

Für Wirtschaftlichkeitsanalysen wäre es künftig wichtig, dass die Feldkalender-Applikationen detaillierte Informationen erfassen können. Durch die Erhebung zusätzlicher Informationen, bspw. zu den erhaltenen Direktzahlungen sowie den erzielten Preisen, könnte der Arbeitsaufwand um einiges verringert werden, da keine Nacherhebung durchgeführt werden muss. Zusätzlich wäre es von Vorteil, wenn die Datenfelder für die Einträge und somit die Datenauszüge bereits auf die jeweilige Fragestellung abgestimmt sind, um anschließend Kosten-Leistungs-Rechnungen damit machen zu können. Dies reduzierte den Aufwand der Datenharmonisierung und -aufbereitung. So hat ein in verschiedenen Ländern Europas eingesetzter elektronischer Feldkalender ein System entwickelt, welches die Wirtschaftlichkeitsanalyse bereits in der Applikation des Feldkalenders umsetzt [Ga21].

Auch wenn in der Schweiz mittlerweile verschiedene Feldkalender im Einsatz sind, so dominiert gegenwärtig noch die schriftliche Erfassung der Arbeitsschritte im papiernen Feldkalender. Verschiedene LandwirtInnen im Projekt erfassen die Daten zunächst auf Papier und übertragen diese dann für das Projekt in den elektronischen Feldkalender. Um die LandwirtInnen von der Anwendung elektronischer Feldkalender zu überzeugen und auch um eine gute Qualität der erfassten Daten zu unterstützen, ist es wichtig, dass die BetriebsleiterInnen den Nutzen der Daten und deren Analysemöglichkeiten für die eigene Arbeit erkennen. Im Zentrum stehen sollten dabei betriebliche Entscheidungen auf Basis parzellenbezogener Kalkulationen. Eine zeitnahe Analyse und Präsentation der in der wissenschaftlichen Begleitung des Projektes erarbeiteten Ergebnisse kann und sollte dazu beitragen, dass die Landwirte die Möglichkeiten und den Nutzen der Datenerfassung und -analyse nachvollziehen können.

Die Nutzung von Feldkalenderdaten ermöglicht eine fundierte Analyse der Kosten des Verzichts auf Pflanzenschutzmittel. Angesichts der Herausforderungen zum Erreichen der ambitionierten Ziele bei der Reduktion des Pflanzenschutzmitteleinsatz in der Landwirtschaft [WB16], scheinen die Kosten der detaillierten Erfassung und Aufbereitung der Daten von Bewirtschaftungsmaßnahmen gerechtfertigt. Wir sehen ein gutes Potenzial für weitere Projekte mit Wirtschaftlichkeitsanalysen basierend auf Feldkalenderdaten.

Literaturverzeichnis

[AG18] Andert, S.; Gerowitt, B.: Empirische Untersuchungen zum Datenmanagement in der Pflanzenproduktion. In (Ruckelshausen, A. Hrsg.): 38. GIL-Jahrestagung, Digitale Marktplätze und Plattformen, Bonn. Gesellschaft für Informatik e.V., 2018.

[Ga20] Gazzarin, C.: Maschinenkosten 2020. Agroscope Transfer 347. Ettenhausen, Agroscope, 2020.

[Ga21] Galliker, U.: barto – Mit dem FMIS automatisch zum Deckungsbeitrag. Agrarökonomietagung 2021, 5.10.2021, Tänikon, Forschungsbereich Wettbewerbsfähigkeit und Systembewertung, Agroscope, 2021.

[He20] Heitkämper, K.; Stark, R.; Besier, J.; Umstätter, C.: Die Arbeitszeit im Griff mit LabourScope: Online-Plattform für die Arbeitsplanung auf dem Bauernhof. Agroscope Transfer 335. Ettenhausen, Agroscope, 2020.

[Sc09] Schneider, M.: Fruchtfolgegestaltung und konservierende Bodenbearbeitung/Direktsaat – Eine pflanzenbaulich/ökonomische Analyse. Dissertation, Technische Universität München, 2009.

[SC19] Schoch, H.; Cassez, M.: REFLEX – die betriebswirtschaftliche Datensammlung. AGRIDEA, Lausanne, 2019.

[WB16] WBF: Aktionsplan zur Risikoreduktion und nachhaltigen Anwendung von Pflanzenschutzmitteln. Bern, Eidgenössisches Departement für Wirtschaft, Bildung und Forschung (WBF), 2016.

Using high-resolution drone data to assess apparent agricultural field heterogeneity at different spatial resolutions

A case study from a canola field in Switzerland

Quirina Noëmi Merz [1], Achim Walter[2] and Helge Aasen [3,4]

Abstract: Fertilizer distribution can be improved by the use of variable rate technology with which plants only receive the amount of fertilizer they actually need. This amount is often calculated with vegetations indexes, such as the NDVI. The NDVI can be derived from drones or satellites. Drones offer more high-resolution imagery than satellites, but satellite data is more readily available. This study focuses on the spatio-temporal difference of apparent field heterogeneity at different spatial resolutions, resampled to 0.5 m and 20 m from high-resolution drone data, throughout the vegetation period and the error induced by low-resolution image data.

Keywords: spectral imaging, drone-based systems, low-altitude remote sensing, field heterogeneity, variable rate technology, return of investment

1 Introduction

Agricultural fields are seldom completely homogenous. Soil, slope, and previous management decisions can influence the conditions under which a crop grows and determine its nutritional needs. However, in current farming situations in Switzerland, fertilizer is still spread largely subjectively, according to the knowledge of the field manager. It is crucial that fertilizer is applied at the right time and in the right place. This prevents over-fertilization of the field as well as fertilizer run-off, and saves fertilizer [Ar21]. Variable rate technology (VRT) can help to apply fertilizer according to the actual need of the plants. VRT can be based on field imagery as input for fertilizer calculation – this imagery can be obtained with hand or tractor mounted sensors, drones or satellites [Wa17]. However, VRT in combination with sensors is very expensive. It is estimated that the use of VRT and sensors only pays off once a certain threshold of heterogeneity in the

---

[1] ETH Zürich, Professur für Kulturpflanzenwiss., LFW A 8, Universitätstrasse 2, CH-8092 Zürich, quirina.merz@usys.ethz.ch, https://orcid.org/0000-0002-4918-1418
[2] ETH Zürich, Professur für Kulturpflanzenwiss., LFW C 54.1, Universitätstrasse 2, CH-8092 Zürich, achim.walter@usys.ethz.ch
[3] ETH Zürich, Professur für Kulturpflanzenwiss., LFW A 4, Universitätstrasse 2, CH-8092 Zürich,
[4] Agroscope, Remote Sensing Team, Division Agroecology and Environment, Reckenholzstrasse 191, CH8046, Zürich, helge.aasen@agroscope.ch, https://orcid.org/0000-0003-4343-0476

field is reached [SHF21]. Yet, data on field heterogeneity is scare. Further, it is unclear which measuring device captures the in-field variability reliably in small scale fields. Therefore, an experiment was implemented to investigate i) the heterogeneity within a field, ii) the changes of the field heterogeneity throughout the season, iii) the differences in information quality of data sources with different ground sampling distances. In this contribution, results of a pilot study to test the speed and reliability of the analysis procedure are introduced and used to give a preliminary answer to the research questions.

2 Material and Methods

2.1 Field site

The data collection was carried out in north east Switzerland, near the plant research station of ETH Zürich (47.44952°N, 8.68214°E, 553 meters above sea level). The study area included a diverse set of crops, ranging from winter wheat, canola, maize, sugar beet, sunflower to grassland and vegetables of approximately 50 ha. The field for this case study was randomly chosen. The 2.7 ha field was managed according to good agricultural practices by an experienced farmer. By the time of data collection, winter canola was grown on the field. This crop is generally sown in August/September.

2.2 Data collection procedures

The data was collected with a fixed-wing drone (WingtraOne). The drone was equipped with a multi-spectral camera (Red-Edge M, by Mica Sense). The multispectral cameras captured data in 5 bands of the RGB and near infrared spectrum and offered a resolution of 6 to 8cm.

2.3 Data processing and analysis

Orthophotos were stitched together to form an orthomosaic with Agisoft Metashape Professional [Ag21]. The data was radiometrically corrected using the inbuilt downwelling light sensor and a small correction panel provided by the manufacturer. In order to investigate the influence of the ground sampling distance (GSD), the datasets were resampled to different resolutions and compared. The multiband raster dataset was first resampled to 0.5 m GSD. This resolution served as a baseline for the subsequent analysis. Then the Normalized Difference Vegetation Index (NDVI) was calculated and all other bands were removed from the data set. NDVI is calculated from multispectral imagery as follows:

$$NDVI = (NIR - red)/(NIR + red)$$

The NDVI was chosen as an example vegetation index because it is related to biomass [Ca11]. The exact shape of the field was then extracted from the ortho-mosaic. The shapes of the fields were drawn manually in Arc GIS [ES17], using governmental perimeter data and a recent orthophoto as a basis. Incomplete data, wildflower strips or ecological compensation area were excluded. The 0.5 m GSD file was then resampled using a bilinear resampling method to 20 m GSD, respectively 10 m GSD to mimic the resolution of Sentinel-2, a common data source of satellite imagery. The resampled versions were then compared to the original 0.5 m. The relative difference was obtained by dividing values obtained for the 10 and 20 m GSD resolutions by the values obtained from orthophotos of the original 0.5 m resolution. Due to the size of the dataset, the dataset was transferred to a high-performance virtual server running Windows Server 2016 with 40 cores, Intel Xeon Gold 6150 2.7GHz and 500GB RAM, to speed up the data processing and provide efficient parallel processing. The analysis was performed in R version 3.6.1, using the packages "sp", "rgdal" and "raster" and took approximately 8 min per ortho mosaic.

3 Results

Figure 1 shows the in-field variation of the NDVI at two dates. Lower NDVI values can be found especially close to the tram lines and predominantly in the lower left corner of the field. The in-field variation is less pronounced later in the season as seen in the second date. Figure 2 displays the same field measured at the same dates but resampled to 20 m GSD to mimic satellite resolution. Due to the lower spatial resolution, the in-field heterogeneity cannot be seen as clearly in the 0.5 m GSD as in the 20 m GSD. Inspecting the early date (2019-03-04) closely, areas with a low NDVI are not visible anymore in the 20 m GSD orthomosaic. Still, the general pattern that shows a gradient of NDVI from west to east is visible. This effect is less prevalent in the later date. Small-scale changes in the field heterogeneity were not captured in the 20 m GSD, which is illustrated in Figure 3. Figure 4 presents the histograms of the differential maps for 10 m GSD and 20 m GSD. Overall, the differences between 10 m GSD and 20 m GSD are not pronounced. Generally, the accuracy was higher for the later date (2019-06-29) than for the date earlier in the season (2019-03-24), where both low-resolution images overestimated the NDVI.

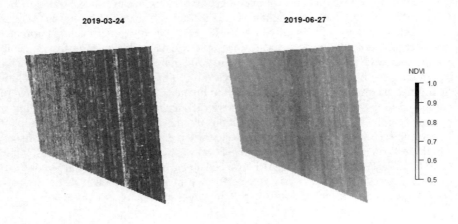

Fig. 1: NDVI orthomosaic taken with fixed-wing UAV of a canola field in north-eastern Switzerland, resolution of 0.5 m for 2 different dates 24.03.2019 and 27.06.2019

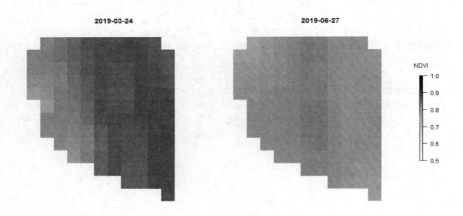

Fig. 2: NDVI orthomosaic taken with fixed-wing UAV of a canola field in north-eastern Switzerland, resampled to a resolution of 20 m for 2 different dates 24.03.2019 and 27.06.2019

High-resolution Drone Data to assess apparent Agricultural Field Heterogeneity   199

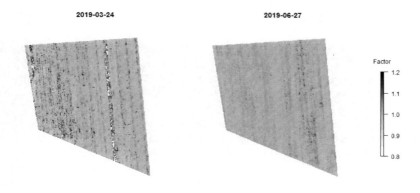

Fig. 3: Differential map generated by dividing the 20 m resolution NDVI map by the 0.5 m resolution NDVI map. Areas where the NDVI is higher in the 20 m resolution image compared to the 0.5 m resolution image have a factor higher than 1, whereas areas with lower NDVI have a factor smaller than 1. Areas which were estimated the same have a factor of 1.

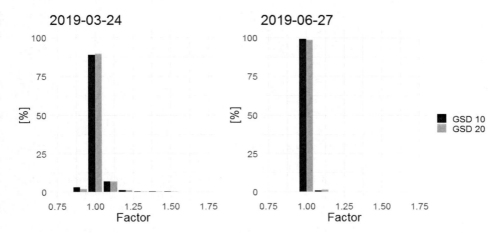

Fig. 3: Histograms of the differential maps for 10 m GSD and 20 m GSD. The bars correspond to the area in percent per factor.

4 Discussion and Outlook

These results confirm that heterogeneity of agricultural fields appear distinct at different spatial resolutions. They further demonstrate that the in-field variability can change over the vegetation period. With high-resolution drone data, the influence of different spatial resolutions and consequently different apparent heterogeneities can be quantified, opening the way to investigate the use of more precise VRT strategy in the future. In particular, this spatially explicit data can be used as a base for economic models [SHF21]. The results also show that in some cases, depending on the crop and the cultivation strategy, more than one data collection needs to be performed in order to capture the heterogeneity correctly. The results also show that for fields with a lot of small-scale variability the satellite loses information and the NDVI can be overestimated. This is especially the case for the early season date, where usually most crop measures take place and application maps are generated. Further studies should explore these effects with other crops, other relevant spatial resolutions and vegetation indices throughout the seasons to investigate the stability of the spatial effects.

5 Conclusion

This study has examined the use of high-resolution drone data to investigate the effect of variable GSD on the NDVI of a canola field at two different dates throughout the vegetation period. The findings indicate that the in-field variability is higher at the beginning of the season and that a higher in-field variability can lead to higher errors when reducing the GSD.

References

[Ag21]   AgiSoft Metashape Professional, Version 1.7.3, 2021.

[Ar21]   Argento, Francesco, et al. Site-specific nitrogen management in winter wheat supported by low-altitude remote sensing and soil data. Precision Agriculture 22/2, pp. 364-386, 2021.

[Ca11]   Cabrera-Bosquet, L., et al.: NDVI as a potential tool for predicting biomass, plant nitrogen content and growth in wheat genotypes subjected to different water and nitrogen conditions. Cereal Research Communications 39/1, pp 147-159, 2011.

[ES17]   ESRI. ArcGIS Desktop: Release 10. Redlands, CA: Environmental Systems Research Institute. 2017.

[SHF21] Späti, K., Huber, R., Finger, R.: Benefits of Increasing Information Accuracy in Variable Rate Technologies. Ecological Economics 185/107047, pp 1-11, 2021.

[Wa17]   Walter, Achim, et al.: Opinion: Smart farming is key to developing sustainable agriculture. Proceedings of the National Academy of Sciences 114/24, pp 6148-6150, 2017.

Digitale Transformation als Treiber von Controlling im Gartenbau – ein konzeptioneller Ansatz

Luis Müller[1], Robert Luer[1], Henning Krause[2] und Wolfgang Lentz[3]

Abstract: Die betriebswirtschaftliche Entscheidungsfindung in deutschen Gartenbauunternehmen wird maßgeblich geprägt von Erfahrung und Intuition. Controlling findet meist selten und wenig intensiv Anwendung, da insbesondere fehlende betriebswirtschaftliche Fachkenntnis und schwer erkennbarer Nutzen im Verhältnis zum Aufwand die Adaption hemmen. Technologien bieten in den Bereichen Datenerhebung, Datenverarbeitung und Informationssysteme Potenziale, um den Aufwand der Datenerfassung zu verringern und Entscheidungsprozesse rationaler zu gestalten. Zur Untersuchung der Forschungsfrage, inwiefern die digitale Transformation als Treiber von Controlling im Gartenbau wirken kann, wurde für das Anwendungsfeld Obstbau ein Forschungsdesign in Anlehnung an die Innovationsmethode Design Thinking entwickelt. Empirische Forschung ist dabei mit dem Prozess von Softwareentwicklung verknüpft.

Keywords: Controlling, Adaptionsverhalten, Entscheidungsunterstützung, Informationssysteme, Gartenbau

1 Einleitung

Die deutsche Gartenbaupraxis steht vor fordernden Aufgaben. Risiken wie schwer kalkulierbare Wetterbedingungen, eine eingeschränkte Verfügbarkeit von Fachkräften und eine steigende Nachfrage nach nachhaltigen Gartenbauprodukten prägen eine wettbewerbsintensive Branche. Der Strukturwandel im Gartenbau hin zu weniger, dafür größeren Unternehmen geht häufig mit einer wachsenden Komplexität von Unternehmen einher. Damit steigt die Relevanz einer umfassenden Informationsversorgung zur rationalen, betriebswirtschaftlich fundierten Entscheidungsfindung. Erste Forschungsarbeiten deuten an, dass Controlling im Gartenbau meist selten und wenig intensiv praktiziert wird, da insbesondere fehlende betriebswirtschaftliche Fachkenntnis, ein hoher zusätzlicher Aufwand bei gleichzeitig nicht erkennbarem Nutzen und daraus resultierend eine mangelnde Motivation zur Anwendung bestehen, welche die Adaption hemmen [Go15; LD10]. Während sich Controlling-Hemmnisse von kleinen und mittleren Unternehmen branchenübergreifend grundlegend auch auf den Gartenbau übertragen lassen, sind die Strukturen von Gartenbauunternehmen über Sparten hinweg und auch innerhalb von

---

[1] Zentrum für Betriebswirtschaft im Gartenbau e. V., Herrenhäuser Str. 2, 30149 Hannover, mueller@zbg.uni-hannover.de, luer@zbg.uni-hannover.de
[2] Landwirtschaftskammer Niedersachsen, Sachgebiet Prozessqualität im Gartenbau, Heisterbergallee 12, 30453 Hannover, henning.krause@lwk-niedersachsen.de
[3] Hochschule für Technik und Wirtschaft Dresden, Fakultät Landbau / Umwelt / Chemie, Pillnitzer Platz 2, 01326 Dresden, wolfgang.lentz@htw-dresden.de

Sparten bedingt durch die sehr unterschiedlichen Produkte und Absatzwege sehr heterogen [IH21; LH15]. Beispielsweise unterscheiden sich Unternehmensstrukturen im Produktionsgartenbau klar vom Dienstleistungsgartenbau, und auf Spartenebene variiert etwa die Struktur von Obstbauproduzenten je nach Gewichtung von Dauer- und Wechselkulturen stark. Dies bringt unterschiedliche Anforderungen an betriebswirtschaftliche Anwendungen und Unterstützung mit sich: So können das Verhältnis der variablen zu den fixen Kosten, der Anteil strategisch geprägter Aufgabenstellungen oder Zeiträume der Entstehung von Zahlungsströmen stark voneinander abweichen und differenzierte Controlling-Lösungen für einzelne Sparten erfordern.

Ein weiteres Hemmnis stellt die häufig eingeschränkte Verfügbarkeit von aufbereiteten Daten in Gartenbauunternehmen dar, die benötigt werden, um Controlling erst initiieren zu können [Wo17]. Hier setzt die Hypothese an, dass die Adaption von Controlling im Zuge der digitalen Transformation gesteigert und die Entscheidungsfindung stärker rationalisiert und weniger intuitiv gestaltet werden kann: So vermag beispielsweise Hardware in Form von Sensorik Daten in Gartenbauunternehmen automatisch zu erfassen, die anschließend verarbeitet und strukturiert über ein Informationssystem als Entscheidungshilfe unter anderem für betriebswirtschaftliche Aufgabenstellungen abgerufen werden können [GMC20].

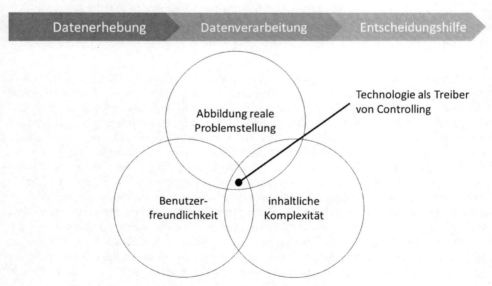

Abb. 1: Forschungshypothese: Technologie als Treiber von Controlling im Gartenbau

Quelle: Eigene Darstellung

Die Adaption von Informationssystemen wird jedoch durch Faktoren wie hohe Lernkosten bei deren Implementierung und häufig als zu hoch empfundene Komplexität der

Softwarelösungen gebremst [Pi19; HOY17]. Es resultiert die Annahme, dass Hemmnisse der Technologieadaption die antreibende Wirkung von Technologien auf Controlling abschwächen. In der Frage, wie ein Informationssystem konzipiert sein muss, um tatsächlich nutzenstiftend in der Gartenbaupraxis verwendet zu werden, zeigt sich ein weiteres Feld der Untersuchung. Es wird erwartet, dass die Benutzerfreundlichkeit gewährleistet sein muss, bevor neue Technologien antreibend auf Controlling wirken können. Zudem müssen Controlling-Instrumente die reale Problemstellung im Gartenbauunternehmen richtig und umfassend abbilden, damit Entscheidungsgegenstände mit allen relevanten Daten beleuchtet und resultierende Konsequenzen für andere Entscheidungsfelder im Unternehmen berücksichtigt werden. Noch besteht kein breites Angebot an Informationssystemen mit Controlling-Funktionen für den Gartenbau. Ein maßgeblicher Grund liegt in der Heterogenität der einzelnen Sparten und somit hohen Entwicklungskosten für spezifische Softwarelösungen, denen vergleichsweise kleine Zielgruppen zur Amortisierung gegenüberstehen.

2 Methodik

Um die Hypothese zu testen, dass Technologien das Controlling im Gartenbau vorantreiben können, untersuchen wir die folgenden Forschungsfragen:
1. Wie ist der Stand des Controlling-Einsatzes heute?
2. Wie muss der Nutzen aus der Anwendung von Controlling für die Praxis gestaltet sein, damit dieser den Aufwand übertrifft?
3. Wie können Technologien die Nutzenseite von Controlling stärken?

In Zusammenarbeit mit der Landwirtschaftskammer Niedersachsen und dem norwegischen Softwareunternehmen Farmable wurde dazu gemeinsam mit Obstbauproduzenten ein Rahmen geschaffen, um die nötige Vielzahl an Blickwinkeln auf den Forschungsgegenstand zu gewährleisten. Dem Ansatz des Design Thinking Prozess (DTP) folgend, sind diese Stakeholder an einem Innovationsprozess mit wiederkehrenden Feedbackschleifen für digitale betriebswirtschaftliche Unterstützung beteiligt. Im DTP bilden die sechs aufeinanderfolgenden Phasen der Problemlösung „Verstehen", „Beobachten", „Definieren", „Ideen finden", „Prototypen entwickeln" und „Testen" einen Kreislauf. Der DTP bildet einen Zyklus: So beginnt nach Abfolge der letzten Phase „Testen" der erneute Eintritt in die erste Phase „Verstehen" [Br08].

Der DTP vereint die Prozessteilnehmer in einem gemeinsamen Lernprozess mit dem Fokus auf die Anwendersicht: In die erste, explorative Phase des DTP zur digitalen betriebswirtschaftlichen Unterstützung im Obstbau sind leitfadengestützte Interviews mit Entscheidungsträgern beteiligter Obstbauproduzenten eingebettet [Ma13]. Durch die Integration des Forschungsdesigns in den Entwicklungsprozess von Software steht für die Befragten weniger im Vordergrund, an einer Studie teilzunehmen, sondern mehr, aktiv zur Gestaltung digitaler Controlling-Lösungen beizutragen. Die Erkenntnisgewinne aus der computergestützten qualitativen Inhaltsanalyse der Interviews fließen schließlich als Diskussionsgrundlage für Workshops im Abschnitt „Ideen finden" zurück in den Innovationszyklus [Ma21; Ma15]. Hier entwickeln die Prozessteilnehmer gemeinsam Ansätze für digitale betriebswirtschaftliche Anwendungen. Diese Konzepte fließen in die Softwareentwicklung ein. Eine Testphase durch die beteiligten Obstbauproduzenten schließt den ersten Kreislauf des DTP ab. Der Zyklus beginnt von neuem, indem die Nutzererfahrungen verstanden und beobachtet werden.

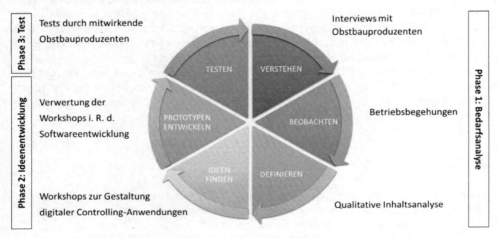

Abb. 2: Design Thinking Prozess zu digitaler betriebswirtschaftlicher Unterstützung im Obstbau

Quelle: Eigene Darstellung in Anlehnung an Stanford Universität [St21]

3 Erste Ergebnisse und Diskussion

Aktuell werden im Rahmen der Datenerhebung leitfadengestützte Interviews mit Obstbauproduzenten geführt und von Betriebsbegehungen begleitet. Um die Passung des Forschungsdesigns mit der Forschungsfrage zu prüfen und zu gewährleisten, werden die erhobenen Daten im Rahmen einer qualitativen Inhaltsanalyse ausgewertet. Wenn akkumulierte Erkenntnisgewinne aus den Gesprächen neue Perspektiven offenlegen, die bisher nicht im Forschungsdesign enthalten sind, wird der Interviewleitfaden angepasst [Ma12]. Im Prozess der Inhaltsanalyse werden eingangs aus dem aktuellen Wissenstand abgeleitete deduktive Kategorien um induktive Kategorien ergänzt [Ma15].

Erste Auswertungen der Gespräche mit Obstbauproduzenten heben die Herausforderung hervor, inwiefern individuelle Anforderungen von Entscheidungsträgern bei der Konzeption von digitaler betriebswirtschaftlicher Unterstützung berücksichtigt werden müssen. Einflussfaktoren wie Unternehmensstruktur, Unternehmerpersönlichkeit, betriebswirtschaftliche Fachkenntnis und Technologieadaptionsverhalten formen heterogene Anforderungen an Softwarelösungen. Insbesondere bei individuellen Präferenzen bezüglich der inhaltlichen Tiefe und Komplexität von Controlling-Instrumenten und deren Passung mit dem eigenen Betrieb besteht ein breites Spektrum an variierenden Anforderungen. Beispielsweise schwankt das Ausmaß der Delegation von Controlling-Aufgaben durch die Betriebsleitung stark und reicht bis hin zur nahezu vollumfänglichen Auslagerung von Controlling-Prozessen. Dabei wird, neben der Finanz- und Lohnbuchhaltung, auch das regelmäßige Controlling anhand von Soll-Ist-Vergleichen, Deckungsbeitragsrechnungen oder Investitionsrechnungen von der Steuerberatung für die Betriebsleitung übernommen. In den Beobachtungsfeldern Datenerhebung und -verarbeitung schärfen erste Auswertungen den Blick auf den gegenwärtigen Mangel an digitalen Datenquellen, wie Hardware und digitalen Schnittstellen, in Obstbauunternehmen. Es stellt sich die Frage, wie Hard- und Software noch effizienter Datenerfassung und Informationsverfügbarkeit unterstützen können. Die mobile Datenerfassung bei der Durchführung von Arbeitsschritten wird zwar als arbeitszeitintensiv gewertet, jedoch vom Mehrwert der anschließenden digitalen Datenverfügbarkeit überwogen. Zudem werden Vorteile gegenüber der nachträglichen stationären Datenerfassung, wie der Wegfall von doppelter Datenerfassung und von Übertragungsfehlern sowie die Steigerung der Prozesseffizienz, aufgeführt. Der Wunsch zur Bündelung und Integration von Daten über einzelne Unternehmensbereiche hinweg ist erkennbar, wird jedoch von Bedenken begleitet, inwiefern die technologische Umsetzung rentabel für kleine bis mittelgroße Obstbauproduzenten realisierbar ist.

4 Fazit und Ausblick

Erste empirische Arbeitsschritte deuten auf die grundlegende Passung der Einbettung der Forschungsarbeit zur Beantwortung der Forschungshypothese über die antreibende Wirkung der digitalen Transformation auf das Controlling im deutschen Gartenbau in den DTP hin. Die Symbiose der empirischen Forschungsarbeit mit dem Prozess von Softwareentwicklung führt zu großer Praxisnähe. Die vielseitigen Hintergründe und Perspektiven der Prozessteilnehmer verhindern einseitige Betrachtungsweisen auf den Forschungsgegenstand.

Nach Abschluss und Auswertung der Befragung mit beteiligten Obstbauproduzenten gelangt der DTP im nächsten Prozessschritt in die Phase „Ideen finden", zur gemeinsamen Diskussion digitalen Controllings in Workshops. Ausgehend vom Anwendungsfeld Obstbau sollen mittelfristig für den Gartenbau spartenübergreifend Ansätze abgeleitet werden, um informationsbasierte betriebswirtschaftliche Entscheidungsfindung im Gartenbau voranzutreiben.

Literaturverzeichnis

[Br08] Brown, T.: Design thinking, in: Harvard Business Review 86 (6), S. 84-92, 2008.

[IH21] Isaak, M.; Hübner, S.: Der Gartenbau in Deutschland – Auswertung des Gartenbaumoduls der Agrarstrukturerhebung 2016, Bundesministerium für Ernährung und Landwirtschaft, Bonn, 2021.

[Go15] Gocht, R.: Untersuchung zum Stand der Implementierung von Controlling-Instrumenten in Gartenbauunternehmen und Ableitung von angepassten Controlling-Konzepten, Zentrum für Betriebswirtschaft im Gartenbau e. V., Selbstverlag, Hannover, 2015.

[GMC20] Giua, C.; Materia, V. C.; Camanzi, L.: Management information system adoption at the farm level: evidence from the literature, in: British Food Journal, 123 (3), S. 884-909, 2020.

[HOY17] Haberli, C.; Oliveira, T.; Yanaze, M.: Understanding the determinants of adoption of enterprise resource planning (ERP) technology within the agrifood context: The case of the midwest of Brazil, in: The International Food and Agribusiness Management Review 20 (5), S. 729-746, 2017.

[LD12] Lentz, W.; Dister, M.: The adoption of control instruments for farm management by horticulture farms in Germany, in: Proceedings of the International Symposium on Integration Consumers and Economic Systems, Acta Horticulturae 930, S. 155-160, 2012.

[LH15] López, O.; Hiebl, M.: Management accounting in small and medium-sized enterprises: Current knowledge and avenues for further research, in: Journal of Management Accounting Research. 27 (1), S. 81-119, 2015.

[Ma13] Mayer, O. M.: Interview und schriftliche Befragung - Grundlagen und Methoden empirischer Sozialforschung, 6. Aufl., Oldenbourg, München, 2013.

[Ma15] Mayring, P.: Qualitative Inhaltsanalyse - Grundlagen und Techniken, 12. Aufl., Beltz, Weinheim und Basel, 2015.

[Ma21] MAXQDA, Software für qualitative Datenanalyse, 1989 – 2021, VERBI Software. Consult. Sozialforschung GmbH, Berlin, Deutschland, 2021.

[Pi19] Pivoto, D.; Barham, B.; Waquil, P. D.; Foguesatto, C. R.; Corte, V. F. D.; Zhang, D.; Talamini, E.: Factors influencing the adoption of smart farming by brazilian grain farmers, in: The International Food and Agribusiness Management Review 22 (4), S. 571-588, 2019.

[St21] Stanford University: ME 310-Stanford design cycle, https://web.stanford.edu/group/me310/me310_2018/about.html, Stand 15.09.2021.

[Wo17] Wolfert, S.; Ge, L.; Verdouw, C.; Bogaardt, M. J.: Big data in smart farming – A review, in: Agricultural Systems 153, S. 69-80, 2017.

A digital weed counting system for the weed control performance evaluation

Burawich Pamornnak[1], Christian Scholz[1], Silke Becker[1] and Arno Ruckelshausen[1]

Abstract: The weed counting method is one of the keys to indicate the performance of the weed control process. This article presents a digital weed counting system to use instead of a conventional manual counting system called "Göttinger Zähl- und Schätzrahmen" or "Göttinger Rahmen" due to the limitation of human counting on big-scale field experiment areas. The proposed method demonstrated on the maize field consists of two main parts, a virtual weed counting frame and a weed counting core, respectively. The system was implemented as a mobile application for the smartphone (Android) with server-based processing. The pre-processed image on the mobile phone will be sent to the weed counting core based on the pre-trained convolution neural network model (CNN or deep learning) on the server. Finally, the number of detected weeds will be sent back to the mobile phone to show the results. In the first implementation, 100 frames on a 1-hectare field area were evaluated. The absolute weed counting errors were categorized into three groups, A-Group (0-10 weeds error) achieves 73 %, B-Group (11-20 weeds error) achieves 17 %, and C-Group (21-30 weeds error) achieves 10 %, respectively. For overall performance, the system achieves the $R^2 = 0.97$ from the correlation and 12.8 % counting error. These results show the digital version of "Göttinger Rahmen" has the potential to become a practical tool for weed control evaluations.

Keywords: Göttinger Rahmen, weed counting, mobile application, field experiment, image processing, data labeling, deep learning

1 Introduction

Weed control is one crucial agricultural process to increase the yield of products. Various weed control methods are evolving all the time. On the research project "Agro-Nordwest", several weed control methods such as mechanical field robots, a tractor-implemented and the chemical weed control are being tested. In a scientific view, weed density is one of the keys to evaluating the performance of each weed control and crop protection method. The reference method is the manual counting based on human observation to get the number of weed in one-square meter with the weed counting frame called "Göttinger Rahmen" [Kl11]. However, with the limitation of human workers, weather conditions, and the time required, this method will leave workers exhausted in the big scale area, and counting results may not result in the same number between two persons. Therefore, the digital weed counting frame is a promising solution for increasing the capacity to do the weed counting job faster than human counting.

---

[1] Hochschule Osnabrück, Competence Center of Applied Agricultural Engineering (COALA), Nelson Mandela-Str. 1, D-49076 Osnabrück
{b.pamornnak, c.scholz, s.becker.1, a.ruckelshausen}@hs-osnabrueck.de

Due to the evolution of the data storage and computation performance of the graphic processing units (GPUs) it is possible to achieve the capacity to analyze big data with artificial intelligence analysis (AI) in various fields. In precision farming, the farmers can use big data analysis to make the decision for the crop protection process to increase their productivity [Va17]. For example, several reviews use the image processing technique and the convolution neural networks (CNNs or deep learning) method to locate the weed location for the precision spraying [Wu21; Ha21]. Furthermore, the extracted features from the supervised datasets can also classify weed species without manual feature selection [We20].

With the advantages of CNN, this work presents the weed counting method as a server-based mobile application called the "ExSnap" system to use instead of manual counting for the weed control performance evaluation in the field experiments.

2 Material and Methods

This section describes the ExSnap system implementation. Figure 1 shows the design concept. The system consists of two main parts; the first part is the virtual weed counting frame in the ExSnap mobile application, which is installed on the cellphone (Android system). This part will take the snapshot by the size of a 1-square meter, and the image will be sent to the second part via the file transfer protocol. The second part is an ExSnap core processing server installed on the PC based on MATLAB and a deep network designer to detect and count the weed and send the result back to the first part.

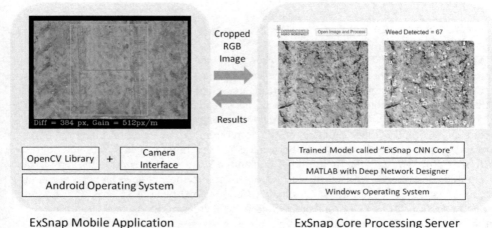

Fig. 1. ExSnap system diagram

2.1 Virtual weed counting frame ("Digital Göttinger Rahmen")

Figure 2 shows the virtual weed counting frame estimation. The 1-square meter weed counting frame can be calculated from the ratio of the distance between two maize rows on the field (R_d) in centimeters and the distance in pixel measured from the camera (V_d). Let the size of the weed counting frame be $G_f = 100$ cm, the distance $R_d = 75$ cm in the experiment. The virtual weed counting frame size (V_f) can be calculated from the Eq. 1,

$$V_f = \frac{G_f}{R_d} V_d = \frac{100}{75} V_d \qquad (1).$$

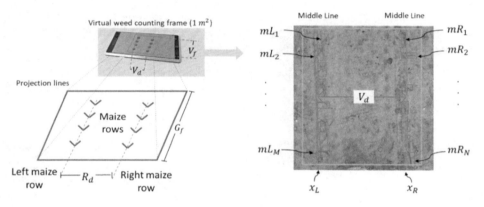

Fig. 2: A virtual weed counting frame estimation

To estimate V_d, two maize rows' detection is needed. This process uses the color blob detection technique to get the hue value of the leaves that is between 60° to 150° (green color). Then create the binary mask image from green pixels with the erosion and dilation morphology and locate the maize plants in the frame. By observation, the size of the section should be more than 300 px^2 per plant. Let mL_i and mR_j is the x-position of each maize plant, x_L and x_R is the x-position of left and right maize row, the V_d can be calculated from their absolute different value via Eq. 2,

$$V_d = |x_L - x_R| = \left| \frac{\sum_{i=1}^{M} mL_i}{M} - \frac{\sum_{i=1}^{N} mR_i}{N} \right| \qquad (2).$$

Where M and N is the number of maize plants on the left and right sides, respectively. When the V_f is obtained, the virtual weed counting frame can be placed on the middle frame of a snapshot for real-time processing instead of the one-square-meter weed counting frame. In addition, the virtual weed counting frame can also serve as the guiding grid lines profile for each device to reduce the real-time computation time.

2.2 Weed counting core

This work uses the deep network designer on MATLAB R2020b (MathWorks, USA) with a modified AlexNet model (71 layers, 78 connections, and four outputs) in the training process. Based on the color blob detection technique, all unknown objects will be masked by the green pixels between 60° to 150° of hue value. By assumption, the unknown objects must be divided into two main classes, e.g. weed and maize plants. However, some detection mistakes are difficult to control in real-world conditions. For example, there are occasions when detecting only part of the leaves and some of the soil area. These classes were also taken into the network. Table 1 shows 5,254 images in total from four classes, e.g. weed, a maize plant, plant leaves, and soil area, as shown in Figure 3. All samples were split into 48 % for the training samples, 12 % for the validation samples in the training process, and 40 % for testing the trained network.

	Weed	Maize Plant	Plant Leaves	Soil Area	Total
Training	1,198	299	229	796	2,522
Validation	300	75	57	199	630
Testing	998	249	191	664	2,102
Total	2,496	623	477	1,659	5,254

Tab. 1: Number of samples of a training data set

Weed   Maize Plant   Plant Leaves   Soil Area

Fig. 3: Four groups of training set samples

In the training process, all images were resized to 224 × 224 pixels, 2,522 images were trained with 30 epochs, 570 iterations. As a result, the validation accuracy achieves 94.45 %, and the confusion matrix with 2,102 testing sets reaches 91.2 % overall performance, as shown in Figure 4. These show the possibility of using the trained model as a weed counting core in the system.

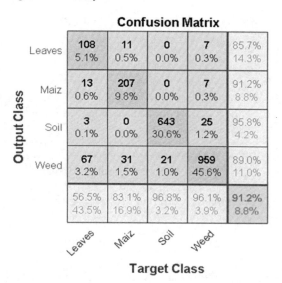

Fig. 4: An ExSnap CNN Core Overall Performance

3 Results and Discussion

This section shows the weed counting results of the first experimental setup, which was demonstrated in a maize field area, Hof Langsenkamp (Belm, Germany), with a 1-hectare experiment area. The number of detected weeds from the ExSnap system will be counted and used for documentation purposes. Compared with the manual counting method, the 100 weed counting frames with the weed density between 0-220 weeds were evaluated with $R^2 = 0.97$. From 4,432 weed samples from manual counting, the ExSnap system achieves 3,865 weed samples. The counting error of 12.8 % is a result of the weed detection process. For example, the weeds that were close together were counted into one weed. The weed counting results are categorized into three groups: A-Group, B-Group, and C-Group, for weed counting errors between 0-10 weeds, 11-20 weeds, and 21-30 weeds. From 100 weed counting frames, Table 2 shows the number of weed counting frames for each group. The system gave the best results in the A-Group, which achieves 73 frames from 100 frames with an average computation time between 4 to 11 seconds/frame, while the manual counting achieves 1-5 mins/frame.

A-Group (%)	B-Group (%)	C-Group (%)	Total (%)
73	17	10	100

Tab. 2: Percent of weed counting frames for each group

4 Conclusions

The first setup of a digital weed counting system for the weed control performance evaluation was implemented into a mobile phone called the "ExSnap" system. The system consists of two parts, a virtual weed counting frame estimation based on the image processing technique and the weed counting core based on the deep learning method. The proposed method achieves weed detection results on the snapshot image with the weed counting number. The ExSnap system has been applied in maize field plots, with a correlation R^2 = 0.97 and 12.8 % overall weed counting error. The results illustrate that the ExSnap system has the potential to be used in the field experiment.

Acknowledgments

The work took place within the framework of the research project "Experimentierfeld Agro-Nordwest", which is funded by the Federal Ministry of Food and Agriculture (BMEL) via the Federal Agency for Agriculture and Food (BLE). We are also thankful to Frederik Langsenkamp as the farmer who performed the experiment.

References

[Kl11]   Kluge, A.: Methoden zur automatischen Unkrauterkennung für die Prozesssteuerung von Herbizidmaßnahmen (Doctoral dissertation), 2011.

[Va17]   Van Evert, F. K., Fountas, S., Jakovetic, D., Crnojevic, V., Travlos, I., & Kempenaar, C.: Big Data for weed control and crop protection. Weed Research, 57.4, S. 218-233, 2017.

[We20]   Wellhausen, C., Pflanz, M., Pohl, J. P., & Nordmeyer, H.: Generierung von Unkrautverteilungskarten auf der Basis automatischer Annotierungen in Feldaufnahmen. In Deutsche Arbeitsbesprechung über Fragen der Unkrautbiologie und -bekämpfung 29. Braunschweig, S. 222-227, 2020.

[Ha21]   Hasan, A. M., Sohel, F., Diepeveen, D., Laga, H., & Jones, M. G.: A survey of deep learning techniques for weed detection from images. Computers and Electronics in Agriculture, 184, S. 106067, 2021.

[Wu21]   Wu, Z., Chen, Y., Zhao, B., Kang, X., & Ding, Y.: Review of Weed Detection Methods Based on Computer Vision. Sensors, 21(11), 2021.

Landwirtschaftliche Digitalisierung im Vergleich von Haupt- und Nebenerwerb

Ergebnisse einer standardisierten Befragung in Baden-Württemberg

Michael Paulus[1], Sara Anna Pfaff[2], Andrea Knierim[1] und Heinrich Schüle[2]

Abstract: Digitale Technologien finden zunehmende Verbreitung in der Landwirtschaft. Bisherige Studien haben nur begrenzt den Einfluss der Erwerbsform auf die Akzeptanz untersucht. Ziel der Untersuchung ist zu ermitteln, ob Unterschiede zwischen Haupt- und Nebenerwerbsbetrieben bei der Übernahme von digitalen Technologien bestehen. Methodisch wird dies basierend auf den Resultaten einer Onlineumfrage mit 302 Teilnehmenden aus Baden-Württemberg mithilfe von nichtparametrischen Hypothesentests überprüft. Die Unterschiede sind in der Innenwirtschaft am stärksten, während Differenzen in der Außenwirtschaft eher moderat ausfallen. Bei Informations- und Kommunikationstechnologien ist kein signifikanter Unterschied festzustellen.

Keywords: Digitalisierung, kleinstrukturierte Landwirtschaft, Adoption, Erwerbsform

1 Einleitung

Landwirtschaft 4.0 und verwandte Konzepte wie Precision oder Smart Farming stützen sich auf eine Bandbreite von Informations- und Kommunikationstechnologien (IKT) sowie digitale Technologien in der Innen- (DTI) bzw. Außenwirtschaft (DTA). Der Einsatz von digitalen Technologien verspricht die Optimierung von Produktionsprozessen und impliziert somit auch ökonomische, ökologische und arbeitswirtschaftliche Verbesserungen [Ba17; St20]. In Deutschland zeigt sich eine wachsende Akzeptanz von digitalen Technologien [GGS21]. Viele Studien haben sich damit auseinandergesetzt, inwiefern verschiedene Faktoren die Verbreitung von digitalen Technologien beeinflussen [Sh21]. Je nach Studie hat die Erwerbsform einen positiven [DM03; Kr19] bzw. keinen Einfluss [GHU20; Gr20; PT17] auf die Adoption. So gibt es bisher in der Literatur kaum Untersuchungen, welche die Verbreitung von digitalen Technologien in Abhängigkeit von der Erwerbsform genauer beleuchten. Das ist jedoch vor allem in kleinstrukturierten Regionen mit einem hohen Anteil an Nebenerwerbsbetrieben von Interesse. Im Fall des gewählten Untersuchungsgebietes Baden-Württemberg werden 57 % aller Betriebe als Einzelunternehmen im Nebenerwerb geführt, wobei diese z. B. nur 27 % der landwirtschaftlichen Nutzfläche bewirtschaften oder 18 % aller Nutztiere gemessen in Großvieheinheiten halten [St21].

---

[1] Universität Hohenheim, Fachgebiet Kommunikation und Beratung in ländlichen Räumen (430a), Schloss Hohenheim 1C, 70599 Stuttgart, m.paulus@uni-hohenheim.de; andrea.knierim@uni-hohenheim.de
[2] Hochschule für Wirtschaft und Umwelt Nürtingen-Geislingen, Institut für Angewandte Agrarforschung (IAAF), Neckarsteige 6-10, 72622 Nürtingen, sara.pfaff@hfwu.de; heinrich.schuele@hfwu.de

Aus dieser agrarstrukturellen Situation leitet sich die Forschungsfrage ab, ob und welche Unterschiede bei der Adoption von IKT, DTI und DTA in Abhängigkeit von der Erwerbsform bestehen.

2 Material und Methoden

Die vorgestellten Ergebnisse basieren auf einer Onlineumfrage, die von März bis Juni 2021 durchgeführt wurde. Zur Teilnahme wurde über einen Beileger im Gemeinsamen Antrag, Onlineanzeigen auf Fachportalen und verschiedene Mailverteiler von landwirtschaftlichen Organisationen aufgerufen. In der standardisierten Erhebung wurden betriebliche Merkmale, sozioökonomische Eigenschaften der Betriebsleitung sowie Angaben zur Nutzung von IKT, DTI und DTA abgefragt. Im Bereich IKT wurden den Landwirten zwei, in der Außenwirtschaft 19 und in der Innenwirtschaft 11 Technologien zur Auswahl vorgegeben. Die vorgeschlagenen DTI bezogen sich vor allem auf die Milchvieh-, Rinder- und Pferdehaltung.

IKT	• Vorhersagemodelle	• Kommunikations- und Handelsplattformen
DTI	• FMIS (Innenwirtschaft) • Pferdemanagement-Systeme • Stallkameras • Auto. Melksysteme • Auto. Grundfuttervorlage • Futteranschieberoboter	• Reinigungsroboter (Entmistung) • Sensoren (Tierüberwachung) • Zaunsicherung mit Warnfunktion • Auto. Weideertragsschätzung • Auto. Fütterungssysteme (Pferde)
DTA	• Digitale Ackerschlagkartei • FMIS (Außenwirtschaft) • Flotten- und Telemetriesysteme • Karten aus Satellitendaten • Drohnen • Auto. Lenksysteme • Optische Lenksysteme • Auto. Anbaugerätelenkung • Auto. Teilbreitenschaltung	• Teilflächensp. Aussaat • Teilflächensp. Grunddüngung • Teilflächensp. Stickstoffdüngung • Teilflächensp. Pflanzenschutz • Ertragskartierung • NIR-Systeme (Gülle) • NIR-Systeme (Erntequalität) • Bodensensoren • Georeferenzierte Bodenproben • Feldrobotik

Tab. 1: Abgefragte digitale Technologien im Überblick

Durch Filterfragen wurde sichergestellt, dass nur Betriebe mit entsprechenden Produktionsschwerpunkten und Tierarten Aussagen zu spezifischen Technologien machen konnten. Insgesamt wurden 749 Datensätze erfasst, wovon nach einer Datenbereinigung eine auswertbare Stichprobe von 302 übrigblieb. Die Auswertung der Daten erfolgte mit SPSS 27. Es wurden jeweils für IKT, DTI und DTA die Anzahl der genutzten Technologien je Betrieb bestimmt. Mit einem Kolmogorov-Smirnov-Test wurde ermittelt, ob ungleiche Verteilungskurven bei der Technologiehäufigkeit zwischen Neben- und Haupterwerb im Fall von IKT, DTI bzw. DTA vorliegen. Anschließend wurde jeweils mit einem Mann-Whitney-U-Test überprüft, ob ein Unterschied bei der Technologiehäufigkeit in Abhängigkeit von der Erwerbsform besteht. Die Berechnung erfolgte als zweiseitiger U-Test mit einem Signifikanzniveau (α) von 5 %. Die zugrundeliegenden Nullhypothesen (H_0^{IKT}; H_0^{DTI}; H_0^{DTA}) der Untersuchung sagen aus, dass es keinen Unterschied bei der Verteilung der Technologiehäufigkeit zwischen den zwei Gruppen gibt. Zusätzlich wurden zur Interpretation jeweils der mittlere Rang (M_{Rang}) und bei Vorliegen eines signifikanten Unterschieds die Effektstärke r ermittelt.

3 Ergebnisse und Diskussion

3.1 Deskriptive Statistik

175 bzw. 58 % der befragten Betriebe werden im Haupterwerb bewirtschaftet und der Rest im Nebenerwerb. Alle 302 Teilnehmenden machten Angaben zur Nutzung von IKT, 274 bzw. 172 sind je nach Betriebsschwerpunkt zu DTA und DTI befragt worden. Knapp 72 % bzw. 216 der befragten Betriebe geben an, dass sie mindestens eine digitale Technologie nutzen. 31 % (92) der Teilnehmenden verwenden dabei eine der vorgeschlagenen IKTs, wobei vor allem Kommunikations- und Handelsplattformen eingesetzt werden (23 %, 70). In der Innenwirtschaft nutzt fast die Hälfte (47 %, 80) der tierhaltenden Betriebe mindestens eine digitale Technologie. Die größte Relevanz in der Innenwirtschaft haben Farm-Management-Informations-Systeme (FMIS) (30 %, 45) gefolgt von Stallkameras und Sensoren zur Tierüberwachung (je 18 %, 31). In der Außenwirtschaft geben sogar 64 % (175) der Betriebe an, dass sie mindestens eine der vorgeschlagenen Technologien verwenden. Die höchsten Nutzungszahlen haben digitale Ackerschlagkarteien (42 %, 114) und automatische Lenksysteme (33 %, 91).

3.2 Nutzung von digitalen Technologien im Vergleich

Tabelle 2 zeigt die Verteilung der Technologiehäufigkeit von IKT, DTI und DTA in der Stichprobe in Abhängigkeit von der Erwerbsform. Die prozentualen Angaben sind entsprechend der befragten Teilstichproben gewichtet. Bei IKT gibt es nur geringe Unterschiede bei der Technologiehäufigkeit zwischen den zwei Gruppen. Der relative Anteil an Betrieben, die keine IKT verwenden, ist im Haupterwerb (72 %) höher als im Nebenerwerb (66 %). Im Fall von DTI bzw. DTA stellt sich die Situation anders dar. Hier ist jeweils der gewichtete Anteil der Nichtnutzer im Nebenerwerb fast doppelt so groß als im Haupterwerb. Relativ betrachtet nutzen 42 % der Haupterwerbsbetriebe gegenüber 81 %

der Nebenerwerbsbetriebe keine DTI. DTA werden von 25 % der Betriebe im Haupterwerb und 52 % der Unternehmen im Nebenerwerb nicht genutzt. Des Weiteren ist mit zwei Ausnahmen der Anteil der Nutzer im Haupterwerb von DTI bzw. DTA immer höher als der Anteil der Nutzer im Nebenerwerb.

Erwerbs-form	Anzahl der betrieblich genutzten digitalen Technologien												
		0	1	2	3	4	5	6	7	8	9	10	11	12
n		Technologiehäufigkeit IKT (N=302) in %												
HE	175	72	19	9									-		
NE	127	66	25	9									-		
n		Technologiehäufigkeit DTI (N=172) in %												
HE	120	42	28	8	10	8	5						-		
NE	52	81	10	6	4	0	0						-		
n		Technologiehäufigkeit DTA (N=274) in %												
HE	161	25	22	14	13	7	4	5	2	2	2	1	2	1
NE	113	52	20	10	4	4	4	2	2	1	0	0	1	0

Tab. 2: Technologiehäufigkeit im Vergleich zwischen Haupt- (HE) und Nebenerwerb (NE)

3.3 Ergebnisse der Hypothesentests

Gemäß dem Kolmogorov-Smirnov-Test unterscheiden sich die Verteilungskurven bei den IKTs in den beiden Erwerbsgruppen ($p < 0{,}05$). Basierend darauf kommt der Mann-Whitney-U-Test zum Ergebnis, dass es keinen signifikanten Unterschied bei der Technologiehäufigkeit zwischen den beiden Gruppen gibt ($U^{IKT} = 10514{,}5$; $p^{IKT} = 0{,}323$). Da $p^{IKT} > \alpha$ ist, wird die Nullhypothese H_0^{IKT} angenommen. Der nicht signifikante Unterschied kann wie folgt zusammengefasst werden: Haupt- ($M_{Rang} = 148{,}1$) und Nebenerwerb ($M_{Rang} = 156{,}2$).

Im Fall von DTI liegt laut Kolmogorov-Smirnov-Test ebenfalls ein Unterschied bei den Verteilungskurven vor ($p < 0{,}05$). Der Mann-Whitney-U-Test stellt einen signifikanten Unterschied bei der Technologiehäufigkeit in Abhängigkeit von Haupt- und Nebenerwerb fest ($U^{DTI} = 1848{,}5$; $p^{DTI} = 0{,}000$), weshalb mit $p^{DTI} < \alpha$ die Nullhypothese H_0^{DTI} abgelehnt wird. Der signifikante Unterschied äußert sich ebenfalls beim Vergleich der mittleren Ränge des Haupt- ($M_{Rang} = 97{,}1$) und Nebenerwerbs ($M_{Rang} = 62{,}1$). Die Effektstärke liegt bei $r^{DTI} = 0{,}354$, was einer moderaten Stärke entspricht [Co88].

Der Kolmogorov-Smirnov-Test bei DTA zeigt, dass sich die beiden Verteilungskurven unterscheiden (p < 0,05). Der Mann-Whitney-U-Test kommt zu dem Ergebnis, dass es einen signifikanten Unterschied zwischen Haupt- und Nebenerwerb bei der Technologiehäufigkeit gibt ($U^{DTA} = 6070,5$; $p^{DTA} = 0,000$). Daher wird die Nullhypothese H_0^{DTA} abgelehnt ($p^{DTA}<\alpha$). Der Unterschied zeigt sich auch bei Vergleich der mittleren Ränge des Haupt- ($M_{Rang} = 156,3$) und Nebenerwerbs ($M_{Rang} = 110,7$). Die Effektstärke $r^{DTA} = 0,292$ ist eher schwach [Co88].

Die Ergebnisse zeigen, dass je nach Technologiebereich keine bis mittelstarke signifikante Unterschiede bei der Anzahl der adoptierten Technologien in Abhängigkeit von der Erwerbsform bestehen. Ähnlich wie bei Smartphones [MBM21] hat die Erwerbsform einen geringen Einfluss auf die Adoption von IKTs, da diese zumeist weniger zeit- und kapitalintensiv sind. Im Fall der Innen- und Außenwirtschaft gibt es dagegen größere Unterschiede zwischen den beiden Erwerbsformen. Teilweise kann das damit begründet werden, dass Haupterwerbsbetriebe in Baden-Württemberg im Schnitt mehr Fläche bewirtschaften oder auch mehr Tiere halten. Entsprechend gibt es auch empirische Belege, dass Nebenerwerbsbetriebe in der Innen- und Außenwirtschaft andere Investitionsstrategien als der Haupterwerb verfolgen [SS18].

4 Fazit

Bei der Adoption von digitalen Technologien sind teilweise Unterschiede zu beobachten. Im Fall von IKT gibt es keinen signifikanten Unterschied in Abhängigkeit von der Erwerbsform. Demgegenüber kann ein signifikanter Unterschied im Fall von DTI und DTA festgestellt werden, wobei der Anteil der Nichtnutzer im Nebenerwerb deutlich höher ist. Es ist davon auszugehen, dass dieser Effekt in kleinstrukturierten Regionen mit einem hohen Anteil an Nebenerwerb stärker zum Tragen kommt. In diesem Zusammenhang ist zukünftig noch genauer zu betrachten, inwiefern aus Sicht der Nebenerwerbslandwirte veränderte Anforderungen an digitale Technologien bestehen, damit auch diese Zielgruppe einen einfacheren Zugang zur Digitalisierung bekommt. Damit verknüpft ist auch der Forschungsauftrag, weitere Akzeptanzfaktoren in der kleinstrukturierten Landwirtschaft genauer zu untersuchen.

Finanzierung und Förderung

Die Förderung des Vorhabens DiWenkLa (Digitale Wertschöpfungsketten für eine nachhaltige kleinstrukturierte Landwirtschaft) erfolgt aus Mitteln des Bundesministeriums für Ernährung und Landwirtschaft (BMEL) aufgrund eines Beschlusses des deutschen Bundestages. Das Vorhaben wird ebenfalls durch das Ministerium für Ernährung, Ländlichen Raum und Verbraucherschutz Baden-Württemberg unterstützt. Die Projektträgerschaft erfolgt über die Bundesanstalt für Landwirtschaft und Ernährung (BLE) im Rahmen des Programms zur Innovationsförderung unter dem Förderkennzeichen 28DE106B18.

Literaturverzeichnis

[Ba17]   Balafoutis, A. et al.: Smart Farming Technologies – Description, Taxonomy and Economic Impact. In: Pedersen, S.; Lind, K. (Hrsg.): Precision Agriculture: Technology and Economic Perspectives. Springer International Publishing (Progress in Precision Agriculture), Cham, S. 21–77, 2017.

[Co88]   Cohen, J.: Statistical Power Analysis for the Behavioral Sciences. 2th ed., Hillsdale, New York u.a., 1988.

[DM03]   Daberkow, S.; McBride, W.: Farm and Operator Characteristics Affecting the Awareness and Adoption of Precision Agriculture Technologies in the US. In: Precision Agric 4 (2), S. 163–177, 2003.

[GGS21] Gabriel, A.; Gandorfer, M.; Spykman, O.: Nutzung und Hemmnisse digitaler Technologien in der Landwirtschaft. Sichtweisen aus der Praxis und in den Fachmedien. In: Berichte über Landwirtschaft - Zeitschrift für Agrarpolitik und Landwirtschaft 99 (1), S. 1–27, 2021.

[GHU20] Groher, T.; Heitkämper, K.; Umstätter, C.: Digital technology adoption in livestock production with a special focus on ruminant farming. In: Animal: an international journal of animal bioscience, S. 1–10. 2020.

[Gr20]   Groher, T. et al.: Status quo of adoption of precision agriculture enabling technologies in Swiss plant production. In: Precision Agric 21 (6), S. 1327–1350. 2020.

[Ko19]   Konrad, M.T.; Nielsen, H.; Pedersen, A.B.; Elofsson, K.: Driver's of farmers' investments in nutrient abatement technologies in five Baltic Sea countries. Ecological Economics, 159, 91–100, 2019.

[MBM21] Michels, M.; Bonke, V.; Mußhoff, O.: Timing of Smartphone Adoption in German Agriculture – Who are the Early Adopters? In: Meyer-Aurich, A. et al. (Hrsg.): 41. GIL-Jahrestagung, Informations- und Kommunikationstechnologie in kritischen Zeiten. Gesellschaft für Informatik e.V.; Bonn, S. 211–216, 2021.

[PT17]   Paustian, M.; Theuvsen, L.: Adoption of precision agriculture technologies by German crop farmers. In: Precision Agric 18 (5), S. 701–716, 2017.

[Sh21]   Shang, L.; Heckelei, T.; Gerullis, M..; Börner, J.; Rasch, S.: Adoption and diffusion of digital farming technologies - integrating farm-level evidence and system interaction. In: Agricultural Systems 190, 103074, 2021.

[SS18]   Spengler, B.; Schramek, J.: Bedarfsanalyse für Investitionsförderungen in Grenzertragsregionen - Ergebnisse einer Befragung von Landwirtinnen und Landwirten sowie aus Expertengesprächen in Baden-Württemberg, Hessen und Rheinland-Pfalz. In: Berichte über Landwirtschaft - Zeitschrift für Agrarpolitik und Landwirtschaft, Band 96 (1), S. 1–27, 2018.

[St20]   Sturm, B.; Nasirahmadi, A.; Müller, S.; Kulig, B.: Smart Livestock Farming - Eine Bestandsaufnahme. In: Züchtungskunde 92 (6), S. 433–450, 2020.

[St21]   Statistisches Landesamt Baden-Württemberg: Landwirtschaftszählung 2020 in Baden-Württemberg. https://www.statistik-bw.de/Landwirtschaft, Stand 05.12.2021.

Welche spezifischen Anforderungen impliziert die kleinstrukturierte Landwirtschaft für die Digitalisierung?

Sichtweisen verschiedener Stakeholder

Sara Anna Pfaff[1], Michael Paulus[2], Andrea Knierim[2], Heinrich Schüle[1], Angelika Thomas[1]

Abstract: Bisher liegen nur begrenzt Ergebnisse vor, inwieweit die Adoption digitaler Technologien von strukturellen Besonderheiten abhängt und welche Bedeutung einer kleinteiligen Agrarstruktur zukommt. Die vorliegende Studie verfolgt daher am Beispiel Baden-Württembergs die Forschungsfrage: Welche spezifischen Anforderungen ergeben sich durch die Kleinstrukturierung an die Digitalisierung und welche Implikationen resultieren daraus für die gezielte Unterstützung von Landwirten? Die Ergebnisse zeigen, dass Experten durch die Kleinstrukturierung teilweise erhöhte Anforderungen an die Landwirte sehen, um digitale Technologien implementieren zu können. Die Ergebnisse bestätigen zudem, dass spezifische, strukturbedingte Adoptionsfaktoren in Baden-Württemberg eine Rolle spielen und noch genauer zu untersuchen sind. Es zeigt sich außerdem der Bedarf an konkreten Handlungsstrategien für die Herstellerfirmen und die Politik, um die kleinstrukturierte Landwirtschaft zukünftig besser am digitalen Fortschritt partizipieren lassen zu können.

Keywords: Landwirtschaft 4.0, kleinstrukturierte Landwirtschaft, spezifische Anforderungen, Digitalisierung

1 Einleitung

Hinsichtlich der Akzeptanz von Landwirtschaft 4.0 wird in der Literatur einstimmig betont, dass mit zunehmender bewirtschafteter Betriebsfläche bzw. steigenden Tierzahlen auch die Wahrscheinlichkeit der Adoption von digitalen Technologien steigt [PT17; GHU20]. Über die fördernden und hemmenden Einflussfaktoren auf die Verbreitung und Übernahme von digitalen Technologien der Landwirtschaft besteht ein allgemeiner Überblick [z.B. Pi13]. Auch ist bekannt, dass die Adoption von digitalen Technologien teilweise zögerlich verläuft, insbesondere in kleinen Strukturen [GG20]. Nichtsdestotrotz werden der kleinstrukturierten Landwirtschaft Chancen für Produktion und Vermarktung durch den Einsatz von digitalen Technologien in Aussicht gestellt [Sc17]. Es liegen aber nur begrenzt Ergebnisse darüber vor, inwieweit die Adoption digitaler Technologien von

---

[1] Hochschule für Wirtschaft und Umwelt Nürtingen-Geislingen, Institut für Angewandte Agrarforschung (IAAF), Neckarsteige 6-10, 72622 Nürtingen, sara.pfaff@hfwu.de; heinrich.schuele@hfwu.de; angelika.thomas@hfwu.de
[2] Universität Hohenheim, Fachgebiet Kommunikation und Beratung in ländlichen Räumen (430a), Schloss Hohenheim 1C, 70599 Stuttgart, m.paulus@uni-hohenheim.de, andrea.knierim@uni-hohenheim.de

strukturellen Besonderheiten abhängt und welche Bedeutung einer kleinteiligen Agrarstruktur zukommt. Vor diesem Hintergrund erscheint die intensivere Betrachtung von Digitalisierung in kleineren Strukturen sehr relevant, v. a. da dies mit Fragen einer zukunftsfähigen Entwicklung der Landwirtschaft und der Erhaltung wertvoller Strukturen zusammenhängt. Baden-Württemberg bietet hierbei ein passendes Beispiel, denn das Bundesland zeichnet sich durch die kleinstrukturierte Landwirtschaft aus: Die durchschnittliche Betriebsgröße liegt bei 36 ha LF, der bundesweite Durchschnitt bei 63 ha LF [Mi20]. Je nach Landkreis sind Parzellen kleiner als 0,5 ha keine Seltenheit. Knapp 50 % der landwirtschaftlichen Arbeitskräfte sind Familienarbeitskräfte [St21]. 57 % aller Betriebe werden im Nebenerwerb geführt, deutschlandweit liegt dieser Wert bei 52 % [St21]. Die vorliegende Studie verfolgt somit am Beispiel Baden-Württembergs die Forschungsfrage: Welche spezifischen Anforderungen ergeben sich durch die Kleinstrukturierung an die Digitalisierung und welche Implikationen resultieren daraus für die gezielte Unterstützung der Landwirte?

2 Material und Methoden

Der Beitrag basiert auf den Ergebnissen einer qualitativen Erhebung in Form von 38 Experteninterviews. Die Interviews wurden 2021 im Rahmen des „DiWenkLa"-Projektes in Baden-Württemberg durchgeführt. Mit Hilfe eines Stakeholder-Ansatzes wurden die relevanten Interviewpartner ermittelt. Das Expertensample besteht aus den Gruppen Forschung, Handel/Beratung, Maschinenring/Lohnunternehmer, Agrarverwaltung/Landesanstalten, Industrie, Weiterbildungseinrichtungen und Landwirte. Diese sind größtenteils aktiv im Kaufentscheidungsprozess der Landwirte involviert, wodurch realistische Annahmen möglich sind. Anschließend wurde eine qualitative Inhaltsanalyse nach Mayring [Ma15] mithilfe der Software "MAXQDA" durchgeführt. Die Grundlage bildet eine strukturelle Inhaltsanalyse mithilfe deduktiver Kategorienbildung [Ma15].

3 Ergebnisse und Diskussion

Die Ergebnisse zeigen verschiedene spezifische Anforderungen und Implikationen durch die Kleinstrukturierung. Dies sind im Wesentlichen die technologiebezogenen Anforderungen, die Anforderungen durch die Betriebssituation und -struktur sowie die Rahmenanforderungen in der kleinstrukturierten Landwirtschaft.

3.1 Technologiebezogene Anforderungen

Die technologiebezogenen Anforderungen umfassen Anforderungen an die technologische und die finanzielle Beschaffenheit.

Technologische Beschaffenheit: Die Interviews verdeutlichen, dass bestehende Technologien auf dem Markt teilweise bestimmte Mindestgrößen oder Spezialisierungen bzw. Produktionssysteme der Nutzer voraussetzen, die in der kleinteiligen Agrarstruktur häufig nicht vorherrschen. Generell sollte aber in die Innen- und Außenwirtschaft unterschieden werden, da je nach Technologie unterschiedliche Möglichkeiten und Größenausstattungen bereits verfügbar sind. Rein softwarebasierte Technologien sind diesbezüglich strukturunabhängiger, teilweise auch kostengünstiger. Gefordert wird von Expertenseite, dass sowohl bestehende digitale Techniken als auch zusätzliche Funktionen (z. B. ISOBUS, Vorgewendemanagement, Lenksystem Vorbereitung) besser für den Einsatz in kleinen Strukturen angepasst werden. So könnte eine sinnvolle Produktpalette für verschiedene Betriebstypen angeboten werden, um kleinstrukturierten Betrieben den Zugang zu digitalen Möglichkeiten zu erleichtern. [TV18] betonen ebenfalls die Relevanz einer realitätsnahen Produktvielfalt für unterschiedliche Betriebstypen. Betriebe in einer kleinteiligen Agrarstruktur nutzen in der Außenwirtschaft teilweise kleinere Baureihen als Großbetriebe. Experten aus der Industrie und den Landesanstalten sowie Landwirte weisen diesbezüglich darauf hin, dass zunehmend auch Geräte mit kleineren Arbeitsbreiten und leichtere Landtechnik mit digitalen Techniken ausgestattet und rentabel genutzt werden können sollten. Landwirte betonen zudem die familieninterne Bewirtschaftung als eine Besonderheit kleinstrukturierter Betriebe, die dadurch keine (qualifizierten) Fremdarbeitskräfte einstellen (können). Daher sollten digitale Technologien so konzipiert sein, dass sie durch die Betriebsleiterfamilie selbst umsetzbar sind. Auch Experten aus der Forschung empfehlen mit Blick auf den größeren, vielseitigen Arbeitsumfang der Familienarbeitskräfte und der (Büro-)Arbeiten, die unterwegs erledigt werden müssen, dass der Fokus zukünftig auf ein praktikableres Handling der digitalen Technologien gelegt werden sollte. Die Tools sollten einfach und effizient funktionieren und einen hohen Kompatibilitätsgrad aufweisen. Allgemein betont der Expertenkreis, dass insbesondere auf kleinstrukturierten Betrieben eine lange Nutzungsdauer und somit ein langer Investitionszyklus von Landtechnik vorliegt, sodass neue Investitionen (zeitlich) behindert werden. Notwendig seien daher mehr praktikable und finanzierbare Nachrüstmöglichkeiten für ältere Landtechnik. Die bisherige Literatur zeigt, dass die fehlende Vereinbarkeit der bisherigen technischen Ausstattung auf dem Betrieb neue Investitionen behindert [GGS21].

Finanzielle Beschaffenheit: Sowohl Landwirte, die Agrarverwaltung als auch die Forschungseinrichtungen betonen, dass v. a. die Anschaffungskosten von investitionsintensiveren digitalen Technologien (z. B. teilflächenspezifischer Pflanzenschutz, automatische Fütterungssysteme) zukünftig sinken müssen. Dies entspricht bisherigen Forschungsberichten, die vielfach die Investitionshöhe als Hinderungsgrund nennen [z.B. GGS21] und darauf hinweisen, dass Kostendegressionseffekte für kleinere Betriebe schwieriger zu erreichen sind. Die Experten erklären dies einerseits durch das geringere Investitionsvolumen von kleinstrukturierten, diversen Betrieben. Andererseits heben Landwirte im Expertenkreis hervor, dass die Differenz zwischen Anschaffungskosten von Technologien und Gewinn durch das landwirtschaftlich erwirtschaftete Produkt geringer werden sollte. Dies stellt weitere Anforderungen an die Preisgestaltung von landwirtschaftlichen Produkten.

3.2 Anforderungen durch die betriebliche Situation

Betriebe in der kleinteiligen Agrarstruktur zeigen aus Expertensicht eine erhöhte Markenvielfalt in der vorhandenen Landtechnik. Anders als auf Großbetrieben sind keine einheitlichen Flotten einer bestimmten Firma vorhanden. Dies stellt erhöhte Anforderungen an die Schnittstellenverfügbarkeit und Kompatibilität. Momentan erschwert dies den Prozess der Datensammlung und -auswertung. Dazu kommt, dass kleinstrukturierte Betriebe oftmals divers aufgestellt sind. Den Experten zufolge sollte dies bei der Implementierung von digitalen Technologien beachtet werden, um die damit verbundenen Anforderungen an die Kompatibilität und Vernetzung von Technologien und Daten zu berücksichtigen. Auch die bisherige Forschung weist auf die Relevanz der Schnittstellenverfügbarkeit und Systemkompatibilität hin und dass bislang erhebliche Hemmnisse damit verbunden sind [GGS21]. Weiterhin stellen alle Experten heraus, dass der überbetrieblichen Nutzung von Maschinen bzw. digitalen Technologien bei der aktuellen Kostensituation eine steigende Bedeutung zukommen wird. Die Relevanz des überbetrieblichen Einsatzes wird in der Literatur bisher angedeutet [Gr19]. Sowohl die Agrarverwaltung, Landesanstalten als auch Forschungseinrichtungen ergänzen, dass hierfür bereits vorhandene Infrastrukturen genutzt werden sollten, um finanzierbare und praktikable Angebote für Landwirte bereitstellen zu können. Ein wesentliches Merkmal von kleinstrukturierten Betrieben in Baden-Württemberg ist, dass viele Betriebsleiter mehrere Funktionen und Aufgaben im Betriebsalltag übernehmen und es keine spezialisierten Arbeitskräfte wie auf Großbetrieben gibt. Den Experten aus Industrie und Forschung zufolge besteht daher die Anforderung, dass multifunktionale Betriebsleiter gezielter gefördert werden, um spezifisches Wissen für ihre betrieblichen Zwecke einholen und nutzen zu können. So könnte der Prozess der Information und der Entscheidung bis hin zur Implementierung von digitalen Technologien unterstützt werden.

3.3 Rahmenanforderungen

In Bezug auf die vielfältigen Rahmenanforderungen einer kleinteiligen Agrarstruktur lassen sich zunächst die Prozesse des Strukturwandels feststellen. Experten aus Landwirtskreisen weisen darauf hin, dass die Digitalisierung hierbei als arbeitserleichterndes Mittel genutzt werden kann und sollte, um mit dem Strukturwandel auf den Betrieben umgehen und bestehen sowie vielfältige Aufgaben erledigen zu können. Gleichzeitig können negative Strukturwirkungen aber nicht ausgeschlossen werden [Sc17]. Durch die kleinteiligen und vielseitigen Schläge resultiert ein hoher Arbeitsaufwand in der Außenwirtschaft. Dies ist oftmals sogar unabhängig von der Schlaggröße selbst. Sowohl Experten aus dem Handel und der Beratung als auch Landwirte heben hervor, dass weitere Technik zur besseren Unterstützung sowie ein gezielter Überblick der Landwirte über den effizienten Einsatz notwendig sind. Insbesondere im kleinstrukturierten Baden-Württemberg spielt der Nebenerwerb eine wesentliche Rolle, sodass die Experten die Relevanz der Berücksichtigung dieser Erwerbsform hervorheben. Einerseits spiele hier die Leidenschaft zur manuellen

Arbeit als Hobby und Ausgleich zum Alltag, andererseits die Zeitknappheit durch die berufliche Haupttätigkeit eine wesentliche Rolle. Ausgehend von den obigen Anforderungen betonen die Experten die Notwendigkeit von Schulungen, Implementierungshilfen sowie gezielter Beratung mit gut erreichbarem Vor-Ort-Service und fordern dies z. B. von der Industrie und Politik. Diesbezüglich sollte beachtet werden, dass hierbei relevante Themen (z. B. geeignete Technologien) für die kleinstrukturierte Landwirtschaft wesentlich sind.

4 Fazit

Es wird deutlich, dass die Kleinstrukturierung anders als die großflächigen Strukturen individuelle Forderungen an die Landwirtschaft 4.0 stellt. Dies äußert sich in grundsätzlichen Rahmenanforderungen in der kleinteiligen Agrarstruktur, technologiebezogenen sowie betriebsspezifischen Anforderungen. Es zeigt sich zudem der Bedarf an konkreten Handlungsstrategien wie z. B. der Investitionsförderung, Implementierungsunterstützung sowie gezielten Produktoptimierungen insbesondere für die Herstellerfirmen und die Politik sowie den Beratungsbereich. So kann die kleinstrukturierte, multifunktionale Landwirtschaft zukünftig besser am digitalen Fortschritt partizipieren. Der vorliegende Beitrag fokussiert sich auf Experteneinschätzungen zur Beziehung zwischen den Faktoren der Implementierung von digitalen Technologien sowie der Kleinstrukturierung. Darüber hinaus sollten weitere Einflussfaktoren auf die Akzeptanz sowie die tatsächliche Verbreitung in der kleinteiligen Agrarstruktur untersucht werden, um das ganzheitliche Adoptionsgeschehen in der Praxis abbilden zu können.

Finanzierung und Förderung

Die Förderung des Vorhabens DiWenkLa (Digitale Wertschöpfungsketten für eine nachhaltige kleinstrukturierte Landwirtschaft) erfolgt aus Mitteln des Bundesministeriums für Ernährung und Landwirtschaft (BMEL) aufgrund eines Beschlusses des deutschen Bundestages. Das Vorhaben wird ebenfalls durch das Ministerium für Ernährung, Ländlichen Raum und Verbraucherschutz Baden-Württemberg unterstützt. Die Projektträgerschaft erfolgt über die Bundesanstalt für Landwirtschaft und Ernährung (BLE) im Rahmen des Programms zur Innovationsförderung unter dem Förderkennzeichen 28DE106B18. Das Vorhaben wird ebenfalls durch das Ministerium für Ernährung, Ländlichen Raum und Verbraucherschutz Baden-Württemberg unterstützt.

Literaturverzeichnis

[GG20] Gabriel, Andreas; Gandorfer, Markus (2020): Landwirte Befragung 2020 Digitale Landwirtschaft Bayern. Ergebnisübersicht (n=2390). Hg. v. Bayrische Landesanstalt für Landwirtschaft. Online verfügbar unter https://www.lfl.bayern.de/mam/cms07/ilt/dateien/ilt6_praesentation_by_2390_27082020.pdf, zuletzt geprüft am 15.09.2020.

[GGS21]   Gabriel, Andreas; Gandorfer, Markus; Spykman, Olivia (2021): Nutzung und Hemmnisse digitaler Technologien in der Landwirtschaft. Sichtweisen aus der Praxis und in den Fachmedien. Berichte über Landwirtschaft - Zeitschrift für Agrarpolitik und Landwirtschaft, Aktuelle Beiträge, In: Berichte über Landwirtschaft 99 (1), S. 1-27. DOI: 10.12767/buel.v99i1.328.

[Gr19]   Griepentrog, Hans W.; Weis, Martin; Weber, Hansjörg; Schneider, Wolfgang (2019): Maschinenring Digital (MR digital). In: Andreas Meyer-Aurich, Markus Gandorfer, Norbert Barta, Andreas Gronauer, Jochen Kantelhardt und Helga Floto (Hg.): 39. GIL-Jahrestagung, Digitalisierung für landwirtschaftliche Betriebe in kleinstrukturierten Regionen - ein Widerspruch in sich? Bonn: Gesellschaft für Informatik e.V, S. 65-70.

[GHU20]   Groher, T.; Heitkämper, K.; Umstätter, C. (2020): Digital technology adoption in livestock production with a special focus on ruminant farming. In: Animal: an international journal of animal bioscience, S. 1-10. DOI: 10.1017/S1751731120001391.

[Ma15]   Mayring, Philipp (2015): Qualitative Inhaltsanalyse. Grundlagen und Techniken. 12., überarbeitete Auflage. Weinheim, Basel: Beltz Verlag (Beltz Pädagogik).

[Mi20]   Ministerium für Landwirtschaft, Umwelt und Klimaschutz des Landes Brandenburg (2020): Agrarbericht: Agrarstrukturerhebung 2020. Im Vergleich. Online verfügbar unter https://agrarbericht.brandenburg.de/abo/de/start/agrarstruktur/im-vergleich/, zuletzt geprüft am 16.09.2021.

[PT17]   Paustian, Margit; Theuvsen, Ludwig (2017): Adoption of precision agriculture technologies by German crop farmers. In: Precision Agric 18 (5), S. 701-716. DOI: 10.1007/s11119-016-9482-5.

[Pi13]   Pierpaoli, Emanuele; Carli, Giacomo; Pignatti, Erika; Canavari, Maurizio (2013): Drivers of Precision Agriculture Technologies Adoption: A Literature Review. In: Procedia Technology 8, S. 61–69. DOI: 10.1016/j.protcy.2013.11.010.

[Sc17]   Schneider, Wolfgang (2017): Digitalisieren oder weichen? Wo bleibt die Landwirtschaft? In: landinfo - Informationen für die Landwirtschaftsverwaltung (3), S. 8-12.

[St21]   Statistisches Landesamt Baden-Württemberg (2021): Agrarstruktur. Online verfügbar unter https://www.statistik-bw.de/Landwirtschaft/Agrarstruktur/, https://www.statistik-bw.de/Service/Veroeff/Statistik_AKTUELL/803421006.pdf, zuletzt geprüft am 03.10.2021.

[TV18]   Tanzmann, Stig; Voß, Bernd (2018): Digitalisierung der Landwirtschaft. Entwicklungspolitische und bäuerliche Perspektiven auf die Zukunft der Landwirtschaft im globalen Süden und Norden. In: Der kritische Agrarbericht 2018, zuletzt geprüft am 01.10.2019.

Digitale Simulation von Konzepten und Handlungsoptionen zur Verminderung von Stickstoffemissionen in der Schweinehaltung: das Serious Game *pigNplay*

Christian Post[1], Sabrina Elsholz[1], Alexandra Reith[2], Marco Rieckmann[2], Gero Corzilius[3], Barbara Grabkowsky[3], Stefan Christ[4], Joachim Hertzberg[4], Sarah Reddig[5], Annika Greven[5], Justus von Geibler[5] und Imke Traulsen[1]

Abstract: Das Serious Game *pigNplay* ermöglicht als ein digitales Werkzeug für (angehende) Landwirt/-innen das Kennenlernen, Bewerten und virtuelle Ausprobieren von Optionen zur Stickstoffreduktion in der Schweinehaltung. Dazu gehören z.B. bauliche oder technische Möglichkeiten sowie Managementmaßnahmen inkl. ihrer ökonomischen und ökologischen Wirkungen. Grundlage ist eine digitale Simulation einer Betriebsumwelt für verschiedene Haltungssysteme, die anhand von integrierten Schätzgleichungen und etablierten Kennzahlen modelliert werden. Somit kann das Serious Game komplexe Zusammenhänge von Stickstoffkreisläufen vermitteln und die Übertragung der erworbenen Kenntnisse auf die landwirtschaftliche Praxis fördern.

Keywords: Ammoniak, Ausbildung, Bildung für nachhaltige Entwicklung, Modellierung

1 Einleitung

Die Landwirtschaft in Deutschland steht vor zunehmenden ökologischen Herausforderungen. Dazu gehört insbesondere der Umgang mit klimatischen Veränderungen. Gleichzeitig besteht für die Landwirtschaft Anpassungsbedarf, da sie einer der Hauptverursachenden von Emissionen mit Auswirkungen auf bestehende Ökosysteme und das globale Klima ist. Neben ihrem Einfluss auf die Erderwärmung führen Nährstoffüberschüsse und Emissionen aus der Tierhaltung, insbesondere Stickstoffverbindungen, u.a. zu Nitratbelastungen von Gewässern und einer reduzierten Biodiversität. Regionen, die aktuell durch intensive Landwirtschaft und eine hohe Dichte an schweinehaltenden Betrieben geprägt sind, wie z.B. das Oldenburger Münsterland, werden sich in Zukunft den Anforderungen der Reduktion von Emissionen und dem Wandel von Klima und der Gesellschaft stellen müssen. Solche Regionen besitzen dabei das Potenzial, als Modellregion für eine Transformation zu fungieren. In diesem Kontext ist die Entwicklung von Kompetenzen ange-

---

[1] Systeme der Nutztierhaltung, Georg-August-Universität Göttingen, Albrecht-Thaer-Weg 3, 37075 Göttingen, christian.post@uni-goettingen.de
[2] Universität Vechta, Fakultät I, Fachbereich Erziehungswissenschaften, Arbeitsbereich Hochschuldidaktik, Driverstraße 22, 49377 Vechta
[3] Verbund Transformationsforschung agrar Niedersachsen, Universität Vechta, Driverstraße 22, 49377 Vechta
[4] Deutsches Forschungszentrum für künstliche Intelligenz (DFKI), Berghoffstraße 11, 49090 Osnabrück
[5] Wuppertal Institut für Klima, Umwelt, Energie, Döppersberg 19, 42103 Wuppertal

hender und praktizierender Landwirt/-innen im Bereich Umwelthandeln unter Berücksichtigung des Zusammenspiels ökologischer, ökonomischer und gesellschaftlicher Aspekte von zentraler Bedeutung. Es ist bereits eine Vielzahl von Maßnahmen zur Stickstoffemissionsreduktion in den Bereichen des Stallbaus, der Fütterung und des Managements bekannt [EDV11]. Konkrete Emissionsreduktionen können jedoch aufgrund der heterogenen Betriebsstrukturen nur erreicht werden, wenn die individuellen Bedürfnisse und Hemmnisse des jeweiligen Betriebs berücksichtigt werden. Eine innovative Möglichkeit hierfür sind digitale Lernspiele (Serious Games), die Lern-, Ausbildungs- und Wissensinhalte miteinander verknüpfen und dabei den Ansprüchen einer Bildung für nachhaltige Entwicklung (BNE) gerecht werden [Ri21]. Ziel des von der Deutschen Bundesstiftung Umwelt (DBU) geförderten Projektes *pigNplay* ist die Entwicklung eines solchen Serious Games, in dem die Spielenden virtuelle Szenarien erleben und dabei Optionen und Maßnahmen erproben können, um ihre Handlungskompetenzen zu erweitern und eigene Handlungsbereitschaft für eine nachhaltige Transformation der Schweinehaltung auf- und auszubauen. In diesem Beitrag sollen der Aufbau des Serious Games und die Datengrundlage zur Modellierung der schweinehaltenden Betriebe dargestellt und diskutiert werden.

2 Methodik

Die Entwicklung und die prototypische Anwendung des Spiels erfolgt in Zusammenarbeit mit den Expert/-innen und Landwirt/-innen basierend auf dem Living Lab Ansatz [Li13] so praxisnah wie möglich. Im Folgenden werden der Spielaufbau und die Grundlagen zur Modellierung für die Bereiche Fütterung, Güllelagerung und -ausbringung erläutert.

2.1 Aufbau des Serious Games

Das übergeordnete Spielkonzept unterscheidet zwei Arten des Spielflusses. Zunächst treffen die Spielenden in geführten Szenarien („Tutorials") auf einzelne Problemstellungen, welche sie mit einem jeweils angepassten Maßnahmenkatalog lösen können. Diese Tutorials folgen dabei einer rahmengebenden Erzählung, um Ursachen, Mechanismen und Wirkungen komplexer Zusammenhänge abzubilden. Weiterhin umfasst das Konzept hinsichtlich der Handlungsmöglichkeiten zur Stickstoffemissionsreduktion ein „offenes Spiel", dessen Intention eine möglichst realitätsnahe Darstellung gängiger Praktiken auf Landwirtschaftsbetrieben ist. Hierbei werden auch Wechselwirkungen zwischen eigenen Maßnahmen und äußeren Faktoren dargestellt.

Didaktisches Leitmotiv ist die Ermöglichung der spielerischen Auseinandersetzung mit komplexen Sachverhalten. Zentral ist in beiden Spielmodi („Tutorial" und „offenes Spiel") der simulierte und individuell gestaltbare Schweinemastbetrieb, der in eine Spielumwelt eingebettet ist, die der agrarischen Intensivregion des Oldenburger Münsterlandes nachempfunden ist. Die Spielumwelt umfasst dabei zahlreiche für die Aspekte des Umwelt- und Klimaschutzes, der Wirtschaftlichkeit und des Tierschutzes relevante Akteure und ihre Interaktionen mit dem Betrieb. Dazu zählen die wirtschaftlich vor- und nachgelagerten Bereiche, andere landwirtschaftliche Betriebe, der Einzelhandel und die Verbraucher/-innen. Neben der Einbettung dieser Bereiche wird eine zeitliche Komponente in das Serious Game integriert, die sich u.a. an existierenden Prognosemodellen für die deutsche Nutztierhaltung bis 2040 bzw. 2050 orientiert [DEB21; WKT17]. Dies ermöglicht eine dynamische Veränderung von externen Faktoren wie Erzeugerpreisen, Ernährungsgewohnheiten, politischen Forderungen oder klimatischen Bedingungen. Durch den Grad an Veränderung dieser Faktoren ist es möglich, verschiedene „Schwierigkeitsgrade" im Serious Game anzubieten, welche ein mehr oder weniger starkes Maß an Anpassung von den Spielenden an die entsprechenden Umgebungsbedingungen erfordern.

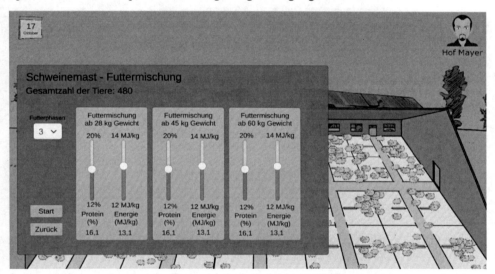

Abb. 1: Exemplarische Spielszene aus dem Prototypen (Visualisierung des Mastdurchgangs mit Einstellung der Futtermischungen pro Mastphase für den Beispielhof „Mayer")

2.2 Modellierung des Betriebes

Die Grundlage für die Darstellung interaktiver Szenarien in der Schweinehaltung ist die Modellierung eines Betriebes und die Identifikation von Indikatoren zur Bewertung ökologischer Konsequenzen. In der Schweinehaltung bilden insbesondere Emissionen von Stickstoff (N) in Form der luftgetragenen Verbindungen Ammoniak (NH_3) und Lachgas (N_2O) sowie im Zuge von Umwandlungsprozessen in den Boden und damit in den Wasserkreislauf gelangendes Nitrat (NO_3-) solche kritischen Indikatoren. Daher liegt der Fokus der Modellierung auf der quantitativen Schätzung der Stickstoffflüsse im innerbetrieblichen Nährstoffkreislauf. Hierbei werden für die Analyse, die Darstellung und das Stickstoffmanagement folgende Teilbereiche unterschieden: Futter und Schwein, Gülle oder Mist im Stall/Lager, Ausbringung/Düngung (siehe Tab. 1). Für jeden dieser Bereiche wird zunächst die Eingangsmenge an Stickstoff festgelegt (Abhängig von der Tierzahl) bzw. die im vorherigen Teilbereich anfallende Stickstoffmenge als Ausgangspunkt genommen. Danach werden anhand vorhandener Schätzgleichungen die in den nächsten Teilbereich übergehende Menge an Stickstoff sowie die entstehenden Emissionen modelliert.

Teilbereich	Eingabeparameter	Ausgabeparameter	Quelle
Futter und Schwein	Lebendmasse Geschlecht Zunahmeniveau Umgebungstemperatur	Protein- und Fettansatz Erhaltungsbedarf Energiebedarf für Protein- und Fettansatz	[Fl06; Ki14]
	Energiebedarf Energiegehalt Futter Proteingehalt Futter	Futteraufnahme, davon abgeleitet: Protein- bzw. Stickstoffaufnahme	[Ki14]
	Futteraufnahme Proteinansatz Verhältnis NE/ME[1]	Wasseraufnahme	[Ri10a]
	Proteinaufnahme Proteinansatz	Stickstoffausscheidung (Kot und Harn)	[Ri10a]
Gülle im Stall/aus dem Stall	Ausgeschiedenes N Luftwechselrate Spaltenanteil im Boden Entmistungsintervall	Aus Kot und Harn entstehendes NH_3	[Ri10b; AE98]
Güllelagerung	Lagerdauer Abdeckung Oberfläche	Umwandlung NH_4^+ zu NH_3	[De90]
Gülleausbringung	Ausbringtechnik	Umwandlung NH_4^+ zu NH_3 bzw. Entstehung von N_2O	[Cl02]

Tab. 1: Parameter zur Modellierung der Ausscheidung von Stickstoff von Schweinen und der Entstehung stickstoffhaltiger Emissionen von der Stallhaltung bis zur Ausbringung von Wirtschaftsdünger. [1]NE: Netto-Energie, ME: Umsetzbare Energie

Im Kontext des Serious Games werden diese Indikatoren genutzt, um die Auswirkungen veränderter Parameter auf die Gesamt-Stickstoffbilanz eines Betriebs sowie das Verhältnis zwischen Emissionen und dem für die Düngung zur Verfügung stehenden Stickstoff aufzuzeigen, vergleichen zu lassen und einer Bewertung zu unterziehen. Faktoren, die nicht direkt von den Spielenden als Parameter im Spiel beeinflusst werden können, sind das Wachstum der Schweine, deren Futter- und Wasseraufnahme, der Ammoniakgehalt in der Stallluft und die Außentemperatur. Eine beispielhafte Spielszene mit Einstellmöglichkeiten für Futtermischungen eines Mastdurchgangs zeigt Abbildung 1. Neben den Umweltwirkungen werden zur vergleichenden Betrachtung des einzelnen Betriebes ebenfalls ökonomische Aspekte sowie das Tierwohl berücksichtigt. Der ökonomische Bereich des Spiels beinhaltet fixe und variable Kosten der Schweinemast, um sowohl operative als auch strategische unternehmerische Entscheidungen einbringen zu können. Der Einfluss des Tierwohls fügt sich als weiterer Aspekt, beispielsweise durch die Überprüfung der Einhaltung gesetzlicher Vorgaben [Ti01; Ve18] oder Label von Haltungskonzepten, in das Spielkonzept ein.

3 Diskussion und Ausblick

Das Serious Game *pigNplay* verknüpft als interaktives Spiel Eigenschaften einer Simulation auf Grundlage realer Daten mit einem pädagogischen Konzept, das sich an den Zielen einer BNE orientiert. Der Zusatz „Serious" wird dabei auch durch die Qualität der Modellierung erreicht: Die Aufbereitung modellierter ökologischer sowie ökonomischer Wechselwirkungen ermöglicht das Erleben der Konsequenzen zuvor getroffener Entscheidungen. Im Optimalfall entwickeln sich im Zuge des Spielens erweiterte Handlungskompetenzen, die neue Handlungsmöglichkeiten für die reale landwirtschaftliche Betriebsführung eröffnen. Da sich das Spiel nicht nur mit Wechselwirkungen innerhalb des und ausgehend vom eigenen Betrieb beschäftigt, sondern ebenfalls mit überregionalen Einflüssen durch verschiedene Akteure, werden im Rahmen des Spielkonzeptes sehr unterschiedliche Sichtweisen zum Gegenstand der Auseinandersetzung.

Die spielerische Präsentation von natürlichen, ökonomischen und gesellschaftlichen Prozessen erfordert eine entsprechende wissenschaftlich fundierte Basis an Regressionsmodellen und Zahlen. Für die konventionelle Schweinehaltung in geschlossenen Stallsystemen existiert diese Datenbasis für verschiedenste Kombinationen von Parametern [AE98; Ki14; Ri10a; Ri10b], sodass diese auch im Spiel abgebildet werden können. Dagegen fehlt es bei anderen Haltungssystemen, wie beispielsweise der Haltung mit Außenklimareiz, vor allem für Emissionswerte an belastbaren Zahlen. Dies macht eine Abschätzung unterschiedlicher Maßnahmen, insbesondere in ihrem Zusammenwirken, schwierig. Solide Untersuchungsergebnisse sind jedoch wichtig, damit die Ausgabeparameter auf wissenschaftlich fundierten Werten basieren. Die Entwicklung des Serious Games wurde technisch daher so angelegt, dass nachträgliche Aktualisierungen und Erweiterungen folgen können. Zukünftige Modelle integrieren zu können ist insofern relevant, als dass bislang zwar diverse Versuche zur Emissionsminderung, v.a. durch bauliche Maßnahmen und neue Managementkonzepte durchgeführt wurden und dokumentiert sind [EDV11], die Interaktionen zwischen Einzelmaßnahmen jedoch noch nicht hinreichend untersucht sind.

Im Rahmen des Projektes zur Entwicklung von *pigNplay* werden die bisher entwickelten Modelle unter Berücksichtigung aktueller wissenschaftlicher Ergebnisse miteinander verknüpft und erweitert. Der modulare und parameterbasierte Entwicklungsansatz gewährleistet eine Anpassung und Erweiterung des Konzeptes bezogen auf Lehrziele, Spielsituationen und unterschiedliche Plattformen. Grundsätzlich ist zudem die Einbeziehung weiterer umweltrelevanter Themenbereiche oder anderer Nutztierarten möglich.

Dieser Beitrag entstand im von der DBU geförderten Projekt „Entwicklung eines systemorientierten Serious Games im Living Lab zur virtuellen Simulation von Konzepten und

Handlungsoptionen zur Verminderung von Stickstoffemissionen in der Schweinehaltung und zur Anpassung der Betriebe an den Klimawandel" (Aktenzeichen 35488/01-36).

Literaturverzeichnis

[AE98]   Aarnink, A.; Elzing, A.: Dynamic model for ammonia volatilization in housing with partially slatted floors, for fattening pigs. Livestock Production Science 53 (2), S. 153-169, 1998.

[Cl02]   Clemens, J.; Wolter, M.; Wulf, S.; Ahlgrimm, H.: Methan- und Lachgas-Emissionen bei der Lagerung und Ausbringung von Wirtschaftsdüngern. In: Brigitte Eurich-Menden (Hg.): Emissionen der Tierhaltung (KTBL-Schrift, 406), S. 203–214, 2002.

[De90]   De Bode, M.: Vergleich der Ammoniakemissionen aus verschiedenen Flüssigmistlagersystemen. In: Ammoniak in der Umwelt. Gemeinsames Symposium von KTBL und VDI in der FAL Braunschweig, S. 34.1 - 34.13, 1990.

[DEB21] Deblitz, C.; Efken, J.; Banse, M.: Politikfolgenabschätzung zu den Empfehlungen des Kompetenznetzwerks Nutztierhaltung. Johann Heinrich von Thünen-Institut, 2021.

[EDV11] Eurich-Menden, B.; Döhler, H.; van den Weghe, H.: Ammoniakemissionsfaktoren im landwirtschaftlichen Emissionsinventar - Teil 2: Geflügel und Mastschweine. Landtechnik 66 (1), S. 60-63, 2011.

[Fl06]   Flachowsky, G.; Pallauf, J.; Pfeffer, E.; Rodehutscord, M.; Schenkel, H.; Staudacher, W.; Susenbeth, A.: Empfehlungen zur Energie- und Nährstoffversorgung von Schweinen. Frankfurt am Main: DLG Verlag, 2006.

[Ki14]   Kirchgeßner, M.; Stangl, G.; Schwarz, F.; Roth, F.; Südekum, K.; Eder, K.: Tierernährung. Leitfaden für Studium, Beratung und Praxis. 14., aktualisierte Aufl. Frankfurt am Main: DLG-Verlag, 2014.

[Li13]   Liedtke, C.; Welfens, M.; Rohn, H.; Nordmann, J.: LIVING LAB. In: International journal of sustainability in higher education, 13, 2, S. 106-118, 2012.

[Ri10a] Rigolot, C.; Espagnol, S.; Pomar, C.; Dourmad, J.: Modelling of manure production by pigs and NH3, N2O and CH4 emissions. Part I: animal excretion and enteric CH4, effect of feeding and performance. Animal 4 (8), S. 1401-1412, 2010.

[Ri10b] Rigolot, C.; Espagnol, S.; Robin, P.; Hassouna, M.; Béline, F.; Paillat, J.; Dourmad, J.: Modelling of manure production by pigs and NH3, N2O and CH4 emissions. Part II: effect of animal housing, manure storage and treatment practices. Animal 4 (8), S. 1413-1424, 2010.

[Ri21]   Rieckmann, M.: Bildung für nachhaltige Entwicklung. Ziele, didaktische Prinzipien und Methoden. In: merz – Zeitschrift für Medienpädagogik 65(04), S. 10–17, 2021.

[Ti01]   TierSchNutztV: Verordnung zum Schutz landwirtschaftlicher Nutztiere und anderer zur Erzeugung tierischer Produkte gehaltener Tiere bei ihrer Haltung, 2001.

[WKT17] Wirz, A.; Kasperczyk, N.; Thomas, F.: Kursbuch Agrarwende 2050 – ökologisierte Landwirtschaft in Deutschland. Greenpeace e.V., 2017.

Improving food processing through integration of artificial intelligence in the drying process: a perspective

Sharvari Raut[1,2], Gardis von Gersdorff[1], Jörg Schemminger[1,3,4], Julian Adolphs[1] and Barbara Sturm[1,4]

Abstract: The agricultural value chain in general and food processing specifically are facing challenges at multiple levels (social, ecological, financial). Within the European Union, Food and Beverage (F&B) is the biggest economic sector with more than 99 % being small and medium enterprises (SMEs). Due to the lack of financial flexibility, SMEs are generally disadvantaged for implementation and integration of process and resource efficiency, thus hindering the development of advanced processing methods and in turn the production of high quality products. Additionally, as per the Sustainable Development Goals 2 and 12, it is important to improve food and nutritional security globally, through sustainable agriculture and food production methods. Therefore, it is essential to develop innovative solutions that are not only affordable but also sustainable. Within the food processing chain, drying is one of the oldest and most frequently implemented processing method, for preserving food products, reducing post-harvest losses and increasing the food and nutritional status. As simple as it may seem, drying is rather a complex process, which, if not optimized on a system level, results in (1) significant quality degradation and (2) resource wastage. Additionally, as most food products undergo at least partial drying, optimisation of this process will evidently help improve and optimise the food processing chain. In this context, concepts such as „Smart Food Factory" and „Industry 4.0" recognise the need for intelligent processing methods that facilitate the production of tailored final product quality. Recently, there has been significant advancement from the information and communications technology domain due to methodologies such as Internet of things (IoT), Cloud-Computing, and Artificial Intelligence (AI), which has led to a rapid development of digitalisation in the F&B sector. Studies indicate that AI methodologies such as fuzzy logic and artificial neural networks are helpful tools to resolve problems within the drying process. Additionally, integration of machine learning models with AI methodologies can also allow for real time optimisation and control of the drying system. To that end, this study aims to conduct an in-depth review on the current state of AI applications that have been integrated within the convective drying process and provide a future outlook for the development of intelligent drying systems which simultaneously cater for improved food quality, energy and resource efficiency.

Keywords: artificial intelligence, drying, food quality, sustainability

---

[1] Leibniz-Institut für Agrartechnik und Bioökonomie e.V. (ATB), Max-Eyth-Allee 100, 14469 Potsdam, Germany, sraut@atb-potsdam.de
[2] Universität Kassel, Fachgebiet Agrartechnik, Nordbahnhof Str. 1a, 37213 Witzenhausen, Germany
[3] Empa, Swiss Federal Laboratories for Materials Science and Technology, Laboratory for Biomimetic Membranes and Textiles, Lerchenfeldstr. 5, CH-9014 St. Gallen, Switzerland
[4] Albrecht Daniel Thaer-Institute of Agricultural and Horticultural Sciences, Humboldt Universität zu Berlin, Hinter der Reinhardtstr. 6-8, 10115 Berlin, Germany

Introduction

Production of food has a great specific resources demand that includes high waste production, water consumption and wastewater production [St18b]. Of the different processes that are involved in food processing, the drying process is one of the most energy intensive processes. It allows for the extension of shelf life for fresh products when appropriate process settings are applied. However, within the convective food drying process, the current settings fail to consider the process-product relationship, which in turn leads to the production of inferior final quality products. Until now, the black box optimisation approach has frequently been implemented to improve process settings. However, this approach lacks in accounting of the dynamic changes within the product, thus hindering the design and optimisation for befitting process settings. To realise this, a holistic optimisation that considers a multidisciplinary approach is essential [St18b]. With advancement in information and communications technology (ICT) domain which includes different methodologies such as Artificial Intelligence (AI), a wave of digitalisation has also begun within the food sector. The field of artificial intelligence, for example, offers a rich and still rapidly growing collection of methods, which can be applied in agriculture. Of special interest are artificial neural networks (ANN) and deep learning, but also more classical forms of artificial intelligence like expert systems, fuzzy logic (FL), logic programming and swarm intelligence are still relevant and applicable. The use of AI can achieve cost reduction, improved product quality and increased profitability for the food industry in general and drying processes in particular [Ma21]. This combination of ICT tools with smart sensors, powerful computers, and intelligent control systems has led to the new "Agrifood 4.0" era [Mi19]. The new era aims to resolve issues related to food security, changing market and consumer demands, sustainability, waste reduction and food traceability using ICT tools. Considering the drying process of food as complex, dynamic, unsteady, highly non-linear, strongly interactive, successively interconnected, and multivariable [SZM19], a complete understanding is hardly achievable. Therefore, new methods to fuse multivariable information and product behavior analysis is necessary. Based on this background, the current study aims to provide an in-depth overview on the application of current AI methods in context to convective drying.

Literature Review and Discussion

The applied review method was conducted with the search-string "'convective drying' AND 'machine learning'" for a period between 2019-2021 with the help of Google Scholar. Based on this search, relevant overview and review papers since the year 2019 will be briefly explained and discussed in this section.

The structure of food appears multi-scale and the composition is influenced by many factors, which makes them a complex biomaterial and leads to drying processes of a high complexity concerning simultaneous heat, mass and momentum transfer [MM20]. With regard to sustainable drying processes concerning product and process quality, physics-based models provide a sound basis to predict the drying behavior despite dynamic changes occurring inside the food products during drying. However, these so-called "model-driven soft sensors" [KGS09] based on conservation laws are limited in terms of their prediction ability and are computationally time consuming [Vy16], which makes them unsuitable for real-time applications. Therefore, most drying processes are set by experimental investigations and former experience and inhibits obtaining products of the highest quality and moderate energy consumption.

Theoretical models or "data-driven soft sensors" [KGS09] considering the complexity of drying processes are well known as machine learning models and can be further developed to AI techniques. ML simulates specific aspects of human intelligence by so-called ANNs, fuzzy logic and expert systems and further requires specific real-time controllers other than usual PID controllers for intelligent control. ML allows computers to learn from experience, modify the respective algorithm and thus increase the performance [MM20]. The conducted literature review found that many possibilities lie in the usage of Machine Learning (ML) in drying applications. However, in order to be able to use these options to the full, publicly available repositories or publicly shared time data sets of many production cycles are essential [MM20]. A call that resonates in many places in literature: availability and quality of data sets for model training are major challenges and limit the applicability of AI and ML methods.

A recent overview of AI in relevant applications in the food industry and integrated sensing devices gives recommendations to select suitable methods for developments and utilizations in the industry, namely food quality determination, control tools, classification of food and prediction purposes [Ma21]. Fuzzy logic is exemplary shown at the determination of drying kinetics of onions and the forecast of moisture ratio of mulberry [Ja16; Ja18]. The combination of electronic nose with AI was explored to enhance food quality and drying process of pear using fuzzy-logic [Li21]. Also, the combination of a computer vision system and AI to measure changing color of apple slices using ANN was examined [Na15]. A more specific overview on ANNs in the food processing context presents applications for nonlinear modeling challenges, such as the use of multilayer feed-forward network for the convective drying of quince [Ch20]. To optimize ANNs, a combination with other methods can be applied – for example combining particle swarm optimization (PSO) and ANNs [BD20]. For tray drying of tomatoes and carrots, ANNs are able to describe the drying behavior more accurately than empirical drying models [EE07; MN07].

With the focus on drying processes, the use of ML-based algorithms is vital to advance in the main aspects of food drying research but must focus specifically on different aspects of food drying [Kh20]. Four generations of food drying modeling provided progress in understanding drying kinetics different fruits and vegetables such as carrots [Ag11; Kh20]. An important part of the application of ML with respect to drying is the prediction of properties of the food. For determining transport properties such as diffusivity, few studies have been published that focus specifically on food such as potato, garlic or cantaloupe [MBS08; Ka18; Kh20]. Thermophysical properties such as the thermal conductivity of apples, pears, and potatoes can be approached using ANN [HR99]. In addition, mechanical properties such as rigidity and elasticity are accessible for fruits like kiwi [Kh20; Va20]. The determination of the microstructure of food requires visual data from sensors that are then evaluated using for instance a convolutional neural network (CNN) [Kh20]. Genetic algorithms show applicability when used to optimize quality attributes during drying applications, and mostly used complex ANNs could be replaced or extended using other models like fuzzy logic [Kh20]. Fuzzy logic (FL) is effective in dealing with the uncertain and complex drying process. The knowledge-based structure is the advantage over, for example, ANNs [HM20]. Instant sensing techniques such as hyperspectral imaging or electronic nose are fundamental to access data representing food quality attributes. In this context, "artificial intelligence techniques" with regard to computer vision considerations should be mentioned [Li20].

It can be said that AI technologies in food drying, especially ANNs, are showing their advantages in various applications, but challenges such as the black-box characteristic and the experience-based determination of the particular architecture of an ANN must be addressed [SZM19]. Many AI methods, especially ML, are based on data: they require labeled data sets of a high quality to be able to train the models and validate their results – the demand for these data sets is accordingly high. On a better note, in recent years, extensive experimental investigations that consider different process settings and measure varying product quality using non-invasive measurement techniques have been conducted. These investigation have not only been limited to fruits or vegetables [Ra21; Sa19; Sh20] but extended to herbs and meat [Ge21; St20], thus encompassing a wider spectrum of data collection for further AI methodologies. The extensive data set collected from these studies also calls for further ML methodologies for development of smart/intelligent drying processes.

Conclusions and Outlook

The overview conducted within this study indicates that the use of AI and its methodologies, especially in the field of convective drying, has been significantly scarce. Several AI applications in different formats have been implemented to identify their feasibility in the field of drying. However, the lack of significant data that considers the process-product quality relationship has hindered the application process in AI. With availability of extensive data performed under varying process-product settings (as presented above), it would now be possible to integrate AI methodologies/algorithms for the convective drying process. The integration of AI methodologies/algorithms together with integrated measurement and control systems will further allow for the development of digital twins. A digital twin for the drying process will then further aid in building a smart drying system that will allow for improved food quality, process, energy and resource efficiency. As an outlook, the development of AI algorithms for the available data set is in preparation.

References

[Ag11] Aghbashlo, M. et al.: Optimization of an artificial neural network topology for predicting drying kinetics of carrot cubes using combined response surface and genetic algorithm, Drying Technology, 29(7), pp. 770-779, 2011.

[Ch20] Chasiotis, V.K. et al.: Artificial neural network modelling of moisture content evolution for convective drying of cylindrical quince slices, Computers and Electronics in Agriculture, 172, pp. 105074, 2020.

[EE07] Erenturk, S.; Erenturk, K.: Comparison of genetic algorithm and neural network approaches for the drying process of carrot, Journal of Food Engineering, 78(3), pp. 905-912, 2007.

[FO20] FOODDRINK Europe (2020) SMEs, Small Scale, Big Impact, www.fooddrinkeurope.eu/policy-area/smes/, status: 19.10.2021.

[Ge21] Gersdorff, G.J.v. et al.: Method comparison between real-time spectral and laboratory based measurements of moisture content and CIELAB color pattern during dehydration of beef slices. Journal of Food Engineering, 294, 110419, 2021.

[HM20] Hosseinpour, S.; Martynenko, A.: Application of fuzzy logic in drying: A review, Drying Technology, pp. 1-30, 2020.

[HR99] Hussain, M.A.; Rahman, M.S.: Thermal conductivity prediction of fruits and vegetables using neural networks, International Journal of Food Properties, 2(2), pp. 121-137, 1999.

[Ja16] Jafari, S.M. et al.: Mathematical, Fuzzy Logic and Artificial Neural Network Modeling Techniques to Predict Drying Kinetics of Onion, Journal of Food Processing and Preservation, 40(2), pp. 329-339, 2016.

[Ja18] Jahedi Rad, S. et al.: Fuzzy logic, artificial neural network and mathematical model for prediction of white mulberry drying kinetics, Heat and Mass Transfer/Wärme- und Stoffübertragung, 54(11), pp. 3361-3374, 2018.

[KGS09] Kadlec, P.; Gabrys, B.; Strandt, S.: Data-driven Soft Sensors in the process industry. Computers and Chemical Engineering, 33(4), 795-814, 2009.

[Kh20] Khan, M.I.H. et al.: Application of machine learning-based approach in food drying: opportunities and challenges, Drying Technology, pp. 1-17, 2020.

[Li20] Li, J. et al.: Novel Sensing Technologies During the Food Drying Process, Food Engineering Reviews, 12(2), pp. 121-148, 2020.

[Li21] Li, J. et al.: Microwave drying of balsam pear with online aroma detection and control, Journal of Food Engineering, 288, p. 110139, 2021.

[Ma21] Mavani, N.R. et al.: Application of Artificial Intelligence in Food Industry – a Guideline, Food Engineering Reviews. Springer US, 2021.

[Mi19]   Miranda, J. et al.: Sensing, Smart and Sustainable Technologies for AgriFood 4.0, Computers in Industry, 108, pp. 21-36, 2019.

[MM20]   Martynenko, A.; Misra, N.N.: Machine learning in drying, Drying Technology, 38:5-6, 596-609, 2020.

[MN07]   Movagharnejad, K.; Nikzad, M.: Modeling of tomato drying using artificial neural network, Computers and Electronics in Agriculture, 59(1-2), pp. 78-85, 2007.

[Na15]   Nadian, M.H. et al.: Continuous real-time monitoring and neural network modeling of apple slices color changes during hot air drying, Food and Bioproducts Processing, 94, pp. 263-274, 2015.

[Ra21]   Raut, S. et al.: Investigating the effect of different drying strategies on the quality parameters of Daucus Carota L. using dynamic process control and measurement techniques. Food and Bioprocess Technology, 2021.

[Sa19]   Md Saleh, R. et al.: Investigation of dynamic quality changes and optimization of drying parameters of carrots (Daucus carota var. laguna). Journal of Food Process Engineering, 48(1), 2019.

[Sh20]   Shrestha, L. et al.: Comparative analysis of methods and model prediction performance evaluation for continuous online non-invasive quality assessment during drying of apples from two cultivars. Thermal Science and Engineering Progress, 18, 100461, 2020.

[St18a] Sturm, B. et al.: Feasibility of Vis/NIR Spectroscopy and Image Analysis as Basis of the Development of Smart-drying Technologies, 2018.

[St18b] Sturm, B.: Systemic Optimisation and Design Approach for Thermal Food Processes: Increase of Quality, Process- and Resource Efficiency in Dried Agricultural Products Manufacturing. Habilitationsschrift, Universität Kassel, 2018.

[St20]   Sturm, B. et al.: In-process investigation of the dynamics in drying behavior and quality development of hops using visual and environmental sensors combined with chemometrics. Computers and Electronics in Agriculture, 175, 105547, 2020.

[SZM19] Sun, Q.; Zhang, M.; Mujumdar, A.: Recent Developments of Artificial Intelligence in Drying of Fresh Food: A Review, Critical Reviews in Food Science and Nutrition, 59:14, 2258-2275, 2019.

[Va20]   Vahedi Torshizi, M. et al.: Investigation of Physical Properties Changes of Kiwi Fruit during Different Loadings, Storage, and Modeling with Artificial Neural Network, International Journal of Fruit Science, 20(S3), pp. 1417-1435, 2020.

[Vy19]   Vynnycky, M.: An asymptotic model for the primary drying stage of vial lyophilization. Journal of Engineering Mathematics, 96(1), 175-200, 2016.

Zur Wirtschaftlichkeit von Investitionen in Section Control bei teilflächenspezifischer Düngung im Getreide unter den Anforderungen der neuen Düngeverordnung

Guido Recke [1], Henning Rempe[1] und Tobias Jorissen[1]

Abstract: Insbesondere durch die neue Düngeverordnung bekommt der effiziente Einsatz von mineralischem Stickstoffdünger eine stetig wachsende Bedeutung. Wirtschaftlichkeitsanalysen zeigen, dass durch den Einsatz von Techniken wie Section Control Düngemittel eingespart werden können und auch der Kornertrag durch die Verringerung von Lagergetreide erhöht werden kann. Aufgrund dieser positiven Effekte ergibt sich für den Beispielbetrieb ein durchschnittlicher jährlicher Vorteil von 427 Euro. Section Control kann außerdem bei bestimmten Schlagstrukturen und Anbaubedingungen zusätzlich die Wirtschaftlichkeit steigern und trägt durch die Verringerung des Stickstoffeinsatzes zu einer gesellschaftlich gewünschten umweltgerechteren Landwirtschaft bei.

Keywords: Precision Farming, teilfächenspezifische Düngung, Section Control

1 Problemstellung

Die neue Düngeverordnung [Dü20] mit den damit verbundenen Anforderungen zur reduzierten N- und P-Düngung insbesondere in den sogenannten „Roten Gebieten" bedeutet für landwirtschaftliche Betriebe neue Herausforderungen, die mineralische N-Düngung effizienter und umweltgerechter durchzuführen. Es gibt dafür Precision-Farming-Techniken, aber oft zeigt sich, dass der Einsatz von entsprechenden Techniken wie z. B. Section Control eher für große Ackerbaubetriebe und Lohnunternehmen wirtschaftlich ist. Im Rahmen des von der BLE geförderten Projekts „Agro-Nordwest" wird untersucht, ob Section Control auch bei durchschnittlich großen Betrieben wirtschaftlich eingesetzt werden kann.

2 Ausgangssituation

Precision Farming wurde schon vor über 20 Jahren ein sehr hoher Stellenwert beigemessen. Der überwiegende Teil der schon Anfang der 2000er-Jahre von [LL00] hierzu untersuchten 108 Studien konnte wirtschaftliche Vorteile bestätigen. Neben den erwähnten ökonomischen Vorteilen beschreibt [Au01] das mögliche umweltentlastende Potenzial

---

[1] Hochschule Osnabrück, Fachgebiet Landwirtschaftliche Betriebswirtschaftslehre, Am Krümpel 31, 49090 Osnabrück, g.recke@hs-osnabrueck.de, ; Henning.Rempe@hs-osnabrueck.de; t.jorissen@hs-osnabrueck.de

dieser Technologien, indem Nährstoffe nur dort ausgebracht werden, wo sie benötigt werden und infolgedessen unproduktive Überschüsse vermieden werden. In den letzten Jahren hat im Zuge der Digitalisierungsforschung die Entwicklung von neuen Techniken zum Precision Farming einen Innovationsschub erhalten. Dazu ist auch die Entwicklung von Section Control zu zählen. Als technische Unterstützung für eine genauere teilflächenspezifische Düngung kann dazu die Section-Control-Funktion bei der Applikationstechnik eingesetzt werden, um die Applikationsgenauigkeit bei wechselnden Applikationsmengen sicherzustellen.

Aufgrund der unzureichenden Umsetzung der EG-Nitratrichtlinie 91/676/EWG [EN91] trat zum 01. Mai 2020 in Deutschland die Novellierung der Düngeverordnung in Kraft. Ziel dieser Verordnung ist, Nitrateinträge aus der Landwirtschaft in die Umwelt zu reduzieren oder zu vermeiden [Dü20]. Davon sind insbesondere Betriebe mit Flächen innerhalb sogenannter „Roter Zonen" sowie jene mit hohem Viehbesatz betroffen [AG20; Ta14]. Rote Zonen, hoher Viehbesatz und heterogene Bodenverhältnisse sind für Betriebe im Nordwesten Deutschlands typisch [ML10; Ta14].

3 Methodischer Ansatz

Auf der Grundlage von Literaturrecherchen, Expertengesprächen und Feldversuchen im Rahmen des vom BMEL und der Bundesanstalt für Landwirtschaft und Ernährung (BLE) finanzierten Projektes „Agro-Nordwest" werden ökonomische Effekte umweltgerechter teilflächenspezifischer N-Düngungsansätze wie Section Control untersucht. Dazu wurden Kosten-Leistungs-Rechnungen anhand von Betriebszweigabrechnungen (BZA) und dynamische Investitionsrechnungen durchgeführt, um die Wirtschaftlichkeit von Section Control zu untersuchen. Die Analysen wurden für einen durchschnittlich großen landwirtschaftlichen Betrieb mit insgesamt 70 ha und 57 ha Ackerbau im Nordwesten von Deutschland durchgeführt. Dies entspricht ungefähr der Größe eines Familienbetriebes in Deutschland, der im Durchschnitt ca. 63 Hektar landwirtschaftliche Fläche bewirtschaftet [De21].

4 Ergebnisse und Diskussion

Die wirtschaftlichen Ergebnisse zeigen, dass Technologien wie Section Control für landwirtschaftliche Betriebe ein Potenzial bieten, mit gezielter Ausbringung von mineralischem N-Dünger die Wirtschaftlichkeit im Bereich Ackerbau zu erhöhen. Bei den Berechnungen für einen Modellbetrieb im Forschungsprojekt Agro-Nordwest mit 57 ha Wintergetreide- und Körnermaisanbau ergaben sich positive Ergebnisse bei der Betriebszweiganalyse und der dynamischen Investitionsrechnung bei einer Investition in Section Control. Die Kosten für Section Control zusammen mit der dafür nötigen GPS-Ausrüstung bei einem neuen Düngerstreuer mit einer Arbeitsbreite bis zu 36 Metern und bis zu 8 Teilbreiten lagen laut Herstellerangaben bei etwa 2.425 Euro. Für die Investitionsrechnung wurde eine Nutzungsdauer von 10 Jahren angesetzt. Der zu Grunde gelegte kalkulatorische Zinssatz ist auf drei Prozent und der Wiederanlagezins auf ein Prozent angesetzt worden. Nach der Modellrechnung sind für den Modellbetrieb im Durchschnitt jährliche Einzahlungen insbesondere durch das Einsparen von Dünger und die Vermeidung von Lagergetreide von 811,33 Euro zu erwarten. Für die Kosten für Wartung und Reparaturen konnten nach Schätzung 100 Euro pro Jahr angesetzt werden.

Die Investitionsrechnung für die Durchschnittskalkulation ergibt für den Modellbetrieb über die gerechneten 10 Jahre einen Kapitalwert von 3.643 Euro. Der interne Zinsfuß liegt bei 26,55 % und für den korrigierten internen Zinsfuß werden 11,87 % errechnet. Die Annuität mit 427 Euro zeigt, dass diese Investition einen jährlichen Überschuss von 427 Euro erwirtschaftet. Somit ist die Investition in Section Control für diesen Modellbetrieb im Nordwesten von Deutschland als sehr rentabel anzusehen.

Weitere Analysen und Aussagen von Landtechnikherstellern, die Section Control anbieten, zeigen, dass bei einer kleinparzelligen Betriebsstruktur mit ungleichmäßig geformten Flächen die Vorteile von Section Control zunehmen. Bei der Form der Flächen bietet Section Control direkt einen Vorteil über genauere Ein- und Ausschaltpunkte. Bei heterogenen Böden kann über die Einteilung der Flächen in unterschiedliche Ertragspotenzialzonen und anschließende teilflächenspezifische Applikation der Nutzen von Section Control nach Herstellerangaben und bestätigt durch Berechnungen zu den Wirtschaftlichkeitseffekten von teilflächenspezifischer Düngung bei Getreide [Re21] zusätzlich gesteigert werden.

Section Control kann somit auch bei durchschnittlich großen Betrieben in Deutschland wirtschaftlich eingesetzt werden. Dadurch, dass Dünger zielgerichteter eingesetzt wird, kann die Technik auch dazu beitragen, die Umweltbelastung durch die mineralische Düngung zu verringern und so dabei helfen die gesellschaftlichen Anforderungen an eine nachhaltige Landwirtschaft zu erfüllen. Weiterführende Untersuchungen auch bei kleinen Betrieben in Verbindung mit ergänzenden Risikosimulationsanalysen können weitere Erkenntnisse liefern, unter welchen Anbaubedingungen und bei welchen Betriebsgrößen Wirtschaftlichkeitsschwellen erreicht werden.

Das Projekt „Agro-Nordwest" wird durch Mittel des Bundesministeriums für Ernährung und Landwirtschaft und des Projektträgers Bundesanstalt für Landwirtschaft und Ernährung gefördert.

Literaturverzeichnis

[AG20] AVV Gebietsausweisung (2020): Allgemeine Verwaltungsvorschrift der Bundesregierung zur Ausweisung von mit Nitrat belasteten und eutrophierten Gebieten: AVV GeA. Bundesministerium für Ernährung und Landwirtschaft, Bonn, 1-41.

[Au01] Auernhammer, H. (2001): Precision farming - the environmental challenge. Computers and electronics in agriculture 30, S. 31-43.

[De21] Destatis (2021): Pressemitteilung Nr. N 047 vom 20. Juli 2021. https://www.destatis.de/DE/Presse/Pressemitteilungen/2021/07/PD21_N047_41.html

[Dü20] Düngeverordnung (2017): Verordnung über die Anwendung von Düngemitteln, Bodenhilfsstoffen, Kultursubstraten und Pflanzenhilfsmitteln nach den Grundsätzen der guten fachlichen Praxis: DüV vom 26. Mai 2017 (BGBl. I S. 1305), geändert durch Artikel 1 der Verordnung vom 28. April 2020 (BGBl. I S. 846).

[EG18] Europäischer Gerichtshof (2018): Urteil des Gerichtshofes (Neunte Kammer) vom 21. Juni 2018. Rechtssache C-543/16 2018 betreffend eine Vertragsverletzungsklage nach Art. 258 AEUV, eingereicht am 27.10.2016, Luxemburg, 1-26.

[EN91] EG-Nitratrichtlinie (1991): Richtlinie des Rates 91/676/EWG vom 12. Dezember 1991: Zum Schutz der Gewässer vor Verunreinigung durch Nitrat aus landwirtschaftlichen Quellen. Amtsblatt der Europäischen Gemeinschaften (L 375), 1-8.

[LL00] Lambert, D., Lowenberg-Deboer, J. (2000): Precision Agriculture Profitability Review. Site Specific Management Center, Purdue University West Lafayette, Indiana.

[ML10] ML, (2010): Die Landwirtschaft in Niedersachsen. Niedersächsisches Ministerium für Ernährung, Landwirtschaft, Verbraucherschutz und Landesentwicklung, Hannover, 1-48.

[Re21] Recke, G., Jorissen, T., Schnare, M. und S. Becker (2021): Teilflächenspezifische Düngung im Getreide unter den Anforderungen der neuen Düngeverordnung – Wirtschaftliche Potenziale in Verbindung mit Farmmanagementansätzen. Referate der 41. GIL-Jahrestagung in Potsdam, 08.- 09. März 2021: Informatik in der Land-, Forst- und Ernährungswirtschaft Fokus: Informations- und Kommunikationstechnologien in kritischen Zeiten. P-309: 259-264.

[Ta14] Tamásy, C. (2014): Intensivierung der Landwirtschaft im Oldenburger Münsterland: Nutztierhaltung im Fokus der Nachhaltigkeit. Springer-Verlag, Berlin Heidelberg, 203-207.

Einfluss sozialer und psychologischer Faktoren auf die Adaption digitaler Technologien in der Landwirtschaft durch Betriebsleiter und Betriebsleiterinnen in der Schweiz

Linda Reissig [1]

Abstract: Die fortschreitende Digitalisierung in der Landwirtschaft, der sozio-technische Prozess der Anwendung digitaler Innovationen, eröffnet den Landwirten[2] wichtige neue Möglichkeiten, wie Erfassungstechnologien wie Controlled Traffic Farming, aber auch verschiedene Verarbeitungslösungen wie Buchhaltungssoftware. Digitale Landwirtschaftstechnologien haben enorme Potenziale, um die Landwirtschaft effizienter, sauberer und weniger arbeitsintensiv zu machen. Das Potenzial kann nur genutzt werden, wenn wir mit bestehenden Lösungen intelligent umgehen und die verschiedenen Technologien entsprechend ihrer Stärken und Schwächen einsetzen. Das Ziel dieser Studie ist es, Einblicke in den Technologieadoptionsprozess zu geben, der einen komplexen und systemischen Charakter hat, und die Treiber und Hindernisse für die Einführung von digitalen Technologien bei Schweizer Familienbetrieben zu untersuchen. Die Ergebnisse verweisen auf die Tendenz, dass der Einfluss der Struktur dem Einfluss der Einstellung gegenüber den digitalen Technologien unterliegt.

Keywords: soziale und psychologische Bestimmungsgründe, Adaption, Einstellungen, Selbstwirksamkeit, digitale Technologien, Smart Farming, Precision Farming.

1 Einleitung

Die fortschreitende Digitalisierung in der Landwirtschaft, der sozio-technische Prozess der Anwendung digitaler Innovationen, „ein zunehmend allgegenwärtiger Trend" [KJL19], eröffnet den Landwirten wichtige neue Möglichkeiten. Digitale Landwirtschaftstechnologien haben enorme Potenziale, um die Landwirtschaft effizienter, sauberer und weniger arbeitsintensiv zu machen. Das Potenzial kann nur genutzt werden, wenn wir mit bestehenden Lösungen intelligent umgehen und die verschiedenen Technologien entsprechend ihrer Stärken und Schwächen einsetzen.

Das Ziel dieser Studie ist es, Einblicke in den Technologieadoptionsprozess zu geben, der einen komplexen und systemischen Charakter hat, sowie die Treiber und Hindernisse für die Einführung von digitalen Technologien auf Schweizer Familienbetrieben zu untersuchen. [NO18] stellten fest, dass in Familienbetrieben hauptsächlich ein Betriebsleiter Entscheidungen trifft, ein wesentlicher Unterschied zu stärker industrialisierten Unternehmen. Die Schweizer Landwirtschaft wird von Familienbetrieben dominiert [RKR15]. Aus

---

[1] Agroscope Wettbewerbsfähigkeit und Systembewertung, Forschungsgruppe Sozioökonomie, Tänikon 1, 8356 Ettenhausen, Schweiz, linda.reissig@agroscope.admin.ch
[2] Der Lesbarkeit halber ist in dieser Arbeit die männliche Form gewählt und schließt die weibliche ein.

diesem Grund ist sie ein geeignetes Feld, um den Einfluss interner Faktoren der Landwirte auf den Entscheidungsprozess in familienbetriebenen Systemen zu untersuchen. Der Fokus dieser Studie liegt auf dem Verständnis und der Erforschung der selten analysierten sozialen und psychologischen Faktoren.

2 Material und Methoden

Der Einfluss von Eigenschaften der betriebsleitenden Person, wie z. B. Disposition, Kompetenz und Einstellung, wurde mittels eines quantitativen Fragebogens, auf Basis einer Literaturstudie und explorativen Interviews mit Landwirten, ermittelt. Im April und Mai 2021 wurde die Befragung durchgeführt. Ein Link für eine Online-Befragung wurde an 3000 zufällig ausgewählte Landwirtschaftsbetriebe in der Deutschschweiz und der Romandie versendet. In einem ersten Schritt nahmen 462 Landwirte online teil. Neben dem Stand der Digitalisierung auf dem Betrieb, gab es Fragen zu Themenbereichen, die im Zusammenhang mit der Adaption von digitalen Technologien in der Landwirtschaft stehen (Familie/Haushalt und Betrieb, allgemeine Fragen zur Person, Nutzen und Risiken der Technologien und Einstellungen, Umgang mit Daten, soziale Einflussfaktoren). Eine erste Analyse untersucht den Zusammenhang zwischen dem Stand der Adaption sowie Betriebstyp, finanzielle Situation, Arbeitsbelastung, Einstellung gegenüber der Digitalisierung in der Landwirtschaft, Autonomie, Selbstwirksamkeit und Vertrauen in die Datensicherheit durch Serviceanbieter anhand einer geordneten logistischen Regression mittels der Statistiksoftware R.

3 Ergebnisse mit Diskussion

3.1 Beschreibung der Stichprobe

Die Rücklaufquote lag mit 462 im 1. Durchgang der Befragung online bei 16 %[3]. Das Durchschnittsalter war 47,1, mit einer Altersspanne von 20 bis 66 Jahren. Die Betriebe sind zu 72 % im Talgebiet und zu 27 % im Berggebiet. 77,7 % der Betriebe stammen aus der Deutschschweiz, 21,2 % aus der Romandie, der Anteil an biologisch wirtschaftenden Betrieben beträgt 19 %. Die durchschnittliche landwirtschaftliche Nutzfläche betrug 28,75 ha, die Spanne reicht von 1,96 ha bis 134 ha. Die Verteilung der Betriebstypen entspricht der in der Schweizer Landwirtschaft, nach der S4-Typologie der ZA2015 [HS20].

---

[3] In einem weiteren Durchgang auf Papier füllten weitere 475 Landwirte den Fragebogen aus, so dass sich die Rücklaufquote auf insgesamt 31 % erhöhte. Die Auswertung des digitalen Teils der Befragung ist in diesem Beitrag abgebildet.

3.2 Ergebnisse der Analyse

Durch unsere Befragung wurde der Stand der Adaption der digitalen Technologien der teilnehmenden Betriebe nach dem Phasenmodel des Adaptionsprozesses nach [Al69] erhoben (Abb.1).

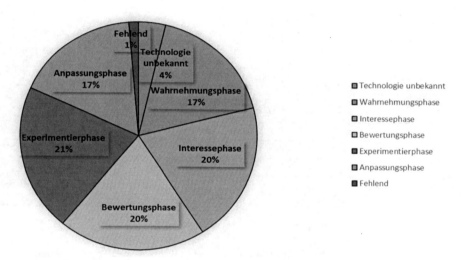

Abb. 1: Antwortkategorien von dem Stand der Adaption digitaler Technologien durch die befragten Betriebe

Wenigen Betrieben sind die digitalen Technologien in der Landwirtschaft unbekannt. 17 % befinden sich bereits in der Wahrnehmungsphase, 20 % in der Interessephase, 20 % der Antwortenden beschäftigen sich bereits mit den Technologien und befinden sich in der Bewertungsphase, 21 % experimentieren bereits mit den Technologien, nutzen diese z. B. probeweise, und 17 % haben die digitalen Technologien in ihren Arbeitsablauf integriert.

Es wurde das Rückwärtsauswahlverfahren zur Auswahl des am besten passenden logistischen Regressionsmodells (Tab. 1) genutzt. Die folgenden Koeffizienten sind signifikant verschieden von 0, Arbeitsbelastung auf Stufe $\alpha = 0{,}1$ sowie Einstellung, Autonomie, Selbstwirksamkeit auf Stufe $\alpha = 0.05$. Wenn wir uns zu Beginn der Analyse an alle erklärenden Variablen erinnern, sehen wir, dass sich Finanzen, Betriebstyp und Vertrauen in die Datensicherheit nicht signifikant von 0 unterscheiden. Sie werden also nicht interpretiert.

Variable	Wert	Standardfehler	p-Wert	OR
Betriebstyp_Spezialkulturen	0.141	0.667	0.832	0.868
Betriebstyp_Tierhaltung	-0.237	0.322	0.463	1.267
Betriebstyp_Gemischtbetrieb	0.094	0.313	0.763	0.910
Betriebstype_Andere	0.640	1.216	0.599	0.527
Finanzielle Situation	-0.125	0.111	0.261	1.133
Arbeitsbelastung	0.242	0.136	0.075	0.785
Einstellung	1.030	0.115	0.000	0.357
Autonomie	-0.203	0.109	0.063	1.225
Selbstwirksamkeit	-0.172	0.095	0.072	1.188
Vertrauen	0.071	0.084	0.396	0.931
Interzepte				
1|2	-0.018	0.887	0.984	0.982
2|3	2.183	0.863	0.011	8.875
3|4	3.366	0.868	0.000	28.955
4|5	4.350	0.878	0.000	77.445
5|6	5.635	0.895	0.000	280.087

Tab. 1: Logistische Regression, „Phase der Adaption" ist die abhängige Variable

Ich kommentiere die ORs für die Wahrscheinlichkeit des Anpassungszustandes (1) unbekannt im Vergleich zu den anderen Kategorien ((2) Wahrnehmung, (3) Interesse, (4) Bewertung, (5) experimentell, (6) Anpassung). Die gleiche Interpretation gilt für die Odds 1 und 2 vs. 3, 4, 5 und 6 und die Odds 1, 2 und 3 vs. 4, 5 und 6. und die Odds 1, 2, 3 und 4 vs. 5 und 6 und die Odds 1, 2, 3, 4, 5 vs. 6. Für alle anderen Variablen wird kontrolliert.

Bei einer Verringerung der Arbeitsbelastung um einen Wert sind die Chancen von 1 vs. 2, 3, 4, 5 und 6 0,8-mal kleiner. Der positive und signifikante Koeffizient in Bezug auf die Arbeitsbelastung legt nahe, dass bei einer Erhöhung der Arbeitsbelastung um einen Wert die Wahrscheinlichkeit des Zustands „Digitale Technologien sind unbekannt" gegenüber den anderen Kategorien um den Faktor 0,978 sinkt. Landwirte mit eher zu wenig oder zu wenig Arbeitsbelastung informieren sich seltener über digitale Technologien in der Landwirtschaft und sind weniger bereit, sie zu übernehmen. Da der Faktor jedoch fast eins ist, ist dieser Effekt eher gering. Die Frage nach dem Einfluss der Arbeitsbelastung auf die Adaption digitaler Technologien scheint eine Rolle zu spielen und braucht weitere Forschung.

Bei einer Abnahme der Einstellung um einen Wert ist die Wahrscheinlichkeit von 1 vs. 2, 3, 4, 5 und 6 0,35-mal kleiner. Der positive und signifikante Koeffizient in Bezug auf die Einstellung deuten darauf hin, dass bei einer Erhöhung der Einstellung um einen Wert die Wahrscheinlichkeit des Zustands „Digitale Technologien sind unbekannt" gegenüber den anderen Kategorien um den Faktor 0,35 abnimmt. Daraus schließen wir, dass die Einstellung mit der Adaptionsphase korreliert. Je positiver die Einstellung zu digitalen Technologien ist, desto wahrscheinlicher ist es, dass der Landwirt digitale Technologien auf dem Betrieb einsetzt. Natürlich beschäftigen wir uns hier auch mit dem Phänomen der kognitiven-Dissonanz-Regulation und der Huhn-Ei-Frage. Wir können keine Kausalität zeigen. Vielleicht ist die Einstellung positiv, weil der Landwirt die digitalen Technologien bereits nutzt, allenfalls viel Geld und Zeit investiert hat und bei schlechter Funktion der Technologie mittels positiver Einstellung kognitive Dissonanzen reduziert.

Für eine Erhöhung der Autonomie um einen Wert sind die Chancen von 1 vs. 2, 3, 4, 5 und 6 1,26-mal höher. Der negative und signifikante Koeffizient in Bezug auf die Autonomie legt nahe, dass für eine Verringerung der Autonomie um einen Wert die Wahrscheinlichkeit des Zustands „digitale Technologien sind unbekannt" gegenüber den anderen Kategorien um den Faktor 1,26 steigt. Das bedeutet, je höher das Autonomiebedürfnis ist, desto wahrscheinlicher wird der Landwirt digitale Technologien auf seinem Hof einsetzen. Wenn man den explorativen Plot zwischen Adaptionsphase und Autonomie berücksichtig (ohne Abb.), zeigt sich ein interessantes Bild. Die Autonomiewerte sind vor allem hoch für die Adaptionsphasen „unbekannt" (1) und „Versuchsphase" (5) und „Anpassungsphase" (6). Der Landwirt braucht immer mehr Autonomie, um in extremen Positionen zu bleiben, anstatt mit dem Mainstream mitzugehen. Wir können daraus schließen, dass Landwirte mit einem sehr hohen Autonomiebedarf sagen, digitale Technologien seien ihnen unbekannt oder sie hätten sie bereits übernommen.

Für eine Erhöhung der Selbstwirksamkeit um einen Wert sind die Chancen von 1 vs. 2, 3, 4, 5 und 6 1,22-mal höher. Der negative und signifikante Koeffizient in Bezug auf die Selbstwirksamkeit legt nahe, dass die Wahrscheinlichkeit für eine Verringerung der Selbstwirksamkeit um einen Wert die Wahrscheinlichkeit des Zustands „digitale Technologien sind unbekannt" gegenüber den anderen Kategorien um den Faktor 1,22 steigen lässt. Das bedeutet, je höher die Selbstwirksamkeit ist, desto wahrscheinlicher wird ein Landwirt digitale Technologien übernehmen. Wenn man den explorativen Plot zwischen Adaptionsphase und Selbstwirksamkeit berücksichtig (ohne Abb.), zeigt sich ein interessantes Bild. Wir sehen im Zustand „unbekannt" (1) und „Wahrnehmungsphase" (2) die geringste Selbstwirksamkeit, d. h. Landwirte denken eher nicht, dass sie sich die notwendigen Kompetenzen aneignen können, die neuen digitalen Technologien in der Landwirtschaft zu nutzen.

Zusammenfassend lässt sich sagen, dass unsere Schätzungen darauf hindeuten, dass der Betriebstyp und die Finanzen kein bestimmender Faktor für die Adaption digitaler Technologien in der Landwirtschaft sind. Recherchiert man in der Literatur zu diesem Thema, werden diese strukturellen Variablen als einflussreich im Anpassungsprozess gezeigt, diese Studien haben jedoch mehrheitlich die psychologischen Einflussfaktoren nicht in ihre Forschungen einbezogen. Im Gegensatz zu den Strukturvariablen sehen wir, dass die psychologische Variable Einstellung, Autonomie und Selbstwirksamkeit Determinanten sind, die die Phase der Adaption erklären können. Arbeitsbelastung und Vertrauen liegen zwischen strukturellen und psychologischen Variablen, da für die Variable „Arbeitsbelastung" die wahrgenommene Arbeitsbelastung gemessen wurde und die Variable "„Vertrauen" in Bezug auf das Vertrauen in Datensicherheit operationalisiert wurde.

4 Schlussfolgerung

Wir können aus unseren Berechnungen auf den Einfluss der psychologischen Variablen auf den Anpassungsprozess der digitalen Technologien schließen. Das Vertrauen in die eigenen Möglichkeiten, sich die notwendigen Fähigkeiten für den Einsatz der neuen Technologien aneignen zu können, der Grad an Autonomie des Landwirts, eine positive Einstellung, verbunden mit der Wahrnehmung einer ziemlich hohen Arbeitsbelastung, scheinen die erklärenden Variablen für die Adaption digitaler Technologien zu sein. Diese ersten Ergebnisse müssen in einem nächsten Schritt erweitert werden, indem verschiedene andere potenzielle Einflussvariablen hinzugefügt werden, die zusätzlich in dieser Befragung erhoben wurden. Die Ergebnisse können die Tendenz aufzeigen, dass das Mindset des Landwirts stärker Einfluss auf die Adaption der digitalen Technologien nimmt als die Struktur.

Literaturverzeichnis

[Al69]   Albrecht, H.: Innovationsprozesse in der Landwirtschaft. Saarbrücken, Germany, 2020.

[HS20]   Hoop, D.; Schmid, D.: Betriebstypologie ZA2015 der Zentralen Auswertung von Buchhaltungsdaten. Agroscope, Tänikon, Mai 2020.

[KJL19] Klerkx, L.; Jakku, E.; Labarthe, P.: A review of social science on digital agriculture, smart farming and agriculture 4.0: New contributions and a future research agenda. NJAS-Wageningen Journal of Life Sciences, 90, S. 100315, 2019.

[NO18]   Nuthall, P.; Old, K.: Intuition, the farmers' primary decision process. A review and analysis. Journal of Rural studies, 58, S. 28-38, 2018.

[RKR15] Reissig, L.; Kohler, A.; Rossier, R.: Workload on organic and conventional family farms in Switzerland. Organic Agriculture, S. 1-18, 2015.

Ableitung von homogenen Managementzonen anhand von Vegetationsindizes im Kleegras

Tobias Reuter[1], Konstantin Nahrstedt[2], Thomas Jarmer[2] und Dieter Trautz[1]

Abstract: Kleegras hat eine entscheidende Bedeutung als Fruchtfolgeglied im Ökologischen Landbau und als Futter. Bedingt durch Heterogenitäten im Boden entwickelt sich der Bestand über die Vegetationsperiode hinweg ungleichmäßig, sodass sich Bereiche mit unterschiedlicher Biomasseproduktion herausbilden. Ein teilflächenspezifisches Management angepasst an diese Unterschiede kann Grundlage für effizientere Ressourcennutzung sein. Daher wurden auf einer ökologischen Kleegrasfläche drohnengestützt Bilddaten aufgenommen und Vegetationsindizes berechnet. Die Abschätzung der Biomasse mit Vegetationsindizes war zu einem früheren Aufnahmetermin ungenauer als zu einem späteren Zeitpunkt. Korrelationsmodelle zwischen den Vegetationsindizes und der Biomasse zeigten zu den beiden späteren Terminen einen höheren Zusammenhang als zum ersten Aufnahmezeitpunkt. Dabei konnten mit dem NDVI bzw. NGRDI am letzten Termin die höchsten Korrelationen mit Werten um 0,5 erzielt werden. Basierend auf den Indizes wurde die Fläche in drei Zonen eingeteilt. Die Zonierung variierte je nach Termin und Index. Dennoch war es möglich, einen Bereich mit hoher Biomasseproduktion zu identifizieren. Die Einteilung in Managementzonen konnte demnach erfolgreich durchgeführt werden, besonders geeignet waren NDVI, NGDRI und RGBVI.

Keywords Grünland, Biomasse, Precision Agriculture, Remote Sensing, UAV

1 Einleitung

Kleegras hat eine entscheidende Bedeutung als Fruchtfolgeglied im Ökologischen Landbau, da es mit Hilfe von Knöllchenbakterien Stickstoff (N) aus der Luft bindet [Ra12], Unkräuter unterdrückt und die Bodenstruktur verbessert [El19]. Darüber hinaus ist es, besonders in Bezug auf die Nährstoff- und Proteinversorgung von Wiederkäuern, ein wertvolles Futter [Is14]. Bedingt durch Heterogenitäten im Boden entwickelt sich der Bestand ungleichmäßig über die Vegetationsperiode hinweg, sodass sich Bereiche mit geringerer bzw. höherer Biomasseproduktion entwickeln. Darüber hinaus variiert auch die Bestandszusammensetzung im Feld. Um diese Ungleichheiten auszugleichen, bietet sich die Bewirtschaftung in homogenen Managementzonen oder Teilflächen an, sodass Ressourcen wie Dünger effizienter eingesetzt werden können [Sc08]. Ein dazu erforderliches Bestandsmonitoring kann kosteneffizient und flexibel durch den Einsatz von Unmanned Arial

---

[1] Hochschule Osnabrück University of Applied Sciences Faculty of Agricultural Sciences and Landscape Architecture, Am Krümpel 31, 49090 Osnabrück, tobias.reuter@hs-osnabrueck.de

[2] Universität Osnabrück, Institute of Computer Science, Remote Sensing Group, Wachsbleiche 27, 49090 Osnabrück, knahrstedt@uni-osnabrueck.de

Vehicles (UAV) umgesetzt werden. UAV-basierte Vegetationsindizes (VI) sind dazu geeignet, Biomasse von Kleegrasbeständen abzuschätzen und in Managementzonen einzuteilen [Lu19; Ro18]. Auf einer ökologisch bewirtschafteten Fläche wurde untersucht, ob sich VIs darüber hinaus eignen, um Kleegrasbestände in Teilflächen zu untergliedern.

2 Material und Methoden

Der Versuchsstandort in Belm bei Osnabrück ist durch eine relativ große Bodenheterogenität gekennzeichnet (Bodenzahl 30 bis 40, Bodenart lS3/lS4, ausgeprägtes Relief). Die Aussaat des Kleegrases (Saatmischung: 22,22 % Rotklee, 11,11 Schwedenklee, 11,11 Weißklee, 55,56 Deutsches Weidelgras) erfolgte im Oktober 2020. Anfang April sind 180 kg ha^{-1} Kieserit (25 % MgO, 20 % S) gedüngt worden. Vor dem Untersuchungszeitraum wurde die Fläche zweimal gemäht (29.05. und 19.07.21).

Am 11.08., 26.08. sowie 03.09.21 wurde die Fläche mit einer Drohne (Phantom 4 Multispektral, DJI) überflogen. Die an der Drohne verbaute Multispektralkamera lieferte Spektralinformationen in den Wellenlängenbereichen Blau (450 nm), Grün (560 nm), Rot (650 nm) und Nahes Infrarot (730 und 840 nm). Unterschiedliche Beleuchtungsverhältnisse während des Überfluges wurden über einen Lichteinstrahlungssensor berücksichtigt. In einer Flughöhe von 12 m zeichnete die Kamera Bilddaten in einer räumlichen Auflösung von 5,4 mm auf. Zusätzlich konnten durch weitere Überflüge Bilddaten in höherer räumlicher Auflösung (4,4 mm) mit einer Drohne von DJI (Phantom 4) mit RGB-Kamera aufgenommen werden (Flughöhe: 10 m). Die Prozessierung der UAV-Daten erfolgte mit der Bildbearbeitungssoftware AgiSoft Metashape (1.7.2 2021), mit deren Hilfe aus den 1.000 bis 1.200 Einzelaufnahmen ein Orthomosaik generiert wurde. Parallel dazu wurde an 37 im Raster angeordneten Messstellen mit einer Größe von 0,25 m² die Wuchshöhe und die Bodenfeuchte (FieldScout TDR 100) erhoben. Ebenso erfolgte die Erfassung der Frischbiomasse (FBM) und Trockenbiomasse (TBM, getrocknet bei 65 °C bis zur Gewichtskonstante). Eine Teilprobe der FBM wurde in Gras, Klee und sonstige Pflanzen fraktioniert, auch hier folgte die Bestimmung der TBM.

Aus den UAV-Bildern wurden mit der Software Quantum GIS (3.20.3 2021) verschiedene VIs berechnet (Tab. 1**Fehler! Verweisquelle konnte nicht gefunden werden.**). In der landwirtschaftlichen Praxis basieren teilflächenspezifische Maßnahmen zumeist auf Arbeitsbreiten im Meterbereich. Alle berechneten Indizes wurden daher auf eine Pixelauflösung von 1 m skaliert und mittels eines k-means-Clustering-Algorithmus in drei Zonen untergliedert.

Die Mittelwerte der Zonen sind im Hinblick auf Wuchshöhe, Ertragszusammensetzung und Biomasse miteinander verglichen worden. Unterschiede wurden mit einer Varianzanalyse (ANOVA) und anschließendem Post-Hoc-Test Tukey's HSD (honestly significant difference) (Irrtumswahrscheinlichkeit α=0,05) identifiziert. Korrelationen wurden nach Pearson bestimmt und mit einer Irrtumswahrscheinlichkeit α = 0,05 auf linearen Zusammenhang geprüft. Die statistischen Testverfahren wurden mit der Open-Source-Entwicklungsumgebung R Studio (4.1.1 2021) umgesetzt.

Name		Formel	Literatur
Normalized Difference Vegetation Index	NDVI	$\dfrac{NIR - R}{NIR + R}$	[RHD74]
Normalized Green Red Difference Index	NGRDI	$\dfrac{G - R}{G + R}$	[Tu79]
Red-Green-Blue Vegetation Index	RGBVI	$\dfrac{[(G \times G) - (B \times R)]}{[(G \times G) + (B \times R)]}$	[Be15]
Triangular Greenness Index	TGI	$-0.5\,[(\lambda R - \lambda B) \times (R - G) - (\lambda R - \lambda G) \times (R - B)]$	[Hu11]

Tab. 1: Untersuchte VI und deren Formeln. Reflexionswerte in den Kanälen Rot (R), Grün (G), Blau (B) und Nahen Infrarot (NIR). Wellenlängen der aufzeichnenden Bänder (λR, λG, λB)

3 Ergebnisse und Diskussion

Die aus den Bodendaten ermittelten räumlichen Unterschiede spiegelten sich auch in den Felduntersuchungen wider. Die FBM wurde für den 11.08.21 mit 124-610 g m^{-2}, für den 26.08.21 mit 224-1.062 g m^{-2} und für den 03.09.21 mit 397-1.364 g m^{-2} ermittelt. Der Kleeanteil schwankte ebenfalls mit Werten zwischen 17 und 82 % der FBM (11.08.), 32 und 85 % der FBM (26.08.21), beziehungsweise 9 und 91 % (03.09.21). Eine Bestandsanalyse mithilfe der Vegetationsindizes bestätigte diese Beobachtung, indem sich eine geringere Biomasse grundlegend in geringeren Indexwerten äußerte (Tab. 2), mit der Ausnahme des NDVI am 11.06.21 sowie des RGBVI und des TGI am 03.09.21. Die Korrelationen zwischen VIs und FBM/TBM waren gering am 11.08.21. Zu den späteren Terminen ergaben sich deutlich höhere Korrelationen auf dem Niveau von anderen Versuchen [Lu19]. Weniger weit entwickelte Bestände, wie sie am 11.08.21 auftraten (mittlere Wuchshöhe 17 cm), erzielten auch in anderen Untersuchungen eine geringere Korrelation [Lu19; Vi18]. Zusätzlich waren zu diesem Termin Ernteteste und Boden zu sehen, was die Abschätzung weiter erschwerte [Xu20]. Die besten Ergebnisse wurden im Entwicklungsstadium Schossen der Gräser erzielt, welches erst ab dem zweiten Termin stattfand [Lu19; Vi18]. Im Gegensatz zum 26.08.21 war der Klee am letzten Untersuchungstag bereits abgeblüht. Dies ist ein Faktor für einen stärkeren Zusammenhang am 03.09.21, da Blüten eine unterschiedliche Reflektanz aufweisen als grüne Vegetation und so die Genauigkeit reduzieren [Xu20]. Der TGI zeigt generell eine gute Übereinstimmung mit dem Chlorophyllgehalt, jedoch nicht mit der Biomasse [Hu11]. Durch sichtbaren Boden und Ernteteste wie am 26.08.21 wird der TGI gesenkt, da nicht-grüne Pflanzenteile zu sehen sind. Bereiche mit höherem Wachstum schließen diese Lücken schneller und wiesen damit höhere Werte auf, wodurch sich die höhere Korrelation erklärt. Dass der NDVI durch Berücksichtigung des Nahinfrarotbereichs Vorteile gegenüber RGB-Indizes hat [Lu19; Vi18], konnte in diesem Versuch nur für den letzten Termin bestätigt werden.

VI	11.08.21		26.08.21		03.09.21	
	FBM	TBM	FBM	TBM	FBM	TBM
NDVI	-0,02	0,11	0,30	0,32	0,50*	0,34*
NGRDI	0,13	0,21	0,46*	0,36*	0,55*	0,44*
RGBVI	0,18	0,21	0,34*	0,32*	-0,24	-0,32
TGI	0,19	0,21	0,44*	0,36*	-0,04	-0,23

Tab. 2: Korrelationskoeffizienten zwischen den Vegetationsindizes (NDVI, NGRDI, RGBVI, TGI) und der FBM und der TBM für die drei Untersuchungstermine 11.08.21, 26.08.21 und 03.09.21. „*" markieren signifikante lineare Zusammenhänge ($\alpha=0,05$)

Die Einteilung des Feldes anhand der VIs in Zonen zeigte, dass sich die Indizes sehr unterschiedlich auf die Zonierung auswirken (Abb. 1). Sowohl die Anzahl an regelmäßigen Messstellen pro Zone als auch die Klassifikation zu diesen variierten stark. Dennoch ist zu erkennen, dass einige Bereiche zu allen Terminen und mit allen Indizes ähnlich ausgewiesen wurden, z. B. die Bereiche im Osten oder Westen. Ebenso sind kleinräumige Heterogenitäten zu erkennen, wofür Kleegrasbestände bekannt sind [Sc08]. Für den Parameter FBM am 11.08.21 gab es nur bei den Zonen, die auf RGBVI basieren, signifikante Unterschiede (FBM in Zone 0 höher als FBM in Zone 2). Die Betrachtung von Teilflächen am 26.08.21 zeigte für den NGRDI und den RGBVI statistisch nachweisbare Unterschiede. In beiden Fällen war die FBM und die Kleebiomasse in Zone 0 höher als in Zone 2. Zum letzten Termin zeigte sich, dass nur Teilflächen, deren Abgrenzung auf Basis des NDVI und des NGRDI erfolgte, ungleiche FBM-Werte aufwiesen. Im NDVI-Bild wies Zone 1 signifikant höhere FBM auf, während beim NGRDI höhere FBM für Zone 0 ermittelt wurde. Für den Parameter Wuchshöhe zeigten sich nur für den letzten Termin Unterschiede zwischen den Zonen. Hier zeigte der NDVI die Rangfolge der Zonen 1>0>2, der NGRDI hingegen 2 >1, 1=0. Nur der NDVI am 03.09.21 konnte Teilflächen erzeugen, die sich auch im Kleeanteil unterschieden. Auch hierbei wies Zone 0 die höchsten Werte auf. Die Untersuchung bestätigte damit die Beobachtung von Ross et al. [Ro18], dass der NDVI als Indikator zur Einteilung von Managementzonen für Leguminosen eingesetzt werden kann.

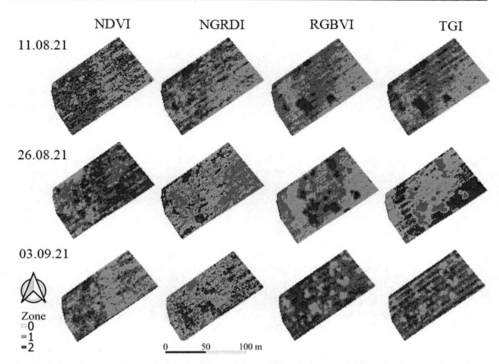

Abb. 1: Zonenkarten basierend auf den VIs NDVI, NGRDI, RGBVI und TGI für die einzelnen Termine 11.08.21, 26.08.21, 03.09.21. Graustufen symbolisieren die einzelnen Zonen

4 Schlussfolgerung

Die Abschätzung der Biomasse mittels VIs ist abhängig vom Aufnahmezeitpunkt. Gerade ein früher Zeitpunkt kurz nach der Ernte mit niedrigeren Wuchshöhe zeigte nur geringe Korrelationen und Eignung. Zu späteren Terminen gab es eine Steigerung. Ein genereller Vorteil des NDVI gegenüber RGB-Indizes, wie er in der Literatur beschrieben wird, konnte nur für den letzten Termin bestätigt werden. Eine Kombination mit der Wuchshöhe könnte die Genauigkeit erhöhen, da die Wuchshöhe gut mit der Biomasse korreliert [Lu19; Vi18]. Auch die Einteilung der Zonen variierte zwischen den Zeitpunkten und in Abhängigkeit vom verwendeten Index. Ein früherer Termin eignet sich auch hier nicht, um Unterschiede zwischen den Zonen zu erkennen. Der RGBVI zeigte Potenzial zu den frühen Zeitpunkten, während zu späteren Aufnahmeterminen der NGDRI zu besseren Ergebnissen führte. Mehrere Indizes verdeutlichten, dass die Zone 0 ein erhöhtes Biomassewachstum aufwies. Die Einteilung in Teilflächen mit VIs ist möglich, dafür waren NDVI, NGDRI und RGBVI besonders geeignet. Dieses Wissen könnte für ein spezifisches Management wie Düngung oder Erntezeitpunkt genutzt werden.

Förderhinweis

Die Förderung des Vorhabens erfolgt aus Mitteln des Bundesministeriums für Ernährung und Landwirtschaft (BMEL). Die Projektträgerschaft erfolgt über die Bundesanstalt für Landwirtschaft und Ernährung (BLE) im Rahmen der Förderung der Digitalisierung in der Landwirtschaft mit den Förderkennzeichen 28DE103B18 und 28DE103C18.

Literaturverzeichnis

[Be15]   Bendig, J., K. Yu, H. Aasen, A. Bolten, S. Bennertz, J. Broscheit, M. L. Gnyp, and G. Bareth: Combining UAV-Based Plant Height from Crop Surface Models, Visible, and near Infrared Vegetation Indices for Biomass Monitoring in Barley. International Journal of Applied Earth Observation and Geoinformation 39:79-87, 2015.

[El19]   Elsalahy, H., T. Döring, S. Bellingrath-Kimura, and D. Arends: Weed Suppression in Only-Legume Cover Crop Mixtures. Agronomy 9(10):648, 2019.

[Hu11]   Hunt, R., E., C.S.T. Daughtry, J.U.H. Eitel, and D.S. Long: Remote sensing leaf chlorophyll content using a visible band index. Agron. J. 103(4), 2011.

[Is14]   Isselstein, J., and M. KAYSER: Functions of grassland and their potential in delivering ecosystem services. EGF at 50: The future of European grasslands. Proceedings of the 25th General Meeting of the European Grassland Federation, Aberystwyth, Wales, 7-11 September 2014. p. 199-214, 2014.

[Lu19]   Lussem, U., A. Bolten, J. Menne, M.L. Gnyp, J. Schellberg, G. Bareth: Estimating biomass in temperate grassland with high resolution canopy surface models from UAV-based RGB images and vegetation indices. J. Appl. Remote Sens. 13(03):1., 2019.

[Ra12]   Rasmussen, J., K. Søegaard, K. Pirhofer-Walzl, and J. Eriksen: N2-fixation and residual N effect of four legume species and four companion grass species. Eur. J. Agron. 36(1): 66-74, 2021.

[Ro18]   Rossi, R., A. Pollice, G. Bitella, R. Labella, R. Bochicchio, M. Amato: Modelling the non-linear relationship between soil resistivity and alfalfa NDVI: A basis for management zone delineation. J. Appl. Geophys. 159: 146-156, 2018.

[Sc08]   Schellberg, J., M.J. Hill, R. Gerhards, M. Rothmund, and M. Braun: Precision agriculture on grassland: Applications, perspectives and constraints. Eur. J. Agron. 29(2-3): 59-71, 2008.

[Tu79]   Tucker, C.J: Red and photographic infrared linear combinations for monitoring vegetation. Remote Sens. Environ. 8(2): 127-150. 1979.

[Vi18]   Viljanen, N., E. Honkavaara, R. Näsi, T. Hakala, O. Niemeläinen, J. Kaivosoja: A novel machine learning method for estimating biomass of grass swards using a photogrammetric canopy height model, images and vegetation indices captured by a drone. Agric. 8(5), 2018.

[Xu20]   Xu, D., D. An, and X. Guo: The impact of non-photosynthetic vegetation on LAI estimation by NDVI in mixed grassland. Remote Sens. 12(12): 1-12, 2021.

Spot Farming – ein digitaler Lösungsansatz für eine kleinskalige und nachhaltige Intensivierung der Landwirtschaft

Johanna Schröder [1], Dieter von Hörsten[1], Daniel Herrmann[1] und Jens Karl Wegener[1]

Abstract: Die Folgen des Klimawandels auf die Landwirtschaft sind bereits spürbar. Gleichzeitig trägt der Agrarsektor als Emittent von Treibhausgasen zum Klimawandel bei. Um eine steigende Weltbevölkerung sicher ernähren zu können und gleichzeitig die Treibhausgasemissionen zu verringern und die Belastbarkeit der Landwirtschaft gegenüber den Klimawandelfolgen zu steigern, bedarf es einer nachhaltigen Effizienzsteigerung der Produktionssysteme: Als Lösungsansatz führt das Precision Farming bereits zu einer Steigerung der Produktivität bei gleichzeitiger Reduzierung des Ressourceneinsatzes. Der Spot-Farming-Ansatz geht einen Schritt weiter und stellt die einzelne Pflanze in den Mittelpunkt. Dabei wird der heterogene Acker auf Grundlage der Standorteigenschaften in homogene Teilbereiche eingeteilt, in denen diverse Fruchtfolgen angebaut werden. In dieser Arbeit werden die Voraussetzungen zur Umsetzung des Spot-Farming-Ansatzes beschrieben. Mit Hilfe einer umfassenden Daten- und Literaturrecherche konnten die Grundlagen zur Einteilung der homogenen Teilbereiche geschaffen und erste Spotkarten für Beispielflächen erstellt werden.

Keywords: Spot Farming, Geodaten, Precision Farming, Robotik, Zonenkarte

1 Einleitung

Der Klimawandel stellt die Landwirtschaft vor enorme Herausforderungen. Zum einen ist eine Reduktion der Emission von Treibhausgasen im Agrarsektor notwendig, gleichzeitig bedarf es einer Anpassung der Produktionssysteme an die bereits spürbaren Klimawandelfolgen [In18] und einer Sicherstellung der Nahrungsmittelproduktion für eine stetig wachsende Weltbevölkerung [Fo17]. Hieraus geht die Notwendigkeit hervor, die landwirtschaftlichen Technologien anzupassen, um eine nachhaltige Effizienzsteigerung der Produktionssysteme zu erlangen [NFT18].

Ein Ansatz zur Umsetzung dieser Forderung, der bereits seit einigen Jahren Anwendung findet, ist das Precision Farming. Dies erlaubt eine Steigerung der Produktivität und gleichzeitig einen verminderten Ressourceneinsatz von Agrarchemikalien, Wasser und Saatgut [NFT18]. Der bereits in [WHU18] und [We19] beschriebene Spot-Farming-Ansatz geht einen Schritt weiter: Bei dieser Bewirtschaftungsform wird die einzelne Pflanze mit ihren Bedürfnissen in den Mittelpunkt gestellt und soll durch optimale Nutzung der Standorteigenschaften eine höhere Belastungsfähigkeit gegenüber der Umwelt und den

---

[1] Julius Kühn-Institut, Institut für Anwendungstechnik im Pflanzenschutz, Messeweg 11/12, 38104 Braunschweig, johanna.schroeder@julius-kuehn.de, dieter.von-hoersten@julius-kuehn.de, daniel.herrmann@julius-kuehn.de, jens-karl.wegener@julius-kuehn.de

Folgen des Klimawandels erlangen. Das übergeordnete Ziel ist es, einen Lösungsansatz zur nachhaltigen Intensivierung der Landwirtschaft bei gleichzeitiger Reduzierung des Ressourceneinsatzes zu entwickeln. Im Spot Farming soll der heterogene Acker auf Grundlage der gegebenen Standortbedingungen in kleinere, homogene Teilbereiche („Spots") eingeteilt werden, in denen diverse Fruchtfolgen und Kulturen angebaut werden. Die Spots sollen mittels Robotertechnik einzelpflanzenspezifisch bewirtschaftet werden [We19]. Ziel dieser Arbeit ist es, die Grundlagen für die Umsetzung des bisher experimentellen Spot-Farming-Ansatzes zu schaffen. Dazu werden Geoinformationsdaten sowie umfassende Literaturrecherchen genutzt, um den Anspruch an die benötigten Daten zu bestimmen und die praktische Umsetzbarkeit zu evaluieren.

2 Methodik

2.1 Datenevaluation

Die auserwählten Daten wurden anhand von Beispielflächen ausgewertet und bewertet. Zu diesem Zweck wurden mehrere Beispielflächen, die in unterschiedlichen Regionen Niedersachsens gelegen sind, ausgewählt. Großlandschaftlich sind die Beispielflächen dem Zentraleuropäischen Mittelgebirgs-/bzw. Stufenland sowie der Norddeutschen Tiefebene zuzuordnen. Die Landschaften sind sowohl offene, ackergeprägte Landschaften als auch gehölz- bzw. waldreiche Kulturlandschaften [Bu15].

Im ersten Schritt der Datenauswahl wurde evaluiert, welche Anforderungen an die zugrundeliegenden Daten bestehen und wie es um die Verfügbarkeit dieser steht. Dabei wurde zunächst überprüft, welche Daten für die Klassifikation dieser kleinskaligen Bereiche notwendig sind. Es wurden Geodaten herangezogen, da mit diesen lokale Standorteigenschaften dargestellt werden können. In einer ersten Sondierung wurden zunächst Daten und Indikatoren festgelegt, die für die Umsetzung relevant und verfügbar sein könnten. Für die Umsetzung des Spot Farmings müssen die Daten in einer hohen Auflösung vorliegen, da nur dadurch eine Einteilung und Darstellung möglich ist. Es wurden frei verfügbare sowie kostenpflichtige Daten behördlicher Institutionen (Bundes- und Landesämter) sowie nicht-behördliche, frei verfügbare (z. B. Sentinel-Daten) und nicht frei bzw. öffentlich zugängliche Daten (z. B. Ertragskartierungsdaten) überprüft.

2.2 Datenauswertung und Erstellung der Spotkarten

Zunächst wurden die frei verfügbaren Geodaten herangezogen und auf ihre Eignung für die Umsetzung des Spot Farmings überprüft. Nach einer Vorsondierung aller frei verfügbaren Geodaten wurde eine Datenauswahl aufgrund der Auflösung zur weiteren Überprüfung getroffen. Weiterhin wurden Geodaten, die nicht frei verfügbar oder nur kostenpflichtig verfügbar waren, herangezogen, da deren Auflösung höher ist. Zunächst wurde die Skalierung der Daten auf ihre Eignung zur Einteilung der Spots visuell überprüft. Zeigte sich bereits in diesem Schritt, dass der Datensatz nicht ausreichend skaliert war, wurde dieser verworfen. Bei geeigneter Skalierung, sodass kleinere Bereiche abgebildet werden können, wurden weitere Auswertungsschritte vorgenommen. Die in den Datensätzen enthaltenen Parameter wurden dargestellt und auf ihre Nutzbarkeit überprüft. Dabei wurde zum einen die generelle Eignung, aber auch die Belastbarkeit der Daten durch Zuhilfenahme von Recherchearbeiten näher betrachtet. Aus den verfügbaren Parametern wurde eine Auswahl getroffen, die für das weitere Vorgehen die Grundlage bildeten. Die Daten wurden in QGIS (Version 3.16.0) verarbeitet: Die Bodendaten wurden zunächst verschnitten und zusammengefasst. Die Rasterdaten wurden gefiltert (kategorisiert) und in Shape-Dateien umgewandelt. Die aus dem DGM10 entnommenen Daten zur Hangneigung und Ausrichtung der Flächen wurden weiterverarbeitet und unter Anlehnung an [Ho] das Energieangebot auf den untersuchten Flächen abgeleitet. Abschließend wurden relevante Parameter und Bereiche dargestellt und die einzelnen Layer visuell überlagert, sodass in einem manuellen Erstellungsprozess die Spotkarten für die ausgewählten Beispielflächen erzeugt werden konnten.

3 Ergebnisse

Nach Überprüfung der vorausgewählten Geodaten wurden Ertragskartierungsdaten [Ju20] und die aus den Sentinel-2a gewonnenen NDVI-Daten [Eu20] nicht als Grundlage zur Erstellung der Spotkarten verwendet. Zwar waren diese von der Auflösung ausreichend skaliert, jedoch aus Gründen der Beständigkeit und Beeinflussbarkeit ungeeignet. Diese beiden Datengrundlagen sind stark durch externe Faktoren beeinflusst, bspw. durch die vorherrschenden Witterungsbedingungen während der Vegetationsperiode, aber auch durch die Bewirtschaftungsmaßnahmen (z. B. Bewässerung, Düngung), und variieren aufgrund dessen teilweise stark über die Jahre. Des Weiteren können die Ertragskartierungsdaten durch technische Fehler oder Bedienungsfehler verfälscht werden.

Als Grundlage für die Erstellung der Spotkarten wurden die folgenden Datensätze und Parameter ausgewählt: Bodenschätzungskarte im Maßstab 1 : 5.000 (Parameter: Bodenart) [La15], Bodenkarte im Maßstab 1 : 50.000 (Parameter: Bodentyp) [La17], Digitales Geländemodell im 10-m-Raster (Parameter: Energieangebot) und Daten zum Oberflächenabflussrisiko (Parameter: Erosionsgefahr) [GB20]. Die final ausgewählten Daten und Parameter sind über einen langen Zeitraum als beständig anzusehen. So verändert sich weder die Topographie einer Landschaft über einen geologisch gesehen sehr kurzen Zeitraum, noch schreitet die Pedogenese so stark voran, dass neue Bodenarten und -typen entstehen. Aufgrund der verwendeten Datengrundlage, aus denen das Erosionsrisiko abgeleitet wurde [GB20], gilt für die hier verwendeten Runoff-Daten ebenso eine hohe Beständigkeit. Diese hohe Beständigkeit der Daten bildet eine solide Grundlage für die Einteilung der Spots.

Auf der gewählten Grundlage wurden die Spotkarten für die ausgewählten Beispielflächen erstellt. Für eine der Flächen, westlich der Stadt Göttingen im Sollingvorland gelegen, ist ein Vergleich der aktuellen Situation mit der Flächeneinteilung in einer möglichen Spot-Farming-Bewirtschaftung dargestellt (vgl. Abb. 1). Die Ergebnisse der erstellten Spotkarten wurden verglichen. Durch den Vergleich der Spotkarten der in unterschiedlichen Landschaftsstrukturen Niedersachsens gelegenen Beispielflächen konnte gezeigt werden, dass die einzelnen Datensätze eine unterschiedlich starke Rolle bei der Einteilung der Spots in den untersuchten Regionen spielen. So ist die Topografie (hier betrachtet: Energieangebot) im Allgemeinen nur in Regionen mit ausgeprägtem Relief von Relevanz. In Regionen, die vergleichsweise eben sind, finden die Daten folglich kaum bis keine Bedeutung. Ähnlich verhalten sich die Runoff-Daten. Auch hier sind es vor allem die steileren Lagen, die eine Wassererosion bedingen, weshalb auch diese Daten in weniger reliefreichen Regionen eine untergeordnete Rolle spielen. Es zeigt sich, dass einzig die Bodendaten für alle untersuchten Landschaftsstrukturen von gleicher Relevanz für die Einteilung der Spots waren. Somit kann durch die Ergebnisse der Datenevaluation gezeigt werden, dass die Bodeneigenschaften der wichtigste Standortparameter für die Einteilung der Spots sind. Aus den bisherigen Ergebnissen konnten jedoch noch keine Erkenntnisse darüber gewonnen werden, wie klein ein Spot minimal sein darf, damit eine Bewirtschaftung aus technischer und ökonomischer Sicht möglich und sinnvoll ist.

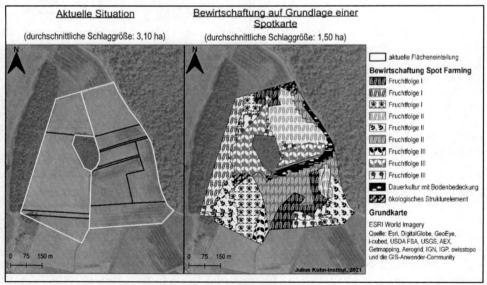

Abb. 1: Spot-Bewirtschaftung für eine Beispielfläche: Vergleich der aktuellen Schlageinteilung (links) und einer möglichen Einteilung nach dem Spot-Farming-Ansatz (rechts)

4 Diskussion und Schlussfolgerung

Die umfassenden Recherchearbeiten zur Verfügbarkeit geeigneter Geodaten zeigten, dass die Zugänglichkeit hochauflösender Geodaten schwierig ist, da diese in der Regel nicht frei zugänglich sind. Ein Großteil der hochauflösenden Geodaten sind einzig kostenpflichtig (z. B. über Bundes- und Landesbehörden) zugänglich oder nicht öffentlich verfügbar, da die Daten privat (z. B. durch den Landwirt/die Landwirtin) oder durch ein Unternehmen erhoben wurden. Zwar stehen frei zugängliche Geodaten zur Verfügung, jedoch sind diese in den untersuchten Fällen aufgrund der zu geringen Auflösung nicht für die Verwendung im Spot Farming geeignet. Dennoch zeigte sich, dass auf Grundlage der verfügbaren bzw. zur Verfügung gestellten Geodaten die Spots in einer ausreichenden Skalierung dargestellt werden können. Jedoch können sehr kleinskalige Bereiche, bspw. Senken, nicht dargestellt werden. Somit sind die ersten Voraussetzungen für die Umsetzung des Spot Farming geschaffen. Nun gilt es, den Kartenerstellungsprozess zu optimieren und zu automatisieren und weitere relevante Parameter miteinzubeziehen. Bisher wurden lediglich die grundlegenden Standortinformationen berücksichtigt, nun muss dieser komplexe Sachverhalt um weitere Kenngrößen erweitert werden. Insgesamt zeigt sich ein großer Erweiterungsbedarf der geschaffenen Grundlage, um den Spot-Farming-Ansatz der praktischen Umsetzbarkeit näher zu bringen.

Literaturverzeichnis

[Fo17]   FAO; IFAD; UNICEF; WFP; WHO: The State of Food Security and Nutrition in the World 2017. Building resilience for peace and food security. Food and Agriculture Organization of the United Nations, Rome, 2017.

[In18]   Intergovernmental Panel on Climate Change (IPCC): Global Warming of 1.5°C. An IPCC Special Report on the impacts of global warming of 1.5°C above pre-industrial levels and related global greenhouse gas emission pathways, in the context of strengthening the global response to the threat of climate change, sustainable development, and efforts to eradicate poverty. In Masson-Delmotte, V.; Zhai, P.; Pörtner, H.-O.; Roberts, D.; Skea, J.; Shukla, P.R; Pirani, A.; Moufouma-Okia, W; Péan, C.; Pidcock, R.; Connors, S.; Matthews, J.B.R.; Chen, Y.; Zhou, X.; Gomis, M.I.; Lonnoy, E.; Maycock, T.; Tignor, M.; Waterfield T. (eds.), In Press, 2018.

[Ho]   Hoppmann, Dieter: Die direkte Sonneneinstrahlung. Online verfügbar https://www.hlnug.de/static/medien/boden/fisbo/wbsa/texte/2-1-strahlung.pdf, aufgerufen am 29.10.2021.

[NFT18] Njoroge, Bryan Mungai; Fei, Thang Ka; Thiruchelvam, Vinesh: A Research Review of Precision Farming Techniques and Technology. Journal of Applied Technology and Innovation (JATI), 1 (2), S. 22-30, 2018.

[WHU18] Wegener, Jens Karl; von Hörsten, Dieter; Urso, Lisa-Marie: Mit Spot Farming zur nachhaltigen Intensivierung in der Pflanzenproduktion. 28. Deutsche Arbeitsbesprechung über Fragen der Unkrautbiologie und -bekämpfung, Braunschweig, 2018.

[We19] Wegener, Jens Karl; Urso, Lisa-Marie; von Hörsten, Dieter; Hegewald, Hannes; Minßen, Till-Fabian; Schattenberg, Jan; Gauß, Cord-Chrisitan; de Witte, Thomas; Nieberg, Hiltrud; Isermeyer, Folkhard; Frerichs, Ludwig; Backhaus, Georg F.: Spot farming – an alternative for future plant producion. Journal für Kulturpflanzen, 71 (4). S 70-89, 2019.

[Bu18] GeoBasis-DE/Bundesamt für Kartographie und Geodäsie (BKG): Digitales Geländemodell Gitterweite 10 m (DG105). Verfügbar unter http://gdz.bkg.bund.de/index.php/default/digitales-gelandemodell-gitterweite-10-m-dgm10.html, aufgerufen am 29.10.2021, Leipzig, 2018.

[Bu15] Bundesamt für Naturschutz (BfN); GeoBasis-DE/Bundesamt für Kartographie und Geodäsie (BKG); EuroGeographics; Bundesamt für Seeschifffahrt und Hydrographie (BSH): Landschaften in Deutschland – Kartendienst: Der interaktive Kartendienst Landschaften. Verfügbar unter https://geodienste.bfn.de/landschaften?lang=de., aufgerufen am 29.10.2021, 2015.

[Eu20] European Space Agency (ESA): Sentinel-2 Imagery. Verfügbar unter https://apps.sentinel-hub.com/eo-browser/?zoom=10&lat=41.9&lng=12.5&themeId=DEFAULT-THEME&toTime=2021-10-27T08%3A06%3A13.974Z, aufgerufen am 26.10.2021, 2020.

[GB20] Geoinformationsdienst Rosdorf; Bayer Agrar Deutschland: Gewässerschutzberater. Weitere Informationen unter https://www.geoinformationsdienst.de/gid/agribusiness/gewaesserschutzberater/gewaesserschutzberater-details, abgerufen am 29.10.2021, 2020.

[Ju20] Julius Kühn-Institut: Ertragskartierungsdaten der Versuchsfelder Sickte. Unveröffentlicht, 2020.

[La15] Landesamt für Bergbau, Energie und Geologie (LBEG): Klassenzeichen der Bodenschätzung von Niedersachsen 1:5.000 (BS5). Verfügbar unter https://www.lbeg.niedersachsen.de/karten_daten_publikationen/karten_daten/boden/bodenkarten/bodenschaetzungskarte_15000/bodenschaetzungskarte-von-niedersachsen-im-mastab-1--5-000-bs5-681.html, aufgerufen am 26.10.2021. Hannover, 2015.

[La17] Landesamt für Bergbau, Energie und Geologie (LBEG): Bodenkarte von Niedersachsen in Maßstab 1:50.000 (BK50N). Verfügbar unter https://www.lbeg.niedersachsen.de/karten_daten_publikationen/karten_daten/boden/bodenkarten/bodenkarte_150000/bodenkarte-1-50-000-bk50-655.html, aufgerufen am 26.10.2021, Hannover, 2017.

Herausforderungen bei der Einführung von Smart Products aus Sicht deutscher Landwirte

Sirkka Schukat[1], Esben Schukat[2] und Heinke Heise[1]

Abstract: Die Landwirtschaft reagiert mit Smart Farming auf die zunehmenden Anforderungen hinsichtlich Nachhaltigkeit und Klimaverträglichkeit. Bestandteil dieser Entwicklung sind Smart Products, welche digital vernetzt Informationen über sich, ihre Umgebung und ihre Nutzer austauschen sowie verarbeiten können. Diese Eigenschaft ermöglicht es Smart Products, einen wesentlichen Beitrag zur Gestaltung nachhaltiger und effizienter landwirtschaftlicher Prozesse zu leisten. Trotz der vielseitig dargestellten Potenziale von Smart Products erscheint die Durchdringung in der landwirtschaftlichen Praxis nur zögerlich zu erfolgen. Mittels Befragung von 523 Landwirten konnte gezeigt werden, welche Faktoren die praktische Einführung von Smart Products hemmen. Die deskriptiven Ergebnisse zeigen, dass vor allem die Inkompatibilität zwischen Produkten sowie unzureichender Breitbandausbau als größte Hindernisse angesehen werden. Mögliche Schwierigkeiten hinsichtlich Bedienung sowie fehlendes Know-how für die Nutzung werden von den Landwirten als eher unkritisch bewertet. Anhand dieser Erkenntnisse können Handlungsempfehlungen für Politik und Unternehmen abgeleitet werden, die zur Schaffung geeigneter Rahmenbedingungen für eine nachhaltigere Landwirtschaft genutzt werden können.

Keywords: Smart Farming, Smart Products, Digitalisierung

1 Einleitung

Die Landwirtschaft spielt in der anhaltenden internationalen Debatte über den Klimawandel und die nachhaltige Nutzung natürlicher Ressourcen eine bedeutende Rolle [Po14]. Als Hauptverursacher von Treibhausgasemission ist die Landwirtschaft zwar Mitverursacherin, gleichzeitig aber auch Leidtragende von Temperaturerhöhungen, veränderten Niederschlagsmengen sowie extremen klimatischen Ereignissen [Te17; Ro17]. Ausgelöst durch den zunehmenden Einsatz von Informations- und Kommunikationstechnologien erlebt die Landwirtschaft ihre vierte industrielle Revolution. Smart Farming gilt aufgrund seiner Technologien als Wegbereiter zu einer nachhaltigeren Landwirtschaft in den Bereichen Pflanzenbau, Tierhaltung und der Agribusiness-Wertschöpfungskette [Wa17; ASG12]. Eine Entwicklung ist das Internet der Dinge (Internet of Things), wobei unterschiedlichste Geräte miteinander verbunden sind und über lokale und globale, oft drahtlose Netzinfrastrukturen, miteinander interagieren.

---

[1] Lehrstuhl für Betriebswirtschaftslehre des Agribusiness, Department für Agrarökonomie und Rurale Entwicklung, Universität Göttingen, Platz der Göttinger Sieben 5, 37073 Göttingen, sirkka.schukat@uni-goettingen.de, heinke.heise@agr.uni-goettingen.de
[2] Werkzeugmaschinenlabor WZL der RWTH Aachen University, Campus-Boulevard 30, 52074 Aachen, e.schukat@wzl.rwth-aachen.de

Diese Geräte, so genannte Smart Products, zeichnen sich dadurch aus, dass sie spezifische Technologien nutzen können, um Informationen über sich selbst, ihren Zustand und den sie umgebenden Kontext zu erfassen und zu kommunizieren [PH14]. Technisch gesehen setzen Smart Products die Konnektivität der Produkte, beispielsweise über Netzwerktechnologien, eine geeignete Sensorik zur Erfassung der Benutzerumgebung sowie eine ausrechnende Rechenleistung voraus [PH14]. Insgesamt im Kontext des Klimawandels und der Nachhaltigkeit können die Vorteile von Smart Farming als sehr bedeutsam eingeschätzt werden, da davon ausgegangen wird, dass Smart-Farming-Technologien den ökologischen Fußabdruck der Landwirtschaft verkleinern und die Treibhausgasemissionen verringern können. Dies gilt sowohl in der Pflanzenproduktion als auch in der Tierhaltung [Wa17]. Gegenstand der Forschung sind allerdings nicht nur die wahrgenommenen sowie potenziellen Vorteile, sondern ebenso bestehende Hürden bei der Einführung und Nutzung von Smart Products. Hierzu zählen beispielsweise Datensicherheiten und Datenhoheit, hohe Investitionskosten sowie begrenztes Know-how [Ch15; Ku11]. Weiterhin wurde festgestellt, dass die Adoption von Smart-Farming-Technologien bisher nur zögerlich erfolgt [BK18; We16; Mi19]. Folglich zielt dieser Beitrag darauf ab, die Hemmnisse der breiten Einführung von Smart Products aus Sicht von Landwirten in Deutschland abzubilden. Um dieses Ziel zu erreichen, wurden Landwirte in Deutschland zu ihren Einstellungen, ihrem Nutzungsverhalten sowie wahrgenommenen Hindernissen zur Verbreitung in Bezug auf Smart Products befragt.

2 Methodik

Die Daten für diese Studie wurden im Zeitraum von Juni bis August 2020 als Teil einer standardisierten und anonymisierten Online-Befragung erhoben. Insgesamt nahmen 523 Landwirte aus Deutschland an der Befragung teil. Die Kontaktaufnahme zu den Landwirten erfolgte über diverse Kanäle, darunter die Landwirtschaftskammer Niedersachsen, die Landesgeschäftsstellen des Deutschen Bauernverbandes sowie die Internetpräsenzen landwirtschaftlicher Fachzeitschriften (Topagrar, Farm Food Future, der Hoftierarzt). Dem Fragebogen wurde eine Definition von Smart Products vorangestellt, um ein gemeinsames Verständnis unter den teilnehmenden Landwirten zu gewährleisten. Darüber hinaus wurden die folgenden drei Beispiele genannt und ihre Funktionsweise erklärt: das Smartphone, die intelligente Ohrmarke für Milchvieh und der intelligente Schweinezähler. Der Fragebogen gliederte sich in drei Teile. Im ersten Teil wurden die Landwirte zu soziodemographischen und betrieblichen Charakteristika befragt. Hierzu zählen auszugsweise Alter, Geschlecht, Ausbildung, Berufserfahrung und Betriebsgröße. Der zweite Teil diente der Ermittlung der Nutzungsbereitschaft sowie des Nutzungsverhaltens der Landwirte im Kontext von Smart Products. In einem dritten Teil wurde die Wahrnehmung der Landwirte in Bezug auf die nationale Einführung von Smart Products abgefragt. Für den zweiten und dritten Teil wurden jeweils Aussagen vorangestellt, welche durch vorgegebene Antworten auf einer fünfstufigen Likert-Skala von „sehe ich sehr kritisch" bis „sehe ich überhaupt nicht kritisch" bewertet werden mussten. Weiterhin wurde eine Kontrollfrage zur Sicherung der Antwortqualität ergänzt. Für die deskriptive Analyse des Fragebogens wurde die Software IBM SPSS Statistics 26 verwendet.

3 Ergebnisse

3.1 Stichprobenbeschreibung

Die Stichprobe (n = 523) setzt sich aus 77,1 % Männern und 22,9 % Frauen zusammen. Gemäß der relativen Zusammensetzung der Bevölkerung von Landwirten in Deutschland liegt der Anteil der Frauen bei etwa 36 %, sodass Frauen in dieser Studie leicht unterrepräsentiert sind [De19]. Das Durchschnittsalter beträgt 41 Jahre. Von den Befragten sind 21,6 % älter als 55 Jahre, was das Durchschnittsalter der Beschäftigten leicht unterrepräsentiert, da ein Drittel der aller landwirtschaftlich Beschäftigten in Deutschland älter als 55 Jahre ist [De19]. Von den Befragten haben 36 % eine landwirtschaftliche Ausbildung absolviert, eine landwirtschaftliche Fachschule besucht oder verfügen über eine abgeschlossene Meisterprüfung. In diesem Fall wird der Durchschnitt der Bildungsverteilung der Landwirte in Deutschland, bei dem 68 % über die oben genannten Qualifikationen verfügen, etwas unterschritten [De19]. Darüber hinaus verfügen 44,4 % der Befragten in der Stichprobe über einen Hochschulabschluss. Insgesamt liegt der Anteil der Landwirte mit Hochschulabschluss in Deutschland bei 12 %, was zu einer Überrepräsentation von Akademikern innerhalb der Stichprobe führt [De19]. Die durchschnittliche Berufserfahrung der Befragten liegt bei etwa 22 Jahren. Die Mehrheit der Befragten lebt in Niedersachsen, Nordrhein-Westfalen und Bayern. Diese Bundesländer haben auch den höchsten Anteil an Haupterwerbsbetrieben an allen Betrieben in Deutschland [St10]. Die Stichprobe setzt sich ferner aus 88,7 % Haupterwerbs- und 11,3 % Nebenerwerbsbetrieben zusammen. Mit einer durchschnittlichen Betriebsgröße von 374,12 Hektar sind große Betriebe deutlich überrepräsentiert, da der Bundesdurchschnitt der Betriebe mit 200 bis 499 Hektar bei 16,3 % liegt [De20]. Die Ergebnisse der Studie können nicht als repräsentativ angesehen werden, da die Verteilung nach den genannten Kriterien von der Verteilung der deutschen Bevölkerung abweicht.

3.2 Deskriptive Statistik

Von den befragten Landwirten gaben 68,8 % an, bereits Smart Products in ihren Betrieben einzusetzen, während dies bei 34,2 % nicht der Fall war. Die nachfolgende Abbildung 1 demonstriert die deskriptiven Ergebnisse der Studie und gibt Auskunft darüber, welche Faktoren von den Landwirten für die breite Einführung von Smart Products als hinderlich angesehen werden.

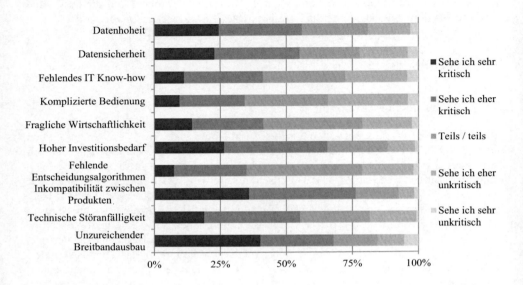

Abb. 1: Hemmnisse für die breite Einführung von Smart Products aus Sicht der Befragten

Das größte Hindernis für die Verbreitung von Smart Products aus Sicht der Landwirte stellt die Inkompatibilität zwischen Produkten dar. 76,2 % der Landwirte schätzen diesen Faktor als sehr kritisch oder eher kritisch ein ($\mu=1{,}97$; $\sigma=0{,}947$). Als zweitgrößtes Hindernis sehen die Landwirte den Breitbandausbau in Deutschland. Insgesamt 67,9 % beurteilen diesen als sehr kritisch oder eher kritisch ($\mu=2{,}13$; $\sigma=1{,}201$). An dritter Stelle folgt der Investitionsbedarf, welcher von 65,6 % der Landwirte als eher kritisch oder sehr kritisch eingeschätzt wird ($\mu=2{,}21$; $\sigma=0{,}991$). Hinsichtlich des Fehlens von Entscheidungsalgorithmen sind 71,1 % der Landwirte eher kritisch bis teils kritisch, teils unkritisch ($\mu=2{,}81$; $\sigma=0{,}900$). Technische Störanfälligkeit wird von 62,7 % der Landwirte als eher kritisch oder teils kritisch, teils unkritisch bewertet ($\mu=2{,}45$; $\sigma=1{,}013$). Ähnlich schneiden die Faktoren Datensicherheit sowie Datenhoheit ab. Die Datenhoheit wird von 56,4 % der Befragten als eher kritisch bis teils kritisch, teils unkritisch gesehen ($\mu=2{,}42$; $\sigma=1{,}113$). Bei der Datensicherheit liegt dieser Anteil bei 55,0 % ($\mu=2{,}48$; $\sigma=1{,}145$). Weniger kritisch bewerten die Landwirte das für die Implementation von Smart Products notwendige technische Know-how, wobei 54,7 % dieses mögliche Hindernis als teils kritisch, teils unkritisch oder eher unkritisch evaluieren ($\mu=2{,}80$; $\sigma=1{,}055$). Ein ähnliches Bild zeigt sich bei der Wirtschaftlichkeit. Dabei stehen 56,2 % der Befragten der Frage nach der Wirtschaftlichkeit teils unkritisch, teils kritisch bis eher unkritisch gegenüber ($\mu=2{,}68$; $\sigma=1{,}015$). Am wenigsten kritisch zeigen sich die Landwirte beim Faktor Bedienung. Ein Anteil in Höhe von 61,7 % ist teils kritisch, teils unkritisch oder eher unkritisch ($\mu=2{,}68$; $\sigma=1{,}015$).

4 Diskussion und Fazit

Ziel des Beitrags war es, die Herausforderungen der Einführung von Smart Products aus Sicht deutscher Landwirte zu untersuchen. Die Inkompatibilität zwischen Produkten scheint für die Landwirte das größte Hindernis darzustellen. Diese Erkenntnis deckt sich mit Ergebnissen einer früheren Studie zu Precision-Agriculture-Technologien, welche ebenfalls die Bedeutung der Kompatibilität der verschiedenen Komponenten für die Landwirte feststellt [ASG12]. Den unzureichenden Breitbandausbau sehen die Landwirte als zweitgrößtes Hindernis. Eine leistungsstarke Netzinfrastruktur ist eine Grundvoraussetzung für die Nutzung von vernetzten Smart-Farming-Technologien. Eine frühere Studie hat in diesem Kontext gezeigt, dass das Vorhandensein einer geeigneten technischen Infrastruktur die Wahrscheinlichkeit einer Technologieadoption erhöht [Gr96]. Weiterhin sind hohe Investitionsbedarfe und fragliche Wirtschaftlichkeit weitere Faktoren, die von den Landwirten als eher kritisch betrachtet werden. Studien zu Precision Agriculture zeigen, dass Landwirte mit technologischen Anpassungen in ihrem Betrieb konfrontiert sind, was zu Unsicherheiten hinsichtlich der potenziellen Kosten und Vorteile der Technologien führt [Ku11]. Die Datenhoheit und Datensicherheit werden von der Mehrheit der Landwirte als eher kritisch bis teils kritisch, teils unkritisch, gesehen. Hinreichendes Vertrauen ist entscheidend für die Akzeptanz von Smart Products, da diese potenziell komplex oder unzureichend konzeptualisiert sind [Si15]. Mit Smart Farming sind die Anforderungen an das Wissen und die Fähigkeiten der Landwirte aufgrund der zunehmenden Komplexität der Technologien und Managementaufgaben gestiegen [Bu15]. Fehlendes IT Know-how oder eine komplizierte Bedienung scheinen die befragten Landwirte jedoch nicht besonders kritisch zu sehen. Besonders Hersteller und politische Entscheidungsträger verfügen über eine Reihe von Möglichkeiten, zur Verbreitung von intelligenten Produkten beizutragen. Die Kompatibilität zwischen den einzelnen technischen Systemen und der Austausch von Überwachungsdaten sind wichtige Aspekte, die beispielsweise durch die Festlegung international gültiger rechtlicher Standards erreicht werden können. Zur Sicherstellung einer leistungsstarken Netzinfrastruktur gehört auch die Förderung einer flächendeckenden Breitbandversorgung, welche essentiell für die größtenteils in ländlichen Gebieten ansässigen, landwirtschaftlichen Betriebe ist.

Literaturverzeichnis

[ASG12] Aubert, B.A.; Schroeder, A.; Grimaudo, J.: IT as enabler of sustainable farming: An empirical analysis of farmers' adoption decision of precision agriculture technology. Decision Support Systems 54/01, S. 510-520, 2012.

[BK18] Bukchin, S.; Kerret, D.: Food for Hope: The Role of Personal Resources in Farmers' Adoption of Green Technology. Sustainability 10/5: 1615, 2018.

[Bu15] Busse, M.; Schwerdtner, W.; Siebert, R.; Doernberg, A.; Kuntosch, A.; König, B.; Bokelmann, W.: Analysis of animal monitoring technologies in Germany from an innovation system perspective. Agricultural Systems 138, S. 55-65, 2015.

[Ch15]   Charo, R.A.: Yellow lights for emerging technologies. Science 349/6246, S. 384-385, 2015.

[De19]   Situationsbericht 2018/2019 des Deutschen Bauernverbands, https://www.bauernverband.de/situationsbericht/3-agrarstruktur/35-arbeitskraefte-und-auszubildende, 11.10.2021.

[De20]   Situationsbericht 2020/2021 des Deutschen Bauernverbands, https://www.bauernverband.de/fileadmin/user_upload/dbv/situationsbericht/2020-2021/kapitel1/Kap_1.pdf, 12.10.2021.

[Gr96]   Green, G.: Explaining Irrigation Technology Choices: A Microparameter Approach. American Journal of Agricultural Economics 78/04, S. 1064-1072, 1996.

[Ku11]   Kutter, T.; Tiemann, S.; Siebert, R.; Fountas, S.: The role of communication and co-operation in the adoption of precision farming. Precision Agriculture 12, S. 2-17, 2011.

[Mi19]   Miranda, J.; Ponce, P.; Molina, A.; Wright, P.: Sensing, smart and sustainable technologies for Agri-Food 4.0. Computers in Industry 108, S. 21-36, 2019.

[PH14]   Porter, M.E.; Heppelmann, J.E.: How smart, connected products are transforming competition. Harvard Business Review 92, S. 65-88, 2014.

[Po14]   Porter, J.R.; Xie, L.; Challinor, A.J.; Cochrane, K.; Howden, S.M.: Chapter 7: Food Security and Food Production Systems. Cambridge University Press, Cambridge, 2014.

[Ro17]   Rockström, J.; Williams, J.; Daily, G.; Noble, A.; Matthews, N.; Gordon, L.; Wetterstrand, H.; DeClerck, F.; Shah, M.; Steduto, P.; de Fraiture, C.; Hatibu, N.; Unver, O.; Bird, J.; Sibanda, L.; Smith, J.: Sustainable intensification of agriculture for human prosperity and global sustainability. Ambio 46, S. 4-17, 2017.

[Si15]   Sicari, S.; Rizzardi, A.; Grieco, L.A., Coen-Porisini, A.: Security, privacy and trust in Internet of Things: The road ahead. Computer Networks 76, S. 146-164, 2015.

[St10]   Regionale Ergebnisse der Landwirtschaftszählung der Statistischen Ämter des Bundes und der Länder, https://www.destatis.de/DE/Themen/Branchen-Unternehmen/Landwirtschaft-Forstwirtschaft-Fischerei/Landwirtschaftliche-Betriebe/Publikationen/Downloads-Landwirtschaftliche-Betriebe/agrarstrukturen-in-deutschland-5411203109004.pdf?__blob=publicationFile, 12.10.2021.

[Te17]   Teschner, N.; Orenstein, D.E.; Shapira, I.; Keasar, T.: Socio-ecological research and the transition toward sustainable agriculture. International Journal of Agricultural Sustainability 15/02, S. 99-102, 2017.

[Wa17]   Walter, A.; Finger, R.; Robert, H.; Buchmann, N.: Opinion: Smart farming is key to developing sustainable agriculture. PNAS 144/24, S. 6148-6150, 2017.

[We16]   Weltzien, C.: Digital agriculture - Or why agriculture 4.0 still offers only modest returns. Agricultural Engineering 7, S. 66-68, 2016.

Digitalisierung des Spermatransports – Anforderungen und Softwarearchitektur

Paul Schulze,[1], Frank Fuchs-Kittowski[1], Tim Hafemeister[2], Martin Schulze[2]

Abstract: Beim Transport von Besamungsportionen für die künstliche Besamung (KB) von Schweinen fehlt aktuell eine effiziente, lückenlose und IT-gestützte Überwachung und Dokumentation des gesamten Transportprozesses. In diesem Beitrag werden die auf Basis einer Befragung von Besamungseberstationen erhobenen Anforderungen an eine Digitalisierung dieses Prozesses beschrieben. Für die Umsetzung der Anforderungen wird die entwickelte Systemarchitektur präsentiert und in den Kontext zu den Akteuren sowie den bestehenden Softwaresystemen der Besamungsstationen gesetzt. Mit dem vorgestellten Echtzeitmonitoringsystem wird erstmalig eine umfassende Überwachung, Dokumentation und Optimierung des Transports von Besamungsportionen möglich.

Keywords: Digitalisierung, Systemarchitektur, Echtzeitmonitoringsystem, Spermatransport, Eber

1 Einleitung

Die Digitalisierung und die digitale Transformation der Landwirtschaft schreiten immer weiter voran [HK21; Lu17]. Auch der Prozess der künstlichen Besamung von Schweinen wird zunehmend digital [Li21]. Der für die Tierzucht enorm wichtige Prozess der Produktion von Besamungsportionen ist bereits weitgehend digitalisiert. Derzeit werden ca. 12 Mio. Besamungsportionen pro Jahr in Deutschland produziert. Während die Produktionsbereiche Gewinnung, Verarbeitung, Konfektionierung und Lagerung bisher weitgehend digital unterstützt werden, fehlt beim Transport der Besamungsportionen zum Kunden (Ferkelerzeugerbetrieb) bisher eine IT-Unterstützung.

Ebersperma ist ein hochempfindliches Produkt, welches besondere Anforderungen an den Erhalt der Qualität stellt. Neueste Untersuchungen belegen den Einfluss des Transports auf die Spermaqualität [Sc18]. Der bisher geringe Automatisierungsgrad des Transportes liegt im fehlenden Wissen (Forschungslücke) über die genauen Transportparameter begründet. Bisher ist eine effiziente und lückenlose Überwachung und Dokumentation des gesamten Transportprozesses in Echtzeit nicht möglich. Um diese Digitalisierungslücke zu schließen, sind die Anforderungen aus Anwenderperspektive (zustellende Person, kundenbetreuende Person, Kunde, Besamungsstation) an eine IT-Unterstützung des Sperma-

---

[1] Hochschule für Technik und Wirtschaft, Fachbereich 2, Umweltinformatik, Wilhelminenhofstraße 75A, 12459 Berlin, Germany, Paul.Schulze@htw-berlin.de, https://orcid.org/0000-0003-4997-7931; Frank.Fuchs-Kittowski@htw-berlin.de, https://orcid.org/0000-0002-5445-3764
[2] Institut für Fortpflanzung landwirtschaftlicher Nutztiere Schönow e. V., Bernauer Allee 10, 16321 Bernau, Germany, t.hafemeister@ifn-schoenow.de; m.schulze@ifn-schoenow.de

transports zu identifizieren und eine Grobarchitektur für das Gesamtsystem zu entwerfen, die sich gut in den Gesamtprozess der Produktion von Besamungsportionen integrieren lässt.

2 Material und Methode

Im Rahmen des Forschungsprojekts „IQ-TranS"[3] wurde durch eine qualitative Befragung von sechs ausgewählten Besamungseberstationen (Produktionsunternehmen für Besamungsportionen von Ebersperma) mit insgesamt etwa 5.000 Ebern in Brasilien, Deutschland und den USA der aktuelle Stand des Transportprozesses untersucht. Aus den hieraus identifizierten Schwachstellen wurden Anforderungen an eine Digitalisierung abgeleitet sowie eine Softwarearchitektur entworfen, die diese Anforderungen umsetzt.

Hierfür wurde ein Interviewleitfaden entwickelt, der sowohl die aktuelle Situation beim Ablauf der Lieferung von Besamungsportionen berücksichtigt als auch die angrenzenden betrieblichen Prozesse wie Bestellung und Verpackung oder Umgang mit Reklamationen thematisiert. Im Ergebnis der Befragung wurde eine Dokumentation der Ergebnisse sowie Prozessbeschreibungen und -modelle des IST-Zustands des Transportvorgangs erstellt. Durch die Befragung wurden potenzielle Schwachstellen des derzeitigen Zustandes identifiziert sowie Ansatzpunkte zur Verbesserung durch eine IT-Unterstützung abgeleitet. Darauf aufbauend wurde der SOLL-Zustand mit Prozessbeschreibungen und -modellen dargestellt.

Es wurden weiterhin Stakeholder und Anwendungsfälle des SOLL-Prozesses identifiziert und als Use Cases beschrieben. Auf Grundlage dieser Ergebnisse wurde die konzeptionelle und praxistaugliche Architektur mit den wesentlichen Schnittstellen und Modulfunktionalitäten entworfen sowie das Gesamtkonzept für das Echtzeitmonitoringsystem erstellt. Die erstellten Modelle und Konzepte wurden im Rahmen von Betriebsbesichtigungen vor Ort validiert.

3 Ergebnisse

Im Folgenden werden die Ergebnisse der Expertenbefragung skizziert, es werden Anforderungen an die gewünschte IT-Unterstützung abgeleitet und im Anschluss daran wird die Systemarchitektur zur Umsetzung dieser Anforderungen dargestellt.

---

[3] Webseite: www.iqtrans-projekt.de

3.1 Anforderungen

Im Ergebnis der qualitativen Expertenbefragung zur IST-Situation zeigte sich, dass der Transportvorgang der befragten Besamungsstationen sehr heterogen ist und nur sporadisch kontrolliert und dokumentiert wird. Die gesamte Logistik wird aktuell überwiegend per Hand geplant. Es wird keine angepasste Logistiksoftware verwendet. Der Transport ist derzeit der wesentliche Kostenfaktor in der gesamten Produktion. Es sind mehrere Softwarelösungen vorhanden, die parallel betrieben werden. Die vorhandenen Softwaresysteme bieten keine vollständig digitale Unterstützung bei der Tourenplanung sowie auch bei der Erstellung von digitalen Ladelisten und Lieferscheinen. Ein **Echtzeitmonitoringsystem** wäre zum Erhalt der Spermaqualität wichtig und wird von den Befragten gewünscht, um den sachgerechten Transport bei eventuellen Reklamationen nachzuweisen.

Für dieses gewünschte Echtzeitmonitoringsystem wurden folgende Akteure identifiziert: Kunde, kundenbetreuende Person, zustellende Person und Dispatcher. Zudem wurden als relevante externe Systeme das ERP-System der Besamungsstation, die Eberdatenbank (Datenbank mit Zuchtwerten) sowie die Produktionsdatenbank identifiziert. Es wird daher ein System benötigt, welches an die bestehenden Softwaresysteme anknüpft und die Funktionen in einem System bündelt. Der fachliche Kontext mit den relevanten Akteuren, in dem sich das geplante Echtzeitmonitoringsystem befindet, ist in Abb. 1 dargestellt.

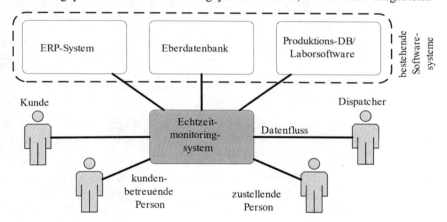

Abb. 1: Darstellung des fachlichen Kontextes für das geplante Echtzeitmonitoringsystem

Basierend auf den identifizierten, analysierten und im IST- sowie SOLL-Zustand modellierten Geschäftsprozessen (Kundenbestellung, Konfektionierung der Besamungsportionen, Kommissionierung der Besamungsportionen, Versandvorbereitung und Tourenplanung, Fahrzeugbeladung, Transportfahrt, Übergabe beim Kunden, Rückfahrt zur Besamungsstation und Übergabe an der Station) wurden die funktionalen Anforderungen ermittelt (siehe unten), als Use Cases beschrieben und logisch zusammengehörende Funktionen/Use Cases in die folgenden Komponenten des Echtzeitmonitoringsystems zusammengefasst: Fahrassistenzsystem, Logistiksystem, Bestellsystem und IoT-Transportkisten. Bedingt durch die notwendigen (technischen) Komponenten des Echtzeitmonitoringsystem (u. a. Sensoren in den IoT-Transportkisten) nehmen die nachfolgend dargestellten Anforderungen bereits Bezug auf die in der technischen Konzeption (vgl. Abschnitt 3.2) identifizierten Komponenten (in eckigen Klammern aufgeführt).

Die wichtigsten funktionalen Anforderungen/Use Cases sind:

- Es soll eine automatische Erfassung von Messdaten der transportbezogenen Einflussparameter auf die Besamungsportionen (Temperatur und Lichtintensität in der Transportbox, Erschütterungen, Luftdruck) durchgeführt werden. Die erfassten Daten sollen in Echtzeit verfügbar sein und auch für eine Dokumentation und Auswertung des Transports gespeichert werden. [IoT-Transportkisten]

- Aus den gemessenen Einflussparametern soll eine Prognose des aktuellen Warenzustandes und des Warenzustandes bei Kundenübergabe vorgenommen werden. [Fahrassistenzsystem]

- Der zustellenden Person werden in Abhängigkeit des Warenzustandes Handlungsanweisungen angezeigt, um eine weitere Verschlechterung des Zustandes zu verhindern. In kritischen Situationen sind Warnungen auszugeben. [Fahrassistenzsystem]

- Es soll der Status der zuzustellenden Besamungsportionen während des gesamten Transportvorgangs erfasst werden. Hierzu zählt auch das Ein- und Ausbuchen der Sendung in eine IoT-Transportkiste (Entgegennahme an der Besamungsstation und Übergabe beim Kunden) sowie die Zuordnung der gemessenen transportbezogenen Einflussparameter zur jeweiligen Sendung. Optional soll beim Kunden eine Fotodokumentation der Übergabesituation ermöglicht werden. [Fahrassistenzsystem]

- Während der Fahrt wird die optimale Fahrtroute in Abhängigkeit der Verkehrssituation nach dem Kriterium „spermafreundlich"[4] ermittelt und der zustellenden Person zur Navigation angezeigt. [Fahrassistenzsystem]

- Es sollen optimierte Liefertouren unter Berücksichtigung von Kundenwünschen (z. B. zeitgenaue Lieferung) inklusive digitaler Ladelisten und Lieferscheine erstellt werden. Ladelisten und Lieferscheine müssen überprüfbar und manuell anpassbar sein. [Logistiksystem]

- Dem Dispatcher werden alle sendungsrelevanten Informationen (Warenzustand, Ankunftszeit, Kundenstammdaten) während und nach dem Transportvorgang angezeigt. [Logistiksystem]

- Über eine App/Website sollen Bestellungen aufgenommen, angepasst oder eingesehen werden können. Erfolgte Bestellungen lösen im optimalen Fall automatisch einen Produktionsauftrag aus. [Bestellsystem]

---

[4] Eine „spermafreundliche" Route ist erschütterungsarm und ohne Stau.

- Mittels der Eberdatendank sollen die passendsten Besamungseber, die zur Erfüllung der Bestellung geeignet sind, automatisch herausgefiltert werden. [Bestellsystem]
- Es sind prognostizierte Bestellungen in der Produktion von Besamungsportionen für kurzfristige Kundenbestellungen zu berücksichtigen. [Bestellsystem]

3.2 Technische Konzeption

Für die Umsetzung der ermittelten Anforderungen wurde ein Grobkonzept für das Echtzeitmonitoringsystem erstellt, in dem sich die ermittelten Teilsysteme/Komponenten einbetten. Die Grobarchitektur für das Echtzeitmonitoringsystem ist in Abb. 2 dargestellt.

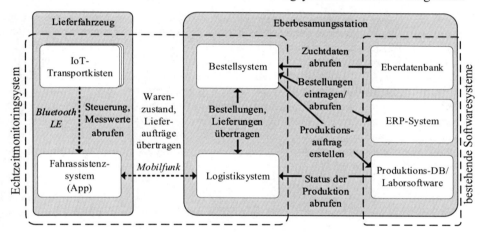

Abb. 2: Grobarchitektur für das Echtzeitmonitoringsystem

Im Folgenden werden die entwickelten Teilsysteme in ihren Funktionen und Beziehungen zueinander kurz skizziert. Mit den **IoT-Transportkisten** werden die Besamungsportionen temperiert und die Einwirkungen des Transportes auf die Besamungsportionen in Echtzeit erfasst. Die Datenübertragung von den Kisten zur **Fahrassistenzsystem**-App wird mittels Bluetooth Low Energy realisiert. Die App stellt das Frontend zum Nutzenden (**zustellende Person**) dar und übernimmt zudem die Zustandsbewertung der Besamungsportionen, die „spermafreundliche" Routenführung nach aktueller Verkehrslage sowie die Dokumentation des Lieferprozesses (Einbuchen, Ausbuchen, Übergabe dokumentieren). Der jeweils aktuelle Zustand jeder IoT-Transportkiste sowie der aktuelle Status der Lieferfahrt wird über ein Mobilfunknetz an das **Logistiksystem** übertragen. Vor der Liefertour wird mit dem Logistiksystem eine optimale Lieferroute unter Berücksichtigung von Kundenwünschen ermittelt und vom **Dispatcher** bestätigt. Das Logistiksystem erstellt automatisch elektronische Ladelisten und Lieferscheine und überträgt diese an das Fahrassistenzsystem. Die hierfür notwendigen Daten erhält das Logistiksystem vom Bestellsystem und aus der Produktionsdatenbank. Mit dem **Bestellsystem** können Bestellungen aufgegeben, eingesehen und bearbeitet werden. Auf das Bestellsystem haben **kundenbetreuende Personen** (bspw. landwirtschaftliche Fachberatung) oder auch **Kunden** ohne Betreuer Zugriff. Das Bestellsystem ermittelt automatisiert einen zur Bestellung passenden Zuchteber aus der **Eberdatenbank** aus und erstellt einen Produktionsauftrag, der in die Produktionsdatenbank sowie in das ERP-System eingetragen wird. Das bestehende ERP-System wird weiterhin zur Abrechnung der Bestellungen verwendet.

4 Fazit

Während die anderen Bereiche der Produktion von Besamungsportionen (Gewinnung, Verarbeitung, Konfektionierung und Lagerung) bisher weitgehend digital unterstützt werden, fehlt beim Transport zum Kunden bisher eine IT-Unterstützung. Mit der in diesem Beitrag konzipierten Digitalisierung dieses wichtigen Schrittes (Versandvorbereitung, Routenplanung, Fahrt zum Kunden und Übergabe beim Kunden) wird diese Lücke („Transport") geschlossen. Erstmalig wird der komplette Workflow der Produktion digitalisiert. Der Informationsgewinn der angestrebten Lösung ermöglicht nicht nur eine Überwachung, Dokumentation und Optimierung des Transports, sondern sichert zudem die Herstellung einer lückenlosen Überwachung und Dokumentation des gesamten Produktionsablaufs der Herstellung von Besamungsportionen mit dem Ziel einer Verbesserung der Produktqualität beim Kunden.

Literaturverzeichnis

[HK21] Hannus, V.; Kolbe, T.H.: Towards a common understanding of digital transformation in agriculture: Gesellschaft für Informatik e.V., 2021.

[Li21] Lieboldt, M.A.; Sagkob, S.; Reinkensmeier, J.; Marx Gómez, J.; Hölscher, P.; Kemper, N.; Traulsen, I.; Drücker, H.; Diekmann, L.: Experimentierfeld DigiSchwein – Entwicklung eines sensorbasierten Frühwarn- und Entscheidungshilfesystems für die Schweinehaltung. In: Informatik in der Land-, Forst- und Ernährungswirtschaft: Referate der 41. GIL-Jahrestagung, S. 391-396, 2021.

[Lu17] Lutz, K.J.: Digitalisierung der Landwirtschaft: Revolution mit evolutionärem Charakter. In: Hildebrandt, A.; Landhäußer, W. (Hrsg.): CSR und Digitalisierung: Der digitale Wandel als Chance und Herausforderung für Wirtschaft und Gesellschaft, Management-Reihe Corporate Social Responsibility. Berlin: Springer, S. 429-442, 2017.

[Sc18] Schulze, M.; Bortfeldt, R.; Schäfer, J.; Jung, M.; Fuchs-Kittowski, F.: Effect of vibration emissions during shipping of artificial insemination doses on boar semen quality. In: Animal Reproduction Science Bd. 192, S. 328-334, 2018.

Deriving precise orchard maps for unmanned ground vehicles from UAV images

Tjark Schütte[1,2], Volker Dworak[1] and Cornelia Weltzien[1,2]

Abstract: Mapping and environment representation are two of the main challenges in agricultural robotics and are vital to navigation tasks like localisation and path planning. In this work, we present a new method that enables the offline creation of orchard maps for unmanned ground vehicles based on unmanned aerial vehicle imagery. We employ photogrammetry to generate high-resolution 3D point clouds from aerial images. A cloth simulation filter is then used to classify ground and off-ground points. In order to obtain detailed probabilistic occupancy grid maps, per cell statistics are evaluated. First results show promising performance when compared to ground truth positions of orchard bushes and manual labelling.

Keywords: Precision Horticulture, photogrammetry, UAV, mapping, UGV navigation

1 Introduction

One of the main tasks in agricultural robotics and navigation of unmanned ground vehicles (UGV) is that of environment mapping. Generally, idiothetic and allothetic information collected by sensors on the robot is combined to generate a map of the robots environment [FM03]. This is often achieved by Simultaneous Localisation and Mapping (SLAM), combined with exploration algorithms, or by teaching the robot on the first visit by manually driving it through the new environment and generating a map. While fully autonomous SLAM depends on exploration strategies and is inefficient due to incomplete knowledge of the environment, teaching the robot is relatively labour-intensive and the results depend on the quality of the robot's localisation, just as in the automated case.

In order to improve the accuracy of the generated map, it is possible to generate it offline, in post-processing. This has the advantage that the whole set of data can be taken into account and a globally optimized map can be found by maximizing the posterior of the map over all given measurements and estimated robot poses. However, even if all available information is used, these maps may contain errors due to uncertainties in localisation and allothetic information. One way to tackle these challenges and reduce the effort of mapping larger orchards for agricultural robotics is to use remote sensing data that includes information on the complete area in a single measurement. As an example, Santos

---
[1] Leibniz-Institut für Agrartechnik und Bioökonomie e.V., Technik im Pflanzenbau, Max-Eyth-Allee 100, 14469 Potsdam-Bornim, tschuette@atb-potsdam.de; cweltzien@atb-potsdam.de; vdworak@atb-potsdam.de
[2] Technische Universität Berlin, FG Agromechatronik, Straße des 17. Juni 135, 10623 Berlin

et al. [Sa20] use satellite images to extract preliminary maps of vineyards in order to reduce the effort of mapping and help overcome local optima in the mapping process. This approach allows for 2D mapping and requires online refinement of the map. Furthermore, it uses either artificial neural networks or a support vector machine for crop row classification and segmentation. Both require manual labelling of images when training the classifiers for new data sets.

This paper presents a new method that enables the creation of maps from unmanned aerial vehicle (UAV) imagery by combining photogrammetry with probabilistic occupancy grid mapping. The latter is achieved by analysing and classifying point clouds using a cloth simulation filter for ground surface modelling.

2 Materials and Methods

2.1 Materials

To analyse the new method, a dataset was collected at the Fieldlab for Digital Agriculture of the Leibniz Institute for Agricultural Engineering and Bioeconomy. The dataset contains aerial images and GNSS position data of a blueberry field. The rows of blueberry bushes consist of more than 50 different blueberry varieties with smaller and larger gaps present in the rows. Fig. 1 shows an orthoimage of the orchard with ground truth positions of the blueberry bushes overlaid. The average height of the bushes is 127 cm (SD = 21cm). Mean and standard deviation of horizontal expansion are 110 cm and 23 cm, respectively. The row spacing between bush centres varies from 2.4 to 4.1 metres. In addition to this high heterogeneity of the orchard, due to an ongoing experiment investigating different mowing strategies, the grass was short (< 10cm) between the upper rows 1 to 6, while between rows 6 to 8 and below, the grass next to the bushes had a height of more than 40 cm.

For the aerial images, a consumer grade RGB-camera (α-6000, Sony, Tokyo, Japan) on a gimbal was attached to a quadcopter (HP-X4-E1200, Hexapilots, Germany). For ground truth position measurements of obstacles, in this case the blueberry bushes, as well as ground control points for georeferencing of the UAV data, an RTK-GNSS system (HIPer Pro, Topcon, Tokyo, Japan) was used. For data processing and analysis, Agisoft Metashape version 1.7 was used for point cloud creation. CloudCompare v 2.11.1, especially the cloth simulation filter (CSF) plugin [Zh16] was used for classification. QGIS Desktop 3.10 as well as python 3.8 with the packages rasterio version 1.2.10, numpy version 1.21.3 and scikit-learn version 1.0.1 were used for generation and analysis of the maps.

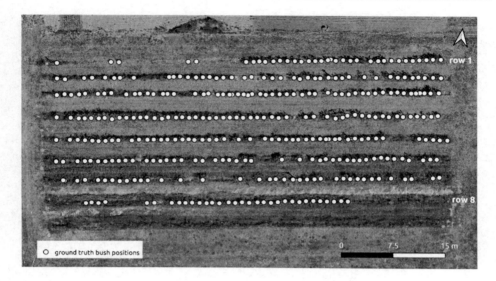

Fig. 1: Orthoimage of the analysed blueberry orchard, overlaid with ground truth positions (measured with an RTK GNSS systems) of the blueberry bushes (white markers)

2.2 Method

The presented method uses aerial images and RTK-GNSS positions of ground control points to first compute a georeferenced dense point cloud and then point cloud analysis to derive an occupation grid map from that data.

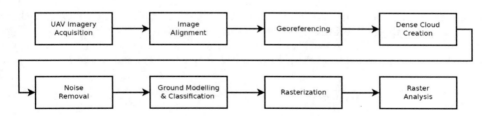

Fig. 2: High-level process of the map computation

Fig. 2 shows the high-level overview of the process. In the first step, the orchard is surveyed by the UAV system in a height of 16 m with 80 percent target overlap of the images. Three flight plans are flown to generate the images taken in nadir perspective and images taken in oblique view at a 45° angle to nadir, looking at the rows from two sides (North and South). This flight plan leads to a ground sampling distance (GSD) of 3.89 millimetres for the nadir images and 5.51 millimetres for the oblique view. The images are then aligned using low accuracy in Metashape. After a first sparse point cloud has been created, ground control points are marked in all images they are visible in, in order to update the referencing of the model as well as to optimize the image alignment. The sparse cloud is then thinned based on reprojection error and reconstruction uncertainty, which are set to 0.2 and a level of 20 respectively. In the next step, the dense cloud is computed using ultra high quality settings and disabled depth filtering. This process takes several hours, even for smaller areas. After exporting, the dense point cloud is further processed using the software CloudCompare. In a first step, an initial ground model is computed, using the CSF plugin. The settings used are "Relief" and a grid spacing of 2.0 meters. Classification results are disregarded. Subsequently, signed distances from this model are computed for each point. All points that are below ground are removed, allowing for a tolerance of -0.2 meters. Points above a manually set threshold, which can be chosen as the height of the UGV, are also removed. In the data that is presented in this paper, a maximum height of 6 meters was used. In the next step, the CSF is applied again, this time using a finer grid spacing of 0.5 meters and a classification threshold for ground and off-ground points of 0.2 meters. The point cloud including the classification results is then rasterized using a cell size of 5 x 5 centimetres in x and y dimensions. For each raster cell, the expected value of the posterior occupation probability using a non-informative beta prior is computed based on the cell population and the classification results. The posterior can be calculated according to formula one, where $P(\theta|X)$ is the posterior occupation probability given the classification results X of the points in the raster cell. η is the normalizing constant, k the number of off-ground points in the cell and n is the total number of points in the cell. α and β are the parameters of the beta prior.

$$P(\theta|X) = \frac{1}{\eta} \text{Beta}(\alpha + k, \beta+n-k) \tag{1}$$

The prior reflects the binomial distribution of the average points per cell in the categories "off-ground" and "ground", weighted by the inverse average surface densities of the respective partial clouds. The latter is done to account for lower surface densities of bushes compared to flat ground. Using the beta prior reduces the problem of probabilities trending towards one or zero. The expected value of the posterior is finally calculated according to formula two, where p and q are the parameters of the posterior beta distribution:

$$E(X) = \frac{p}{p+q} = \frac{\alpha + k}{(\alpha + k)+ (\beta+n-k)} \tag{2}$$

3 Results

Fig. 3 shows a map that was generated using the previously described method. The ground truth positions of the bush centres are overlaid as white markers. It can be seen that for a large part the map seems to match the topography of the orchard well. However, in the lower rows, noise is present. Fig. 4 shows a detailed view of this part as well as of the upper right part of the map, again with GPS measurements overlaid.

Deriving precise orchard maps for unmanned ground vehicles 275

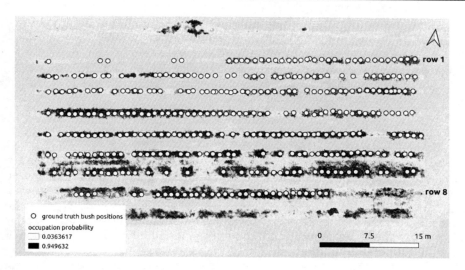

Fig. 3: Resulting map with overlaid RTK-GNSS positions of the blueberry bush centres. Depicted is the occupation probability (white=0 to black=1)

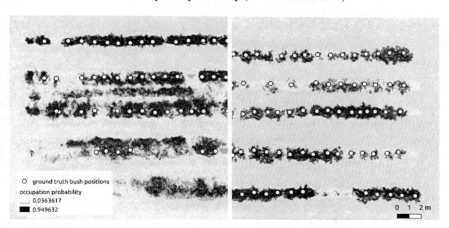

Fig. 4: Detailed view of the lower left (left image) and upper right (right image) part of the map. White markers: centre points of the blueberry bushes. In the left image, high grass that is classified as obstacle is visible between the rows and close to the bushes.

In order to analyse the map further, a dataset with ground truth labels was created, using an orthorectified image of the orchard, by selecting areas that could clearly be identified as driveable surface or obstacles/bushes in QGIS. The results were analysed in python. Using a threshold of 0.4013, the two classes are almost linearly separable, with precision and recall both over 0.97. It is important to mention that especially at the edges of vegetation even with the high-resolution orthoimage (GSD=4.99), an accurate manual labelling of the data was not always possible. Therefore, only 87 percent of the map that could be identified as clearly belonging to either the ground or the obstacle class were labelled. This leaves out specifically hard-to-decide cases and can therefore be expected to have significantly increased these performance metrics.

4 Discussion

The approach of using point cloud data from UAV photogrammetry offers great potential for high-precision mapping of semi-structured outdoor areas. In particular, it shows potential for high-precision mapping of larger orchards with highly automated processes. While this work shows some of its drawbacks, mainly due to the classification by protrusion from the ground surface model, this also offers potential for increased generalisability due to the independence of object classes. To further evaluate the method, more datasets with more orchards need to be analysed. In addition to the presented results, 3D-mapping like OctoMaps [Ho13] and further plant analysis like growth height determination [Ho20] could be performed using the same data basis. Usage of airborne LiDAR devices on UAVs with high precision positioning could drastically reduce the effort of the general method since it will make the steps of photogrammetry and geo-referencing of the point cloud obsolete.

References

[FM03]   Filliat, D.; Meyer, J.-A.: Map-based navigation in mobile robots. II. A review of map-learning and path-planning strategies. Cognitive Systems Research 4, pp. 283-317, 2003.

[Ho13]   Hornung, A. et al.: OctoMap: An Efficient Probabilistic 3D Mapping Framework Based on Octrees. Autonomous Robots, 2013.

[Ho20]   Hobart, M. et al.: Growth Height Determination of Tree Walls for Precise Monitoring in Apple Fruit Production Using UAV Photogrammetry. Remote Sensing 10/12, p. 1656, 2020.

[Sa20]   Santos, L. C. et al.: Occupancy Grid and Topological Maps Extraction from Satellite Images for Path Planning in Agricultural Robots. Robotics 4/9, p. 77, 2020.

[Zh16]   Zhang, W. et al.: An Easy-to-Use Airborne LiDAR Data Filtering Method Based on Cloth Simulation. Remote Sensing 6/8, p. 501, 2016.

Unüberwachtes Lernen von KI-Systemen bei der Auswertung von landwirtschaftlichen Prozessen

Thoralf Stein[1]

Abstract: In dieser Arbeit sollen Einsatzmöglichkeiten von KI-Systemen gezeigt werden, die auf dem sogenannten unüberwachten Lernen basieren und somit keine Datengrundlage und kein Training benötigen. Dabei werden verschiedene Einsatzgebiete rund um den Maschineneinsatz und dessen Auswertung in der Landwirtschaft gezeigt. Deren Stärke liegt in dem Gruppieren von Daten und in dem Finden von Ausreißern. Es werden Vor- und Nachteile der Algorithmen gezeigt und der tatsächliche Nutzen im Einsatz diskutiert.

Keywords: unüberwachtes Lernen, DBSCAN, k-means, landwirtschaftliche Prozesse, Datenauswertung

1 Einleitung

Bereits viele Anwendungen in der Landwirtschaft nutzen künstliche Intelligenz (KI) in den verschiedensten Formen. Auch in Bezug auf mobile Arbeitsmaschinen bieten sich diverse Möglichkeiten, KI-Systeme einzusetzen. Bekannte Anwendungen sind beispielsweise Erkennung von Arbeitszuständen [Br21], Bestimmung des Betriebsmodus [Po20] sowie Erkennung von Anbaugeräten [SM18]. Alle diese Ansätze basieren auf dem überwachten Lernen (engl. „supervised machine learning"). Das bedeutet, dass bereits eine Datenbasis mit Beobachtungen und Ergebnissen für das Lernen der KI vorhanden sein muss, sodass die KI mit diesen Daten trainiert werden kann und anschließend einsatzbereit ist.

Es gibt auch diverse Anwendungen in der Landwirtschaftsinformatik, die auf dem unüberwachten Lernen (engl. „unsupervised machine learning") basieren, jedoch bezieht sich ein Großteil der Arbeiten auf pflanzenbauliche Analysen sowie die Bilderkennung in zahlreichen Anwendungen. In diesem Beitrag wird gezeigt, wie solche KI-Systeme im Zusammenhang mit landwirtschaftlichen Prozessen und der dazugehörigen Datenaufzeichnung sowie -Auswertung genutzt werden können. Dargelegt werden die Einsatzmöglichkeiten anhand von Daten, die im Rahmen der Projekte BiDa-LAP sowie BiDa-LAP II aufgezeichnet worden sind. Es wurden drei Testbetriebe mit Kommunikationsmodulen ausgestattet, die kontinuierlich Motor- und GPS-Daten der Arbeitsmaschinen in einem 1-Hz-Takt sammeln. Dabei werden die Module von dem Projektpartner Logicway GmbH bereitgestellt, der Praxisbetrieb wird von der Technischen Universität Dresden, Fachgebiet

---

[1] Technische Universität Berlin, Konstruktion von Maschinensystemen, Straße des 17. Juni 144, 10623 Berlin, thoralf.stein@tu-berlin.de

Agrarsystemtechnik bewerkstelligt und die Serverarchitektur sowie der Webservice von der Agricon GmbH bereitgestellt. Verschiedene Auswertungsalgorithmen in Kombination mit Big-Data-Techniken werden für das Projekt von der Technischen Universität Berlin, Fachgebiet Konstruktion von Maschinensystemen, entwickelt.

In dem Beitrag werden verschiedene Algorithmen vorgestellt, die auf dem unüberwachten Lernen basieren. Gezeigte Anwendungen sind die Bewertung der Qualität der aufgezeichneten Daten, optimierte Datenauswertung durch vereinfachtes Bestimmen der Zeitgliederung der Arbeiten sowie das Finden von Schlägen ohne zusätzliche Daten.

2 Unüberwachtes Lernen

Die Einsatzmöglichkeiten von Systemen, die auf dem unüberwachten Lernen basieren, sind weit gefächert. In der Auswertung von landwirtschaftlichen Prozessen können die Systeme helfen, die Analyse zu erleichtern sowie möglicherweise neue Einsichten oder unentdeckte Effekte zu offenbaren.

Sie können auch für die Komprimierung beziehungsweise für die Verringerung der Dimension von Datensätzen genutzt werden, um deren Handhabung zu vereinfachen. Die am häufigsten genutzten Algorithmen sind dabei die Hauptkomponentenanalyse (HKA) [Jo10] sowie der Autoencoder [Pi12]. Beide können Datensätze deutlich vereinfachen, die HKA basiert dabei auf der Berechnung von Eigenvektoren und Kovarianzmatrix, der Autoencoder arbeitet mit neuronalen Netzen. Genutzt werden beide oftmals in Kombination mit überwachtem Lernen, um den Rechenaufwand zu minimieren.

Eine weitere große Stärke von unüberwachten KI-Systemen liegt im eigenständigen Segmentieren und Gruppieren von Datensätzen [Jo21]. Dabei werden nach bestimmten Kriterien Objekte mit ähnlichen Eigenschaften zu Gruppen zusammengefasst. Wie genau dabei vorgegangen wird, hängt von der Zielsetzung bei der Gruppierung sowie von dem genutzten Algorithmus ab. Auch die Qualität der Daten sowie die benötigte Rechenzeit spielen eine Rolle für das Vorgehen.

In Abbildung 1 wurden beispielhaft 2-dimensionale Daten, die zum Beispiel räumliche Daten sein können, durch einen k-means-Algorithmus gruppiert. Dieser basiert darauf, Daten zu einer vorgegeben Anzahl Gruppen einzuteilen und die Daten abhängig von der Varianz zum Gruppenmittelpunkt zuzuordnen, woher auch die Namensgebung stammt [Ma03]. Anschließend werden anhand der gebildeten Gruppen die Mittelpunkte neu berechnet und dieses Vorgehen wird so lange wiederholt, bis sich die Mittelpunkte nicht mehr verschieben. Der Algorithmus kann nicht nur mit räumlichen Daten arbeiten, sondern liefert auch stabile Ergebnisse bei mehrdimensionalen Daten, die Eigenschaften von Objekten entsprechen können.

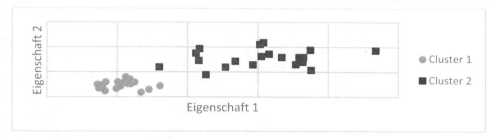

Abb. 1: Beispielhafte Darstellung von k-means-gruppierten 2-D Daten

Weitere Algorithmen werden im Folgenden erläutert und deren Anwendung beschrieben. Alle im Folgenden gezeigten Ansätze wurden mittels dem Programm Matlab der Firma MathWorks entwickelt und getestet. An dieser Stelle wird darauf hingewiesen, dass die Algorithmen nur ansatzweise erklärt werden können, andernfalls würde dies den Rahmen des Beitrags übersteigen.

3 Dichte-basierter Scan

Der Dichte-basierte Scan (DBSCN) hat den Vorteil, nicht nach einer bestimmten Anzahl von Clustern zu gruppieren, sondern es wird nach der „Dichte" der Daten vorgegangen. Dabei muss nicht zwangsläufig jeder Datenpunkt einer Gruppe zugeordnet werden, sondern es werden erst dann Cluster erstellt, wenn bestimmte Grenzwerte erreicht werden. Diese Grenzwerte sind zum einen Epsilon, was bei 2D-Daten einem Radius entspricht, sowie eine minimale Anzahl von Punkten, aus denen ein Cluster bestehen muss [Es96]. Bei der Auswertung von landwirtschaftlichen Prozessen kann der Algorithmus für verschiedene Anwendungen benutzt werden. Zum einen können Ausreißer in den Daten gefunden werden, die auf Anomalien in der Aufzeichnung hindeuten sowie mögliche Probleme des GPS-Signals bedeuten können. Zwar liefern Datenlogger oftmals auch Qualitätsdaten wie die Anzahl der Satelliten sowie HDOP oder PDOP mit, aber nicht immer lassen sich daraus Probleme erkennen, und DBSCAN kann in diesem Fall unterstützend genutzt werden.

Eine weitere Anwendungsmöglichkeit liegt in der Zuweisung von Schlägen. Dabei können die GPS-Daten nach der Dichte und Anzahl gruppiert werden und es lassen sich gut die Schläge ausfindig machen. Auch dies kann unterstützend genutzt werden, falls die Schlagkartei unvollständig oder nicht vorhanden ist. Für beide Anwendungen müssen die Eingangsparameter Epsilon sowie die minimale Punktanzahl bestimmt werden. Zur Detektion von Anomalien kann man den Algorithmus an eine Schleife koppeln, die stoppt, sobald erste Cluster gebildet werden, so können Anomalien in den aufgezeichneten Daten gefunden werden. Das Generieren der Schläge erfolgt mittels eines Epsilons, welches etwa dem Dreifachen der Spurweite entspricht, die ebenfalls automatisch bestimmt werden kann. Eine minimale Punktzahl von 60 hat sich für die Erstellung der Schläge als robust erwiesen. In Abbildung 2 wurde dies beispielhaft dargestellt.

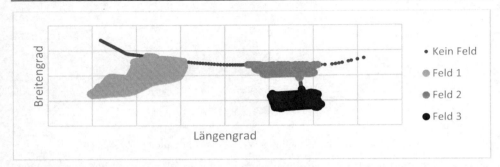

Abb. 2: GPS-Daten mittels DBSCAN gruppiert, Straßen werden keiner Gruppe zugeordnet

Dabei ist die Qualität des Ergebnisses stark abhängig von der Art der Arbeit, optimale Ergebnisse wurden bei der Bodenbearbeitung erzielt. 1200 Aufzeichnungstage wurden analysiert und dabei wurden die Ergebnisse des DBSCN mit den tatsächlichen Feldgrenzen abgeglichen und es hat sich eine durchschnittliche Übereinstimmung von 75 % ergeben, was als gutes Ergebnis zu bewerten ist, da unterschiedlichste Arbeiten mit einbezogen wurden. Andere Arbeiten, die die Bestimmung nach Feld oder Straße vornehmen [PEN20], benutzen überwachtes Lernen und haben dadurch eine Trefferquote von über 92 %, bringen aber den Aufwand des Trainings sowie der Validierung mit sich. Weiterhin gibt es Arbeiten, die eine Erkennung mittels eines analytischen Verfahrens nutzen, wie etwa [He14]. Dazu sind jedoch keine Gütemaße bekannt.

4 K-Means-Cluster

Eine weitere mögliche Anwendung eines Algorithmus, der auf dem unüberwachten lernen basiert, ist die Einteilung der aufgezeichneten Messpunkte in Arbeits- und Wendepunkte. Hierfür kann beispielsweise der k-means-Algorithmus genutzt werden, der im Abschnitt 2 beschrieben worden ist. Dies kann zur Optimierung von Arbeitseinsätzen oder auch für die Erstellung von Lastkartierungen sowie Zeitgliederungen genutzt werden.

In der Abbildung 3 wurde eine GPS-Spur dargestellt, bei der die Arbeits- und Wendepunkte mit Rauten und Kreisen markiert worden sind. Vorteil bei dieser Methode ist, dass auch das Vorgewende erkannt wird und man somit unabhängig von der Fahrtrichtung ist, wenn es um die Erkennung der eigentlichen Arbeit geht. Hierbei wurde dem Algorithmus vorgegeben, zwei Gruppen zu erzeugen und Daten anhand der Geschwindigkeit und des Kraftstoffverbrauchs zu den beiden Gruppen zuzuordnen. Zwar kann der Algorithmus auch ohne den Kraftstoffverbrauch die Arbeit einteilen, jedoch wird das Ergebnis damit deutlich robuster. Dieses Vorgehen kann unabhängig von der Maschinenart oder der Feldarbeit genutzt werden, liefert aber die besten Ergebnisse bei der Bodenbearbeitung, da dort die Spanne des Kraftstoffverbrauchs am größten ist.

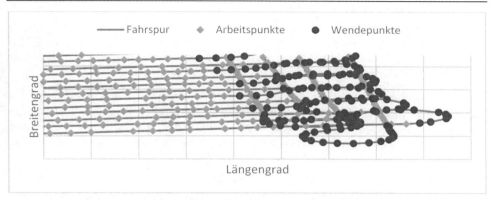

Abb. 3: Darstellung einer GPS-Spur, bei dem die Arbeits- und Wendepunkte mittels des k-means-Algorithmus in Gruppen eingeteilt worden sind

Da die Gruppen und deren Abgrenzung zueinander automatisch gebildet werden, muss keine zusätzliche Bedatung einer Funktion erfolgen, es wird direkt gruppiert. Zur Validierung kann die Position des Heckkrafthebers genutzt werden. Die Analyse von 150 Feldeinsätzen hat ergeben, dass der k-means-Algorithmus die Punkte mit einer Trefferquote von 85 % als Arbeits- oder Wendepunkte erkennt. Er hat jedoch eine hohe Standardabweichung, da die Trefferquote stark von der Qualität der Daten und der Art des Einsatzes abhängt.

5 Diskussion und Fazit

In diesem Beitrag wurde eine Auswahl von Algorithmen präsentiert, die auf dem unüberwachten Lernen basieren. Diese bringen verschiedene Vorteile, aber auch einige Nachteile mit sich. Die Algorithmen selbst sind meist weniger komplex als solche, die das überwachte Lernen nutzen, sie müssen nicht aufwendig mit Trainingsdaten initialisiert werden und haben meist auch einen geringeren Rechenaufwand. Sie können genutzt werden, um Anomalien in Datensätzen aufzuzeigen, jedoch muss der Anwender oftmals über Fachwissen zu den Daten verfügen, in dem die Algorithmen angewendet werden. Für eine erste schnelle Analyse der Daten können sie aber gut genutzt werden.

Einige der Algorithmen lassen sich auch automatisiert für die Auswertung nutzen wie etwa der DBSCAN, um Schläge zu erkennen. Die bisher gefundenen Schwächen liegen bei Schlägen, die nah beieinander liegen und somit das Risiko bergen, zusammengefasst zu werden. Auch bringt die Bedatung der Funktion und Validierung einen nicht unerheblichen Aufwand mit sich.

Der K-means-Algorithmus ist eine gute Option für eine schnelle und mit einem geringen Rechenaufwand verbundene Analyse der Feldarbeit. Die gezeigte Anwendung des Algorithmus bringt viele Vorteile für die Prozessanalyse, und die Einteilung in Arbeits- und Wendepunkte kann für verschiedene anschließende Auswertungen genutzt werden.

Das unüberwachte Lernen bringt aber auch Nachteile mit sich. Eine vollautomatische Anwendung der Algorithmen ist nur selten möglich und bedarf umfassender Testung, um robuste Ergebnisse zu liefern. Eine hohe Genauigkeit lässt sich nur schwer erreichen und bei vielen Anwendungen muss der Benutzer das Ergebnis anschließend noch begutachten. Somit ist oftmals eine Anwendung in der Forschung angebrachter.

Es gibt noch weitere Algorithmen dieser Art. Diese werden im Rahmen von BiDa-LAP II sowie OskoNa auf ihre Einsatzmöglichkeiten analysiert und getestet werden.

Literaturverzeichnis

[Br21]   Brinkschulte, L.: Assistenzsysteme zur Reduktion des Schädigungsverhaltens von Komponenten einer mobilen Arbeitsmaschine. KIT Scientific Publishing, 2021.

[Es96]   Ester, M. et al.: A Density-Based Algorithm for Discovering Clusters in Large Spatial Databases with Noise: Proceedings / Second International Conference on Knowledge Discovery & Data Mining. AAAI Press, Menlo Park, Calif., S. 226-231, 1996.

[He14]   Heizinger,V. J.:Algorithmische Analyse von Prozessketten in der Agrarlogistik, Weihenstephan, 2014.

[Jo10]   Jolliffe, I. T.: Principal component analysis. Springer, New York, 2010.

[Jo21]   Jo, T.: Machine Learning Foundations. Supervised, Unsupervised, and Advanced Learning. Springer International Publishing; Imprint Springer, Cham, 2021.

[Ma03]   MacKay, D. J. C.: Information theory, inference and learning algorithms. Cambridge University Press, Cambridge, 2003.

[Pi12]   Pierre Baldi: Autoencoders, unsupervised learning, and deep architectures. In (ICML Hrsg.): Workshop on Unsupervised and Transfer Learning, 2012.

[PEN20] Poteko, J. ; Eder, D.; Noack, P. O.: Bestimmung des Betriebsmodus landwirtschaftlicher Maschinen auf Basis von GNSS-Messwerten. In (Leibniz-Institut für Agrartechnik und Bioökonomie e.V Hrsg.): Lecture Notes in Informatics (LNI), Bonn , S. 241-246, 2020.

[SM18]   Stein, T.; Meyer, H. J.: Automatic machine and implement identification of an agri-cultural process using machine learning to optimize farm management information systems. In (Leibniz-Institut für Agrartechnik und Bioökonomie e.V Hrsg.): Bornimer Agrartechnische Berichte 101, Potsdam, S. 19-26, 2018.

A DSS based on ecological-economic modelling to facilitate the implementation of biodiversity offsets and agri-environment schemes in grasslands

DSS-Ecopay AllerGruen®

Astrid Sturm [1], Frank Wätzold[1], Luise Westphal[2] and Lisa Querhammer[3]

Abstract: In Europe, the decline of biodiversity is primarily a result of agricultural intensification. Especially grasslands show an increasingly poor conservation status whereas – if appropriately managed – extensive grasslands belong to the species-richest habitats in Europe. We present DSS-Ecopay AllerGruen®, a further development of the previous versions of DSS-Ecopay®. DSS-Ecopay AllerGruen® is based on a spatiotemporally explicit ecological-economic modelling procedure to assess the ecological effectiveness and cost-effectiveness of grassland measures on species and habitats. It is designed for small-scale regional applications as a tool to support the planning of grassland measures but also to be used in consultations with stakeholders by a local conservation foundation and the local nature conservation authorities. The software can be utilized to analyze the cost-effectiveness and ecological effectiveness of over 2000 grassland measures on target species and habitats for designing biodiversity offsets and agri-environment schemes.

Keywords: ecological-economic modelling, simulation, optimization, agri-environment schemes, impact mitigation regulation, biodiversity offsets

1 Introduction

The prevailing decline of biodiversity is primarily caused by anthropogenic pressures [IPBES18] with agricultural intensification playing a key role in species loss [DB18]. In Europe, especially grasslands show a poor conservation status [EEA20] although extensively managed grasslands belong to the species-richest habitats [Si08]. To halt the loss of biodiversity, the EU as well as many individual states have implemented a range of strategies and programs to implement appropriate conservation measures, with agri-environment schemes (AES) probably being the most prominent one. In Germany, biodiversity offsets may also play a role in conserving extensive grasslands. They have been anchored in the Federal Nature Conservation Act since the 1970s and may be used

---

[1] Brandenburgische Technische Universität Cottbus-Senftenberg, Environmental Economics, Erich-Weinert-Str. 1, 03046 Cottbus, sturm@b-tu.de, https://orcid.org/0000-0002-7424-4484, waetzold@b-tu.de
[2] luise.westphal@gmx.de
[3] Nature Conservation Consultant, lisa.querhammer@gmail.com

for conserving (nearly) permanent grassland measures with 30-year contracts under the umbrella of the Impact Mitigation Regulation (Eingriffsregelung) [WW16].

The evaluation of grassland measures in the context of AES and offsets presents a highly complex situation, as not only the impact of measures depends on the local characteristics, but also the timing of application, and the habitat requirements of the species to be protected. Furthermore, as nature conservation is often faced with budget constraints, economic considerations expand the parameters to be assessed. To support decision makers in their evaluation of the ecological effectiveness (are target species conserved?) and cost-effectiveness (are the conservation goals achieved to the highest possible extent for a given budget?) of grassland measures, a software-based decision support system (DSS) can be useful.

We present DSS-Ecopay AllerGruen®, a further development of previous versions of DSS-Ecopay® [Me17]. DSS-Ecopay AllerGruen® allows small-scale regional application for the case study region of the Aller river valley in the Heidekreis in Lower-Saxony, Germany. Designed as a tool to support the planning of grassland measures but also to be used in consultations with stakeholders by a local conservation foundation and the local nature conservation authorities, the software can be utilized to analyze the cost-effectiveness and ecological effectiveness of over 2000 grassland measures on target species and habitats in the context of AES and biodiversity offsets. The software's specialty lies within the spatiotemporal characteristic of the modelling procedure.

2 Material and Methods

2.1 Overview of the modelling procedure

The basic components of DSS-Ecopay AllerGruen® are a database, an ecological model (described in detail in Johst et al. [Jo15]), an agri-economic model (a detailed description is provided by Mewes et al. [Me15]) and the simulation/optimisation core (see Wätzold et al. [Wä16] and Sturm et al. [St18] for details). Fig. 1 shows the interrelation of the different components. The separation of models and data enables the change of the required data sets; this makes it possible to apply the software to different regions. The input data of species and habitat characteristics, land use measures, and landscape information are all combined within the ecological model to derive the impact on target species and habitat types by land use measures. The software calculates the local habitat quality, a parameter that illustrates the quality of a grid cell with respect to the conservation of a species or habitat if a specific grassland measure is implemented. The agri-economic model combines the data from land use measures and landscape information to derive the costs of grassland measures for each grid cell. Following the assumption of profit-maximisation, it is expected that farmers adopt nature conservation measures if the compensation payment covers their opportunity and transaction costs [GSW19]. To derive the required compensation payment, the agri-economic model estimates the opportunity costs, i.e., the foregone profit of the farmer by deviating from the profit-maximising grassland measures.

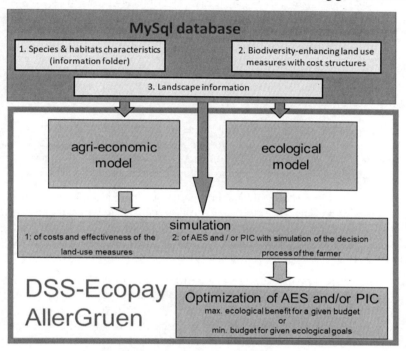

Fig. 1: Structure of DSS-Ecopay AllerGruen®

2.2 Data and information input

The data required in DSS-Ecopay AllerGruen® is integrated through a MySql database (Fig.1). This clear separation of models and data provides the opportunity to maintain representative and contemporary results, e. g., to adapt the DSS to consider organic farming [GSW19]. Every species and habitat type is equipped with a detailed description according to specified parameters required as input to the ecological model. The information embedded in the database describes e. g., the target species' life cycle (e. g., egg-deposition or reproduction periods) and their habitat requirements [Me17]. The range of land use measures available for evaluation results primarily from altering the timing and frequency of uses. Introduced with the design of DSS-Ecopay AllerGruen®, 19 of 39 profit-maximising reference measures are attributable to organic farming. The types of land use in the form of grazing encompass all-year, seasonal, and rotational grazing [Wa20]. Finally, landscape-related information is required. The spatial scale which underlies this type of data and the modelling procedure in general is given in terms of grid cells. The cell size DSS-Ecopay AllerGruen® is 20 x 20 m (194,342 grid cells in total), an appropriate size for the Aller river valley. As nature conservation planning and the implementation of the IMR is carried out on specified land parcels, each grid cell is equipped with the legal land description (local sub-district, cadastral district, and cadastral unit), which realistically reflects the proprietorship of sites enabling an evaluation within the software on a land parcel level.

2.3 Simulation/Optimisation: adaptation of DSS-Ecopay AllerGruen® as a tool for offset consultation

Besides AES, grassland conservation can further be initiated by biodiversity offsets. One option for offsetting is the possibility to designate agricultural land use measures as production-integrated compensation (PIC). Similar to AES, PICs often aim at reducing profit-maximising land-use practices to promote ecological protection [Br15].

As visible in Figure 1, the ecological and agri-economic models are interlinked to analyse grassland measures and the respective conservation gains. The types of analysis the user can select in DSS-Ecopay AllerGruen® comprise: (1) the ecological effectiveness of land-use measures (possible to be designated as PIC) and their respective costs, (2) the ecological effectiveness of existing or planned AES or PIC under varying budgets.

For DSS-Ecopay AllerGruen®, the interface of the software has been expanded by the function to declare land use measures as PIC and offers parameters to be defined by the user before the beginning of the modelling procedure. When considered as PIC, the software determines the ecological value of the grassland measures and the expenses of the farmer for the duration of the contract. The calculated expenses represent the sum that needs to be given to the landowner as an incentive to adopt the conservation measures. The duration of the PIC contract in years, the nominal interest rate, and the commitment costs are user defined input parameters and can be adapted by the user for every simulation. We include an interest rate in the calculation as we have to consider that the farmer receives a compensation in the beginning of the contract for costs that occur annually due to the regular application of the conservation measures until the contract ends. The commitment costs may compensate for the administrative burden coming with the contract and that the grassland management is fixed for a very long period. The calculated compensation payment may be used to compare the cost-effectiveness of different grassland measures. An overview of the conservation gains through the PIC contract is provided by modelling the ecological effect of the selected measures on target species or habitat types.

3 Results

As a decision support software, DSS-Ecopay AllerGruen® can be utilized by a variety of stakeholders, such as administrations, regional planners, agricultural holdings, and nature conservation organisations. Due to the tailoring of the software to evaluate parcels of land, the evaluation procedure offers detailed suggestions which measures to select and where to implement them. Users can retrieve information from DSS-Ecopay AllerGruen® through simulations and optimisations. It is possible to apply the modelling procedure on individual land parcels or a combination of parcels (representing e. g., an agricultural holding). A third option is to select all sites belonging to the region for the assessment. See Figure 2 for a detailed overview of the interlinkage of options for simulation and the possible range of selection of land.

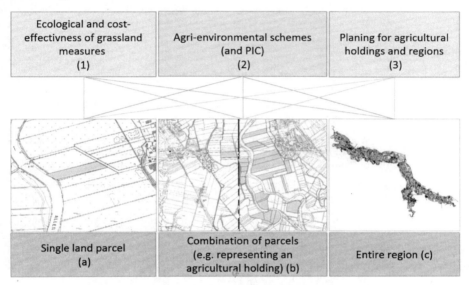

Fig. 2: Types of simulation of DSS-Ecopay AllerGruen®

4 Discussion and Outlook

As nature conservation is faced with budget constraints, a cost-effective selection of measures and sites for conservation is important. The application of DSS-Ecopay AllerGruen® jointly with farmers supports transparent decision-making. Multi-species conservation plans with high ecological effectiveness may be derived, as the evaluation is adjusted to the specific local conditions of the case study region. By utilizing DSS-Ecopay AllerGruen®, stakeholders and decision makers may succeed in selecting effective and cost-effective conservation measures to conserve biodiversity-rich grasslands to withstand the continuously increasing anthropogenic pressures. As the software is a complex tool, sufficient experience is required of the user for its successful application [St18]. DSS-Ecopay AllerGruen® is conceived as a decision support software, which should not replace the purposeful decision-making of stakeholders.

Acknowledgement: We gratefully acknowledge financial support by the Deutsche Bundesstiftung Umwelt (project number AZ 32201/01).

References

[Br15]   Breuer W.: Produktionsintegrierte Kompensation und der Anspruch der Eingriffsregelung. NLWKN (eds.). Inform.d. Naturschutz Niedersachs., 35 (2), 77 – 83, 2015.

[DB18]   Druckenbrod, C., Beckmann, V.: Production-Integrated Compensation in Environmental Offsets—A Review of a German Offset Practice. Sustainability. 10, 4161 (2018).

[EEA20]   European Environment Agency: State of nature in the EU. Results from reporting under the nature directives 2013-2018. EEA Report No 10/2020. Luxembourg.

[GSW19]   Gerling C., Sturm A., Wätzold F.: Ecological-economic modelling to compare the impact of organic and conventional farming on endangered grassland bird and butterfly species. Agric. Syst., 173, 424 – 434, 2019.

[IPBES18]   The IPBES assessment report on land degradation and restoration. Montanarella L., Scholes R., Brainich A. (eds.). Secretariat of the Intergovernmental Science-Policy Platform on Biodiversity and Ecosystem Services, Bonn, Germany.

[Jo15]   Johst K., et.al. A novel modeling approach to evaluate the ecological effects of timing and location of grassland conservation measures. Biol. Conserv., 182, 44 – 52, 2015

[Me15]   Mewes M., et.al.: A systematic approach for assessing spatially and temporally differentiated opportunity costs of biodiversity conservation measures in grasslands. Agric. Syst., 137, 76 – 88, 2015.

[Me17]   Mewes M., et.al.: Für besseren Artenschutz in Agrarlandschaften – Entscheidungshilfe-Software DSS-Ecopay®. Nat. Landschaft, 92 (11), 504 – 510, 2017

[Si08]   Silva JPS. et.al.: European Commission: LIFE and Europe's grasslands. Restoring a forgotten habitat. Environment Directorate-General, Luxembourg

[St18]   Sturm A., et.al.: DSS-Ecopay – A decision support software for designing ecologically effective and cost-effective agri-environment schemes to conserve endangered grassland biodiversity. Agric. Syst., 161, 113 – 116, 2018.

[Wä16]   Wätzold F. et.al.: A novel, spatiotemporally explicit ecological-economic modelling procedure for the design of cost-effective agri-environment schemes to conserve biodiversity. Amer. J. Agr. Econ., 98 (2), 489 – 512, 2016.

[Wa20]   Wagner HG., et.al.: Abschlussbericht 2019. Projekt zur Erhaltung und Vermehrung von naturschutzfachlich wertvollem Grünland in der Allerniederung des Heidekreises (32201/01). Soltau, Germany, 2020.

[WW16]   Wätzold F., Wissel S.: Germany Impact Mitigation Regulation in Hessen. In: OECD (2016), Biodiversity offsets: effective design and implementation. OECD Publishing, Paris.

Auf dem Weg zu einem Entscheidungsunterstützungssystem zur Pflege und Ernte von Grünlandflächen

Christoph Tieben[1], Tobias Reuter[2], Konstantin Nahrstedt[3], Franz Kraatz[4], Kai Lingemann[1], Dieter Trautz[2], Thomas Jarmer[3] und Joachim Hertzberg[1,3]

Abstract: Zur Bewirtschaftung von Grünlandflächen müssen eine Vielzahl an Parametern und Regularien berücksichtigt werden, um Entscheidungen für geeignete Pflegemaßnahmen oder Erntetermine zu treffen. Um diese Entscheidungsfindung zu unterstützen, schlagen wir ein regelbasiertes Inferenzsystem vor. Dieses bildet automatisch Schlussfolgerungen auf Basis von modelliertem Expertenwissen und rechtlichen Regeln sowie Daten aus Bonituren, drohnengestützten Bildaufnahmen und externen Quellen, wie Wetterprognosen, ab. Die geschlussfolgerten Empfehlungen umfassen Maßnahmen wie Düngung und Erntetermin, abhängig vom Nutzungsziel, betrieblichen Gegebenheiten und weiteren Parametern. Das so entstandene Entscheidungsunterstützungssystem wurde exemplarisch mit Handlungsempfehlungen von Experten unter realen Bedingungen getestet.

Keywords: Expertensystem, Grünland, Entscheidungsunterstützung, Wissensrepräsentation

1 Einleitung

Ein Entscheidungsunterstützungssystem (engl. Decision Support System, DSS) ermöglicht es, eine Vielzahl an dynamischen Daten regelbasiert auf Basis von Expertenwissen zu verarbeiten und hieraus Handlungsempfehlungen herzuleiten.

Die Landwirtschaft ist durch eine Vielzahl an Richtlinien sowie Gesetzen und dynamischen Einflüssen bzw. Daten geprägt. Die Anzahl an Parametern, die für eine Entscheidung berücksichtig werden müssen, sind vielfältig: von den standörtlichen Gegebenheiten, der Faktorausstattung über die betrieblichen sowie überbetrieblichen Ziele bis hin zu Klima- und Wetterdaten.

Die Vielzahl an Parametern mit den aktuellen Verordnungen für eine Entscheidung zu berücksichtigen ist eine sehr komplexe Aufgabe, für die wir den Betrieben Unterstützung

---

[1] Deutsches Forschungszentrum für Künstliche Intelligenz (DFKI) GmbH, Berghoffsttr. 11, 49090 Osnabrück, <vorname.nachname>@dfki.de
[2] Hochschule Osnabrück, Fakultät Agrarwissenschaften und Landschaftsarchitektur, Albrechtstr. 30, 49076 Osnabrück, <vorname.nachname>@hs-osnabrueck.de
[3] Universität Osnabrück, Institut für Informatik, Wachsbleiche 27, 49090 Osnabrück, <vorname.nachname>@uni-osnabrueck.de
[4] Bernard Krone Holding SE & Co. KG, Produktinformatik, Heinrich-Krone-Straße 10, 48480 Spelle, <vorname.nachname>@krone.de

für den Anwendungsfall der Bewirtschaftung von Grünland bieten wollen. Dabei sind neben der Entscheidungsempfehlung auch deren Herleitung und ihre Datengrundlage entscheidend. Mögliche Daten können z. B. aus Wetterdaten, Ackerschlagkarteien, Begehungen/Stichproben vom Feld, Bonituren, manuellen Eingaben oder ausgewerteten drohnengestützten Bildaufnahmen stammen.

2 Stand der Technik

Das entwickelte Entscheidungsunterstützungssystem basiert auf einem semantischen Umgebungsmodell namens SEMPR [NI21]. Dieses ermöglicht die intrinsische Modellierung und automatische Auswertung von geometrischen, räumlichen Relationen innerhalb eines Inferenzsystems. Ähnliche Ansätze werden in SEMAP [DWH18] oder dem SOMA-Framework [Ku18] verwendet.

Ein Inferenzsystem ist die Basis eines jeden Expertensystems (ES), welche seit langem in der landwirtschaftlichen Anwendung diskutiert werden [ML85]. In China wird beispielsweise die Verwendung eines Expertensystems für das Management von Weideflächen auf Basis eines Geo-Informations-Systems (GIS) untersucht [Ti04]. Entgegen dem klassischen Konzept eines Entscheidungsunterstützungssystems [LDW01] wird mit der Verwendung von SEMPR ein monolithischer Lösungsansatz verfolgt, der sich modular erweitern lässt und es ermöglicht, die verschiedenen Datenmodalitäten innerhalb eines Inferenzsystems direkt zu verwenden.

3 Methodik

Im Rahmen von Expertengesprächen sowie Recherchen wurde das Wissen über den Prozess des Managements von Grünlandflächen, insbesondere für Kleegras, zunächst tabellarisch zusammengetragen. Die Arbeiten erfolgten auf zwei Kleegrasflächen in Belm, östlich von Osnabrück. Die tabellarische Aufarbeitung dient als Diskussionsgrundlage und umfasst die verschiedenen möglichen Handlungen/Maßnahmen zur Düngung, Bestandspflege und Mahd sowie die dazu relevanten Entscheidungsparameter und Regeln. Ein beispielhafter Auszug der Regeln ist in Tabelle 1 dargestellt.

Das in dieser Form aufbereitete Wissen wurde iterativ in formelle Regeln übersetzt, welche konform mit dem RETE-basierten Reasoner [Fo82] des SEMPR-Frameworks [Ni21] sind. Durch die Erweiterung des Frameworks um Zeit- und Wetterinformationen wurde es ermöglicht, diese Informationen innerhalb der formalen Regeln abzufragen und für das Inferieren zu verwenden. In Kombination mit den geometrischen Operationen kann z. B. eine Handlungsempfehlung zur Düngung unter Berücksichtigung der Düngeverordnung (DüV) geschlussfolgert werden. Dabei wird neben der Zeit (Sperrfrist) auch die lokale

Wetterlage (Regenaufnahmefähigkeit des Bodens) sowie die Nähe zu Gewässern einbezogen. Im Falle einer Empfehlung wird zusätzlich die Geometrie der Fläche ermittelt, auf der die Ausbringung unter Berücksichtigung der Abstandsregelung je nach Ausbringungsart erlaubt ist. Die Differenz dieser Fläche wird als Sperrgebiet in Abbildung 1 dargestellt.

Entscheidung	Parameter	Regel	Priorität
Schnitthöhe	Ertragsanteile	Schnitthöhe zwischen 6 cm und 10 cm. Bei Klee im Lager 6 cm.	mittel
Zeitpunkt	Bodenfeuchte	Nur Befahrung bei nFK[5] von <85%	hoch
	Wuchshöhe	Milchviehfutter: >= 25cm bis 40cm Mutterkuhhaltung: >= 30cm bis 49cm Heu-Ernte: >= 50cm	hoch

Tab. 1: Beispielhafte Entscheidungsparameter und Regeln zur Maßnahme der Mahd

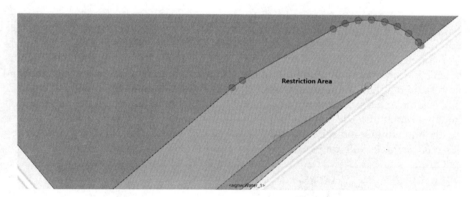

Abb. 1: Automatisch generiertes Sperrgebiet (hellgrün) zur Ausbringung von Dünger nach der DüV nahe einem fiktiven Gewässer beim Versuchsfeld in Belm

Ein weiteres Beispiel stellt die Herleitung einer Empfehlung für einen geeigneten Termin zur Mahd dar. Hierfür muss eine Vielzahl an Entscheidungsparametern berücksichtigt werden, ausgehend vom Zeitpunkt der letzten Mahd bzw. des Vegetationsbeginns, dem Entwicklungsstadium des Grases, Aufkommen spezifischer Beikräuter, der Prognose des Rohfasergehalts bis hin zu den Wetterbedingungen. Die Regeln unterscheiden sich dabei zum Teil abhängig von der Betriebsform sowie dem Zielprodukt. Für eine Milchviehsilage wird beispielsweise ein Rohfasergehalt von 20-22 % [Vo68] angestrebt. Der Rohfasergehalt kann für Heu als Zielprodukt vernachlässigt werden. Allerdings ist für die Heuernte eine längere Trockenzeit vor und nach der Mahd entscheidend.

---

[5] Nutzbare Feldkapazität

4 Exemplarische Anwendung

Als erste exemplarische Anwendung des Entscheidungsunterstützungssystems (DSS) wurde 2021 anhand von zwei Versuchsflächen nahe Osnabrück die Empfehlung der Mahdtermine ermittelt und den Einschätzungen der Experten gegenübergestellt. Die Flächen liegen ca. 7 km auseinander und unterschieden sich im Bestandsalter sowie der vorgesehenen Verwendung der Mahd und weiteren Parametern (siehe Tabelle 2).

Fläche	Boden	Saat	Ziel
Rulle	Mittlere Braunerde Bodenzahl 60	01.08.2019 Klee-Gras	Silage (ökologisch)
Kiesschacht	Mittlere Braunerde Bodenzahl 30 bis 40	20.08.2020 Klee-Gras	Heu (ökologisch)

Tab. 2: Versuchsflächen im Jahr 2021

Anhand dieser Flächen wurden geeignete Zeitpunkte als Empfehlung zur Mahd ermittelt. Der erste Termin zur Mahd erfolgte durch die Einschätzung der Experten und wurde nachträglich durch das DSS nahezu identisch bestätigt. Zum zweiten Termin wurde die Empfehlung des Systems als Basis genommen und die Maßnahme entsprechend umgesetzt und als zutreffend beurteilt. Zum dritten vorgeschlagenen Mahdtermin entschieden sich beide Versuchsbetriebe aufgrund einer ausreichenden Futterversorgung dazu, den letzten Aufwuchs als Gründünger zu nutzen. Eine genaue Auflistung der empfohlenen Zeitpunkte sowie der real vorgenommenen Mahd ist in Tabelle 3 zu finden. Als Eingangsgrößen gelten jeweils die zu dem Zeitpunkt aktuellen Bonitur- und Wetterdaten.

Mahd	Fläche	Durchgeführt	Empfehlung	Datenlage
1.	Rulle	01.06.2021	31.05.2021 – 01.06.2021	31.05.2021
	Kiesschacht	29.05.2021	05.06.2021 – 10.06.2021	14.05.2021
2.	Rulle	20.07.2021	17.07.2021 – 21.07.2021	07.07.2021
	Kiesschacht	16.07.2021	17.07.2021 – 19.07.2021	08.07.2021
3.	Rulle	22.09.2021	19.09.2021 – 23.09.2021	07.09.2021
	Kiesschacht	10.09.2021	07.09.2021 – 08.09.2021	07.09.2021

Tab. 3: Gegenüberstellung der vom Entscheidungsunterstützungssystem vorgeschlagenen Termine zur Mahd mit dem Zeitpunkt der tatsächlichen Durchführung

5 Diskussion

Die exemplarische Anwendung zeigt, dass es voraussichtlich möglich ist, ein Entscheidungsunterstützungssystem für den Erntetermin von Grünland zu verwenden. Das System könnte den Landwirt bei der Findung von Entscheidungen unterstützen; die letzte Instanz und die ausführende Kraft bleibt aber weiterhin der Landwirt selbst.

Bei den Fallbeispielen gab es nur geringe Abweichungen zwischen tatsächlicher Durchführung und Empfehlung. Die Abweichungen hatten betriebliche Gründe, insbesondere hinsichtlich der Verfügbarkeit der Ressourcen Zeit und Maschinen. Zu erwähnen ist, dass beide Betriebe die Erntearbeiten an Lohnunternehmen ausgegliedert haben, wodurch die Terminfindung unflexibler war. Das Jahr 2021 war von nur kurzen Trockenphasen geprägt, daher gab es eine große Nachfrage zu diesen Zeitpunkten, wodurch Kompromisse eingegangen werden mussten. Eine Ausnahme stellt hier die erste Mahd der Kiesschacht-Fläche dar, welche zu nicht idealen Wetterbedingungen vorab durchgeführt wurde. Außerdem wurde hier erst nachträglich die Empfehlung durch das Systems ermittelt.

Die Versuche sollen im kommenden Jahr erweitert werden. Es werden neue Betriebe und Flächen gesucht, in denen nicht nur die Ernte von Kleegras, sondern auch von Grünland allgemein berücksichtigt wird. Außerdem ist es perspektivisch möglich, weitere Kulturen zu integrieren.

Eine weitere Herausforderung ist insbesondere die Zugänglichkeit des Systems und die Begründung der Empfehlung. Die Begründung für positive Empfehlungen wird durch das SEMPR Framework mitgeteilt, ist aber im aktuellen Entwicklungsstand für Dritte noch schwer nachzuvollziehen. Außerdem wird aktuell nur eine positive Empfehlung begründet und nicht, wieso z. B. eine Empfehlung nicht ermittelt wurde, was ebenfalls eine relevante Aussage darstellt.

Des Weiteren ist es angestrebt, die Datenquellen zu erweitern und die Abfragen zu automatisieren. Ein Beispiel ist das Einbeziehen von ausgewerteten Drohnendaten, um auf Basis dieser Applikationskarten und Empfehlungen zu generieren welche angeben, wann, wo und wie viel gedüngt werden sollte (teilflächenspezifische Bewirtschaftung bzw. Spot-Farming [We19]).

Abschließend sei erwähnt, dass das Entscheidungsunterstützungssystem das Potenzial aufzeigt, den Landwirt beim Treffen von Entscheidungen zu unterstützen. Dies wurde mit den ersten Versuchen zur Ernte von Grünlandflächen aufgezeigt.

Danksagung

Das DFKI Labor Niedersachsen (DFKI NI) wird gefördert im Niedersächsischen Vorab durch das Niedersächsische Ministerium für Wissenschaft und Kultur und die VolkswagenStiftung. Die Arbeit wird gefördert durch das Bundesministerium für Ernährung und Landwirtschaft im Rahmen des Projektes Experimentierfeld: Agro-Nordwest (FKZ: 28DE103E18).

Ein besonderer Dank gilt außerdem Juan Carlos Saborio Morales (DFKI) sowie Lucas Wittstruck (Universität Osnabrück) für ihre Unterstützung.

Literaturverzeichnis

[Ni21]   Niemann, N. et al.: Wissensverarbeitung in der Landwirtschaft mit regelbasierten Inferenzsystemen und Begründungsverwaltung. In Informatik in der Land-, Forst- und Ernährungswirtschaft, 2021; S. 229-234.

[DWH18] Deeken, H.; Wiemann, T.; Hertzberg, J.: Grounding semantic maps in spatial databases. J. Robotics and Autonomous Systems 105 (2018); S. 146-165.

[Ku18]   Kunze, L. et al.: Soma: A framework for understanding change in everyday environments using semantic object maps. In AAAI Fall Symposium on Reasoning and Learning in Real-World Systems on Long-Term Autonomy, 2018; S. 47-54.

[ML85]   McKinion, J. M.; Lemmon, H. E.: Expert systems for agriculture. Computers and Electronics in Agriculture 1 (1985); S. 31-40.

[Ti04]   Tiangang L. et al.: A GIS-based expert system for pastoral agricultural development in Gansu Province, PR China. New Zealand Journal of Agricultural Research, 2004; S. 313-325

[LDW01] Lukasheh AF, Droste RL, Warith MA.: Review of Expert System (ES), Geographic Information System (GIS), Decision Support System (DSS), and their applications in landfill design and management. Waste Management & Research. 2001; S. 177-185.

[Fo82]   Forgy, C. L.: Rete: A Fast Algorithm for the Many Pattern/Many Object Pattern Match Problem. J. Artificial Intelligence 19 (1982); S. 17-37.

[Vo68]   Voigtländer, G.: Aufnahme an Nähr- und Wirkstoffen bei Weidegang. DLG-Mitteilung 13, 1968; S. 434-436.

[We19]   Wegener, J. et al.: Spot farming – an alternative for future plant productions. Journal für Kulturpflanzen, 2019; S. 70-89.

Erste Schritte zu einem virtuellen Zuchtgarten

Christoph Tieben[1], Benjamin Kisliuk[1], Matthias Enders[2], Mareike Léon[2], Florian Daiber[3], Felix Kosmalla[3], Stefan Stiene[1] und Joachim Hertzberg[1]

Abstract: Als einer der wichtigsten Arbeitsschritte der Pflanzenzüchtung werden Sortenkandidaten in Parzellenversuchen regelmäßig bonitiert und charakterisiert. Hierbei werden in den unterschiedlichen Entwicklungsstadien eine Vielzahl an Parametern und Merkmalen, meist visuell, erfasst. Ein robotischer Lösungsansatz bietet das Potenzial, diesen Aufwand signifikant zu reduzieren und neue Möglichkeiten zu eröffnen. Ein Monitoring der einzelnen Parzellen durch regelmäßige, hochgenaue Erfassung von Laserscan- und Hyperspektral-Daten bildet die Grundlage, auf der ein detailliertes, dreidimensionales Abbild der Zuchtgärten erstellt wird. Dieses Abbild soll innerhalb einer Virtual Reality Umgebung (VR) aufbereitet und darin den Züchter:innen zugänglich gemacht werden. Dies soll die Bonitur in einem virtuellen Zuchtgarten ermöglichen, der neben den sichtbaren Lichtspektren auch andere Datenquellen integriert und nutzbar macht. Das Ziel dieses Beitrags ist es, die ersten Schritte und Erfahrungen bei der Entwicklung einer autonomen robotischen Monitoring-Lösung sowie der darauf aufbauenden Erstellung des virtuellen Zuchtgartens zu präsentieren und zur Diskussion zu stellen.

Keywords: Agrarroboter, VR, Langzeitautonomie, Field-Monitoring, virtueller Zuchtgarten

1 Einleitung

Die Nachbildung von Feldversuchen der Pflanzenzüchtung als virtueller Zuchtgarten hat das Potenzial, eine Reihe an aktuellen Herausforderungen aufzulösen. Durch die Virtualisierung kann die manuelle, visuelle Charakterisierung und Bonitur von Parzellen vor Ort grundlegend optimiert und gänzlich neue Möglichkeiten zur Datenanalyse können entwickelt werden: Eine vergleichende Beurteilung von Parzellen und Sortenkandidaten durch Züchter:innen kann im virtuellen Raum unabhängig vom Standort und Anbauzeitraum vorgenommen werden, was in der Realität oder auch in einer erweiterten Realität (AR) nicht möglich wäre. Durch die Integration, Visualisierung und Nutzbarmachung von multi-modalen Sensordaten werden die Züchter:innen in die Lage versetzt, Merkmale räumlich oder zeitlich getrennter Parzellen unmittelbar miteinander zu vergleichen. Da einige Merkmale, abhängig vom Entwicklungszustand, in hoher Frequenz an räumlich weit entfernten Versuchsstandorten beurteilt werden müssen, kann eine Aufzeichnung und

---

[1] Deutsches Forschungszentrum für Künstliche Intelligenz (DFKI) GmbH, Planbasierte Robotersteuerung, Berghoffstraße 11, 49090 Osnabrück, <vorname.nachname>@dfki.de
[2] NPZ Innovation GmbH (NPZi), Hohenlieth-Hof, 24363 Holtsee, <v.nachname>@npz.innovation.de
[3] Deutsches Forschungszentrum für Künstliche Intelligenz (DFKI) GmbH, Kognitive Assistenzsysteme, Stuhlsatzenhausweg 3, 66123 Saarbrücken, <vorname.nachname>@dfki.de

nachgelagerte Analyse zu einer weiteren Objektivierung führen. Die Verwendung einer autonomen Plattform kann den Aufwand hierzu deutlich reduzieren.

In dieser Arbeit beschreiben wir die Schritte im Rahmen des Projekts PORTAL zur Ausrüstung eines mobilen Roboters mit einer Vielzahl an unterschiedlichen Sensoren, um einen physischen Zuchtgarten multimodal und hochgenau zu erfassen. Wir stellen ein Konzept vor, um diese Erfassung perspektivisch kontinuierlich und vollautonom durchzuführen. Wir zeigen, wie aus den georeferenzierten Sensorrohdaten Metriken und Indizes ermittelt werden, sowie eine begehbare Abbildung in virtueller Realität erstellt werden kann. Zuletzt geben wir einen Überblick über aktuelle und perspektivische Entwicklungen.

2 Stand der Technik

Der Einsatz von Robotern in der Landwirtschaft, gerade auch in der Bonitur, wird schon seit Beginn des Jahrtausends diskutiert [Ru09]. Diese ist ein wichtiger Prozess unter anderem in der Pflanzenzüchtung, um in Feldversuchen Merkmalsunterschiede zwischen Sortenkandidaten statistisch präzise zu detektieren [Pi08]. Aktuelle Arbeiten zur robotischen Erfassung von Boniturdaten befassen sich vor allem mit Sensorträgersystemen und nutzen dazu teilautonome Systeme [Ro18]. Vollintegrierte langzeitautonome Systeme sind Stand der aktuellen Diskussionen [Ku18]. Darüber hinaus bieten auch stationäre robotische Ansätze zur automatischen Erhebung von Boniturdaten viel Potenzial [Bo21]. In vorherigen Arbeiten wurde bereits eine Roboterplattform namens AROX mit einer Basisstation als Robotik-System für den Einsatz in der Landwirtschaft beschrieben [Ki21].

In einem virtuellen Raum können Sensordaten genutzt werden, um den Prozess der Bonitur unabhängig von zeitlichen und räumlichen Einschränkungen durch menschliche Expert:innen zu ermöglichen. In Forschungsprojekten wurden bereits Systeme untersucht, die auf die Nutzung durch Domänen-Expert:innen [Zi16] bzw. die Nutzung durch Nicht-Expert:innen spezialisiert sind [ZDK19].

3 Robotische Datenerfassung

Die Datenbasis zur Erstellung des virtuellen Zuchtgartens generiert eine mobile Roboterplattform. Ein Beispiel hierfür ist die AROX-Plattform, die in vorherigen Arbeiten diskutiert wurde [Ki21]. Der AROX ist mit verschiedenen Sensoren (vgl. Tabelle 1) ausgerüstet, um multimodale Daten von Feldversuchen zu erheben. Ebenfalls wird eine Basisstation benötigt, welche als Unterstand sowie zur Versorgung mit Energie, Konnektivität und Geopositions-Korrektursignalen dient.

Um dynamische Verläufe von Merkmalen zu erfassen, müssen die Feldversuche mehrfach befahren werden. Dies soll das robotische System autonom und perspektivisch ohne menschliche Aufsicht durchführen. Außerdem sollen die erforderlichen Akquisitionskampagnen über den Zeitraum der Vegetationsperiode eigenständig geplant werden. Der konzeptuelle Prozess hierzu ist in Abbildung 1 skizziert. Der Roboter nutzt die Basisstation zwischen den Einsätzen zur Versorgung und um die nächsten Einsätze zu planen bzw. Usereingaben zu empfangen. Die Einsatzplanung wird zunächst auf Basis eines Kalenders, entsprechend den relevanten zu erfassenden Merkmalen, umgesetzt.

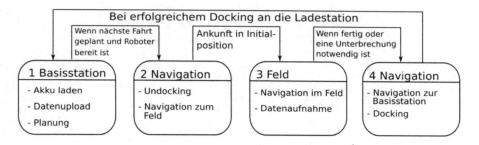

Abb. 1: Visualisierung des Prozesses der robotischen Datenerfassung

Für einen neuen Einsatz verlässt der Roboter die Basisstation und navigiert zum Einsatzgebiet. Im Feld navigiert der Roboter entlang der Wege und Stege, welche die einzelnen Parzellen voneinander trennen, und zeichnet multi-modale, georeferenzierte Sensordaten der Parzellen auf. Bei notwendigen Unterbrechungen wird die Ausführung pausiert, während der Roboter zur Basisstation zurückkehrt. Anschließend wird die Datenaufnahme fortgesetzt. Nach Abschluss einer Mission kehrt der Roboter ebenfalls autonom zur Basisstation zurück und lädt die Daten hoch. Dieser Prozess wird in einer hierzu erstellten Simulationsumgebung erprobt.

4 Datenfluss

Wie in Abbildung 2 schematisch dargestellt, wird die Datenerzeugung, Prozessierung und Ablage als mehrstufiger Prozess aufgefasst und umgesetzt. Beginnend mit der Aufzeichnung von multi-modalen und georeferenzierten Daten, insbesondere aus bildgebenden Sensoren durch die robotische Plattform, werden die ersten Rohdaten generiert und nach der Befahrung der Feldversuche autonom vom Roboter auf Computerhardware übertragen, welche sich als Teil der Containerbasisstation vor Ort befindet. Hier wird eine erste Prozessierung der Datenströme einzelsensorbasiert durchgeführt. Unterstützt und abgesichert durch eine Datenpufferung werden die resultierenden Daten an eine zentrale Speicherstruktur übertragen. Die Nutzung einer modernen, objektbasierten Speicherlösung ermöglicht hierbei die nahtlose Integration von Metadaten mit den eigentlichen Nutzdaten, sowie die Bereitstellung von standardisierten Schnittstellen für das Speichern und Abrufen von Daten. Die Fusion und Annotation von Daten unterschiedlicher Sensoren stellt für weitere Prozessierungs- und Auswertungsmöglichkeiten eine wichtige Voraussetzung dar, sodass eine algorithmische Merkmalsbestimmung von Parzellen ermöglicht wird.

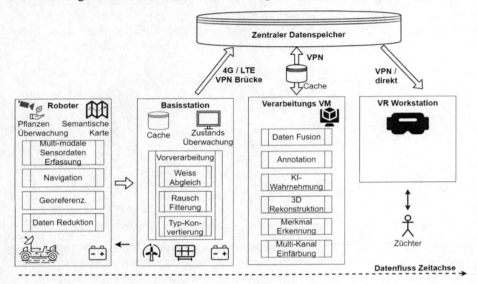

Abb. 2: Übersicht der verteilten Komponenten zur Datenverarbeitung und -Visualisierung

Für die primäre Nutzung der Daten, als Visualisierung im Rahmen einer VR-Anwendung, werden im letzten Schritt spezielle Datenformate erzeugt und über die Schnittstellen bereitgestellt, welche ein segmentweises Auslesen der Daten ermöglichen und die Latenzen bei der Darstellung minimieren.

5 Merkmale und Sensorik

Die auf diese Art und Weise erhobenen sowie prozessierten Daten sollen für die Züchter:innen relevante Merkmale innerhalb des virtuellen Zuchtgartens abbilden. Um die vorhandene Diversität und Komplexität der Merkmalserfassung abzudecken, wurde ein Merkmalskatalog, hier für die Kulturart Winterraps, speziell ausgewählt. Dieser bildet sowohl die wichtigsten Wachstumsstadien und damit Wuchshöhen und Wuchsformen des Bestandes ab, kombiniert darüber hinaus aber auch unterschiedliche Boniturmethoden, wie z. B. Zählung und Vermessung von Pflanzen und Pflanzenteilen oder die Detektion von bekannten Merkmalen (Features) wie Blattflecken. Tabelle 1 gibt eine detaillierte Übersicht der relevanten Merkmale sowie zu erfassenden Metriken und der zur Erfassung genutzten Sensorsysteme.

Merkmal	Metriken	Sensoren	Zeiten
Anzahl der Pflanzen	- Anzahl an Pflanzen und Blättern - Höhe der Pflanzen	Hochauflösende (HQ) RGB Kameras; Tiefeninformation	13.09 – 16.09
Early Vigor	- Volumen der Pflanzen	RGB-D Kameras; Laserscanner	01.10 – 08.10
Entwicklung vor Winter	- Volumen, Höhe und Verfärbung der Pflanzen - Vegetationsindizes	HQ RGB(-D) Kameras; Laserscanner; Multispektralkameras	21.11 – 08.12
Blattkrankheiten	- Verfärbungen auf den Blättern	HQ RGB Kameras; Hyperspektralkamera	10.03 – 31.03
Krankheiten vor Ernte	- Anzahl und Färbung der Stengel je Parzelle	HQ RGB Kameras; Multispektralkameras	01.07 – 31.07
Ertragsparameter	- Anzahl der Schoten je Pflanze bzw. Parzelle	HQ RGB Kameras; hochgenauer Laserscanner	15.07 – 31.07
Entwicklungsstadien	- Detailliertes Gesamtabbild der Pflanzen	RGB Kameras; Laserscanner	01.09 – 31.07

Tab 1: Übersicht der relevanten Merkmale sowie der zu erfassenden Metriken und geeigneten Sensoren inkl. den Zeiten, in denen die Merkmale auftreten

Eine besondere Herausforderung sind hierbei die unterschiedlichen Blickpunkte der Sensoren auf die Pflanzenbestände, über die ganze Wachstumsperiode hinweg, die durch die Trägerplattform realisiert werden müssen. Hierzu wurden im Rahmen von ersten Feldversuchen unterschiedliche Sensormodelle mit unterschiedlichen Blickwinkeln zu den jeweiligen Merkmalen erprobt. Die Erprobung umfasst verschiedene kontinuierliche und terrestrische Laserscanner sowie unterschiedliche RGB/-D und Spektral-Kameras.

6 Diskussion

Die oben geschilderten Konzepte und erste Versuche zeigen Komponenten und deren inkrementelle Implementierung im Rahmen des Projekts PORTAL. Insbesondere bei der Konfiguration und den Autonomiefunktionen der Roboterplattform sind weitere Schritte geplant. So ist noch nicht abschließend entschieden, welche Roboter-Plattform die besten Voraussetzungen für das beschriebene Einsatzprofil bietet.

Außerdem soll die Simulation iterativ erweitert werden, sodass verschiedene Entwicklungsstadien und Szenarien abgebildet werden können. Auch sollen typische Problemstellungen reproduzierbar in der Simulation nachvollzogen werden können, wie zum Beispiel blockierte Wege oder nicht erreichbare Parzellen. So können kontrollierte und reproduzierbare Experimente durchgeführt werden, die unter realen Bedingungen nicht möglich sind. Perspektivisch soll die Planung der Einsätze auf einem semantischen Umgebungsmodell basieren, in dem zusätzliche Informationen wie Wetterdaten, Bodeneigenschaften und Entwicklungsstadien der Pflanzen erfasst sind.

Durch die Nutzung von VR-Technologien ergeben sich eine Reihe neuer Möglichkeiten, wie z. B. die immersive Inspektion der Parzellen, unabhängig vom Ort und vom Anbauzeitraum des realen Feldversuchs. Hierbei kann auf natürliche Interaktionstechniken und -metaphern zurückgegriffen werden. Vorzustellen sind beispielsweise zwei Hochbeete, die die gleiche Parzelle, jedoch zu unterschiedlichen Zeitpunkten darstellen. Eine digitale Lupe erlaubt es, verschiedene Falschfarb-Darstellungen anzusehen. Weiterhin eröffnet die Bonitur in einem virtuellen Zuchtgarten auch Potenziale für interaktives maschinelles Lernen, da die Zuchtentscheidung als Label für die Erstellung von Trainingsdatensätzen automatisiert gespeichert werden kann. Auf dieser Basis können Automatisierungen oder Empfehlungssysteme entwickelt werden. Für die Erreichung dieses Ziels wird mit den Züchter:innen die Arbeitsweise im virtuellen Zuchtgarten weiter optimiert, um die Potenziale der neuen Technologien für die Pflanzenzüchtung voll nutzbar zu machen.

Danksagung

Das DFKI Labor Niedersachsen (DFKI NI) wird gefördert im Niedersächsischen Vorab durch das Niedersächsische Ministerium für Wissenschaft und Kultur und die VolkswagenStiftung. Die Arbeit wird gefördert durch das Bundesministerium für Ernährung und Landwirtschaft im Rahmen des Forschungsprojekts PORTAL (FKZ: 28DK111B20).

Literaturverzeichnis

[Ba21] Bao, Y. et al.: Field Robotic Systems for High-Throughput Plant Phenotyping: A Review and a Case Study. High Throughput Crop Phenotyping, 13-38, 2021.

[Ki21] Kisliuk, B. et al.: Erste Schritte zu einer kontextsensitiven Navigation in einem langzeitautonomen Field-Monitoring-System. In: Informatik in der Land-, Forst- und Ernährungswirtschaft, 169-174, 2021

[Ku18] Kunze, L. et al.: Artificial Intelligence for Long-Term Robot Autonomy: A Survey. IEEE Robotics and Automation Letters 3(4), 4023-4030, 2018.

[Pi08] Piepho, H. P. et al.: BLUP for phenotypic selection in plant breeding and variety testing. Euphytica 161(1-2), 209-228, 2008.

[Ro18] Roldán, J. J. et al.: Robots in Agriculture: State of Art and Practical Experiences. Service Robots, 67-90, 2018.

[Ru09] Ruckelshausen, A. et al.: BoniRob- An autonomous field robot platform for individual plant phenotyping. Precision Agriculture 9(841), 841-847, 2009.

[ZDK19] Zenner, A.; Degraen, D.; Krüger, A.: Addressing Bystander Exclusion in Shared Spaces During Immersive Virtual Experiences. In: Proceedings of the 1st Workshop on Challenges Using Head-Mounted Displays in Shared and Social Spaces (SHMD), 1-5, 2019.

[Zi16] Zielasko, D. et al.: Evaluation of hands-free HMD-based navigation techniques for immersive data analysis. In: 2016 IEEE Symposium on 3D User Interfaces (3DUI), 113-119, 2016.

Pollen detection from honey sediments via Region-Based Convolutional Neural Networks

Philipp Viertel[1], Matthias König[1] and Jan Rexilius[1]

Abstract: This paper deals with the localization and classification of pollen grains in light-microscopic images from pollen samples and honey sediments. A laboratory analysis of the honey sediment offers precise information of the honey composition. By utilizing state of the art deep neural networks, we show the possibility of automatizing the process of pollen counting and identification. For that purpose, we created and labelled our own data set comprising two pollen classes and trained and evaluated a regional-based neural network. Our results show that the majority of pollen grains are correctly detected. The pollen frequency in the honey sediment is on par with the majority pollen class, however, more samples and further investigation are required to ensure stable results and practicality.

Keywords: Deep Learning, palynology, melissopalynology, pollen analysis, object detection

1 Introduction

Computer Vision covers algorithms and methods to extract sensible information from visual data. Significant progress has been made in recent years in robotics, medicine, biology, and other fields of application by utilizing deep neural networks and ever increasing computational power, coining the term Deep Learning (DL). A typical task in this regard is object detection, which usually refers to a combined task of classification and localization of instances of classes in an image and providing the position and number of each appearing class.

Palynology is the scientific study of particulate samples and especially pollen, which is a powdery substance containing pollen grains. Pollen stem from seed plants and contain the haploid male genetic material and play a crucial role in the pollination of the female reproductive structure by wind or insects. Pollen is also a characteristic ingredient of honey. Bees collect nectar from plants and during this process, due to vibrations caused by wind or by touching the stamen, pollen grains are released into the air and mixed with nectar. Therefore, the pollen in honey give important information about its botanical and geographical composition and origin.

Beekeepers are required to know the ingredients of their honey to label their products correctly, otherwise they have to refer to generic names, such as spring honey, which also

---

[1] Bielefeld University of Applied Sciences, Campus Minden, Artilleriestr. 9, 32427 Minden, [Firstname].[Lastname]@fh-bielefeld.de

lacks adequate allergy information. Therefore, beekeepers depend on professional laboratory analysis of their honey, which is performed by highly trained palynologists, who identify and count the pollen grains with a light-microscope (LM) by their morphological characteristics [Ha18]. In Germany, the entire process is prescribed by the DIN norm 10760.

The classification of pollen grains with Machine Learning (ML) or DL methods is not new, however, the detection of pollen in honey is a novel project. State of the art methods, such as Convolutional Neural Networks (CNN) have been applied in various disciplines and continue to produce efficient results. Region-based Convolutional Neural Networks (R-CNN) are prominent network architectures which are used for object detection.

Data scarcity is still a problem and large open accessible pollen data sets are limited. Therefore, we created our own data provided by local beekeepers and palynologists. We labelled the data and trained a Mask R-CNN model and evaluated it on test data as well as on honey samples. The results are compared to a professional lab analysis. For our own analysis, we tried to follow the requirements presented in the German DIN norm, to make a case for an automated solution for the problem of honey analysis.

2   Related Work

The benefits and needs of an automated solution, especially when compared to the manual method, were shown as early as 1996 [SF96]. Since then, numerous methods have been proposed. The authors of [Ka19] propose a method to count pollen grains on microscopic slides by detecting the pollen by their shape and color (including pre- and post-processing operations to exclude non-pollen objects). A neural network is used to refine the results. The performance is on par with manual counting results with slight aberrations. A classification of the pollen, however, is not provided. [Go16] uses feature extraction and ML methods on the POLEN23E (35 classes with 805 images) data set. With a set of classifiers, an accuracy of 64 % was achieved. By using DL methods, the authors of [SA18] improved the results and achieved an accuracy of 97 % on the same data set. [SHA20] utilized a pretrained CNN to extract features and a linear discriminant classifier to perform the classification. For training and validation 19,500 images from 46 pollen types (from New Zealand and the Pacific region) were used, which makes it one of the largest data sets available. Using a 10-fold cross-validation, an accuracy of 97.86 % was achieved.

Two popular and state-of-the-art network architectures exist for the task of object detection: YOLO (You Only Look Once) [RF18] and Mask R-CNN [He17] (which is based on the Fast and Faster R-CNN models). The YOLO models stand out in terms of speed, achieving results in real-time, whereas R-CNNs are superior in classification precision.

3 Method

3.1 Honey sediment

Our honey sample was analyzed in a laboratory. The leading pollen is European chestnut, followed by canola types, and roses. Various other pollen classes are combined in the group "Other". The complete composition is shown in Table 1.

Pollen	Amount
European chestnut (*Castanea sativa/Fagaceae*)	76.3%
Other	8.0%
Canola-type (*Brassica-type/Brassicaceae*)	7.0%
Rose family (*Rosaceae*)	3.3%
Linden (*Tilia/Malvaceae*)	3.0%
Raspberry, blackberry (*Rubus-type/Rosaceae*)	2.3%

Tab. 1: Honey sediment composition. The leading (majority) pollen here is *Castanea sativa*, with 76.3 % of the counted pollen (45 % are the minimum to declare the leading pollen).

A series of images from this sediment was captured and used for evaluation. An important issue when observing pollen grains with a LM is focus. Pollen grains are typically very small, ranging from 10μm to 100μm, and it is very difficult to bring every pollen on the same optical level, despite the use of a cover glass or other containment agents. Therefore, constant focusing is mandatory, during a manual analysis as well as during image capturing. The overall quality is also important, to capture crucial visual traits, e.g. ornamentation.

3.2 Training and validation data

The two most prominent pollen classes in our honey sample are *Castanea sativa* and *Brassica napus*. Therefore, we created a data set[2] consisting of these two pollen classes. The images were all captured with a LM and a magnification strength of 400 X. The same way the images from the honey sediment were created and also in accordance with the DIN norm, which prescribes a magnification strength of 320 X to 1,000 X. Our data set consists of 99 images, which we split into 80 % training and 20 % validation data. The 79 training images contain 251 objects; 183 *Castanea sativa* and 68 *Brassica napus*. The 20 validation

---

[2] The images are provided by Reinhard Jäger as well as Stebler Th., Pollen-Wiki https://pollen.tstebler.ch/MediaWiki/index.php (Accessed: 29.10.2021).

images contain 67 objects; 33 *Castanea sativa* and 34 *Brassica napus*. Each image contains a number of bounding boxes, which are indicated by x/y-coordinates, and the corresponding class label. This information is stored in a separate XML file for each image. As mentioned in the previous section, due to differences in the optical level, the focus of individual pollen grains can vary to a large degree. It is important to carefully choose which pollen to label, i.e. regard as a valid training sample, and which not. Too much blur can remove crucial characteristics, and although it can increase performance for that specific pollen class, it can lead to false classifications and overgeneralization.

3.3 Model training and evaluation

The detection of pollen grains is not time-critical, however, a precise classification is. Therefore, we utilized Mask R-CNN, an iteration of the R-CNN family. The architecture consists of two modules: first, a region proposal network, which makes proposals concerning the region and objects within this region. Second, Faster/Mask R-CNN extracts the features from the region and produces the bounding boxes and the class labels. The feature maps are generated by a pre-trained CNN. The feature maps as well as the proposals are fed into the RoI (Region of Interest) pooling and the classifier. Our network was pre-trained on the MSCOCO data set [Li14] and ResNet-101 [He16] was used as the model backbone. Only the pre-trained output layers were removed and trained from scratch. We trained for 5 epochs and evaluated the model on the validation set and on a selected number of honey sediment images.

4 Results and Conclusion

On the training data, a mean average precision of **88 %** was achieved and on the validation data **70 %**. Since Intersection of Unity (overlapping areas) as well as the masks are not of interest in this use case, we evaluated the individual results instead: 51 *Castanea sativa* grains were counted (of 33 or 41, when considering the extremely blurred grains), and 43 *Brassica napus* (of 34 or 37 with blurred grains). For both classes we have an over counting (+10 and +6). In total, **94** pollen were counted and identified of **67 (78)** visible pollen grains. Mistakes included pollen grains which were counted twice (as both classes) and a large number of *Castanea sativa* were falsely counted from debris, unidentified objects/grains, and an overcounting of closely connected blobs of pollen, as shown exemplarily in Figure 1.

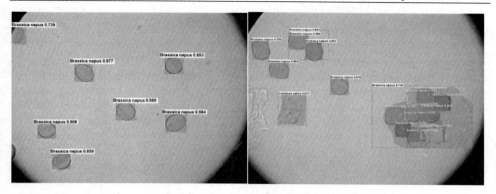

Fig. 1: Two examples from the results. Left: complete correct detection of seven *Brassica napus* pollen grains. Right: case with outliers. A no. of false detections on solely *Brassica napus* pollen, e.g. debris in the center-left (classified as *Castanea sativa*) plus a problematic blob of grains on the right, which was overcounted.

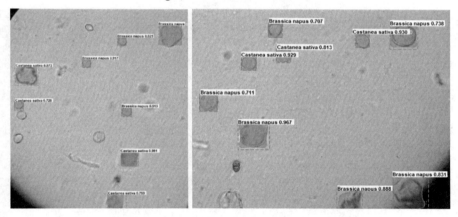

Fig. 2: Two example images from the honey sediment detection. The density of the pollen grains is relatively low and the images contain much more debris, such as dust and other blurry objects. Left: a number of visible pollen grains were not detected. Right: the larger pollen should be *Brassica napus* (size of 22.3-28.2μm, compared to 14.6-17.1μm for *Castanea sativa*).

The DIN norm requires at least 500 pollen grains to be counted, more if there is no stability in the results. Although we did not work with this amount of pollen grains, we evaluated a series of 12 images captured from the honey sediment (as mentioned in Section 3.1). 89 pollen grains were classified, as of which 58 % *Castanea sativa* and 42 % *Brassica napus* (compared to 76.3 % and 7 % in the report, respectively). The images contain more debris and non-trained pollen grains, which make a classification more challenging. This leads to a false over-classification of *Brassica napus*. However, isolating specific pollen clusters and detecting solely in this region can increase the performance. The majority pollen is on par with the results of the manual lab analysis (>45 %), however, more pollen grains would be required to establish the stability of the results and fulfill the norm requirements.

5 Future Work

The quantity of training data needs to be increased and should be more varied, in order to capture a larger variety of perspectives and positions of the pollen grains. This will increase the prediction results, especially in more complicated cases. The sediment creation process can be improved as well. Laboratory centrifuges are more efficient and can produce a higher number of pollen per 20μl sediment (4,000 to 6,000, while non-laboratory methods produce 250 to 600 pollen). It is also recommended to work with clear and focused pollen as much as possible, since even a slight blur can remove delicate visual features and alters the performance in an unpredictable manner. Unfocused or unfavorable single images of pollen grains are not even properly identifiably by palynologists. However, we believe that an automated system for honey analysis is possible and can support the time-consuming and labor-intensive laboratory work, by counting and identifying the leading pollen classes in a honey sample and producing a reliable estimation.

References

[Ha18]   Halbritter, H. et al.: Illustrated Pollen Terminology. 2nd ed., Springer International, 2018.

[SF96]   Stillman, E. C.; Flenley, J. R.: The needs and prospects for automation in palynology. In: Quaternary Science Reviews, vol. 15, no. 1, pp. 1-5, 1996.

[Ka19]   Kadaikar, A. et al.: Automatic Pollen Grains Counter. In: 3rd International Conference on Bio-engineering for Smart Technologies (BioSMART), pp. 1-4, 2019.

[Go16]   Gonçalves, A. B. et al.: Feature Extraction and Machine Learning for the Classification of Brazilian Savannah Pollen Grains. In: PLOS ONE, vol. 11, no. 6, 2016.

[SA18]   Sevillano, V.; Aznarte, J. L.: Improving classification of pollen grain images of the POLEN23E dataset through three different applications of deep learning convolutional neural networks. In: PLOS ONE, vol. 13, no. 9, 2018.

[SHA20] Sevillano, V.; Holt, K.; Aznarte, J. L.: Precise automatic classification of 46 different pollen types with convolutional neural networks. In: PLOS ONE, vol. 15, no. 6, 2020.

[RF18]   Redmon, J; Farhadi, A.: YOLOv3: An Incremental Improvement. In: arXiv:1804.02767 [cs], 2018.

[He17]   He, K. et al.: Mask R-CNN. In: International Conference on Computer Vision (ICCV), pp. 2980-2988, 2017.

[He16]   He, K. et al.: Deep Residual Learning for Image Recognition. In: Proceedings of the IEEE Conference on Computer Vision and Pattern Recognition (CVPR), pp. 770-778, 2016.

[Li14]   Lin, TY. et al.: Microsoft COCO: Common Objects in Context. In: Computer Vision - ECCV 2014. Lecture Nores in Computer Science, vol 8693. Springer, Cham, 2014.

Smart Soil Information for Farmers (SoFI)

Öffentliche Bereitstellung von Mess- und Simulationsdaten der Bodenfeuchte in der GeoBox-Infrastruktur

Lukas Wald[1], Daniel Eberz-Eder[1], Matthias Trapp[2], Julius Weimper[3] und Matthias Kuhl[4]

Abstract: Der vorliegende Beitrag soll aufzeigen, wie digitale Entscheidungshilfen in der Landwirtschaft helfen können, eine umweltschonende Bodenbearbeitung und Düngung im Hinblick auf die Vermeidung von Bodenverdichtung und die Reduzierung klimaschädlicher Emissionen umzusetzen. In diesem Kontext wurden automatisiert ausführbare Entscheidungshilfen entwickelt, deren Ergebnisse und Aussagen aus der Vernetzung und Kombination öffentlich vorgehaltener sowie detaillierter standortspezifischer Daten resultieren. Diese werden Landwirte/-innen sowie überbetrieblichen Organisationen wie Maschinenringen und Lohnunternehmern über die digitale Infrastruktur des Landes Rheinland-Pfalz zur Verfügung gestellt.

Keywords: Bodenfeuchte, Umweltschutz, Digitalisierung, Nachhaltigkeit, Entscheidungshilfe, GeoBox-Infrastruktur

1 Einleitung

Die Digitalisierung in der Landwirtschaft bietet vielfältige Potenziale zur Effizienzsteigerung, zur Erhöhung der Wirtschaftlichkeit und Nachhaltigkeit sowie zur Steigerung der Produktqualität [Pf19]. Daraus resultieren eine bessere Vernetzung der unterschiedlichen Daten sowie ein leichterer Zugang zu den Informationen. Der Fokus hinsichtlich der Entwicklungen in der deutschen Landwirtschaft liegt dabei insbesondere auf einer umweltschonenden, präzisen und nachhaltigen Bewirtschaftung des Bodens. Zukünftig soll Smart Farming durch die Erhebung und Analyse von Prozess- und Sensordaten dazu einen wesentlichen Betrag leisten [Bi17]. Die Landwirtschaft, aber auch die landwirtschaftliche Beratung, stellt dies vor die Herausforderung, die dabei entstandenen individuellen Betriebsdaten, öffentliche Daten sowie Fach- und Expertenwissen hinsichtlich der zuvor beschriebenen Potenziale nutzbar zu machen [Na19]. Daher bietet es sich an, Landwirte, Berater sowie überbetriebliche Organisationen wie Maschinenringe und Lohnunternehmer durch entsprechende Werkzeuge zu unterstützen, welche zwischen den verschiedenen Informationsquellen entsprechende Zusammenhänge herstellen, und diese z. B. in Form

---

1 Dienstleistungszentrum Ländlicher Raum (DLR) Rheinhessen-Nahe-Hunsrück, Bad Kreuznach, Lukas.Wald@dlr.rlp.de, Daniel.Eberz@dlr.rlp.de
2 RLP AgroScience GmbH, 67435 Neustadt an der Weinstraße, Trapp@agroscience.rlp.de
3 Universität Trier, Fachbereich VI – Raum- und Umweltwissenschaften, Fach Bodenkunde, weimper@uni-trier.de
4 PREMOSYS GmbH, matthias.kuhl@premosys.com

von digitalen Entscheidungshilfen den Nutzern bereitzustellen. Diese können dann individuell bei entsprechenden fachlichen Fragestellungen zu Rate gezogen werden.
Im Einklang mit den zuvor beschriebenen Zielen sowie der Innovationsförderung des BMEL soll das Forschungsvorhaben SoFI eine ressourceneffiziente und umweltschonende Düngung und Bodenbearbeitung im Hinblick auf die Vermeidung von Bodenverdichtung und die Reduzierung klimaschädlicher Emissionen unterstützen.

2 Material und Methoden

Auf Intensivmessflächen werden entsprechende Datensätze generiert und damit automatisierbare Methoden entwickelt und beispielhaft umgesetzt, welche die Grundlagen der Entscheidungshilfen darstellen. Darunter fallen Methodenentwicklungen zur Nutzung einfacher und komplexer Bodenwasserhaushaltsmodelle, aber auch die kontinuierliche Erfassung bodenhydrologisch relevanter Parameter zur Verifizierung der simulierten Bodenfeuchte. Unter anderem werden dabei Sensoren eingesetzt, welche ihre Daten mittels LoRaWAN über die offene, communitybasierte IoT-Plattform „The Things Network" zur Datenverarbeitung weiterleiten. Dies ermöglicht ein „kostengünstiges" und räumlich sehr flexibles Verteilen der Sensoren in der Fläche und die Generierung umfangreicher Messreihen. Durch die intelligente Vernetzung und Kombination öffentlich vorgehaltener sowie detaillierter standortspezifischer Daten wird es möglich, dem einzelnen Landwirt, aber auch überbetrieblichen Organisationen wie Maschinenringen und Lohnunternehmern Entscheidungshilfen in Form von automatisiert ausführbaren Beratungsleistungen anzubieten, welche dem Anwender dabei helfen, die zuvor beschriebene Zielsetzung zu erreichen.

2.1 Messung der Bodenfeuchte

Zur Evaluierung von Modellen für Bodenfeuchte und Schadverdichtungsrisiko wurden drei Standorte in Rheinland-Pfalz und Baden-Württemberg auf Basis bodenkundlicher Kriterien ausgewählt. Diese Standorte decken eine Spannweite hinsichtlich der Bodenarten von sandigen bis tonigen Böden sowie unterschiedliche landwirtschaftliche Nutzungsformen in Südwestdeutschland ab. An diesen Standorten wurden jeweils eine Intensivmessfläche ausgewählt und Messstellen für Bodenfeuchte eingerichtet. Gemessen werden jeweils in drei Tiefen (15, 25, 50 cm) Wassergehalt (ECH$_2$O EC5), Saugspannung (Tensiomark) und Bodentemperatur (Tensiomark). Sensoren in 15 cm Tiefe wurden vor der Grundbodenbearbeitung entnommen und nach Bodenbearbeitung wieder eingebaut, um eine ungestörte Bewirtschaftung zu ermöglichen. Zudem werden Lufttemperaturen und -feuchten (HygroClip HC2) sowie Niederschläge (Rain-O-Matic) quasikontinuierlich erfasst.
Zusätzliche LoRaWAN-Sensoren (DRAGINO LSE01-EU868) messen Bodenfeuchte und -Temperatur an drei zusätzlichen Messpunkten zur Erfassung der räumlichen Variabilität der Bodenfeuchte innerhalb einer repräsentativen Ackerfläche. Diese wurden in 20-25 und

40-50 cm Tiefe eingebaut, wodurch die Bewirtschaftung der Flächen nicht beeinträchtigt ist. Die Technik bietet hierbei den Vorteil einer räumlich flexiblen Sensorinstallation, da die einzelnen Sensoren ihre Messdaten drahtlos an eine Gateway-Station übermitteln und über ein etabliertes IoT-Netzwerk (The Things Network, TTN) abrufbar sind bzw. daraus in eine Geodateninfrastruktur eingebunden werden können. The Things Network ist eine globale, offene, kostenlose und dezentrale Plattform, wobei Freiwillige die Bereitstellung, die Errichtung und die Betreuung von LoRaWAN-Gateways übernehmen. Die Gateways leiten Funksignale mit hoher Reichweite, die von energiesparenden Sensoren stammen, über das Internet weiter.

Abbildung 1 zeigt den Verlauf der mittels LoRaWAN Sensoren aufgezeichneten Bodenfeuchte am Standort Sponheim an zwei verschiedenen Positionen in einer Tiefe von 20 cm. Der Sensor an Position 1 befindet sich an einer Hanglage und Position 3 am Übergang vom Hang in Richtung Tiefenlinie, wobei der Abstand zwischen den beiden Sensoren ca. 150 m beträgt. Anhand der Daten wird die kleinräumige Variabilität der Bodenfeuchte innerhalb des Schlages deutlich. An Position 3 war der Boden im Mittel ca. 6,5 % feuchter als an Position 1. Diese kleinräumigen Unterschiede sind mit den üblichen Sensoren, welche über Kabel an ein Loggersystem angeschlossen werden müssen, schlecht bzw. nur mit großem Aufwand zu erfassen.

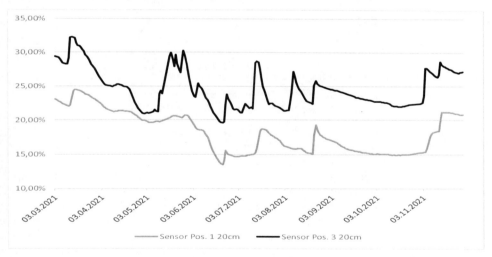

Abb. 1: LoRaWAN-Bodenfeuchte am Standort Sponheim an zwei verschiedenen Positionen

2.2 Modell SIMPEL

Die Berechnung der potenziellen Bodenfeuchte wurde mit dem Simulationsmodell SIMPEL [H97] umgesetzt: basierend auf Wetterdaten der Agrarmeteorologie (Niederschlag, Verdunstung), den Bodeneigenschaften (nutzbare Feldkapazität, Schichtmächtigkeit) und der Bodenschätzung (BFD5L) mit ca. 970.000 Einzelflächen in

RLP. Die potenzielle Bodenfeuchte wird auf Basis des Tageswertes des Vortages, stündlich neu berechnet (iterative Berechnungsmethode). Die räumliche Auflösung wird nur durch die Auflösung der Bodendaten begrenzt. Die dargestellten Bodenfeuchteklassen geben einen Überblick über die potenzielle Bodenfeuchte und sollen in erster Linie helfen, Flächen hinsichtlich ihrer aktuellen Bodenfeuchte untereinander zu vergleichen. Die Einteilung der Berechnungsergebnisse in Feuchteklassen ist dabei zunächst als Orientierung gedacht, um in der Geodatenanwendung Flächen mit vergleichsweise hohen Feuchten von Flächen mit niedriger Feuchte visuell einfach zu unterscheiden.

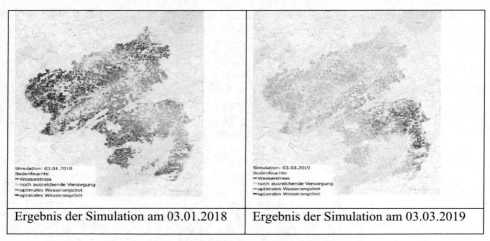

| Ergebnis der Simulation am 03.01.2018 | Ergebnis der Simulation am 03.03.2019 |

Abb. 2: Simpel Simulationsvergleich 2018/2019

Während Anfang 2018 noch viele Böden in RLP ausreichend mit Wasser versorgt sind, zeigt das Simulationsergebnis im Trockenjahr 2019 bereits Anfang März landesweit keine Flächen mehr mit ausreichender Wasserversorgung.
Zur Validierung der Simulationsergebnisse dient u. a. der Vergleich mit den Sensordaten auf den Intensivmessflächen. In der folgenden Abbildung 3 wird beispielhaft gezeigt, wie die Ergebnisse für die Intensivmessfläche Sponheim (nahe Bad Kreuznach) aussehen. Da die Simulation in SIMPEL sich auf eine mittlere Bodenfeuchte (Anteil der Feldkapazität im gesamten Bodenprofil) bezieht, sind diese Ergebnisse für ein Einzelpolygon nicht ohne Normierung mit volumetrischen Wassergehalten vergleichbar. Deshalb kann hier nur die Dynamik betrachtet werden, also die Reaktion auf die jeweilige Wettersituation, nicht aber die tatsächlichen jeweiligen Werte.
Abbildung 3 zeigt insgesamt eine gute Übereinstimmung der zeitlichen Dynamik zwischen den im Boden gemessenen Bodenfeuchtewerten (exemplarisch Messwerte in 15 cm Tiefe) und den simulierten Werten. Scheinbare Messwerte von 0 % Wassergehalt bzw. 0 % nutzbare Feldkapazität entstehen durch Datenlücken in Verbindung mit der Grundbodenbearbeitung (siehe Kapitel 2.1). Auffällig sind die Unterschiede im Extremtrockenjahr 2019. In 2021 waren die Niederschläge deutlich höher als in den Jahren

zuvor, und würde man nur diesen Zeitraum betrachten, wäre der zeitliche Verlauf der im Boden gemessenen Werte und der simulierten Werte sehr ähnlich.

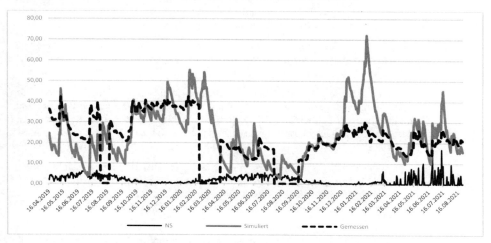

Abb. 3: Abbildung der Dynamik von Bodenfeuchtemesswerten am Standort Sponheim

3 SoFI-Ergebnis in der GeoBox-Infrastruktur

Als ein Ergebnis aus dem Projektvorhaben SoFI wird der stündlich neu modellierte Bodenfeuchtestatus an die GeoBox-Infrastruktur (GBI) geliefert. Basis ist dabei immer der Tageswert des Vortages. Die GeoBox-Infrastruktur (GBI) ist die resiliente, digitale Infrastruktur für die Landwirtschaft, um ein resilientes Smart Farming (RSF) [RSE19] zu ermöglichen. In dieser werden relevante Daten verschiedener Quellen zusammengeführt und für die landwirtschaftliche Nutzung bereitgestellt. Dabei handelt es sich um Daten, die öffentlich verfügbar sind, z. B. Bodendaten, Wetterdaten, sowie Daten, die von den Landwirten erhoben werden, wie z. B. der Nährstoffgehalt des Bodens.

Die Visualisierung der SoFI-Ergebnisse kann in der Anwendung GeoBox-Viewer (https://geobox-i.de/GBV-RLP/) im Fachbereich des Pflanzenbaus unter Kartenauswahl der Layer Bodenfeuchteklassen eingesehen werden. Dem Nutzer steht dort für alle landwirtschaftlichen Flächen in Rheinland-Pfalz der aktuelle Feuchtestatus sowie der Status der vergangenen zwei Tage zur Verfügung. Der Nutzer kann dort den Status seiner Flurstücke abrufen. Anhand der thematischen Einfärbung der Karte bekommt er gleichzeitig einen Überblick, ob in der Umgebung der abgefragten Fläche Unterschiede vorhanden sind. Die Bodenfeuchte nimmt dabei von dunkel nach hell ab. Diese digitale Entscheidungshilfe bietet den Nutzern nun die Möglichkeit, den landwirtschaftlichen Produktionsablauf zu verändern. Dabei können anstehende Arbeiten auf Flächen mit feuchten Böden, die u. a. zu Schäden der Bodenstruktur führen, zunächst auf trockenere Standorte verlegt werden.

Literaturverzeichnis

[Bi17] Birnesser, C. (2017). Smart Farming: der digitale Bauernhof. https://www.techtag.de/digitalisierung/smart-farming-der-digitale-bauernhof/

[Hö97]: Hörmann, G., (1997): SIMPEL - ein einfaches, benutzerfreundliches Bodenwassermodell zum Einsatz in der Ausbildung. Deutsche Gewässerkundliche Mitteilungen 1997, 41(2):67-72.

[Na19] Nafissi, A.; et al.: Wissensbasierte digitale Unterstützung in der Pflanzenbauberatung, 39. GIL-Jahrestagung: Informatik in der Land-, Forst- und Ernährungswirtschaft Fokus; Digitalisierung für landwirtschaftliche Betriebe in kleinstrukturierten Regionen – ein Widerspruch in sich? Lecture Notes in Informatics. (LNI), 287, Vienna, Austria, S. 145-150, 2019.

[Pf19] Pfeiffer, J.; et al. Gesellschaftliche Akzeptanz von Digitalisierung in der Landwirtschaft. 39. GIL-Jahrestagung: Informatik in der Land-, Forst- und Ernährungswirtschaft Fokus; Digitalisierung für landwirtschaftliche Betriebe in kleinstrukturierten Regionen – ein Widerspruch in sich? Lecture Notes in Informatics (LNI), 287, Vienna, Austria, S. 151-154, 2019.

[RSE19] Reuter C., Schneider W., Eberz D.: Resilient Smart Farming (RSF) – Nutzung digitaler Technologien in krisensicherer Infrastruktur, 39. GIL-Jahrestagung: Informatik in der Land-, Forst- und Ernährungswirtschaft Fokus; Digitalisierung für landwirtschaftliche Betriebe in kleinstrukturierten Regionen – ein Widerspruch in sich? Lecture Notes in Informatics (LNI), 287, Vienna, Austria., S. 177-182, 2019

Drohnenbasierte Messung der Pflanzenhöhe am Beispiel von Durchwachsener Silphie

Isabella Wohlfeld[1] und Sebastian Parzefall[2]

Abstract: Eine Möglichkeit zur Nutzung von Drohnen ist das Abschätzen der Biomasse auf dem Feld, wofür die Pflanzenhöhe wichtig ist. Deswegen wurde in diesem Versuch die Pflanzenhöhe der Durchwachsenen Silphie mit einer Drohne ermittelt. Für die Erstellung der Höhenmodelle wurden von Juni bis August vier Befliegungen mit je zwei Flügen in unterschiedlicher Höhe durchgeführt und die Bilder zur Erstellung von Oberflächenmodellen (engl. Digital Surface Model, DSM) genutzt. Das Geländemodell (engl. Digital Terrain Model, DTM) wurde mithilfe der Daten einer Befliegung vor Vegetationsbeginn berechnet. Als Differenz dieser Modelle wurden Höhenmodelle (engl. Canopy Height Model, CHM) berechnet, deren Genauigkeit mittels Höhenreferenzen untersucht wurde. Zusätzlich wurden jeweils zehn Pflanzen pro Ernteparzelle mit einem Messstab gemessen. Es wurden die RMSEs (Root Mean Square Error) zwischen den gemessenen Koordinaten der Höhenreferenzen und den aus den Modellen geschätzten Koordinaten sowie die RMSEs zwischen den geschätzten und gemessenen Pflanzenhöhen berechnet. Außerdem wurden lineare Regressionen mit diesen beiden Größen durchgeführt. Insgesamt konnten belastbare Höhenmodelle erzeugt werden, die händische Höhenmessungen überflüssig machen sowie die Weiterentwicklung zur Abschätzung der vorhandenen Biomasse erlauben.

Keywords: Pflanzenhöhe, Höhenmodell, DSM, Drohne, UAV, Durchwachsene Silphie

1 Einleitung

Ein in den letzten Jahren immer mehr erforschter Einsatzbereich ist der der Drohnen [Ya17]. Besonders für die Ermittlung der Biomasse zur Vorhersage des Ertrags, bei der die Pflanzenhöhe bedeutsam ist, sind in den letzten Jahren viele Versuche durchgeführt worden [Bo19; Ni19]. Zudem können zeitaufwändige, händische Messungen durch die Ermittlung der Pflanzenhöhe mithilfe einer Drohne vermieden werden, was beispielsweise in der Pflanzenzüchtung von großer Bedeutung ist [Vo21; Ya17]. In diesem Versuch wurde die Pflanzenhöhe mithilfe von Drohnendaten anhand eines Bestandes der Durchwachsenen Silphie des Technologie - und Förderzentrums im Kompetenzzentrum für Nachwachsende Rohstoffe (TFZ) ermittelt. Dies diente dem Zweck, festzustellen, ob die mit einer Drohne ermittelten Pflanzenhöhen brauchbar sind und im weiteren Schritt für eine Biomasseermittlung herangezogen werden können. Deswegen wurden als Ziele zum

---

[1] Technische Universität München Campus Straubing & Technologie- und Förderzentrum im Kompetenzzentrum für Nachwachsende Rohstoffe (TFZ), Schulgasse 22 & 18, 94315 Straubing, isabella.wohlfeld@gmail.com
[2] Technologie- und Förderzentrum im Kompetenzzentrum für Nachwachsende Rohstoffe (TFZ), Rohstoffpflanzen und Stoffflüsse, Schulgasse 18, 94315 Straubing, sebastian.parzefall@tfz.bayern.de

einen die Ermittlung der Pflanzenhöhe mittels einer Drohne und zum anderen die Überprüfung der Genauigkeit der erstellten Höhenmodelle festgelegt.

2 Material und Methoden

2.1 Beschreibung des Feldversuchs

Der Versuch liegt südlich der Stadt Straubing mit den Koordinaten N 48.8566° und E 12.5856°. Der Standort befindet sich auf einer Höhe von 335 bis 338 m über dem Meeresspiegel. Die Parzellen mit Durchwachsener Silphie wurden 2017 als Untersaat in Silomais etabliert und 2018 das erste Mal geerntet. Es sind insgesamt 72 Parzellen, die jeweils sechs Pflanzenreihen mit 0,75 m Abstand umfassen.

Die Höhenreferenzen wurden durch fünf unterschiedlich hohe Kistenstapel (0,22 m, 0,43 m, 0,63 m, 0,84 m und 1,24 m) in der Versuchsmitte dargestellt. Wie bei den Ground-Control-Points (GCPs) war auf der jeweils oberen Kiste ein Schachbrettmuster aufgebracht, um die Identifizierung in den Bildern zu erleichtern. Die Koordinaten der GCPs wurden mit einem Empfänger für globale Navigationssysteme (GNSS) aufgenommen, um die spätere Georeferenzierung der Drohnenbilder zu ermöglichen.

2.2 Höhenmessung der Pflanzen und Generieren der Höhenmodelle

Für die Bestimmung der Pflanzenhöhen der Durchwachsenen Silphie wurden zwei Varianten durchgeführt. Für die erste Variante wurden Bilder von Drohnenbefliegungen mit einem Photogrammetrieprogramm verarbeitet. Hierbei wurde die Drohne Mavic 2 Pro von DJI (DJI Ltd., Shenzhen, China) eingesetzt. Sie ist ausgestattet mit einer RGB-Kamera mit 20 Megapixeln. Bei jedem Befliegungstermin wurden zwei Flüge durchgeführt, einmal in 25 m Höhe und in 35 m Höhe. Die Blickrichtung der Kamera wurde senkrecht nach unten eingestellt. Die Fluggeschwindigkeit betrug 1 bis 2 m s^{-1}. Die Bilder wurden bei einer Flughöhe von 25 m mit 70 % seitlicher und 80 % vorderer Überlappung aufgenommen. Bei dem Flug auf 35 m Höhe waren es 80 % seitliche und 80 % vordere Überlappung.

Bei der zweiten Variante wurden die Pflanzenhöhen per händischen Messungen erfasst. Dabei wurden mit dem Messstab zehn zufällig ausgewählte Pflanzen innerhalb einer Ernteparzelle gemessen. Als gemessene Höhe wurde der Wert vom Boden bis hin zum höchsten Punkt der Pflanze festgelegt. Insgesamt gab es vier Termine, zu denen beide Methoden durchgeführt wurden. Zusätzlich wurde das Entwicklungsstadium der Durchwachsenen Silphie am jeweiligen Termin bestimmt.

Um als abschließendes Ergebnis die Höhenmodelle mit den Pflanzenhöhen der Silphie zu erhalten, werden das Geländemodell und die Oberflächenmodelle benötigt. In diesem Versuch wurde die Software Pix4Dmapper (Pix4D S.A., Lausanne, Schweiz) genutzt, um die

DSMs, das DTM sowie die Orthofotos zu generieren. Die GSDs (Ground Sampling Distance) der DSMs betrugen für 25 m bzw. 35 m Flughöhe jeweils 0,5 bzw. 0,8 cm je Pixel. Abschließend wurde das CHM erstellt. Dafür muss das DTM von dem DSM abgezogen werden [Bo19]. Für diesen Zweck wurde der „Wuchshöhenrechner" der Geoinformationssoftware MiniGIS 2 (geo-konzept GmbH, Adelschlag, Deutschland) verwendet.

2.3 Auswertung und Vergleich der Messverfahren

Der RMSE der x-, y- und z-Koordinaten der Markierungen auf den Höhenreferenzen wurde für alle Befliegungen berechnet. Die Koordinaten wurden auf dem Feld mit dem GNSS-Empfänger Stonex S900T (STONEX.DE, Nienburg, Deutschland) eingemessen. In der open-source Geoinformationssoftware QGIS (Version 3.16.8) wurden die erstellten DSMs, das DTM sowie die Orthofotos hochgeladen. Die x- und y-Koordinaten des DSMs wurden mithilfe der Orthofotos erhalten. Diese wurden im DSM lokalisiert und die z-Koordinate abgelesen.

Der Mittelwert der zehn Messungen jeder Ernteparzelle diente als „ground truth". Um festzustellen, welche der vom CHM erhaltenen Pflanzenhöhen am ehesten mit den tatsächlichen Messungen übereinstimmen, wurden drei Bereiche definiert, um zu erkennen, bei welchem die geschätzte Pflanzenhöhe am ehesten mit den tatsächlichen Messungen übereinstimmt. Als Bereiche wurden jeweils der Mittelwert der 70-80 %, 80-90 % sowie 90-99 % Quantilen der Ernteparzellen der Höhenmodelle festgelegt. Diese drei Mittelwerte repräsentieren die geschätzten Pflanzenhöhen und wurden genutzt, um den RMSE zwischen den Pflanzenhöhen des CHMs und den händisch gemessenen Werten zu berechnen. Zusätzlich wurden lineare Regressionen durchgeführt. Bei der vierten Befliegung wurden aufgrund stärkeren Lagers sechs Parzellen von den Berechnungen ausgeschlossen.

3 Ergebnisse

Die Werte der RMSEs der Höhenreferenzen reichten für die x-Koordinate von 0,40-1,40 cm, für die y-Koordinate von 0,60-2,20 cm und für die z-Koordinate von 1,60-9,90 cm. Der höchste Wert mit 9,90 cm wurde bei dem vierten Termin bei einer Flughöhe von 35 m beobachtet. Wird der RMSE für die Höhenreferenzen aller Befliegungen betrachtet, so wurde für die x-Koordinate ein RMSE von 1,00 cm, für die y-Koordinate ein RMSE von 1,20 cm und für die z-Koordinate ein RMSE von 5,50 cm erzielt.

Zusätzlich wurden die RMSEs betrachtet, die für den Vergleich zwischen den Werten der händisch gemessenen Höhe und den aus den Höhenmodellen geschätzten Pflanzenhöhen herangezogen wurden. Als Ergebnis bei 25 m Flughöhe wurden Werte von 6,00-29,00 cm erreicht. Für die RMSEs bei einer Flughöhe von 35 m betrugen die Werte 4,00-28,00 cm.

Der nachfolgende Graph (Abb. 1) zeigt die Werte der gemessenen Höhe und der geschätzten Pflanzenhöhen sowie die dazugehörige Regressionsgerade aller Termine. Jeder Graph enthält dabei zwei Regressionsgeraden. Eine für die Werte der 25-m-Flughöhe und eine für die Flughöhe von 35 m. Alle linearen Modelle und Bestimmtheitsmaße R^2 sind hoch signifikant mit p < 0,01. Die Werte von R^2 bezogen auf alle Befliegungen und die drei Intervalle der geschätzten Pflanzenhöhen bewegten sich im Bereich 0,53-0,57 und 0,78-0,96.

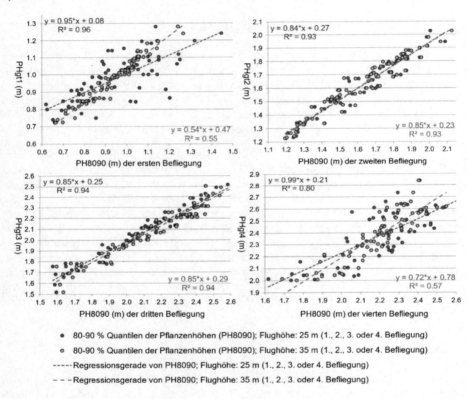

Abb. 1: Scatterplots und Regressionsgeraden aller Termine mit den geschätzten Pflanzenhöhen der 80-90 % Quantilen des CHMs (25 m und 35 m Flughöhe) und den gemessenen Pflanzenhöhen. PHgt: händisch gemessene Pflanzenhöhe der jeweiligen Befliegung (1-4). PH8090: Mittelwert der 80-90 % Quantile des entsprechenden Höhenmodells. 1. bis 4. Befliegung von links oben nach rechts unten.

4 Diskussion

Für die x- und y-Koordinaten wurden RMSEs von maximal 2,2 cm berechnet. In anderen Studien wurden ähnliche Genauigkeiten mit einem RMSE von bis zu 3,09 cm erhalten [Ha18; Bo19]. Für die z-Koordinaten erstreckten sich die RMSEs in diesem Versuch von 1,60-9,90 cm. Vergleichbare Studien erreichten geringere Werte von maximal 2,22 cm [Bo19; Ha18]. Die größten Abweichungen von über 9 cm ergaben sich bei dem vierten Termin für die RMSEs beider Flughöhen. Dies könnte durch stärkeren Wind und folglich unscharfe Bilder entstanden sein, die die Qualität der generierten Höhenmodelle negativ beeinflusst haben könnten [Ha18]. Zusätzlich könnten die wechselhaften Lichtverhältnisse während der Flüge die Ergebnisse beeinflusst haben [BP20].

Die Werte der RMSEs für die Pflanzenhöhen lagen durchschnittlich bei 0,13 m (25 m Flughöhe) und 0,11 m (35 m Flughöhe). In anderen Studien wurden ähnliche Resultate bezüglich des RMSEs in Kulturen wie Sorghum oder Mais erzielt, mit Werten von bis zu 0,20 m [Ha18; Ni19]. Eine Vielzahl von Gründen können zu den höheren Werten der RMSEs, wie bei dem vierten Termin mit 0,29 m, geführt haben. Beispielsweise Bewegungen der Pflanzen im Wind, wodurch weniger Übereinstimmungen zwischen den Bildern vorhanden sind, was dazu führt, dass die Qualität des DSMs negativ beeinflusst wird [THS20]. Zusätzlich könnten die Pixelwerte der CHMs durch die Werte von Pixeln des Bodens oder der Blätter verzerrt worden sein [Gi21], da der Bestand zu Beginn noch Lücken aufwies und später die endständigen Blüten der Silphie so klein waren, dass die Blätter der Pflanzen darunter sichtbar waren. Außerdem könnte der GSD von 0,8 bzw. 0,5 cm dafür verantwortlich sein, dass die endständigen, stark verzweigten und kleinen Blüten nicht als höchster Punkt erkannt wurden. Zusätzlich wiesen viele Parzellen Lager auf. Da für den Versuch nur aufrechte Pflanzen gemessen wurden, würden die niedrigeren Höhenwerte des CHMs dazu führen, dass die RMSEs höhere Werte erreichen.

Eine weitere Beobachtung bezüglich der RMSEs ist, dass die besten Übereinstimmungen bei verschiedenen Quantilenbereichen auftraten. Dies könnte an den unterschiedlichen Entwicklungsstadien der Silphie an dem Zeitpunkt der Befliegungen liegen. Für den BBCH 33-35 waren die Werte des PH9099 die beste Repräsentation der Pflanzenhöhen, für BBCH 51 die Pflanzenhöhen des PH8090, für die dritte Befliegung bei dem BBCH 59-65 der Bereich der 70-80 % Quantilen der aus dem CHM erhaltenen Pflanzenhöhen und bei dem letzten Termin der PH9099.

Die linearen Regressionen zeigen, mit Ausnahme von Flügen des ersten und vierten Termins bei 25 m Flughöhe, mit einem $R^2 > 0,78$ einen starken Zusammenhang der gemessenen Pflanzenhöhen mit den geschätzten Höhen. Die geringeren Werte des Bestimmtheitsmaßes von 0,53-0,57 für den ersten und letzten Termin könnten durch eine schlechtere Qualität des DSMs verursacht worden sein. Ergänzend zu den oben genannten Gründen könnten Messfehler bei den händischen Messungen oder die im Vergleich mit den Datenpunkten des CHMs geringe Anzahl an händischen Messungen Fehlerquellen gewesen sein.

5 Fazit

Abschließend lässt sich der Schluss ziehen, dass der Einsatz der Drohne zur Erfassung der Pflanzenhöhe der Durchwachsenen Silphie erfolgreich war. Sowohl die Resultate der berechneten RMSEs als auch der linearen Regressionen zeigen, dass es praktikabel ist, die Pflanzenhöhen mithilfe des Einsatzes von Drohnen zu bestimmen und die Werte für eine Biomasseermittlung zu verwenden. Die Vorteile liegen dabei vor allem in der Zeitersparnis und den vermutlich genaueren Werten. Die Herausforderungen hierbei liegen unter anderem in der Wetterlage am Tag des Einsatzes (v. a. Wind), den optimalen Einstellungen der Flugparameter der Drohne (z. B. Flughöhe), der Qualität der generierten DSMs, der Wahl des optimalen Bereichs der Pflanzenhöhen, die aus dem CHM erhalten werden, und der Beurteilung der Genauigkeit der DSMs (z.B. mit Höhenreferenzen) [Bo19; Vo21].

Literaturverzeichnis

[BP20] Berra, E. F.; Peppa, M. V.: ADVANCES AND CHALLENGES OF UAV SFM MVS PHOTOGRAMMETRY AND REMOTE SENSING: SHORT REVIEW. In (Hernández Palma, H. J. et al., Hrsg.): Int. Arch. Photogramm. Remote Sens. Spatial Inf. Sciences. Copernicus GmbH. S. 267-272, 2020.

[Bo19] Borra-Serrano, I.; Swaef, T. de; Muylle, H.; Nuyttens, D.; Vangeyte, J.; Mertens, K.; Saeys, W.; Somers, B.; Roldán-Ruiz, I.; Lootens, P.: Canopy height measurements and non-destructive biomass estimation of Lolium perenne swards using UAV imagery. Grass and Forage Science 3/19, S. 356-369, 2019.

[Gi21] Gilliot, J. M.; Michelin, J.; Hadjard, D.; Houot, S.: An accurate method for predicting spatial variability of maize yield from UAV-based plant height estimation: a tool for monitoring agronomic field experiments. Precision Agriculture 3/21, S. 897-921, 2021.

[Ha18] Han, X.; Thomasson, J. A.; Bagnall, G. C.; Pugh, N. A.; Horne, D. W.; Rooney, W. L.; Jung, J.; Chang, A.; Malambo, L.; Popescu, S. C.; Gates, I. T.; Cope, D. A.: Measurement and Calibration of Plant-Height from Fixed-Wing UAV Images. Sensors 12/18, 4092, 2018.

[Ni19] Niu, Y.; Zhang, L.; Zhang, H.; Han, W.; Peng, X.: Estimating above-ground biomass of maize using features derived from UAV-based RGB imagery. Remote Sensing 11/19, 1261, 2019.

[THS20] Tirado, S. B.; Hirsch, C. N; Springer, N. M.: UAV-based imaging platform for monitoring maize growth throughout development. Plant Direct, 6/20, 2020.

[Vo21] Volpato, L.; Pinto, F.; González-Pérez, L.; Thompson, I. G.; Borém, A.; Reynolds, M.; Gérard, B.; Molero, G.; Rodrigues, F. A.: High Throuput Field Phenotyping for Plant Height Using UAV-Based RGB Imagery in Wheat Breeding Lines: Feasibility and Validation. Frontiers in Plant Science, 591587/21, 2021.

[Ya17] Yang, G.; Liu, J.; Zhao, C.; Li, Z.; Huang, Y.; Yu, H.; Xu, B.; Yang, X.; Zhu, D.; Zhang, X.; Zhang, R.; Feng, H.; Zhao, X.; Li, H.; Yang, H.: Unmanned aerial vehicle remote sensing for field-based crop phenotyping: Current status and perspectives. Frontiers in Plant Science, 1111/17, 2017.

Innovation Farm – Innovative Technologien für die Landwirtschaft erlebbar machen

Österreichs digitaler Musterbauernhof im Überblick

Markus Gansberger [1], Christian Fasching[2], Christoph Berndl[3], Martin Hirt[4], Peter Müllner[5] und Franz Handler[1]

Abstract: Das Projekt „Innovation Farm" wurde gestartet, um bereits vorhandene, marktreife, digitale Agrartechnologien für die landwirtschaftliche Praxis in Österreich anschaulich zu machen. Im Zentrum stehen dabei unabhängige Tests auf unterschiedlichen Standorten, die Analyse der Ergebnisse sowie der anschließende Wissenstransfer hin zu praktizierenden Landwirten. Die einzelnen Maschinen, Geräte und Anwendungen werden von einer Vielzahl unterschiedlicher Unternehmen bereitgestellt. Im Bereich „Ressourceneffizienz und Precision Farming" sind dies Lenksysteme, Teilbreitenschaltung, Systeme zur Beikrautregulierung, teilflächenspezifische Bewirtschaftung oder die automatische Anpassung der Arbeitstiefe. Im Bereich „Tiergesundheit und Tierwohl" werden tierindividuelle Sensoren zur Überwachung und Kontrolle sowie Fütterungs- und Entmistungstechniken erprobt. Bei „Assistenzsystemen und Robotik" stehen Themen im Vordergrund, welche die physische und psychische Entlastung der Bewirtschaftenden zum Ziel haben.

Keywords: Digitalisierung, Landwirtschaft 4.0, Precision Farming, Prozessoptimierung, Ressourceneffizienz

1 Einleitung

Im Jahr 2019 veröffentlichte das damalige Bundesministerium für Nachhaltigkeit und Tourismus in Österreich einen Aufruf zur Einreichung von Projekten auf Basis der Sonderrichtlinie „LE-Projektförderungen". Die inhaltliche Zielsetzung umfasste unter anderem den Aufbau von Demonstrationsbetrieben zu digitalen Technologien, um den Nutzen innovativer Technologien für die österreichische Landwirtschaft aufzuzeigen und in weiterer Folge die Anwendung zu fördern. Bei diesem Aufruf war ein breit getragenes Konsortium mit über 20 Partnern erfolgreich, woraus das im Jänner 2020 gestartete Projekt „Innovation Farm" entstand.

---

[1] HBLFA Francisco Josephinum, Rottenhauser Straße 1, A-3250 Wieselburg, markus.gansberger@josephinum.at, https://orcid.org/0000-0001-9330-684X, franz.handler@josephinum.at
[2] HBLFA Raumberg-Gumpenstein, Raumberg 38, A-8952 Irdning-Donnersbachtal, christian.fasching@raumberg-gumpenstein.at
[3] Bildungswerkstatt Mold, Mold 72, A-3580 Mold, christoph.berndl@mold.lk-noe.at
[4] Landwirtschaftskammer Österreich, Schauflergasse 6, A-1015 Wien, m.hirt@lk-oe.at
[5] Josephinum Research, Rottenhauser Straße 1, A-3250 Wieselburg, peter.muellner@josephinum.at

2 Material und Methoden

Seit dem Projektstart wird im Rahmen der Innovation Farm angewandte Forschung zu den Themen Precision Farming und Digitalisierung in der Landwirtschaft betrieben. Versuche zu ausgewählten Landtechnik-Innovationen werden konzipiert, durchgeführt und ausgewertet. Darauf aufbauend wird das gewonnene Wissen in der Folge durch Disseminations- und Bildungsmaßnahmen den relevanten Zielgruppen zugänglich gemacht. Die empirische Arbeit wird auf den drei Standorten der Innovation Farm an der HBLFA Francisco Josephinum Wieselburg, HBLFA Raumberg-Gumpenstein und Bildungswerkstatt Mold erbracht. Der Großteil der Versuche findet an diesen drei Standorten statt, zusätzlich stellen auch Praxisbetriebe Versuchs- und Demonstrationsflächen oder Ställe in unterschiedlichen Bundesländern zur Verfügung. Fokus der Innovation Farm ist die Darstellung des Nutzens digitaler Agrartechnologien für den Endanwender. Die Arbeit konzentriert sich daher auf bereits möglichst marktreife Technologien, die für den Versuchszeitraum von den jeweiligen Herstellern und Anbietern zur Verfügung gestellt werden. Die Arbeit der Innovation Farm beschränkt sich auf Produktionstechniken.

3 Ergebnisse und Diskussion

3.1 Themenbereiche und Use Cases der Innovation Farm

Die Innovation Farm ist bestrebt, ein möglichst breites Spektrum an landwirtschaftlichen Prozessen abzudecken, die mithilfe digitaler Technologien optimiert werden können. Die Darstellung der durchgeführten Projekte, die unter dem Titel „Use Cases" firmieren, erfolgt im Folgenden nach der Funktionsweise der betrachteten Technologien.

<u>Ressourceneffizienz und Precision Farming</u>

Hier stehen vor allem Technologien im Fokus, die eine Prozessoptimierung im Ackerbau ermöglichen und helfen, Betriebsmittel optimal einzusetzen oder einzusparen. Durch die Anwendung von RTK-Lenksystemen und eine verbesserte Fahrspurplanung werden Überlappungen bei den einzelnen Überfahrten reduziert und der Betriebsmitteleinsatz optimiert. Darauf aufbauende Potenziale bieten die automatische Teilbreitenschaltung, die beim Anbau bis hin zum mechanischen Pflanzenschutz bei Hackgeräten zum Einsatz kommt, sowie die teilflächenspezifische Bewirtschaftung. Damit die Verteilung des Düngers speziell im Randbereich auch angemessen genau erfolgt, sorgen verschiedene Grenzstreusysteme für eine gezielte und gleichmäßige Ausbringung. Präzise Sensortechnik bildet vom Anbau bis zur Ernte ein Kernelement der Landwirtschaft 4.0. Die erfassten Daten bieten beispielsweise die Möglichkeit, je nach Bodenbeschaffenheit Teilflächen im Feld tiefer oder weniger tief bearbeiten zu können. Ebenso kann beim Pflug die Arbeitsbreite automatisch an die Feldkonturen angepasst werden, um Keilflächen am Rand zu vermeiden. Auch bei der Beikrautregulierung sind innovative Entwicklungen zu sehen. Mit Kameras und einem Seitenverschubrahmen können Hackgeräte so gesteuert werden, dass sie möglichst nahe an Pflanzen in Reihenkulturen herankommen, ohne sie zu verletzen.

Tiergesundheit und Tierwohl

Automatisierung von Routinearbeiten, Effizienzsteigerung des Betriebsmitteleinsatzes und Steigerung des Tierwohles sind in der modernen Viehhaltung wesentliche Ziele. Auf vielen rinderhaltenden Betrieben sind Roboter bereits angekommen – diese übernehmen das Melken, das Entmisten, das Futteranschieben, das Einstreuen etc. Einzelne Anwendungen werden dabei auch an der Innovation Farm unter die Lupe genommen. Einen weiteren Schwerpunkt bilden tierindividuelle Sensoren, die zur Überwachung der Tiergesundheit, des Brunstverhaltens oder der Widerkautätigkeit dienen. Diese können am Hals, im Pansen oder am Ohr abgebracht sein. Im Bereich der Almwirtschaft können mithilfe von „Weide-GPS" Positionen und Bewegungen von Almtieren überwacht werden.

Assistenzsysteme und Robotik

In diesem Bereich werden Systeme zur Automatisierung landwirtschaftlicher Arbeitsprozesse bzw. zur Reduktion des täglichen, physischen Arbeitsaufwandes behandelt. Das Spektrum der untersuchen Innovationen reicht dabei von Telemetriesystemen zur Fahrzeugüberwachung, Einsatzdokumentation und Anbaugeräteerkennung bis zur sensorbasierten Wildtierkennung für die Detektion von Rehkitzen bei der Mahd. Mit Sä- und Hacktechnik ausgestattete Feldroboter erledigen bei einem Versuch mit Bio-Zuckerrübe den Anbau sowie die anschließende mechanische Beikrautregulierung. Weitere Use Cases behandeln Systeme für die Ernte: Eine Ballenpresse mit der ISOBUS-Funktionalität TIM (Tractor Implement Management) steuert den Traktor für eine maximale Auslastung der Presse und eine Entlastung des Fahrers. Mähdrescher mit speziellen Sensoren optimieren automatisch Druschparameter wie Maschinenauslastung, Druschverluste und Kornqualität.

3.2 Wissenstransfer

Um das im Zuge der Use Cases aufgebaute Wissen gezielt den praktischen Anwendern zu vermitteln, wird an der Innovation Farm großer Wert auf den Wissenstransfer gelegt. Hierzu wird ein umfangreiches Angebot an Bildungs- und Disseminationsmaßnahmen realisiert, welches speziell auf die Zielgruppen zugeschnitten ist. Die Reichweite und Zielsicherheit der umgesetzten Maßnahmen wird durch die Zusammenarbeit mit den Bildungs- und Medienpartnern erheblich gesteigert.

Im ersten Schritt wird zur Schaffung von Bewusstsein für die bereits bestehenden und zukünftigen Möglichkeiten zur Optimierung landwirtschaftlicher Betriebe auf die große Reichweite digitaler Medien gesetzt. Zudem wird auf kostenlose Webinare der Bildungspartner gesetzt, um einen Überblick über die Anwendungsmöglichkeiten der Digitalisierung zu geben. Auch physisch werden auf Fachmessen Informationsangebote geschaffen.

Als zweite Säule fußt das Konzept der Wissensvermittlung der Innovation Farm auf facheinschlägigen Bildungsmaßnahmen, die auf den Informationsangeboten aufbauen. Eine Besonderheit bietet hier die enge Zusammenarbeit mit den schulischen und tertiären Bildungseinrichtungen im agrarischen Sektor. Es besteht dadurch die Chance, den Landwirten von morgen bereits im Zuge ihrer Ausbildung einen Einblick in Technologien der Landwirtschaft 4.0 zu bieten und ihnen die Potenziale des Einsatzes moderner Landtechnik begreifbar zu machen. Eine Ebene darüber setzen Multiplikatorschulungen an: Hierbei wird das erarbeitete Knowhow an Lehrer und Berater weitergegeben, die es in der Folge in ihren Funktionen als Wissensvermittler vervielfachen. Wesentliches Kernelement der Bildungsmaßnahmen sind schließlich regelmäßig stattfindende Seminare, Webinare und Impulsvorträge, die über zertifizierte Bildungspartner in der Landwirtschaft abgewickelt werden. Um eine Brücke zwischen der grundlegenden Sichtbarmachung digitaler Technologien und fundierten Inputs in Form von Vorträgen und Schulungen zu schlagen, hat die Innovation Farm zusätzlich zwei eigene Formate geschaffen. Mit *Innovation Farm Live* wird in Form eines digitalen Feldtages ein Überblick über die aktuell bearbeiteten Themen an der Innovation Farm geboten. Bei den *Innovation Days* werden gezielt relevante Zielgruppen zu den Innovation-Farm-Standorten und -Versuchsfeldern eingeladen, um ihnen im Zuge von Feldtagen und Vorführungen die Innovationen näher zu bringen, diese physisch erlebbar zu machen und facheinschlägige Informationen zu vermitteln.

4 Fazit

Die an der Innovation Farm eingesetzten Technologien geben einen vielfältigen Einblick in die Möglichkeiten digitaler bzw. computergestützter Verfahren in der landwirtschaftlichen Produktion. Für einen breitflächigen Einsatz in der (im europäischen Vergleich) kleinstrukturierten österreichischen Landwirtschaft stehen zum Teil jedoch noch hemmende Faktoren wie ökonomische Rentabilität oder einfache Anwendbarkeit (Usability/"Plug and Play") entgegen. Die Weitergabe des erarbeiteten Wissens als Kernaufgabe der Innovation Farm soll es den Landwirten ermöglichen, einen Einblick in die Möglichkeiten digitaler Technologien zu erhalten. Die angebotenen Bildungsmaßnahmen gewähren den Interessenten die Chance, die Aufwände für die Anschaffung mit dem (arbeits-)wirtschaftlichen Nutzen gegenüberzustellen und für den eigenen Betrieb abzuwägen.

Wissenstransfer im Experimentierfeld LANDNETZ

Vernetzen und partizipieren

Dorothée Heyde [1]

Abstract: Die Bereiche Wissenstransfer und Öffentlichkeitsarbeit weisen in vielen Punkten fließende Übergänge auf und sind oft schwer voneinander abzugrenzen. Eine hohe Reichweite der Weitergabe von generierten Erkenntnissen aus dem Experimentierfeld heraus ist nur zu erreichen, wenn diese Erkenntnisse so vielfältig wie möglich präsentiert werden. Dabei sind die verfügbaren Möglichkeiten von der Struktur der Kooperationspartner, der personellen Ausstattung, der Affinität der einzelnen beteiligten Personen und den Restriktionen der kooperierenden Einrichtungen abhängig. Umso wichtiger ist die Zusammenarbeit im Bereich Wissenstransfer mit anderen Experimentierfeldern, inhaltlich verwandten Initiativen, bekannten meinungsbildenden Einrichtungen und sozialen Netzwerken. Diese netzartige Informationsverteilung führt zu einer größtmöglichen Streuung der eigenen Inhalte und Erfahrungen. Das langfristige Ziel sollte es dabei sein, über viele Wege und verschiedene Medien eine zentrale Informationsplattform zu befüllen, um die potenziellen Nutzer unkompliziert mit den wichtigsten Informationen zu versorgen.

Keywords: Wissenstransfer, Vernetzung, Partizipation, Wissensplattform

1 Einleitung

Im Experimentierfeld LANDNETZ werden die Technologien erprobt, die Voraussetzung für ein breit angelegtes „Smart Farming" sind. Dabei liegt der Fokus auf den erforderlichen Kommunikations- und Cloudinfrastrukturen zur drahtlosen Datenübertragung mit Hilfe von 5G im ländlichen Raum, der Vernetzung innerhalb landwirtschaftlicher Betriebe und der Nutzung von Datenhubs in einer ausgewählten Modellregion Sachsens. Die Anwendungsfelder beziehen sich dabei auf die Prozessoptimierung, befördert durch Digitalisierung und Vernetzung von Aktionen. Der Wissenstransfer steht im Mittelpunkt der Projektarbeit. Die Erkenntnisse und Anwendungsfälle werden aktiv nach außen kommuniziert, um vor allem die Anwender in der landwirtschaftlichen Praxis, aber auch Forschungseinrichtungen, Behörden und weitere Institutionen der Öffentlichkeit zu erreichen. Der Grundgedanke hinter dem Wissenstransfer des Experimentierfeldes liegt dabei vor allem in der Vernetzung und Partizipation.

---

[1] Landesamt für Umwelt, Landwirtschaft und Geologie, Abteilung 7 Landwirtschaft, Stabsstelle Digitalisierung, Am Park 3, 04886 Arzberg, dorothee.heyde@smekul.sachsen.de,

2 Vorüberlegung

2.1 Planung und Voraussetzungen

In der Federführung des Wissenstransfers im Experimentierfeld LANDNETZ ist das Sächsische Landesamt für Umwelt, Landwirtschaft und Geologie (LfULG) bereits im Vorfeld des Projektes breit aufgestellt. Die Zielgruppe der praktizierenden Landwirte wird durch das detaillierte Fort- und Weiterbildungsprogramm des LfULG aktiv angesprochen und Informations- und Kommunikationswege sind der Fachöffentlichkeit allgemein bekannt. Die inhaltliche Ergänzung der bereits bestehenden Formate mit Beiträgen aus LANDNETZ konnte so zeitnah umgesetzt werden. Gleiches gilt für die bestehende Vernetzung des Fraunhofer Institutes für Verkehrs- und Infrastruktursysteme (IVI), der Technischen Universität Dresden (TUD) und des LfULG zu Industrie, Wirtschaft und Forschungseinrichtungen. Weiterhin wurden erste Kontakte zu anderen Initiativen bereits in der Startphase aufgenommen und Vorbesprechungen für das Prüfen gemeinsamer Themenschwerpunkte und möglicher Kooperationen anberaumt. Die landeseigene Initiative zur Digitalisierung in der Landwirtschaft (*simul+InnovationHub*) diente als Dreh- und Angelpunkt zur fachlichen Initialisierung des Experimentierfeldes, um Landesinitiative und Bundesinitiative gemeinsam voranzubringen und einen größtmöglichen Erkenntnisgewinn zu erreichen.

2.2 Konzept Wissenstransfer

Das Vorgehen zur Wissensvermittlung im Rahmen des Experimentierfeldes wurde in einem eigens entwickelten Wissenstransferkonzept festgehalten. Das entstandene Konzept bezieht sich auf definierte Zielgruppen, welche aktiv durch die Inhalte von LANDNETZ angesprochen werden sollen. Im Folgenden werden die Formate der Transferangebote näher erläutert. Hierbei gibt es Unterschiede in den Veranstaltungsformaten zwischen Feldtag, Anwenderseminar, Workshop, Arbeitsgruppe, Netzwerktreffen, Fachtag und Interessengemeinschaft, sowie Kooperationen mit anderen Initiativen. Diese Kooperationen bieten die Möglichkeit, eigene Inhalte durch die Kanäle anderer Netzwerke zu teilen und somit weiter zu verbreiten. Die kooperierenden Initiativen bekommen umgekehrt die Möglichkeit, LANDNETZ-Strukturen für sich zu nutzen. Dies schafft Vorteile auf allen Seiten, da die Stakeholder über mehrere Wege an wichtige Informationen gelangen können und die Inhalte aus den Forschungsthematiken möglichst breit gestreut werden.

3 Ausgestaltung des Wissenstransfers

Die angesprochenen Kanäle für den Wissenstransfer werden im Laufe der Projektphasen stetig mit Inhalten befüllt. Die thematische Aufarbeitung verschiedener Problemstellungen, der aktuelle Projektfortschritt und die Formulierung weiterer Fragestellungen bilden dabei die Grundlage des Transfergeschehens.

Die inhaltliche Unterstützung bereits vorhandener Wissenstransferformate des LfULG mit Inhalten der Experimentierfeldarbeit und die Ausgestaltung eigener Formate führte zu Angeboten für Landwirte und weitere Teilnehmer des interessierten Fachpublikums, wie die Reihe „Digitales Nährstoffmanagement" für den Pflanzenbau und ein Workshop zu Potenzialen von Sensorik in der Rinderhaltung. Weitere Veranstaltungen sind bereits für das Projektjahr 2022 in Planung. Sowohl die Website LANDNETZ als auch die hauseigenen Informationsmaterialien des LfULG, wie der LfULG-Newsletter mit ca. 900 Lesern und der LfULG-Infodienst mit 5.500 Abonnenten, werden als Transfermedien genutzt. Die Formulierung verschiedener Fachartikel zu Projektinhalten für Fachzeitschriften, wie eine aktuell laufende Artikelserie in der Bauernzeitung mit ca. 18.400 Exemplaren je Ausgabe, ist ebenfalls Teil des Transferangebotes. Mit der regelmäßigen Platzierung von Beiträgen aus dem Experimentierfeld heraus kann eine hohe Reichweite erzielt werden. Zusätzlich zu den Veranstaltungen des LfULG-Veranstaltungskalenders werden sowohl die überbetriebliche Ausbildung als auch Weiterbildungen von Fachpersonen durch Inhalte aus dem Experimentierfeld bereichert. Hierbei sind die Winterschulungen der Fachbildungszentren in Sachsen, die Weiterbildung von Berufsschullehrern und die aktive Mitgestaltung von Lehreinheiten für Berufsschüler, Meisterschüler und Anwenderschulungen zu nennen. Des Weiteren werden seit Start des Projektes regelmäßig Vortragsanfragen unterschiedlichster Initiativen wahrgenommen. Die aktive Recherche und ein guter Überblick weiterer Initiativen im Bereich Digitalisierung Landwirtschaft ist die Grundvoraussetzung für eine gute Vernetzung, wie beispielsweise der Austausch mit dem Informationssystem für die integrierte Pflanzenproduktion (ISIP) und der Zentralstelle der Länder für EDV-gestützte Entscheidungshilfen und Programme im Pflanzenschutz (ZEPP) zum Datenaustausch aus den Erprobungsprojekten zum Pflanzenschutz.

Ein besonderes Anliegen besteht darin, trotz begrenzter personeller Ressourcen eine möglichst große Reichweite der Projektinhalte zu erzielen. Aus diesem Grund steht die Generierung von Output, in Form von Veröffentlichungen, aber auch die Vernetzung mit anderen thematisch verwandten Projekten im Fokus des Wissenstransfers. So nahmen im August 2021 Projektmitarbeiter von LANDNETZ am regionalen Stalltag von DigiMilch teil, um Inhalte des Projektes zu präsentieren. Umgekehrt diente die LANDNETZ-Regionalkonferenz sieben Experimentierfeldern als Plattform. Die strukturierte Vernetzung zu Industriepartnern wird durch einen Newsletter und Workshops mit Kooperationspartnern durchgeführt. Weiterhin sind regelmäßige Netzwerktreffen mit Vertretern der Modellregion und der Partnerbetriebe wichtig, um vor allem Informationen über die Infrastruktur im Experimentierfeld, aber auch fachliche Fragestellungen, zu transferieren. Das Experimentierfeld CattleHub weist durch seine räumliche, aber auch thematische Nähe viele Schnittmengen in der fachlichen Arbeit und den Transferaktivitäten auf. Die Kooperation zu den Experimentierfeldern BeSt-SH und EF-Südwest lebt durch die Umsetzung gemeinsamer Expertenkreise, Veröffentlichungen von Fachartikeln und durch die aktive Unterstützung der Wissenstransferplattform Farmwissen. Dabei werden sowohl die strukturelle Erarbeitung des Informationsbereiches „Nutztier" als auch die Ergebnisse aus eigenen Erprobungen, sowie das erstellte Schema zur Bewertung einzelner Verfahren in die Plattform einfließen.

4 Fazit

Der Wissenstransfer im Experimentierfeld LANDNETZ setzt klare Schwerpunkte. Es gibt ausgewählte eigene Formate, aber die Unterstützung und inhaltliche Ausgestaltung bereits bestehender Formate der beteiligten Struktureinheiten und die Mitgestaltung neuer Formate kooperierender Experimentierfelder und Institutionen sind zentrale Ziele. Im Fokus steht dabei ein gebündelter Wissenstransfer mit hochwertigen Veranstaltungen und Veröffentlichungen. Das Zielpublikum sind die Anwender in der Praxis mit begrenzten zeitlichen Ressourcen und einem hohen „Informationsdruck". Daher sollten wenige und dafür inhaltlich hervorragend aufgearbeitete und an das Zielpublikum angepasste Formate entwickelt werden. Die Transferveranstaltungen sind im Jahresverlauf an die Verfügbarkeit der Teilnehmer orientiert aufzustellen. Der Pflanzenbau und die Tierhaltung unterliegen jahreszeit- bzw. tageszeitbedingten Arbeitsspitzen, dies sollte bei einer Angebotsplanung Berücksichtigung finden. Kurze Onlineformate mit Informationsgehalt oder Tagesangebote mit Schulungscharakter haben sich in der Wissensvermittlung bereits bewährt.

Als Fokus für den Wissenstransfer im Experimentierfeld ist deutlich die Bedeutung einer gemeinsamen Basis für die Inhalte der Experimentierfelder herauszustellen. Eine Plattform kann, gemeinsam ausgestaltet, als effiziente Form des Wissenstransfers möglicherweise größeren Nutzen stiften als viele ähnliche Ansätze auf unterschiedlichsten Kanälen mit begrenzter Reichweite anzubieten. Die Angebotsvielfalt zu begrenzen und sich auf die jeweiligen Schwerpunkte zu konzentrieren kann dabei gleichzeitig eine Qualitätssteigerung der Einzelformate bewirken.

Förderhinweis

Die Förderung des Vorhabens erfolgt aus Mitteln des Bundesministeriums für Ernährung und Landwirtschaft (BMEL) aufgrund eines Beschlusses des deutschen Bundestages. Die Projektträgerschaft erfolgt über die Bundesanstalt für Landwirtschaft und Ernährung (BLE) im Rahmen der Förderung der Digitalisierung in der Landwirtschaft mit dem Förderkennzeichen 28-D-E 1.01B-18 (Experimentierfeld LANDNETZ).

Ein Exponat zur Demonstration der Anwendung von Künstlicher Intelligenz in der Agrarwirtschaft

Thorsten Kirmess[1][2] und Michael Brinkmeier[1]

Abstract: Die Vermittlung von digital unterstützten, komplexen Arbeitsprozessen und die Darstellung der Möglichkeiten der Digitalisierung in verschiedenen Bereichen erfordert die Schaffung von Möglichkeiten zur aktiven Erprobung und zum Machen von konkreten Erfahrungen. Hier beschreiben wir ein Exponat, das SchülerInnen die Anwendung von Methoden der Künstlichen Intelligenz und Fernerkundung im Bereich der Agrarwirtschaft demonstriert.

Keywords: Wissenschaftskommunikation, MINT-Initiativen, SchülerInnen, Bildung

1 Einleitung

Die Digitalisierung in der Agrarwirtschaft ist bereits sehr weit vorangeschritten. Jedoch ist dies weiten Teilen der Bevölkerung noch nicht bewusst. Und auch in den Berufsfeldern der Agrarwirtschaft sind die Möglichkeiten und Methoden, die sich durch die digitale Transformation ergeben, noch nicht vollständig bekannt. Daher erscheint es sinnvoll, den verschiedenen Zielgruppen die Möglichkeit zu bieten, Aspekte dieser Veränderungen zu vermitteln.

Da dies nicht nur den Agrarbereich betrifft, sondern alle Bereich der Industrie und Wirtschaft, gibt es eine Reihe von Initiativen, die sich der Vermittlung des Themas Digitalisierung widmen. Eine davon ist der durch die Dr. Hans Riegel-Stiftung betriebene TouchTomorrow-Truck[3]. Er bietet Schulen des Sekundarbereichs I und II die Möglichkeit, das Thema MINT und Digitalisierung in verschiedenen Bereichen der Wirtschaft zu Erkunden. Dabei durchlaufen SchülerInnen in Kleingruppen eine Reihe von Stationen, die ihnen einen Einblick in unterschiedliche Anwendungen und Zukunftsperspektiven bieten.

Im Rahmen des Projektes des vom Bundesministerium für Ernährung und Landwirtschaft (BMEL) geförderten Experimentierfeldes Agro-Nordwest[4] wurde ein Exponat für den TouchTomorrow-Truck entwickelt, das die Themen Künstliche Intelligenz und Agrarwirtschaft bzw. Ernährung in den Blick nimmt.

---

[1] Universität Osnabrück, Institut für Informatik, AG Didaktik der Informatik, tkirmess@uni-osnabrueck.de, mbrinkmeier@uni-osnabrueck.de
[2] Das Projekt wurde durch das Bundesministerium für Ernährung und Landwirtschaft (BMEL) gefördert
[3] https://touchtomorrow.de
[4] https://www.agro-nordwest.de

2 Die Rahmenbedingungen

Das Ziel des Exponats ist die Darstellung der Anwendung von Methoden der Künstlichen Intelligenz im Kontext der Agrarwirtschaft. Die Zielgruppe sind SchülerInnen der Sekundarstufen I und II, d.h. im Alter zwischen 12 und 18 Jahren. Durch die Integration in einen bereits bestehenden MINT-Truck ergaben sich sowohl räumliche als auch zeitliche Beschränkungen. Insgesamt standen deutlich unter 1 m^2 Grundfläche und ein Zeitfenster von etwa 10 Minuten zur Verfügung. Die Arbeit sollte in Kleingruppen von bis zu vier SchülerInnen erfolgen. Neben der Vermittlung wesentlicher Informationen über einen Informationsfilm sollte ein möglichst hoher Grad an Aktivität erreicht werden.

3 Das Konzept

Das enge Zeitfenster erfordert die Verwendung eines Kontextes, der keine zusätzlichen Erläuterungen benötigt und somit von den SchülerInnen unmittelbar verstanden und seine Relevanz erkannt wird. Daher erscheinen Bezüge zur Nährstoff- oder Beikrautregulierung zu komplex, da diese eine vorgelagerte Einführung in die pflanzenbaulichen Aspekte erfordern. Gleichzeitig erscheinen aber der Beflug von landwirtschaftlichen Flächen durch Drohnen und die Nutzung von multispektralen Aufnahmen durchaus als intuitiv vermittelbare Anwendungen. Ein Kontext, in dem beide Aspekte berücksichtigt werden, ist das Auffinden und Retten von Wild unmittelbar vor der Ernte. Ergänzt werden kann dies durch die Identifizierung von weiteren Hindernissen, wie z. B. größeren Steinen.

Die Kernidee des Exponates besteht darin, dass eine Drohne Luftaufnahmen eines erntereifen Getreidefeldes macht. In diesen werden anschließend die Positionen von Wild und Steinen automatisiert festgestellt. Die gewonnenen Daten werden dann zur Steuerung eines Mähdreschers genutzt, der bei der Ernte die Hindernisse automatisch umfährt.

Um den Aspekt des Maschinellen Lernens, als eine der Kernmethoden der Künstlichen Intelligenz, zu thematisieren, wird eine *Trainingsphase* vorgeschaltet. In ihr positionieren die SchülerInnen Wild, Steine und Getreide, machen davon „Luftaufnahmen" und klassifizieren anschließend manuell die verschiedenen Objekte. Dies wiederholen sie bis zu drei Mal. Dabei lernt das (vortrainierte) System die von den SchülerInnen vergebenen Label.

An die Trainingsphase schließt sich dann die *Anwendungsphase* an. In ihr platzieren die SchülerInnen wieder die einzelnen Elemente und machen eine Luftaufnahme. Allerdings erfolgt jetzt die Klassifizierung, basierend auf dem Training, automatisch. In einer anschließenden Animation wird gezeigt, wie ein Mähdrescher die identifizierten Hindernisse automatisch umfährt.

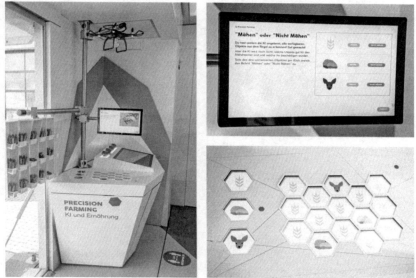

Abb. 1: Das vollständige Exponat und Screenshots der Applikation

4 Die Umsetzung

Das Exponat wurde gemeinsam mit der Firma RheinSiteMedia[5] und dem Designer Rolf Rongen[6] gebaut. Als Kamerasystem in der Drohne kommt ein Raspberry Pi in Kombination mit einer handelsüblichen Raspberry Pi Kamera v2 zum Einsatz. Diese kostengünstige Variante reicht für das Exponat aus und hat den Vorteil, dass etwaiger Ersatz schnell zur Verfügung steht. Die Bilderkennung erfolgt unter Einsatz von OpenCV.

Das Getreidefeld wird aus einer Reihe von sechseckigen Spielsteinen zusammengesetzt, die von den SchülerInnen auf einem Spielfeld angeordnet werden (Abb. 2, links). Durch den flexiblen Aufbau wird deutlich, dass die Erkennung der Elemente tatsächlich dynamisch geschieht. Dies wird durch den „Trainingsprozess", bei dem die SchülerInnen den einzelnen Elementen die Kategorien *Getreide/Wild/Stein* zuweisen können, verstärkt.

Auf einem berührungssensitiven Bildschirm werden die SchülerInnen durch den Ablauf geführt, die einzelnen Schritte erläutert und die Ergebnisse der Luftaufnahmen und der Erkennung visualisiert. Zusätzlich werden auf einem in das Spielfeld integrierten Bildschirm die erkannten Elemente angezeigt (Abb. 1, rechts unten).

---

[5] https://www.rheinsitemedia.de/
[6] https://www.rolf-rongen.de

Abb. 2.: Die Station mit aufgebautem Feld, die Drohne und die Spielsteine

Da das Exponat im Truck direkt am Eingang neben einer größeren transparenten Fläche steht, spielen die aktuellen Lichtverhältnisse eine wesentliche Rolle. Dies führte bei den ersten Einsätzen zu einer erhöhten Zahl von Fehlklassifizierungen. Durch eine vorgeschaltete Kalibrierung, die an jedem Standort durchgeführt wird, kann die Fehlerquote gesenkt werden. Allerdings bieten Fehlklassifizierungen auch eine didaktische Möglichkeit. Sie ermöglichen es, den SchülerInnen bewusst zu machen, dass auch automatisierte Systeme eine gewisse Fehlerquote besitzen.

5 Erste Erfahrungen und Perspektiven

Das Exponat ist seit Beginn 2021 im TouchTomorrow-Truck in Betrieb und wurde schon an einer Reihe von Schulen genutzt. Eine etwas reduzierte Version befindet sich im Deutschen Museum Bonn. Nach Einschätzung der MINT-Coaches, die den TouchTomorrow-Truck begleiten, wird das Exponat von den SchülerInnen gut angenommen. Jedoch steht zurzeit eine belastbare Evaluation noch aus. Sie ist für das Jahr 2022 geplant.

Parallel wird an einer erweiterten, ausführlicheren Version des Exponates gearbeitet, die unter anderem genauer auf die technische Grundlage der Bilderkennung eingehen soll. Außerdem sollen weitere Kontexte, in denen ähnliche Techniken zum Einsatz kommen, integriert werden. Das betrifft insbesondere die Nährstoff- und Beikrautregulierung. Auch die Erstellung einer virtuellen Version des Exponates wird aktuell vorbereitet.

Die Zielgruppen für das erweiterte Exponat sind zum einen Berufsschüler und Berufsschullehrkräfte, sowie Interessierte aus dem landwirtschaftlichen Bereich, denen so die digital gestützten Prozesse in der Agrarwirtschaft in kleinem Maßstab erfahrbar gemacht werden können.

Die Bedeutung von qualitativen Forschungszugängen für den Wissenstransfer in Experimentierfeldern

Kurzfallstudie zur Transferfunktion einer qualitativen Interviewstudie in der transferorientierten Verbundforschung

Valentin Knitsch[1] und Juliane Welz[1]

Abstract: Die Planung und Umsetzung von Wissenstransferprozessen erfolgt vielmals generisch und ohne systematische Berücksichtigung der jeweils individuellen Transferkontexte. Im Experimentierfeld EXPRESS zeigt sich die Forschungsphase einer Interviewstudie zu den Perspektiven von landwirtschaftlichen Akteuren des Wein- und Obstbaus in Mitteldeutschland in der retrospektiven Betrachtung als transferwirksam. Dieser nicht intendierte, kontextabhängige und bidirektionale Wissenstransfer wird als Beispiel skizziert und hinsichtlich seines Potenzials für den Wissenstransfer diskutiert. Die dezidierte Betrachtung der Kontexte von Forschungsprozessen, so die abschließende These, kann potenziell für die Ausgestaltung des Wissenstransfers wichtig sein.

Keywords: Wissenstransfer, Transferforschung, Transferfunktion, Kontext, Experimentierfelder

1 Einleitung

Wissenstransfer lässt sich selten generisch umsetzen, vielmehr ist dieser geprägt durch u. a. individuelle Handlungsmuster und Einstellungen der beteiligten Akteure [To21] oder das richtige Timing von Transferaktivitäten [SRJ16]. Für einzelne Wissenstransferaktivitäten oder spezifische Transfermethoden ist ihr Kontext, also die Umstände ihrer Durchführung, daher besonders relevant. Das Experimentierfeld EXPRESS verfolgt eine umfassende Wissenstransferstrategie [Ro21], die sich aus verschiedenen Methoden und Transferaktivitäten zusammensetzt. Mit etwas Abstand zu bereits durchgeführten Aktivitäten und dem erwarteten, versprochenen und tatsächlichen Transfernutzen lassen sich entstehende Abweichungen zwischen Planung und Realität reflektieren. Leitend ist dabei folgende Forschungsfrage: Wie können Aktivitäten des Wissenstransfers kontextspezifisch geplant werden und welchen Beitrag leisten dabei sozialwissenschaftliche Interviews? Um Antworten auf diese Forschungsfrage zu finden, wird die Phase der Fachgespräche in EXPRESS knapp beschrieben, in Auszügen theoretisch segmentiert und abschließend diskutiert.

---

[1] Fraunhofer-Zentrum für Internationales Management und Wissensökonomie IMW, Neumarkt 9-19, 04109 Leipzig, valentin.knitsch@imw.fraunhofer.de, juliane.welz@imw.fraunhofer.de

2 Fachgespräche als Transferinstrument im Experimentierfeld EXPRESS

Im Experimentierfeld EXPRESS wurde für die Wissenstransferstrategie das von [Fr14] entwickelte Modell eines wechselseitigen, rekursiven Wissenstransfers adaptiert genutzt. Prozesse des Wissenstransfers sind hier als eigene Säule zwischen Prozessen der Wissensgenerierung und Wissensnutzung eingebettet. Ein wichtiger Bestandteil der Wissensgenerierung sind leitfadengestützte Fachgespräche. Diese sind mit dem konkreten Ziel versehen, Wissen über Akteure und Rahmenbedingungen im mitteldeutschen Sonderkulturenanbau für das Experimentierfeld zu generieren und dadurch die Transferkapazitäten im Team nachhaltig zu steigern. Ausgehend von diesem Ziel wurden mit über zwanzig Akteuren aus dem Obst- und Weinbau in Mitteldeutschland (sowohl den produzierenden Betrieben selbst als auch Akteuren aus dem angelagerten sekundären und tertiären Sektor) als „Fachgespräche" bezeichnete sozialwissenschaftliche Interviews durchgeführt. Diese ermöglichten es dem Experimentierfeld EXPRESS, Informationen über die aktuellen Rahmenbedingungen, die Einstellungen gegenüber der Digitalisierung sowie die Zukunftsvisionen der Akteure zu generieren. Diese Form der Wissensgenerierung ist gleichzeitig als Feedbackschleife für das Projektteam konzipiert, um die Erprobung der EXPRESS-Lösungen bestmöglich an die Bedarfe und Kontexte der Betriebe auszurichten und mit den Praxisbetrieben des Experimentierfeldes zu spiegeln. Der Prozess der Wissensgenerierung wurde durch komplementär angefertigte Vertiefungsanalysen in bestimmten relevanten Themenkomplexen ergänzt. Da der Großteil der befragten Akteure kein Projektpartner des Experimentierfeld EXPRESS ist, ging den leitfadengestützten Fachgesprächen ein Einladungsschreiben und Vorgespräch voraus, welches über die Ziele und Themenschwerpunkte der Fachgespräche informierte. Während des Interviews hatten die Akteure dann die Gelegenheit, ihre Betriebe mit Blick auf die digitale Transformation einzuordnen und auf wesentliche Chancen und Herausforderungen einzugehen. Umgekehrt wurde auch die Rolle der Forschung diskutiert. Dabei wurden ebenfalls die Meinungen zu bisherigen Berührungspunkten mit der Wissenschaft angesprochen und durch die anwesenden Forschenden eingeordnet. Im Anschluss an den vorgegebenen Themenkomplex ergab sich in aller Regel die Gelegenheit für einen weiteren Austausch „off the record", verbunden bspw. mit Interessensbekundungen für eine Kooperation mit dem Projekt, nachdrücklichen Bitten um Anwendungsnähe in der weiteren Projektausgestaltung oder auch dem Austausch zu weiteren Gesprächspartnern für die Fachgespräche. Diese Art von Randgesprächen kamen eher intuitiv durch die Interaktion von Forschenden oder Praxisakteuren zustande. Ursprünglich geplant als eine Gesprächsreihe in einem Befragungszeitraum von drei Monaten im Frühjahr 2020, verlängerte sich der Befragungszeitraum, bedingt durch die zu diesem Zeitpunkt aufkommende Covid-19-Pandemie, bis weit in das Jahr 2021 hinein. Viele Gespräche konnten dadurch nicht vor Ort stattfinden und wurden, wenn möglich, in den digitalen Raum verlagert oder mit großer zeitlicher Verzögerung in Präsenz durchgeführt. Die (digital) geführten Gespräche waren durchweg von einer vertrauensvollen Gesprächsatmosphäre geprägt. Die zeitliche Entzerrung der Gespräche ermöglichte ein regelmäßiges Reporting zu den Eindrücken und Hinweisen der Akteure in den wöchentlich stattfindenden Verbundbesprechungen.

3 Diskussion – Erkenntnisse eines Transferbausteins

Aus sozialwissenschaftlicher Perspektive dienen qualitative Interviews zuallererst der Erhebung von Daten und seltener für Transferaktivitäten. Der Kontext, in dem diese Erhebungen durchgeführt werden, variiert in der Regel sehr stark und bringt damit auch heterogene Möglichkeiten und Herausforderungen mit sich. Doch retrospektiv betrachtet, lassen sich auf Basis der Fallbeschreibung die folgenden nicht intendierten transferbezogenen Funktionen von qualitativen Interviews beschreiben: 1) Die Fachgespräche waren ein guter Ausgangspunkt, um mögliche Kooperationen oder weitere Anknüpfungspunkte auszuloten. Damit wurde in einigen Interviews die Basis für systematische Kooperationen mit einzelnen Akteuren gelegt. Die unregelmäßigen, aber dennoch stetig stattfindenden Gespräche waren weiterhin ein wichtiger „Draht zur Praxis" um bspw. auch neueste Überlegungen des Verbundes zu spiegeln und hierfür ein Feedback zu erhalten. 2) Die Fachgespräche waren eine gute Möglichkeit, um das Projekt den befragten Akteuren vorzustellen. Abseits der geplanten Wissenschaftskommunikation hat es sich in der tendenziell etwas schwerer zu erreichenden Akteursgruppe von Betrieben des Wein- und Obstbaus als wertvoll erwiesen, so oft wie möglich persönlich ins Gespräch zu kommen. 3) Durch das Setting der sozialwissenschaftlichen Interviews wurde das allgemeine Verständnis zwischen Forschung und Praxis gestärkt. Das vergleichsweise umfassende Interview, gekoppelt mit den vorangestellten Berichten zum Projekt und den ,Nachbesprechungen', hat in der Regel bewirkt, dass sowohl Praxis als auch wissenschaftliche Seite mit einem gestärkten Verständnis für die jeweils andere Seite aus dem Gespräch herausgegangen sind.

Die beschriebenen nicht intendierten Funktionen kamen dabei stets nur periodisch zum Vorschein, d. h. je nach Verlauf des Gesprächs. Es empfiehlt sich auf Basis dieser Erfahrungen, neben den anstehenden Forschungsaktivitäten auch immer die entsprechenden Kontexte zu prüfen, in denen diese stattfinden. Das Beispiel zeigt dabei, dass es lohnenswert ist, über die Einbettung des gesamten Projektes, aber auch die Einbettung der jeweiligen Aktivitäten mit Blick auf den Wissenstransfer nachzudenken. Allerdings verdeutlicht das Beispiel auch, dass sich die jeweiligen Kontexte rasch ändern können (Covid-19-Pandemie), damit neue Möglichkeiten für die Gespräche eröffnen (längerer Erhebungszeitraum) und andere wegfallen (nicht durchgängig Präsenzgespräche möglich). Vor diesem Hintergrund leiten wir die These ab, dass die kontextspezifische Betrachtung von jeglichen Aktivitäten im Projekt immer auch Möglichkeiten für den Wissenstransfer bieten kann, diese gleichzeitig aber nicht immer planbar sind. Anders formuliert lautet die These, dass die Prüfung der Kontexte aller Aktivitäten auf die Transferwirksamkeit in Forschungsprojekten ein wichtiger Grundsatz für die Ausgestaltung des Wissenstransfers sein kann. Es würde demnach in Forschungsprojekten nicht nur auf eine gute Transferplanung ankommen, sondern auch auf ein beständiges Prüfen und ,Scannen' aller stattfindenden Aktivitäten, angelegt bspw. als Transferradar.

4 Fazit

In diesem Beitrag wurde skizziert, wie ausgehend von einer konkret durchgeführten sozialwissenschaftlichen Erhebung im Forschungsprojekt EXPRESS retrospektiv transferwirksame Aktivitäten festgestellt wurden. Diese Aktivitäten kamen durch den Kontext bzw. die Einbettung der Methodik in das gesamte Forschungsprojekt, aber auch die konkreten Umstände zum Zeitpunkt der Erhebung zustande. Auf dieser Basis wird die These formuliert, dass in der stärkeren Betrachtung der Kontexte aller Projektaktivitäten ein Grundsatz für die Ausgestaltung von Transferaktivitäten liegt. Diese speisen sich demnach nicht nur aus einer guten mittelfristigen Planung, sondern darüber hinaus aus einer flexiblen Reaktion auf sich bietende Möglichkeiten, die wiederum eine beständige Betrachtung dieser Kontexte (z. B. als Radar) im Licht aller Transferaktivitäten voraussetzen.

Förderhinweis

Die Förderung des Vorhabens EXPRESS erfolgt aus Mitteln des Bundesministeriums für Ernährung und Landwirtschaft (BMEL) aufgrund eines Beschlusses des deutschen Bundestages. Die Projektträgerschaft erfolgt über die Bundesanstalt für Landwirtschaft und Ernährung (BLE) im Rahmen der Förderung der Digitalisierung in der Landwirtschaft mit dem Förderkennzeichen FKZ 28DE102A-D18.

Literaturverzeichnis

[Fr14]   Froese, A.; Mevissen, N.; Böttcher, J.; Simon, D.; Lentz, S.; Knie, A.: Wissenschaftliche Güte und gesellschaftliche Relevanz der Sozial- und Raumwissenschaften: ein spannungsreiches Verhältnis. WZB Discussion Paper SP III 2014-602, 2014.

[Ro21]   Römer, I.; Schieck, M.; Mollenhauer, H.; Graß, R.; Krug, S.; Welz, J.; Knitsch, V.: EXPerimentierfeld zur datengetRiebenen VErnetzung und DigitaliSierung in der LandwirtSchaft (EXPRESS). In Meyer-Aurich, A., (Hrsg.): Informations- und Kommunikationstechnologien in kritischen Zeiten, Lecture Notes in Informatics (LNI), Gesellschaft für Informatik. Bonn, S. 409-414, 2021.

[SRJ16] Szulanski, G.; Ringov, D.; Jensen, R. J.: Overcoming Stickiness: How the Timing of Knowledge Transfer Methods Affects Transfer Difficulty. Organization Science 27/2, S. 304-322, 2016.

[To21]   Tommasi, M.; Petricca, P.; Cozzolino, G.; Casadio, C.: Attitudes towards scientific knowledge: social dispositions and personality traits. Synthese 199, S. 119-139, 2021.

FarmWissen

Die Wissenstransferplattform zur Digitalisierung in der Landwirtschaft

Maren Kraus[1], Jannis Menne[2], Daniel Eberz-Eder[1], Svea Lynn Schaffner[3], Jan-Henrik Ferdinand[3] und Yves Reckleben[3]

Abstract: Die Digitalisierung von landwirtschaftlichen Betrieben wird von vielen Einflussfaktoren beeinträchtigt – dies reicht von ungenauen Anforderungen an Daten und Schnittstellen komplexer, digitaler Technologien bis hin zur exakten Einschätzung des Investitionsvolumens neuer Technik. Um den von Betrieb zu Betrieb sehr individuellen Hürden der Digitalisierung zu begegnen, haben sich die Experimentierfelder BeSt-SH und Südwest zusammengeschlossen und die gemeinsame Wissenstransfer-Strategie „FarmWissen" (www.farmwissen.de) entwickelt.
Diese zeichnet sich durch Zusammenarbeit mit weiteren Experimentierfeldern, Forschung, Beratung und Praxis, unter anderem im Rahmen von regelmäßigen Expertenkreisen, aus. Ziel ist es, das Wissen über die Digitalisierung auf einer zentralen Plattform bundesweit zu bündeln und zugleich attraktiver und praxisnaher darzustellen. Informieren, Demonstrieren und Qualifizieren stehen dabei im Fokus des Wissenstransfers, welcher sich aus mehreren sich ergänzenden Komponenten, wie den Praxisbeispielen, dem FarmWiki und der OpenDataFarm zusammensetzt. Sämtliche Inhalte der FarmWissen-Strategie sind frei zugänglich und somit nicht nur von den einzelnen landwirtschaftlichen Betrieben nutzbar, auch die Aus-, Weiter und Fortbildung profitiert davon.

Keywords: Wissenstransfer, Praxistransfer, Technologietransfer, FarmWissen, FarmWiki

1 Einleitung

Der heutigen Landwirtschaft stehen unzählige digitale Technologien zur Verfügung. Doch woher weiß der Praktiker, welche Anwendung oder Technologie für ihn und seinen Betrieb die richtige ist?

Die Projekte „Betriebsleitung- und Stoffstrommanagement – Vernetzte Agrarwirtschaft in Schleswig-Holstein" (BeSt-SH) und „Experimentierfeld Südwest" (EF-Südwest) gehören zu den 14 vom Bundesministerium für Ernährung und Landwirtschaft (BMEL) geförderten digitalen Experimentierfeldern. Diese sollen helfen, digitale Techniken zu erforschen und deren Praxistauglichkeit zu testen. Im Vordergrund bei allen Projekten steht der Wissenstransfer, also das erlangte Wissen in die Praxis zu bringen und Kompetenzen aufzubauen. BeSt-SH und EF-Südwest haben das zum Anlass genommen, das Wissen und die

---

[1] Dienstleistungszentrum Ländlicher Raum Rheinhessen-Nahe-Hunsrück, Rüdesheimer Str. 60-68, 55545 Bad Kreuznach, Maren.Kraus@dlr.rlp.de, Daniel.Eberz@dlr.rlp.de
[2] Dienstleistungszentrum Ländlicher Raum Eifel, Westpark 11, 54634 Bitburg, Jannis.Menne@dlr.rlp.de
[3] FuE-Zentrum FH Kiel GmbH, Grüner Kamp 11, D-24783 Osterrönfeld, svea.l.schaffner@fh-kiel.de, jan-henrik.ferdinand@fh-kiel.de, yves.reckleben@fh-kiel.de

Kompetenzen aller 14 Experimentierfelder zu bündeln und auf der zentralen, frei zugänglichen Plattform „FarmWissen" zur Verfügung zu stellen. Denn wird die Digitalisierung in der Landwirtschaft genauer betrachtet, wird schnell klar, dass einige Herausforderungen zur erfolgreichen Etablierung einer neuen Technologie den Einsatz hemmen.

Der Grundgedanke von FarmWissen ist, das Wissen über praxisetablierte und zukunftsorientierte digitale Anwendungen und Technologien zu bündeln und einfach verständlich darzustellen. Der Nutzen einer solchen Strategie zum Wissenstransfer besteht in der Möglichkeit der individuellen einzelbetrieblichen sowie orts- und zeitunabhängigen Wissensvermittlung zu fachspezifischen Inhalten. Die Inhalte zum Bereich Digitalisierung in der Agrarwirtschaft sollen zusätzlich in der Berufs,- Fach- und Hochschule sowie in der Aus- und Weiterbildung eine entscheidende Rolle spielen.

Die Komponenten von FarmWissen ergeben sich aus Praxisbeispielen, welche eine ausführliche Schritt-für-Schritt Anleitung mit einer detaillierten Zutatenliste, ähnlich eines Rezepts beim Kochen, beinhalten, einem FarmWiki, in dem eine ausführliche Erklärung der einzelnen Zutaten (z. B. Terminal) der Praxisbeispiele bzw. Rezepte stattfindet und komplizierte Vorarbeiten für einzelne Beispiele mit Bild- und Videomaterial in detaillierten Tutorials erklärt werden. Abgerundet wird FarmWissen mit der OpenDataFarm, welche dem Plattformbesucher ermöglicht, die zuvor beschriebenen Zutaten (wie z. B. Ertragskarte) auf einem virtuellen landwirtschaftlichen Betrieb interaktiv zu erleben.

2 Bestandteile der FarmWissen-Strategie

Die FarmWissen-Strategie setzt sich aus unterschiedlichen Bestandteilen zusammen. Die Praxisbeispiele, das FarmWiki und die OpenDataFarm haben verschiedene Schwerpunkte im Wissenstransfer. Der Fokus liegt dabei auf dem Informieren, Demonstrieren und Qualifizieren der Anwender.

Die Erkenntnisse über digitale Technologien bündeln und verständlich darstellen – daraus ist das Konzept einer „Rezeptplattform" entstanden. Die Erkenntnisse aus Praxis, Beratung, Versuchswesen und Herstellerpräsentationen werden als Grundlage genutzt, um Konzepte, Erklärungen und Beispiele über fachspezifische Themen zur Digitalisierung in der Landwirtschaft zu entwickeln. Dabei ist nicht nur der Praktiker selbst, der sich informieren und die Ergebnisse in seinen Betrieb einbinden kann, die Zielgruppe. Auch in Ausbildung und Lehre können die Inhalte zur Wissensvermittlung dienen. Aus dieser Idee sind die sogenannten Praxisbeispiele entstanden. Diese fungieren als „Rezepte" zur Lösung praktischer Fragestellungen landwirtschaftlicher Betriebe. Somit liegt der Fokus nicht auf der eingesetzten Technologie, sondern auf dem Nutzen, der dahintersteckt. Wie bei einem Rezept sind innerhalb der Praxisbeispiele die notwendigen Zutaten genannt. Es ist ganz genau aufgelistet, welche Daten, welche Technik und welche Anwendung genutzt werden und vor allem welche Fähigkeiten der Praktiker braucht, um dieses Beispiel auf seinem Betrieb umzusetzen. Auch der Testumfang ist detailliert beschrieben, sodass alle

Informationen zur einwandfreien Umsetzung gegeben sind. Anschließend folgt eine Schritt-für-Schritt-Anleitung zum Einsatz der digitalen Technologie. Durch die abschließende Bewertung des ökonomischen, ökologischen und sozialen Potenzials kann der Nutzer entscheiden, welches Beispiel er auf seinem Betrieb umsetzen möchte.

Unterstützung finden die Praxisbeispiele durch das FarmWiki, welches sich aus einem Glossar und Tutorials zusammensetzt. Alle verwendeten Fachbegriffe zur Digitalisierung in der Landwirtschaft werden innerhalb des Glossars erklärt, sodass der Nutzer rundum informiert wird. Die anhand wissenschaftlicher Quellen verfassten Glossarbeiträge durchlaufen einen Korrekturprozess, sodass die fachliche Richtigkeit garantiert ist. Zusätzlich sind die Beiträge mit Praxisbeispielen verknüpft, wodurch man zu interessanten Begriffen direkt ein Beispiel aus der Praxis erhält. Die Tutorials dienen der Erklärung von Vorarbeiten innerhalb der Praxisbeispiele. Wird beispielsweise ein Praxisbeispiel zur Düngeausbringung betrachtet, in welchem die belasteten Gebiete im GeoBox-Viewer eingesehen werden, so muss im ersten Schritt der Vorbereitung ein Import der Feldgrenzen in den GeoBox-Viewer stattfinden. Die Frage zur Erlangung der Feldgrenzen beantwortet das verlinkte Tutorial zum Feldgrenzenexport. Dies kann in Form einer Anleitung oder eines Videos geschehen. So werden alle Informationen umher der digitalen Technologie zum erfolgreichen Einsatz in der Praxis geliefert. Um dies nun auch visuell erlebbar zu gestalten, entstand in einem weiteren Schritt das Konzept der OpenDataFarm.

Kernziel des digitalen Betriebes „OpenDataFarm" ist es, die Lehr- und Versuchsanstalt (LVAV) Hofgut Neumühle als 3D-Modell aufzubauen und mit realen Daten zu hinterlegen und somit die betrieblichen Daten- und Stoffströme aus den unterschiedlichsten Datenquellen zu erfassen und dynamisch zu demonstrieren. Diese Art der visuellen Informations- und Datenaufbereitung stellt ein Verständnis für die auf einem landwirtschaftlichen Betrieb anfallenden Daten und Datenströme her. Die robuste und langjährige digitale Dokumentation von Betriebsdaten der unterschiedlichen Betriebszweige der LVAV Hofgut Neumühle spielt bei der Umsetzung der OpenDataFarm eine wichtige Rolle, so ist es möglich, schon zeitnah mehrjährige Zeitreihen zu erstellen. Gerade aus pflanzenbaulicher Sicht besitzen diese einen großen Mehrwert. Der Aufbau des Modells und der Datenbankstruktur lassen es außerdem zu, vor Ort nicht vorhandene Betriebszweige hinzuzufügen und mit Daten und Metadaten zu erweitern. Ein weiterer Schwerpunkt der OpenDataFarm liegt darin, zu demonstrieren, wie sich betriebliche Daten mit für die Landwirtschaft relevanten, öffentlichen Geodaten sinnvoll verknüpfen lassen. Durch die Funktion der LVAV Hofgut Neumühle als Living Lab und Lehr- und Versuchsbetrieb besteht die Möglichkeit, ausgewählte betriebliche Daten öffentlich darzustellen und bereitzustellen. Die zuvor beschriebenen Bestandteile der FarmWissen-Strategie lassen sich somit durch Daten, Geodaten und Kartenmaterial ergänzen. Zusätzlich eignen sich die digitalen Zwillinge des Betriebs und der Felder für den Einsatz in der Ausbildung. Prozesse wie Pflanzenschutzmaßnahmen oder Düngeapplikationen können in Aus- und Weiterbildung anhand von realen Daten und Bedingungen besprochen und deren Ergebnisse beispielsweise anhand von Ertragskarten analysiert werden. Auch die Veröffentlichung von Beispieldatensätzen für Schulungen und Seminare sind Teil des OpenDataFarm-Konzepts. Zukünftig sollen die digitalen Zwillinge für den Anwender auch immersiv erlebbar sein. Die Darstellung in

Form von virtueller Realität (VR) oder erweiterter Realität (AR) ermöglicht es, dass die Anwender nicht nur eine Ertragskarte am PC einsehen können, sondern die Fläche bzw. die Daten in ihrem naturräumlichen Kontext erleben und interpretieren können.

3 Ausblick

FarmWissen ist bereits zu einem Gesamtkonzept aller digitalen Experimentierfelder geworden. Dabei verfolgt das Vorhaben ganz klar den Plattform-Gedanken. Die offene Community der Experimentierfelder ist der Beginn einer Erfolgsstory für FarmWissen. Durch die erfolgreiche Kooperation ist ein Grundkonzept entstanden und das Fundament für weitere kooperative Ansätze gefestigt. Von diesem Standpunkt aus können in Zukunft neue Zusammenarbeiten entstehen. Um auf FarmWissen möglichst viele Fragestellungen aus der Praxis zu beantworten, besteht auch eine Offenheit gegenüber Drittanbietern. Ziel ist es, die Plattform in der weiteren Projektlaufzeit mit möglichst vielen Inhalten zu füllen und dadurch den zukünftigen Kompetenzaufbau bei Praktikern, sowie in Berufs-, Fach- und Hochschulen für den Einsatz digitaler Anwendungen und Technologien zu stärken. Zur erfolgreichen Etablierung in die Praxis muss bereits ein Ansatz des Wissenstransfers in Lehre und Ausbildung sowie in Unterricht und Studium stattfinden. Durch die Entwicklung zusätzlicher Übungen für Online-Kurse auf OpenOLAT oder Moodle, welche frei zur Verfügung stehen, haben Lehrende die Möglichkeit, auf Inhalte zur Digitalisierung in der Landwirtschaft zuzugreifen und diese als Übungen zu digitalen Technologien im Unterricht einzusetzen. Dadurch erhalten angehende Praktiker bereits zu Beginn einen Überblick über digitale Möglichkeiten, über welche sie sich auch im Laufe des Berufsalltages auf FarmWissen weiterbilden können. Zusätzlich wird sich FarmWissen stetig weiterentwickeln. Es ist bereits eine Filter- und Suchfunktion im Aufbau, um schneller eine Lösung für individuelle Fragestellungen zu erhalten. Außerdem ist ein Live-Format zu FarmWissen denkbar, sodass sich Experten aus Beratung, Wissenschaft und Praxis zu bestimmten Fachthemen austauschen können. Eine weitere Idee sind Workshops für die Nutzer der Plattform, sodass die Praxisbeispiele auch als praktische Übung Einsatz finden und Detailfragen in direktem Austausch geklärt werden können. Auch für die Experten, die FarmWissen mit Leben füllen, sind zukünftig Workshops und Leitfäden angedacht. Schließlich haben Experten über die Plattform die Möglichkeit, ihre Erkenntnisse zu teilen und Praktikern wird es ermöglicht, sich zielgerichtet über die Digitalisierung in der Landwirtschaft zu informieren.

Wissenstransfer im Experimentierfeld DigiSchwein

Hintergründe, Zielsetzung und Methoden

Marc-Alexander Lieboldt[1], Lena Münzebrock[1], Stefan Sagkob[1], Ludwig Diekmann[1]

Abstract: Gemäß dem Prinzip *Theorie trifft Praxis* verfolgt das Experimentierfeld DigiSchwein mit Hilfe seines Wissenstransferkonzepts das Ziel, die Erkenntnisse und Erfahrungen seiner F&E-Arbeit zum Einsatz digitaler Lösungen in der Schweinehaltung wirksam und Open Source in der Praxis und Lehre entlang der gesamten landwirtschaftlichen Wertschöpfungskette Schwein zu vermitteln. Hauptzielgruppen des Wissenstransfers sind derzeitige und zukünftige Landwirte als Anwender digitaler Lösungen, der ihnen vor- und nachgelagerte Bereich als Bereitsteller und Vernetzer dieser Lösungen sowie die Politik als rechtlicher Rahmengeber der Digitalisierung. In diesem Kurzbeitrag wird das Wissenstransferkonzept im Experimentierfeld DigiSchwein mit seiner Zielsetzung, seinen Zielgruppen sowie den auf sie abgestimmten Vernetzungs- und Transfermethoden vorgestellt. Der Leitsatz des Wissenstransfers im Projekt lautet *DigiSchwein – beraten, qualifizieren, fördern.*

Keywords: digitales Experimentierfeld, digitales Medium, Informationsgrad, landwirtschaftliche Praxis, Lehre, Netzwerk, Wissensanwendung, Wissenstransferkonzept, Zielgruppenanalyse

1 Einleitung

Ein konkreter Mehrwert aus Forschungsdaten entsteht, wenn diese durch Analyse und Interpretation Informationen liefern, die nach strukturierter Aufbereitung wiederum in anwendbares Wissen transformiert werden. Damit Forschungswissen zur Entscheidungsfindung und Weiterentwicklung in der Landwirtschaft nutzbar wird, muss es in geeigneter Form und Weise an seinen Anwenderkreis weitergegeben und von diesem angenommen, verstetigt und umgesetzt werden. Die Anwender spiegeln ihren Bedarf wiederum durch Innovationsimpulse und Feedback in die Forschung zurück. Dieser interaktive, mehrstufige Austausch- und Anwendungsprozess von zweckorientiertem Wissen wird als Wissenstransfer (WT) bezeichnet [Ho03]. Seine Mechanismen beziehen dabei die Kommunikationsvorgänge zwischen Wissenssender und -empfänger stark mit ein, die durch Medien unterschiedlich vermittelt werden können. Für einen zielgerichteten und nachhaltigen WT im interdisziplinären Anwendungsbereich der Digitalisierung ist die Festlegung eines strategischen WT-Konzeptes (WTK) hilfreich. In diesem wird definiert, wer welches Wissen in welchem Umfang an wen wie und mit welchem Ziel transferiert. Nachfolgend wird das WTK des Experimentierfelds (EF) DigiSchwein [Li21] dargestellt.

---

[1] Landwirtschaftskammer Niedersachsen, Geschäftsbereich Landwirtschaft, FB 3.5, Mars-la-Tour-Straße 6, 26121 Oldenburg, marc-alexander.lieboldt@lwk-niedersachsen.de; lena.muenzebrock@lwk-niedersachsen.de; stefan.sagkob@lwk-niedersachsen.de; ludwig.diekmann@lwk-niedersachsen.de

2 Experimentierfeld DigiSchwein

2.1 Zielsetzung, Zielgruppen und Kommunikationsstrategie

Mit seinem WTK verfolgt DigiSchwein das Ziel, die Erkenntnisse seiner F&E-Arbeit zum Einsatz digitaler Lösungen in der Schweinehaltung wirksam und Open Source in Praxis und Lehre entlang der gesamten Wertschöpfungskette Schwein zu vermitteln. Unter dem Leitsatz *DigiSchwein – beraten, qualifizieren und fördern* wird das WTK in einem von der Landwirtschaftskammer Niedersachsen (LWK) geleitetem Arbeitspaket realisiert.

Mittels Stakeholderanalyse wurden zu Projektbeginn die für die Digitalisierung in der Schweinehaltung relevanten und im WT daher zu adressierenden Zielgruppen (ZG) aus dem Agrar-, Ernährungs- und IT-Sektor ermittelt. Hierbei handelt es sich primär um: 1) derzeitige und zukünftige Landwirte als direkte Nutzer digitaler Lösungen, 2) die ihnen vor- und nachgelagerten Bereiche als Bereitsteller und Vernetzer der Lösungen sowie 3) die Politik als rechtlicher Rahmengeber der Digitalisierung. Anschließend wurde der themenbezogene Wissensbedarf der heterogenen ZG identifiziert, um geeignete Kommunikations- (direkt vs. indirekt, partizipativ vs. informativ) und Transferkonzepte zum Erzielen des erforderlichen Wissensgrades bei den ZG zu erarbeiten. Während direkte Ansätze auf die unmittelbare, praxisnahe Ansprache der jeweiligen ZG ausgerichtet sind, bedienen sich indirekte WT-Ansätze der mittelbaren ZG-Kommunikation über zentrale Schnittstellen wie Medien, Multiplikatoren-Netzwerke und Interessensverbände, in die auch die LWK vielfältig involviert ist und den projektbezogenen WT somit gezielt fördert.

Über ihre Praxis- und Politikberatung, Gremienarbeit, Fachveröffentlichungen, Aus- und Weiterbildungsangebote sowie ihr sektorübergreifendes Netzwerk nimmt die LWK eine zentrale Rolle als überregionale Multiplikatorin im WTK von DigiSchwein ein. Mit der als Versuchs- und WT-Zentrum tätigen *Versuchsstation für Schweinehaltung* in Bad Zwischenahn-Wehnen stellt die LWK dem EF DigiSchwein sowohl den Versuchsstall für seine F&E-Arbeit als auch eine physische Anlaufstelle für alle interessierten ZG bereit. Insbesondere die vielfältige Demonstrationsinfrastruktur der Station ermöglicht einen breit aufgestellten, praxisnahen WT sowohl direkt im Stall als auch auf Besuchergängen oder in Seminarräumen. Ihre räumliche Nähe zur intensiven Schweine-Veredelungsregion im Oldenburger Münsterland macht die Station für den direkten WT zusätzlich wertvoll.

2.2 Methoden des Wissenstransfers

Um die Projekterkenntnisse und -erfahrungen aus DigiSchwein praxisnah in ZG-adäquater Form zu vermitteln, sind vielfältige WT-Methoden aus vier Modulen verfügbar.

Modul 1 (zielgruppenspezifische Wissenstransferveranstaltungen): In diesem Modul werden unterschiedliche Präsenz-, Hybrid- und Online-Veranstaltungsformate genutzt, um das Projektwissen nachhaltig, agil und partizipativ an die ZG zu vermitteln. Konkret handelt es sich um projekteigene oder von extern organisierte (Regional-)Konferenzen, Kongresse, Fachgespräche, Branchentreffen und Messen sowie Feldtage, Workshops und (Web-)Seminare. Hinzu kommen Tage der offenen Tür, Demonstrationen und Führungen auf der Versuchsstation, bei denen das Projektwissen direkt beim Stalleinsatz anschaulich vermittelt wird. Qualifikationskurse zum Einsatz digitaler Lösungen für Praktiker sind zu späteren Zeitpunkten ebenso vorstellbar. Am Versuchsstall können sich auch Verbraucher, Journalisten und Politiker bewusst über die Schweinehaltung und die Ansätze der Digitalisierung informieren.

Modul 2 (Fachkommunikation, Medien und Veröffentlichungen): Über Modul 2 werden veranstaltungsunabhängig verschiedene Medien- und Veröffentlichungsformate zur Fachkommunikation mit den ZG eingesetzt. Insbesondere die Nutzung digitaler Medien soll den WT technisch beschleunigen und einen niederschwelligen Ansatz bieten, um Themen der Digitalisierung ansprechend und effektiv zu vermitteln. Hierzu zählen eine zentrale Projekthomepage, die Nutzung von Social Media sowie insbesondere die Erstellung von Podcasts, Informations- und Tutorialvideos, Fernsehbeiträgen und virtuellen 360°-Stallräumen, die eine praxisnahe online-Wissensvermittlung ermöglich. Über die Kooperation mit der Onlineplattform *Farmwissen* beteiligt sich das DigiSchwein auch an der Erstellung von Online-Praxisbeispielen zu digitalen Anwendungen in der Schweinehaltung sowie eines Wikis. Ergänzend zu den reinen online-Formaten vermitteln zukünftig stationäre, interaktive Multimedia-Stelen über Projektinhalte an ausgewählten Orten (z. B. LWK, Hochschulen, Showrooms). Parallel zu den digitalen Medien verbreitet DigiSchwein sein Projektwissen auch über externe Printmedien (z. B. Tages-, Fachzeitungen), eigene Fachbeiträge (z. B. Merkblätter, Praxisleitfäden) sowie wissenschaftliche Tagungs- und Journalbeiträge, Abschlussarbeiten und Vorträge.

Modul 3 (Einbindung in Lehre und Beratung): Die Mehrheit der DigiSchwein-Projektpartner hat einen berufsschulischen oder universitären Lehrauftrag. Um zukünftige Anwender und Entwickler digitaler Lösungen bereits in ihrer Ausbildung mit den branchenübergreifenden Einsatzmöglichkeiten dieser Technologien vertraut zu machen, wird das Projektwissen gezielt zur digitalen Qualifikation angehender Landwirte, Veterinäre und Informatiker genutzt. Dies erfolgt über seine Einbindung in verschiedene Lehrformate (z. B. Vorlesungen, Seminare, Exkursionen, Praktika) der Ausbildungs- und Studienpläne der projektbeteiligten Einrichtungen und Netzwerkpartner. Neben der Ausbildung werden die Projekterkenntnisse auch gezielt zur Weiterbildung von Landwirten und Veterinären in Lehrgängen und Sachkundekursen vermittelt. Parallel zum horizontalen WT des Projektes entlang der landwirtschaftlichen Wertschöpfungskette erfolgt ein vertikaler, institutionsinterner WT bei allen Projektpartnern. Im Fall der LWK schließt dies vor allem den anwendungsorientierten WT an Fachreferenten und Berater in Besprechungen und Demonstrationen ein, die das Projektwissen wiederum in der persönlichen Beratung auf Praxisbetrieben oder in regionalen Beratungsstellen anwenden.

Modul 4 (Kooperationen mit Projekten, Netzwerken und Einrichtungen): Im Modul 4 ist die Kooperation mit anderen EF, Forschungs-, Vernetzungs- und Transferprojekten,

Gremien und Netzwerken sowie Lehr-, Forschungs- und Wirtschaftseinrichtungen angesiedelt, die eine thematische Nähe zu DigiSchwein aufweisen. Über die Vernetzung erfolgt ein breiter Wissensaustausch, der Synergien und Innovationsimpulse für die Forschung sowie für ihren WT schafft. Hierzu gehören u. a. der Austausch über WT-Methoden, die Beteiligung an gemeinsamen Initiativen, Datenbanken und Plattformen sowie die gegenseitige Teilnahme an Veranstaltungen, um die mitunter gleichen ZG mit höherer Effektivität anzusprechen. Ebenfalls diesem Modul zugehörig ist der projektbegleitende Expertenbeirat, der sich aus Fachleuten projektrelevanter Wirtschafts-, Wissenschafts- und Verwaltungsbereiche zusammensetzt. Neben dem fachlichen Austausch, der Innovationsimpulsgabe sowie der Projektberatung und -evaluation fungiert der Beirat als wichtiger Multiplikator und Praxisintegrator des Projektwissens.

2.3 Evaluation und Ausblick

WT stellt einen sich kontinuierlich mit dem Projektverlauf dynamisch verändernden Prozess dar. Während es zu Projektbeginn im WT noch primär um die generelle Bekanntgabe des Projektes ging, stehen aktuell während der F&E-Arbeiten der eigentliche Transfer von Wissen, der ZG-Dialog sowie die Aufnahme neuer Impulse im Fokus. Die in den Modulen jeweils eingesetzten Methoden werden im Sinne einer Qualitätssicherung fortlaufend durch z. B. Umfragen, Erfahrungsberichte oder Kennzahlen auf Akzeptanz und Anwendungserfolg hin evaluiert. Zum Projektende hin wird sich der WT zunehmend auf die reine Vermittlung des in der Praxis und weiteren Forschung anwendbaren Projektwissens konzentrieren. Um dessen Anwendungserfolg in der Praxis langfristig sicherzustellen, wird die LWK den WT auch nach Projektende über ihre Strukturen im Sinne des Leitsatzes *DigiSchwein – beraten, qualifizieren, fördern* fortführen. Hierzu zählt vor allem die Begleitung von Praxisbetrieben bei der Einführung digitaler Lösungen.

Danksagung

Die Förderung dieses Vorhabens erfolgt aus Mitteln des Bundesministeriums für Ernährung und Landwirtschaft auf Beschluss des Deutschen Bundestages (Förderkennzeichen: 28DE109A18). Die Projektträgerschaft erfolgt über die Bundesanstalt für Landwirtschaft und Ernährung im Rahmen des Zukunftsprogramms Digitalpolitik Landwirtschaft. Die Projektpartner bedanken sich für die Unterstützung.

Literaturverzeichnis

[Ho03] Holdt Christensen, P.: Knowledge sharing - time sensitiveness and push-pull strategies in a non-hype organization. MPP Working Paper, 12/03, Copenhagen, S. 1-18, 2003.

[Li21] Lieboldt, M.-A. et.al.: Experimentierfeld DigiSchwein. In (Meyer-Aurich, A., et al., Hrsg.): 41. GIL-Jahrestagung, Informations- und Kommunikationstechnologie in kritischen Zeiten. Lecture Notes in Informatics (LNI)-Proceedings, Volume 309, Gesellschaft für Informatik, Bonn, S. 391-396, 2021.

Experimentierfeld DigiMilch

Maßnahmen für den systematischen Wissenstransfer

Isabella Lorenzini[1], Stefanie Kulig[1] und Bernhard Haidn[1]

Abstract: Der Wissenstransfer im Rahmen des Experimentierfeldes DigiMilch erfolgt sowohl über klassische Medien als auch über soziale Medien und vielfältige digitale Inhalte. Durch die Sars-CoV2-Pandemie musste der Schwerpunkt des Wissenstransfers auf digitale Medien verschoben werden. Somit konnte trotz der geltenden Hygienebestimmungen der systematische Wissenstransfer durchgeführt werden.

Keywords: Digitalisierung, Milcherzeugung, Öffentlichkeitsarbeit, Social Media

1 Einleitung

Die Digitalisierung von Prozessen in der Milcherzeugung stellt eine vielversprechende Entwicklung der Landwirtschaft dar und hat das Potenzial, die Arbeitseffizienz auf landwirtschaftlichen Betrieben zu steigern, die Nachhaltigkeit von Verfahren zu erhöhen und die Tiergesundheit zu verbessern. Am Beispiel der rasanten Entwicklung der Anzahl an AMS-Betrieben in Bayern lässt sich aufzeigen, dass digitale Technologien in der Milchviehhaltung weiter an Bedeutung gewinnen. Während im Jahr 2010 unter den LKV-Mitgliedern gerade 601 Milchviehbetriebe in Bayern mit einem automatischen Melksystem arbeiteten, waren es letztes Jahr 2.463 [LK21]. Es bestehen aber weiterhin Hemmnisse der Verbreitung digitaler Technologien in der Landwirtschaft.

Die Wissenstransfermaßnahmen im Rahmen des Experimentierfeldes DigiMilch haben unter anderem das Ziel, die Hemmschwelle zur Digitalisierung für Landwirte zu senken und ihnen die Erfahrungen aus der Praxis näher zu bringen. DigiMilch übernimmt dabei eine Katalysator-Funktion für die Zusammenarbeit und den Austausch zwischen Wissenschaftlern, Wirtschaftspartnern und Praxisbetrieben. Impulse aus der Praxis werden an die Wirtschaftspartner weitergegeben. Gemeinsam mit Software- und Maschinenherstellern sowie landwirtschaftlichen Selbsthilfeeinrichtungen werden Lösungsansätze für bestehende Lücken und Defizite entwickelt. Die Ziele des Experimentierfeldes werden im Rahmen von fünf Demonstrationsprojekten verfolgt, die auf 26 Projektbetrieben in ganz Bayern alle Arbeitsbereiche eines Milchviehbetriebs unter dem Aspekt der Digitalisierung un-

---

[1] Bayerische Landesanstalt für Landwirtschaft, Institut für Landtechnik und Tierhaltung, Prof.-Dürrwaechter-Platz 2, 85586 Grub, isabella.lorenzini@lfl.bayern.de, stefanie.kulig@lfl.bayern.de, bernhard.haidn@lfl.bayern.de

tersuchen. Diese sind das Wirtschaftsdüngermanagement, die sensorgestützte Ertragsermittlung, das Fütterungsmanagement, die vernetzte Stalltechnik und die tierindividuellen Sensorsysteme.

2 Methoden des Wissenstransfers

Bedingt durch die Sars-CoV2-Pandemie wurde das Konzept für den Wissenstransfer bereits zu Projektbeginn neu aufgestellt. Ursprünglich waren mehr als 30 Veranstaltungen überwiegend in Präsenz vorgesehen. Nach der Änderung des Konzeptes findet der Wissenstransfer im Rahmen des Projektes sowohl über klassische Medien, wie Vorträge oder Veröffentlichungen in Fachzeitschriften, internetbasierte Medien (LfL-Homepage, Newsletter, Social-Media-Plattformen) als auch über Präsenz- und internetbasierte Veranstaltungen statt. Seit Projektbeginn wurden jeweils ein Workshop für Projektlandwirte, das erste Treffen der Stakeholder, sowie fünf Feld- bzw. Stalltage als Präsenzveranstaltungen durchgeführt. Die Feld- und Stalltage sowie der Workshop für Projektlandwirte wurden auf Projektbetrieben veranstaltet und von etwa 200 Teilnehmern besucht. Der erste Workshop für die Wirtschaftspartner des Projektes wurde dagegen in Form einer Online-Veranstaltung mit Berichten aus den einzelnen Demonstrationsprojekten und anschließender Diskussionsrunde durchgeführt. In den Jahren 2020 und 2021 war es dann nicht mehr möglich, das geplante Stakeholdertreffen in Präsenz abzuhalten. Als Ersatz wurde jeweils ein kleineres Fachgremium für die Außenwirtschaft und eines für die Innenwirtschaft gegründet. Diese bestehen aus Wissenschaftlern, Vertretern aus Verbänden und Organisationen aus der Agrarbranche, Repräsentanten des Agrarressorts und Projektlandwirten. Im Jahr 2021 wurde außerdem eine umfangreiche Online-Vortragveranstaltung durchgeführt. Hierfür wurde der Auftrag an ein externes Unternehmen vergeben. Die über 300 eingeschalteten Teilnehmer konnten hier die Vorträge anhören und sich auf einer Online-Plattform über die Projektpartner und andere Experimentierfelder informieren. Im Jahr 2021 wurde zusätzlich eine Reihe an Online-Vorträgen („DigiMilch im Dialog") aus den einzelnen Demonstrationsprojekten bei kurzen Abendterminen angeboten. Dabei schalteten sich jeweils zwischen 120 und 200 Zuhörer ein. Um die Projektinhalte vor allem den Verbrauchern und der interessierten Öffentlichkeit leicht zugänglich zu machen, wurden bisher bereits zwölf Pressemitteilungen über die Pressestelle der LfL veröffentlicht. Die Adressaten sind Fachzeitschriften, Tageszeitungen sowie Radio- und Fernsehsender. Darin wird über Veranstaltungstermine oder wichtige Forschungsergebnisse informiert. Das Projekt ist zudem in den sozialen Medien auf Facebook sowie auf Instagram mit einem Kanal vertreten. Im November 2021 folgen 784 Abonnenten dem DigiMilch Instagram Kanal und 246 der Facebook-Seite. Bei den Nutzern sind vor allem Beiträge, in denen Projektinhalte anschaulich erklärt werden, und kurze Videos sehr beliebt. Die geteilten Inhalte werden dabei so aufbereitet, dass auch landwirtschaftsferne Personen die fachlichen Zusammenhänge verstehen können. Auf der DigiMilch-Homepage informieren die Projektmitarbeiter über die Projektinhalte und -tätigkeitsbereiche. Hier können die Internetnutzer Neuigkeiten aus dem Projekt und Informationen zu Veranstaltungen lesen. Der

DigiMilch-Newsletter zählt momentan rund 170 Abonnenten und erscheint vier- bis sechsmal jährlich. Das Projekt-Team informiert darin über verschiedene Inhalte (Veranstaltungstermine, Rückblicke zu Veranstaltungen usw.) des Experimentierfelds. Weiterhin wurde eine Produktionsfirma damit beauftragt, für jedes der fünf Demonstrationsprojekte sowie für DigiMilch insgesamt Kurzfilme zu drehen. Berichtet wird darin über die gewonnenen Erkenntnisse der Forschungsarbeit. Praktiker, Auszubildende in Fachschulen und landwirtschaftlich interessierte Personen erhalten dadurch Einblicke in digitale Technologien verschiedener Bereiche der Innen- und Außenwirtschaft eines Milchviehbetriebs.

3 Bewertung der Ansätze

Grundsätzlich haben sich alle Maßnahmen zur Verbreitung des Wissens bewährt. Allerdings lassen sich oft nur die Landwirte erreichen, die sich bereits mit der Thematik befassen. Problematisch ist, dass bei vielen Praktikern oftmals kein Basis-Wissen über die Möglichkeiten der Digitalisierung vorhanden ist. Dadurch ist es schwierig, die Projektinhalte sowie die Möglichkeiten und Defizite für den Betrieb erklärbar zu machen. DigiMilch versucht daher, die Ergebnisse und Erkenntnisse aus dem Projekt mit demonstrationsprojekt-übergreifenden Themen vorzustellen. Damit soll ein Verständnis für den Zusammenhang zwischen der Innen- und Außenwirtschaft geschaffen werden. Die größte Schwierigkeit ist es, Landwirte als Veranstaltungsteilnehmer zu gewinnen. Die Bewerbung der Veranstaltungen erfolgt in der Regel über einen E-Mail-Verteiler, anhand dessen die wichtigsten Organisationen und Verbände aus dem Agrarbereich, die Ämter für Landwirtschaft, die Molkereien sowie die Wirtschaftspartner aus dem Projekt und die Projektlandwirte kontaktiert werden. Zusätzlich werden Veranstaltungen über die sozialen Medien, über die LKV-App sowie in Fachzeitschriften beworben. Trotz hoher Teilnehmerzahlen bei den Veranstaltungen muss der Anteil der Landwirte noch höher werden. Die teilnehmenden Landwirte sind Praktiker, die sich von den Themen aus dem Experimentierfeld angesprochen fühlen und häufig leistungsstarke Betriebe mit einem hohen Grad an Digitalisierung bewirtschaften. Die Landwirte zu erreichen, bei denen die Hemmschwelle zur Digitalisierung auf dem Betrieb noch hoch liegt, hat sich als größte Herausforderung im Wissenstransfer herausgestellt. Daher ist künftig geplant, die Themenbereiche aus dem Projekt proaktiv über eine stärkere Einbindung der Ämter für Landwirtschaft und Forsten, bestehender Arbeitskreise sowie Fachschulen für Landwirtschaft, der Hochschule Weihenstephan-Triesdorf und der TU München anzubieten.

Der Projektträger fordert unter anderem die Einholung von Feedback zum Projektverlauf und zur Bearbeitung der Ziele. Da das nicht über die ursprünglich vorgesehenen Stakeholdertreffen eingeholt werden konnte, wurde es im Rahmen von Fachgremien abgefragt. Dort kam es zu fruchtbaren Diskussionen zwischen Landwirten und Vertretern aus Verbänden und Politik. Lediglich das Angebot der Rückmeldung zur Zusammenarbeit im Rahmen des Projektes in Form eines Online-Formulars wurde kaum wahrgenommen. Diese sollte künftig im Rahmen der Veranstaltung abgefragt und dokumentiert werden. Das Online-Format hat sich für Abendtermine und Vortragsveranstaltungen bewährt.

Durch die ortsunabhängige Erreichbarkeit der Angebote können mehr Zuhörer erreicht werden. Bei einer höheren Teilnehmeranzahl ist eine Diskussion jedoch nur schwer zu bewerkstelligen. Um diese strukturierter zu gestalten, wurde ein professioneller Moderator beauftragt. Weiterhin wurden die Diskussionsrunden durch anonyme Umfragen und das Aufteilen der Teilnehmer in kleinere Gruppen, die eine Fragestellung bearbeiten müssen, organisiert. Ein letzter wichtiger Aspekt ist der hohe Kostenaufwand, der mit diesen Online-Veranstaltungen verbunden ist. Trotz unterschiedlicher Gestaltung der Posts in den sozialen Medien und direkter Ansprache der Nutzer ist die Rückmeldung verhalten. Dadurch kommt kaum eine Interaktion mit den Nutzern zustande. Zudem ist es schwierig, über diese Plattformen mit den Landwirten in Kontakt zu treten. Künftig will das DigiMilch-Team mit einem „Influencer" im Bereich der Landwirtschaft in Kontakt treten. Weiterhin sollen die Inhalte so angepasst werden, dass der Zusammenhang der einzelnen Demonstrationsprojekte deutlicher wird. Zudem sollen vermehrt kurze Videos aus der Praxis erstellt werden. Der Newsletter ist ebenso eine gute Möglichkeit, die Personen, die sich dafür interessieren, über einen längeren Zeitraum zu erreichen. Allerdings wird das Newsletter-Abonnement weniger von der jüngeren Generation genutzt. Die Projekthomepage ist eine gute Anlaufstelle für alle Interessierten, die sich einen ersten Überblick verschaffen wollen. Das DigiMilch-Team hat allerdings nur wenig Freiheiten, diesen Internetauftritt zu gestalten, da das Projekt an das Corporate Image der LfL gebunden ist. Die Erstellung der Kurzfilme mit einer Produktionsfirma hat sich als arbeitsintensiv und langwierig herausgestellt und ist mit einem hohen Kostenaufwand verbunden. Positiv zu bewerten ist, dass man durch die Kurzfilme die breite Bevölkerung erreichen kann. Allerdings erschwert das auch die Definition des Zielpublikums. Kurzfilme sind zwar eine gute Möglichkeit, die Projektinhalte anschaulich zu vermitteln, sie sind jedoch nicht dynamisch und bilden nur den gegenwärtigen Ergebnisstand ab. Die durch die Sars-CoV2-Pandemie bedingte Anpassung des Konzepts zum Wissenstransfer hat neue Möglichkeiten der Kommunikation im landwirtschaftlichen Bereich offengelegt. Es bleibt die Schwierigkeit, mit Landwirten aus allen Regionen und Betriebsstrukturen in Kontakt zu treten und die Hemmschwelle zur Digitalisierung auf Milchviehbetrieben zu senken.

Danksagung

Die Förderung des Vorhabens erfolgt aus Mitteln des Bundesministeriums für Ernährung und Landwirtschaft (BMEL) aufgrund eines Beschlusses des deutschen Bundestages. Die Projektträgerschaft erfolgt über die Bundesanstalt für Landwirtschaft und Ernährung (BLE) im Rahmen der Förderung der Digitalisierung in der Landwirtschaft mit dem Förderkennzeichen 28DE112A18.

Literaturverzeichnis

[LK21]   LKV Bayern e.V., Entwicklung der Anzahl der Melkroboter, https://www.lkv.bayern.de/lkv-bayern/#veroeffentlichungen, Stand: 26.11.2021.

Faktoren menschlichen Lernens als Grundlage für den Wissenstransfer in der Digitalisierung

Akteursbezogene Gestaltung des Wissenstransfers im Projekt DiWenkLa – Digitale Wertschöpfungsketten für eine nachhaltige kleinstrukturierte Landwirtschaft

Angelika Thomas[1], Andrea Knierim[2] und Heinrich Schüle[1]

Abstract: Der DiWenkLa-Verbund folgt einem Multi-Akteursansatz und bringt verschiedene Akteure zur Entwicklung und Erprobung digitaler Technologien in vier Anwendungsbereichen zusammen. Außer für die Wissensgenerierung bieten sich dadurch Ansatzpunkte für den Wissenstransfer. Bei den Technologien, die z. B. an Feldtagen demonstriert werden können, wurden bereits Wissenstransferaktivitäten mithilfe der Partner aus Industrie und Informationswesen umgesetzt. Dabei beruhen die Ansprüche an die Demonstration digitaler Techniken und den Austausch auf dem Verständnis von erfahrungsbasiertem Lernen.

Keywords: erfahrungsbasiertes Lernen, Wissenstransfer, Multi-Akteursansatz

1 Einleitung

Alle 14 Experimentierfelder des Bundesministeriums für Ernährung und Landwirtschaft (BMEL) zur Digitalisierung in der Landwirtschaft sind mit dem Auftrag gestartet, einen inter- und transdisziplinären Ansatz zu realisieren und Maßnahmen des Wissenstransfers in der Projektarbeit zu integrieren [BML18]. Der folgende Beitrag stellt den Ansatz des Teilprojekts „Wissenstransfer und Multiplikator-Funktionen in den Wertschöpfungsketten durch Demonstrations- und Informationsveranstaltungen" im baden-württembergischen Verbund „Digitale Wertschöpfungsketten für eine nachhaltige kleinstrukturierte Landwirtschaft (DiWenkLa)" vor.

2 Anforderungen an das Lernen und Aufgaben von Wissenstransfer

Nach dem erfahrungsbasierten Lernzyklus nach Kolb setzt erfolgreiches Lernen die Wahrnehmung von Sachverhalten und Problemen voraus. Durch Reflexion über konkrete Beobachtungen aus der wahrgenommenen Umwelt entsteht fallbezogenes Wissen. Die weitere Verarbeitung, um Zusammenhänge systematisch zu verstehen, bildet abstrakte Konzepte, die über den Einzelfall hinausgehen. Das Testen der so gewonnenen Konzepte führt

---

[1] HfWU Nürtingen-Geislingen, Neckarsteige 6-10, 72622 Nürtingen, angelika.thomas@hfwu.de; heinrich.schuele@hfwu.de
[2] Universität Hohenheim (430a), 70599 Stuttgart, andrea.knierim@uni-hohenheim.de

wiederum zur Wahrnehmung der Resultate, die wieder Ausgangspunkt sind, den Lernprozess spiralförmig fortzusetzen [Ko84]. Zwei Dimensionen des Lernzyklus beeinflussen das Lernen neuer Sachverhalte und Anwendungsmöglichkeiten besonders: a) die Möglichkeit, sowohl Probleme in der Ausgangssituation als auch Resultate des Experimentierens wahrnehmen zu können, b) das Verständnis, die Nachvollziehbarkeit der gebildeten Konzepte und sowie auch die Beinflussbarkeit der Anwendung. In Tabelle 1 zeigt diese zwei Dimensionen. Es ist dabei kein Zufall, dass in der Innovations- und Diffusionstheorie Beobachtbarkeit und Komplexität zu den Eigenschaften von Neuerungen gehören, die den Verlauf und die Geschwindigkeit der Diffusion maßgeblich beeinflussen können [Ro03].

Verständnis Zusammenhänge:	Sichtbarkeit: hoch	niedrig
Hoch	Techniken, deren Wirkweise, Nutzen und Resultate wahrgenommen und getestet werden können.	Techniken, deren Grundlagen zwar bekannt sind, die sich aber in ihrer Wirkung schwerer beobachten lassen.
Niedrig	Techniken, deren Resultate zu sehen sind, aber deren Wirkungsweisen weniger verständlich sind.	Techniken, die in ihrer Wirkung weder beobachtbar noch vom Anwender nachvollziehbar sind.

Tab. 1: Faktoren menschlichen Lernens und Eigenschaften von digitalen Neuerungen

Praktische Versuche, Vorführungen oder Anwenderschulungen sind Maßnahmen, um obige Ansprüche an das Lernen umzusetzen. Bei digitalen Technologien im Bereich der Software und der Kombination von digital unterstützenden Arbeitsschritten (z. B. Erfassung von Daten und Überführung in Managementanwendungen) ist häufig die Anschaulichkeit und das Experimentieren weniger leicht umzusetzen. Insgesamt gilt es:

- Ausgang und Ergebnisse digitaler Techniken beobachtbar zu machen, bspw. besseres Stallklima, homogene Pflanzenbestände, Ergebnis der Unkrautbekämpfung;
- nachvollziehbare Parameter für Ziele zu finden, die sich nicht direkt beobachten lassen, wie bei Qualitätskriterien/ Inhaltsstoffen, Bodenfruchtbarkeit oder Tierwohl;
- die Funktionsweisen digitaler Techniken zu veranschaulichen, bei Vorführung und Testen von Agrartechnik, aber auch in Bezug auf Software-Logik und Aufbau;
- die Einfluss- und Kontrollmöglichkeiten darzustellen und erproben zu lassen;
- Erfahrungsaustausch zu den Möglichkeiten und Schwierigkeiten in der Anwendung zu organisieren und Fehler bei der Übernahme von Techniken vermeiden.

Wissenstransfer wird heute als interaktiver Kontakt von Forschung und Praxis und als in beide Richtungen offene Herangehensweise verstanden [PRR10]. Dabei geht es weniger um eine einseitig gerichtete Aktivität der Verbreitung von Information und Technologien sondern zunehmend um gemeinsame Problemlöseprozesse [Ho09]. „Wissenstransfer" im engeren Sinn ist somit nicht möglich, jedoch wird der Begriff aus Konvention auch in diesem Artikel verwendet. Ursprung und Verbreitung von Innovationen folgen außerdem verschiedensten Mustern und beziehen unterschiedlichste Akteure mit ein, so dass die umfassendere Betrachtung anhand von Wissenssystem-Ansätzen an Bedeutung gewonnen hat. Damit werden der Austausch und die Vermittlung von Wissen als zentrale Anliegen vielfältiger Akteure (Menschen bzw. Organisationen) innerhalb von Wissens- und Innovationssystemen [vgl. Kn19] angesprochen, die z. B. entlang von Wertschöpfungsketten durch professionelle Interessen miteinander verbunden sind.

Das Ziel des Wissenstransfers in DiWenkLa ist es, zu den bisherigen Anforderungen und Einsatzmöglichkeiten in der kleinstrukturierten Landwirtschaft den jeweiligen Kenntnis- und Erfahrungsstand den Anwendern (Landwirten, Beratern, Firmen- und Verbandsangehörigen u.a.) verfügbar zu machen. Dazu werden in Zusammenarbeit mit den Mitarbeitenden und Partnern der Experimentiereinheiten in DiWenkLa Maßnahmen zum Informations- und Wissenstransfer geplant, begleitet, durchgeführt, dokumentiert und evaluiert. In vier Experimentiereinheiten – Grünland mit Rinderhaltung, Ackerkulturen, Feldgemüse und Pferdehaltung – werden sowohl grundlagenbezogene Forschungen betrieben wie auch praxisreife Anwendungen getestet [Gr21].

3 DiWenkLa Akteursanalysen und Wissenstransfer

Die Partnerschaft des DiWenkLa Verbundes folgt dem Anspruch, verschiedene Akteure entsprechend ihrer Ziele und Interessen zusammenzubringen. Um die Voraussetzungen und Ansatzpunkte für den Wissensaustausch und -transfer zu erfassen, wurden Mitarbeitende in den Experimentiereinheiten zu ihren Partnern und Plänen im Sommer 2020 und 2021 befragt. Im Ergebnis wurden ca. 70 DiWenkLa-Partner identifiziert, unabhängig davon, ob die Kooperation formalisiert oder erst im Aufbau ist (Abb. 1).

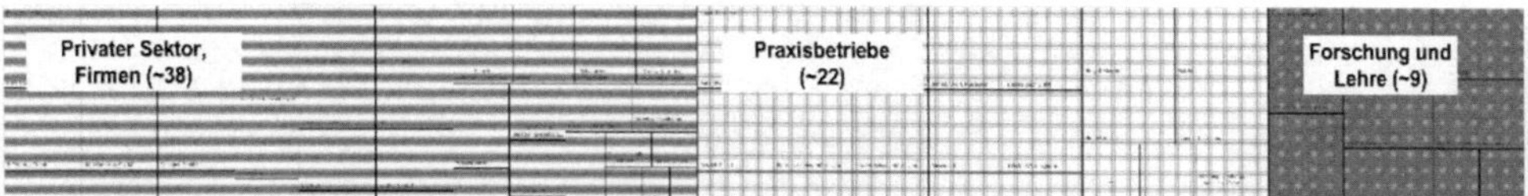

Abb. 1: DiWenkLa Partnerübersicht

Differenziert nach den vier Experimentiereinheiten variiert die Zusammensetzung stark: So arbeiten im Gemüsebau und Grünland die betreffenden Fachgebiete der Universität Hohenheim mit ein bzw. vier Praxisbetrieben zusammen sowie mit dem Landwirtschaftlichen Technologiezentrum (LTZ) und Landwirtschaftlichen Zentrum für Rinderhaltung, Grünlandwirtschaft, Milchwirtschaft, Wild und Fischerei Baden-Württemberg (LAZBW). Hinzu kommen je nach Fachgebiet noch ca. 2-3 Firmenpartner.

In den Experimentiereinheiten Ackerbau sind sechs und in der Pferdehaltung vier Praxisbetriebe an der Versuchsanstellung und dem Test von Technologien beteiligt. Geplante Kooperationen betreffen den aktiven Austausch mit weiteren Betrieben sowie das direkte Engagement von Firmenpartnern. Insbesondere die Experimentiereinheit Pferdehaltung zeichnet sich durch eine hohe Vernetzung regionaler und überregionaler privatwirtschaftlicher Partner aus, mit dem Ziel, die Problemstellungen mangelnder Kompatibilität bzw. fehlender Schnittstellen digitaler Lösungen zu bearbeiten.

In allen vier Bereichen sind damit neben den Hochschulen Praxisbetriebe, Lehr- und Versuchsanstalten des Landes und Firmen beteiligt. Genannt, aber wenig involviert sind Verbände und Vereine sowie Bildungs- und Beratungseinrichtungen, die je nach Fragestellung auch zu den Zielgruppen des Wissenstransfers gezählt werden. In weiteren Arbeiten werden zudem weitere Vertreter der Wertschöpfungskette vermehrt einbezogen.

Maßnahmen zum Wissenstransfer in DiWenkLa konnten insbesondere bei den Themen stattfinden, die sich für Demonstrationszwecke gut eignen, die an bestehende Netzwerke und frühere Projektaktivitäten anknüpfen, bei denen es aktive Partner in Information und Bildung gibt oder bei denen ein hohes Vernetzungsinteresse in einem Spezialgebiet zu beobachten ist. Aufgrund der bisherigen Beobachtungen und Momentaufnahmen innerhalb der Projektdynamik wird außerdem bereits deutlich, dass sich die Akteurslandschaft zu digitalen Techniken und Ansätzen im landwirtschaftlichen Wissenssystem Baden-Württembergs je nach Themenbereich bzw. Subsystem unterschiedlich darstellt. Entsprechend müssen Maßnahmen der Wissensverbreitung und Informationsvermittlung spezifisch zugeschnitten und in Inhalten und Design bedarfsbezogen gestaltet werden.

Literaturverzeichnis

[BML18] Richtlinie über die Förderung der Einrichtung von Experimentierfeldern zur Digitalisierung in der Landwirtschaft. Vom 13. September 2018.

[PRR10] Probst, G. J. B.; Raub, S.; Romhardt, K. Wissen managen: Wie Unternehmen ihre wertvollste Ressource optimal nutzen, 6. Aufl. Gabler, Wiesbaden, 2010.

[Ko84]   Kolb, D.A.: Experiential learning: experience as the source of learning and development. Englewood Cliffs, NJ: Prentice Hall, 1984.

[Ro03]   Rogers, Everett M.: Diffusion of innovations. 5. ed., Free Press. New York.

[Ho09]   Hoffmann, V. et al. (Hrsg.): (2009): Handbook Rural Extension. Volume 1: Basic Issues and Concepts. 251 S. 3rd edition. Margraf Publishers, Weikersheim.

[Kn19]   Knierim, A. et al.: Smart farming technology innovations - Insights and reflections from the German Smart-AKIS hub. In: Wageningen Journal of Life Sciences 90-91, 2019.

[Gr21]   Griepentrog et al.: Anwendungen innerhalb digitaler Wertschöpfungsketten für eine nachhaltige kleinstrukturierte Landwirtschaft (DiWenkLa). In: A. Meyer-Aurich et al.: Informations- und Kommunikationstechnologien in kritischen Zeiten, Lecture Notes in Informatics (LNI), Gesellschaft für Informatik, Bonn 2021, 379-384. 2021.

Wissenstransfer im Experimentierfeld CattleHub

Maria Trilling[1], Johanna Ahmann[2], Christiane Engels[2], Dorothée Heyde[3], Christiane Reichel[4], Natalia Kluth[5], Heiko Neeland[6], Dirk Plettemeier[7] und Wolfgang Büscher[2]

Abstract: Der Wissenstransfer stellt im Experimentierfeld *CattleHub* das übergeordnete Ziel dar. Die Ergebnisse aus den Teilprojekten werden aktiv an rinderhaltende Landwirt:innen weiter-gegeben, um sie dadurch bei der Auswahl und Etablierung neuer Assistenzsysteme zu unterstützen. Die Einschränkungen während der Corona-Pandemie erschwerten die Durchführung von Präsenzveranstaltungen. Stattdessen wurden Online-Veranstaltungen angeboten und verstärkt soziale Medien zum Wissenstransfer genutzt. Diese Chance zur Erprobung neuer Formate und Medien im Wissenstransfer wird in der verbleibenden Projektlaufzeit fortgesetzt und das Angebot soweit möglich mit Präsenzveranstaltungen ergänzt.

Keywords: Wissenstransfer, Assistenzsysteme, Rinderhaltung, Digitalisierung, Sensorik, Tracking, Automatisierung

1 Einleitung

Assistenzsysteme bieten Landwirt:innen die Möglichkeit der Entscheidungsunterstützung. Dazu werden viele verschiedene Daten mittels Sensorik erfasst, analysiert und aufbereitet dargestellt. Für die Rinderhaltung sind über 120 unterschiedliche Systeme verfügbar und der Markt ist entsprechend unübersichtlich. Das Experimentierfeld *CattleHub – Assistenzsysteme für eine intelligente Rinderhaltung* möchte Praxisbetriebe bei der Auswahl und Integration digitaler Systeme aktiv unterstützen und deren Einsatz fördern. Zur Erreichung dieses Ziels ist ein systematischer Transfer der im Projekt generierten Ergebnisse in die praktische Landwirtschaft entscheidend. Neben Landwirt:innen werden dabei auch Berater:innen und Hersteller von Assistenzsystemen sowie Auszubildende und Studierende der Agrar- und Ingenieurwissenschaften angesprochen. Um die gewonnenen Erkenntnisse an diese vielfältigen Adressatenkreise gezielt zu vermitteln, ist der Wissenstransfer in *CattleHub* breit aufgestellt.

---

[1] Landwirtschaftskammer Nordrhein-Westfalen, Haus Düsse 2, 59505 Bad Sassendorf, maria.trilling@lwk.nrw.de
[2] Rheinische Friedrich-Wilhelms-Universität Bonn, Institut für Landtechnik, Nußalle 5, 53115 Bonn
[3] Sächsisches Landesamt für Umwelt, Landwirtschaft und Geologie, Am Park 3, 04886 Arzberg
[4] Technische Universität Chemnitz, Professur BWL III Unternehmensrechnung und Controlling, Thüringer Weg 7, 09126 Chemnitz
[5] Universität Jena, Servicezentrum Forschung und Transfer, Fürstengraben 1, 07743 Jena
[6] Thünen-Institut für Agrartechnologie, Bundesforschungsinstitut für Ländliche Räume, Wald und Fischerei, Bundesallee 47, 38116 Braunschweig
[7] Technische Universität Dresden, Professur für Hochfrequenztechnik, Helmholtzstr. 10, 01062 Dresden

2 Aspekte des Wissenstransfers

Der Wissenstransfer in *CattleHub* basiert auf vier Säulen, die in Abb. 1 dargestellt sind und im Folgenden näher erläutert werden.

Digitale Medien	Veranstaltungen
• Homepage • Social Media (Facebook, Instagram, Twitter, LinkedIn) • YouTube-Kanal • *Plattform „Farmwissen"*	• Online Veranstaltungsreihe • Tagungen & Seminare • Messestände (z. B. EuroTier) • Schulungsraum für Digitalisierung • *Road Show* • *Regionalkonferenz* • *Barn Robot Event*
Veröffentlichungen	**Rückkanal aus der Praxis**
• Beitragsreihe in DLG-Mitteilungen + DLG-Podcast • Zeitschriften (ELITE, *top agrar*, *Veterinärspiegel*) • Tagungsbeiträge • Journalpublikationen • *Leitfäden*	• Umfrage zur Erhebung des Status quo auf den rinderhaltenden Betrieben • Arbeitskreis • Betriebsbesuche • „Frage der Woche"

Abb. 1: Aspekte des Wissenstransfers im Experimentierfeld *CattleHub*; geplante Aktivitäten sind kursiv dargestellt

2.1 Digitale Medien

Digitale Medien bieten heutzutage die Möglichkeit, mit unterschiedlichen Zielgruppen in Kontakt zu treten, Aufmerksamkeit zu generieren und Wissen anschaulich zu vermitteln. Dazu wurde eine Homepage erstellt, auf der die sieben Teilprojekte des Experimentierfelds dargestellt sind, Ergebnisse präsentiert und Termine für Veranstaltungen bekanntgegeben werden. Um insbesondere den interessierten Nachwuchs anzusprechen, werden Accounts auf Social-Media-Plattformen wie Facebook, Twitter, LinkedIn und Instagram geführt. Über diese Kanäle werden regelmäßig Posts zu aktuellen Projektinhalten, relevanten Ereignissen sowie internen und externen Veranstaltungen geteilt. Der projekteigene YouTube-Kanal richtet sich mit kurzen Videoclips aus den Teilprojekten und von den Partnerbetrieben hauptsächlich an Landwirt:innen.

In Zusammenarbeit mit den Experimentierfeldern *BeSt-SH* und *EF-Südwest* wird an der Wissensplattform *Farmwissen* gearbeitet, welche Konzepte zur betriebsindividuellen Steigerung des Digitalisierungsgrades aufzeigt. Dabei wird von *CattleHub* der Teilbereich der Rinderhaltung unterstützt.

2.2 Veranstaltungen

CattleHub wurde bei externen Veranstaltungen wie der *EuroTier 2020* und der *Grünen Woche 2020* vorgestellt. Des Weiteren fand im Herbst 2021 die Online-Veranstaltungsreihe „*How is the cow – Agieren statt Reagieren*" statt, welche 2022 fortgesetzt wird. Elf Referent:innen aus Wissenschaft und Praxis haben an bislang vier Terminen verschiedene Aspekte von Assistenzsystemen in der Milchviehhaltung erörtert und anschließend mit dem Fachpublikum diskutiert. Insbesondere die Beteiligung von Landwirt:innen, die sich bereits selbst intensiv mit dem Thema „Assistenzsysteme" auseinandergesetzt hatten, führte zu einem regen Austausch.

Mit der Teilnahme an den Regionalkonferenzen der Experimentierfelder *DigiMilch* und *LANDNETZ* konnte *CattleHub* weiteren Interessierten präsentiert und die Zusammenarbeit zwischen den Experimentierfeldern gestärkt werden. Für das Frühjahr 2023 ist die Durchführung einer eigenen Regionalkonferenz geplant.

Inspiriert vom jährlichen *Field Robot Event* der DLG hat sich das Experimentierfeld *CattleHub* zum Ziel gesetzt, ein *Barn Robot Event* zu etablieren, welches sich mit dem Robotikeinsatz in der Innenwirtschaft beschäftigen wird. Das Thema für die erste Veranstaltung im Sommer 2022 sind Stallboden-Reinigungsroboter.

Voraussetzung für eine optimale Nutzung von Assistenzsystemen ist eine ausreichende Digitalkompetenz der Landwirt:innen. Zur Förderung dieser Fähigkeiten wurde von der Landwirtschaftskammer Nordrhein-Westfalen ein Schulungsraum für Digitalisierung eingerichtet. Dieser wird speziell für Tagungen, Schulungen und Seminare zur Wissensvermittlung an die Zielgruppe der Landwirt:innen und landwirtschaftlichen Auszubildenden genutzt.

2.3 Veröffentlichungen

Für die gezielte Kommunikation von Projektinhalten und -ergebnissen werden Fachzeitschriften genutzt. Hier stehen insbesondere Agrarzeitschriften wie *ELITE* und *top agrar* im Fokus. In einer fünfteiligen Beitragsreihe in den *DLG-Mitteilungen* konnten unterschiedliche Themenschwerpunkte des Projektes präsentiert werden. Einzelne Forschungsergebnisse werden zudem in Fachbeiträgen bei nationalen und internationalen Tagungen sowie in wissenschaftlichen Journalen publiziert.

Um Landwirt:innen bei der Planung und Implementierung eines Assistenzsystems zu unterstützen, werden in einem nächsten Schritt Leitfäden erstellt. Diese dienen einer strukturierten Bewertung von unterschiedlichen Assistenzsystemen am Markt.

2.4 Rückkanal aus der Praxis

Der kontinuierliche Austausch mit Landwirt:innen ist für den Wissenstransfer im Projekt wesentlich. Zum gezielten Austausch wurde daher ein Arbeitskreis eingerichtet. Die eingebundenen Landwirt:innen nutzen auf ihren Betrieben unterschiedliche Assistenzsysteme und teilen ihre Erfahrungen. Betriebsbesuche ermöglichen einen direkten Einblick in das Betriebsgeschehen und die damit verbundenen Arbeitsroutinen.

Im Format „*Frage der Woche*" beantworten Landwirt:innen Fragen zu den auf ihren Betrieben eingesetzten Assistenzsystemen und den damit gesammelten Erfahrungen. Die entstandenen Kurzvideos stellen für Landwirt:innen, die sich noch nicht mit dem Thema auseinandergesetzt haben, eine wichtige und zugängliche Informationsquelle dar.

Um den Status quo der Digitalisierung auf rinderhaltenden Betrieben in Deutschland zu beurteilen, wurde zudem eine Umfrage konzipiert und online durchgeführt. Von den 95 teilnehmenden Betrieben nutzen 60 % bereits Herdenmanagement- oder Sensorsysteme. Die größten Hindernisse bei der Implementierung stellen für die übrigen Befragten hohe Investitionskosten (32 %) und eine mangelnde Netzanbindung (16 %) dar. Die Mehrheit der Befragten (80 %) wünscht sich verstärkt Schulungs- und Lehrgangangebote zum Einsatz digitaler Techniken, welche u. a. über den eingerichteten Schulungsraum für Digitalisierung auf Haus Düsse umgesetzt werden. 82 % der Befragten nutzen Social-Media-Kanäle und könnten somit über die von *CattleHub* bedienten Formate erreicht werden.

3 Fazit

Der Wissenstransfer in die praktische Landwirtschaft stellt im Experimentierfeld das übergeordnete Ziel dar. Dazu werden verschiedene Formate bedient, um alle Adressatengruppen passend anzusprechen. Wegen der pandemiebedingten Einschränkungen wurden verstärkt digitale Kommunikationswege genutzt. Die Online-Veranstaltungsreihe bot sowohl für die Referent:innen als auch für das Fachpublikum die Chance, unkompliziert und ohne Anreise deutschlandweit teilzunehmen. Dennoch sind Präsenzveranstaltungen wichtig und geplant, um den Austausch zwischen Landwirt:innen, Herstellern und Berater:innen vor Ort zu intensivieren. Durch die Erstellung von Leitfäden werden Praxisbetriebe bei der Auswahl und Einbindung von Assistenzsystemen aktiv unterstützt.

Förderhinweis

Die Förderung des Vorhabens erfolgt aus Mitteln des Bundesministeriums für Ernährung und Landwirtschaft (BMEL) aufgrund eines Beschlusses des deutschen Bundestages. Die Projektträgerschaft erfolgt über die Bundesanstalt für Landwirtschaft und Ernährung (BLE) im Rahmen der Förderung der Digitalisierung in der Landwirtschaft mit dem Förderkennzeichen 28DE108G18 (Experimentierfeld *CattleHub*).

Wissenstransfer durch integrative Lernkonzepte

Erkenntnisse aus dem digitalen Experimentierfeld Diabek

Rolf Wilmes[1], Bernhard Bauer[1], Kevin Braun[1], Peter Breunig[1], Andreas Fleischmann[1], Tobias Meyer[1], Patrick Noack[1] und Muhammad Asif Saeed[1]

Abstract: Der vorliegende Aufsatz soll das Potenzial von integrativen Lernkonzepten für den Wissenstransfer von digitalen Technologien in die landwirtschaftliche Praxis veranschaulichen. Im Rahmen des Experimentierfeldes Diabek wurde ein online-basiertes, integratives Lernkonzept entwickelt. Dies besteht aus einer Kombination von Online-Diskussionsveranstaltungen und frei zugänglichen Lern-Videos. Die bisherigen Erfahrungen und Möglichkeiten zur Skalierung werden im Folgenden geschildert.

Keywords: Digitalisierung, Experimentierfelder, Precision Farming, Smart Farming, Fortbildung, Weiterbildung

1 Einleitung

Bisherige Erkenntnisse aus Forschungsprojekten verdeutlichen, dass die Lernkosten für den Anwender einen großen Anteil der Gesamtkosten von digitalen Technologien in der landwirtschaftlichen Praxis ausmachen [Ba20]. Gleiches gilt für Lehrende. Aus diesem Grund besteht ein wachsendes Interesse daran, Wissen und Kompetenzen effektiv zu vermitteln. Bisherige Ansätze haben gezeigt, dass die konkrete Anwendung von erlernten Inhalten ein tieferes Verständnis des Erlernten ermöglicht und schließlich die nachhaltige Verstetigung von Kompetenzen fördert [GK04]. Dabei haben sich vor allem integrierte Lernkonzepte (engl. *blended learning*) in der Erwachsenenbildung etabliert. Hierbei wird die Präsenzlehre vor Ort durch Online-Lehrmaterialien ergänzt.

Bedingt durch die Corona-Pandemie und die damit verbundenen Kontakt-Einschränkungen mussten in fast allen Bereichen der Bildung Online-Formate schlagartig die bewährte Präsenzlehre substituieren [UN20]. Trotz aller Nachteile, die mit solchen Online-Formaten einhergehen (z. B. fehlender persönlicher Austausch), hat die Pandemie das Potenzial der Online-Lehre verdeutlicht. Beispielsweise wurden technische Hürden, sowohl aufseiten der Hersteller (z. B. Videokonferenzplattformen) als auch in der Gesellschaft (z. B. digitale Kompetenzen) in rasantem Tempo abgebaut. Trotz deutlich verbesserter Rahmen-

---

[1] Hochschule Weihenstephan-Triesdorf, Markgrafenstr. 16, 91746 Weidenbach, Kontakt Rolf Wilmes unter patrick.noack@hswt.de; bernhard.bauer@hswt.de; kevin.braun@hswt.de; peter.breunig@hswt.de; andreas.fleischmann@hswt.de; tobias.meyer@hswt.de; muhammad.saeed@hswt.de

bedingungen spielen onlinebasierte integrierte Lernkonzepte (fortan integrierte Lernkonzepte) in der landwirtschaftlichen Fort- und Weiterbildung noch immer eine untergeordnete Rolle.

Dieser Aufsatz soll aufzeigen, wie integrierte Lernkonzepte zu einem effektiven Wissenstransfer von digitalen Technologien in die landwirtschaftliche Praxis beitragen können. Dies veranschaulichen wir am Beispiel der „Diabek-Academy" – der Lernplattform des digitalen Experimentierfeldes Diabek[2]. Das integrierte Lernkonzept besteht zum einen aus einem synchronen Teil, der mittels Videokonferenzen durchgeführt wird. Zum anderen stehen den Teilnehmern digitale Lerninhalte in Form von Videos zur Verfügung. Die Videos unterstützen die Teilnehmer im Nachgang der Diskussionsveranstaltungen dabei, gelernte Inhalte anhand von Anwendungsbeispielen umzusetzen.

Unsere Erkenntnisse sind aufschlussreich für Forschungsprojekte und privatwirtschaftliche Unternehmen, besonders für jene, die auf den Wissenstransfer digitaler Technologien ausgerichtet sind. Wir zeigen auf, wie integrierte Lernkonzepte für Lernende und Lehrende beim Wissenstransfer Kosten senken und Zeit einsparen können.

2 Integriertes Lernkonzept

Integrierte Lernkonzepte kombinieren die synchrone Präsenz-Lehre mit asynchronen Digitalangeboten [GK04]. Bei synchronen Online-Formaten erfolgt das Lehren und Lernen zeitgleich. Lehrende und Lernende interagieren dabei über digitale Kommunikationssysteme, wie Videokonferenzplattformen, miteinander. Bei asynchronen Formaten erfolgt der Lernprozess zeitversetzt. Dazu erstellen Lehrende entsprechende Lerninhalte (z. B. Lern-Videos), die von den Lernenden zu einem späteren Zeitpunkt abgerufen werden können.

Durch integrierte Lernkonzepte ergeben sich Vorteile für Lehrende und Lernende. Die synchronen Online-Veranstaltungen werden ortsunabhängig durchgeführt. Dies erspart Teilnehmern aus der Umgebung die zeitaufwendige Anfahrt. Zudem ermöglicht die Ortsunabhängigkeit Interessierten außerhalb des Einzugsgebietes des Forschungsprojektes überhaupt erst an den Seminaren teilzunehmen, wenn Anfahrtswege zu lang sind. Asynchrone Lerninhalte (z. B. Videos) ermöglichen den Lernenden, das Lerntempo und den Zeitpunkt des Lernens selbstständig an ihre persönlichen Bedürfnisse anzupassen.

Aber auch Lehrende profitieren vom integrierten Lernkonzept. Die Erfahrungen aus unserem Forschungsprojekt haben gezeigt, dass Präsenzschulungen mit einem hohen zeitlichen Aufwand für Lehrende verbunden sind. Zudem konnten wir beobachten, dass heterogene Wissensstände der Teilnehmer häufig den Lernfortschritt der Gruppe während Anwendungsaufgaben schmälerten. Durch die Trennung von Theorie- und Anwendungsteil

---

[2] https://diabek.hswt.de/

wird dieses Problem umgangen. Die synchronen Online-Veranstaltungen dienen der Theorie-Vermittlung und Diskussion. Somit profitieren die Teilnehmer unabhängig vom Vorwissen gleichermaßen. Die asynchronen Lerninhalte können dann im Nachgang der Diskussionsveranstaltungen im jeweiligen, für die Teilnehmer optimalen Tempo, durchgearbeitet werden. Somit können größere Gruppen gleichzeitig geschult werden, ohne den Wert der Schulung für jeden einzelnen Teilnehmer zu verringern.

3 Anwendung für Seminar „Erstellung von Applikationskarten"

Die Seminare der „Diabek-Academy" thematisieren den digitalen Pflanzenbau. Aktuell werden folgende Seminare angeboten:

- Digitale Feldgrenzen: Grenzsteine suchen leicht gemacht
- Digitale Bodenkarte: Der Einstieg in die teilflächenspezifische Bewirtschaftung
- Teilflächenspezifische N-Düngung anhand von Sentinel-Satellitendaten
- Bau eines LoRa-Systems zur Messung von Temperatur und Luftfeuchte in landwirtschaftlichen Gebäuden (aktuell in Präsenz)

Jedes Seminar besteht aus einer Kombination von Diskussionsveranstaltungen und Lernvideos. In zwei aufeinanderfolgenden Wochen findet jeweils einmal wöchentlich eine Diskussionsveranstaltung statt. Hierbei werden sowohl pflanzenbauliche als auch technische Grundlagen des digitalen Pflanzenbaus vermittelt und durch Erkenntnisse aus den Diabek-Feldversuchen ergänzt. Auch bieten diese Videokonferenzen die Möglichkeit für Erfahrungsaustausch und Diskussionen unter Praktikern. Zwischen den Diskussionsveranstaltungen können die Teilnehmer die gelernten Inhalte im eigenen Tempo, unabhängig von Ort und Zeit und mit ihren eigenen Daten anwenden. Dafür haben wir zu jeder Schulung entsprechende Videoanleitungen erstellt. Diese sind auf der Videoplattform „Youtube"[3] abrufbar und in Playlists für jede Schulung geordnet. Schulungsteilnehmer können somit anhand der jeweiligen Playlist die vermittelten Schulungsinhalte in der Praxis anwenden. Ergänzend dazu stehen allen Teilnehmern entsprechende Testdaten (z. B. Schlaggrenzen) in einer Cloud zur Verfügung. Somit können auch Teilnehmer ohne eigenen Betrieb die Videoanleitungen nachvollziehen.

Im Jahr 2021 konnten bereits vier jeweils zweiwöchige Seminare als integriertes Lernkonzept angeboten werden, an denen 56 Teilnehmer teilgenommen haben. Der Youtube-Kanal verzeichnet für das Jahr 2021 (Stand 29.10.2021) über 3500 Aufrufe und eine gesamte Wiedergabezeit aller Videos von 280 Stunden. Insgesamt wurden bisher 18 Lernvideos auf Youtube veröffentlicht. Die Resultate sollten vor dem Hintergrund der begrenzten Ka-

---

[3] https://www.youtube.com/channel/UCzcQGFvFMWY1yrdPp2eIq5A

pazitäten der Projektmitarbeiter betrachtet werden. Zudem wurden keine weiteren finanziellen Mittel verwendet. Lediglich für die Videos wurde auf zusätzliche personelle Ressourcen des Kompetenzzentrums für digitale Agrarwirtschaft (KoDA[4]) zurückgegriffen.

Zukünftig ist eine Ausweitung des Schulungsangebotes und die Kooperation mit Praxispartnern geplant. Konkret sollen Seminare für den digitalen Pflanzenbau im gesamten Vegetationsverlauf angeboten werden. Durch Kooperationen mit Praxispartnern, wie beispielsweise Maschinenringen oder Landtechnikhändlern, soll zudem die Reichweite des Projektes erhöht werden. Außerdem werden wir verstärkt LoRa-Schulungen anbieten. Durch den angeleiteten Bau der Systeme lässt sich ein synchroner Teil in Präsenz hierbei vermutlich nicht vermeiden.

4 Fazit

Zusammenfassend stellen integrative Lernkonzepte eine geeignete Möglichkeit dar, das Lernen sowohl für die Lehrenden (mittelfristig mit Kosten verbunden, die der Lernende begleichen muss), als auch für den Lernenden effektiver (Lerntempo angepasst) zu machen. Somit ermöglichen integrative Lernkonzepte, den Wissenstransfer von digitalen Technologien in der Landwirtschaft mit begrenzten Ressourcen innerhalb von Forschungsprojekten umzusetzen und auch für die Praxis skalierbar und somit wirtschaftlich zu machen. Das Beispiel der Diabek-Academy zeigt, wie eine Kombination aus Online-Diskussionsveranstaltungen und frei zugänglichen Lern-Videos für den Wissenstransfer von digitalen Technologien in der landwirtschaftlichen Praxis umgesetzt werden kann.

Danksagung

Das Projekt Diabek wird aufgrund eines Beschlusses des Deutschen Bundestags vom Bundesministerium für Ernährung und Landwirtschaft gefördert. Die Autoren bedanken sich beim Ministerium für die Förderung und beim Projektträger, der Bundesanstalt für Landwirtschaft und Ernährung, für die tatkräftige Unterstützung bei der Bearbeitung des Antrags und der Abwicklung des Projekts.

Literaturverzeichnis

[Ba20]   Bauer, B. et al.: Digitales Experimentierfeld Diabek. In: (Meyer-Aurich, A. et. al. Hrsg.): 41. GIL-Jahrestagung, Informations- und Kommunikationstechnologie in kritischen Zeiten, Bonn 2020. Gesellschaft für Informatik e.V.. S. 361-366.

[GK04]   Garrsion, D.R.; Kanuka, H.: Blended learning: Uncovering its transformative potential in higher education. The Internet and Higher Education. 7, 2, 2004, S. 95-105.

[UN20]   UNESCO. COVID-19 educational disruption and response [https://en.unesco.org/covid19/educationresponse]. Stand 29.10.2021.

---

[4] https://www.hswt.de/forschung/forschungseinrichtungen/koda.html

GI-Edition Lecture Notes in Informatics

P-299 M. Gandorfer, A. Meyer-Aurich, H. Bernhardt, F. X. Maidl, G. Fröhlich, H. Floto (Hrsg.)
Informatik in der Land-, Forst- und Ernährungswirtschaft
Fokus: Digitalisierung für Mensch, Umwelt und Tier
Referate der 40. GIL-Jahrestagung
17.–18. Februar 2020,
Campus Weihenstephan

P-300 Michael Felderer, Wilhelm Hasselbring, Rick Rabiser, Reiner Jung (Hrsg.)
Software Engineering 2020
24.–28. Februar 2020
Innsbruck, Austria

P-301 Delphine Reinhardt, Hanno Langweg, Bernhard C. Witt, Mathias Fischer (Hrsg.)
Sicherheit 2020
Sicherheit, Schutz und Zuverlässigkeit
17.–20. März 2020, Göttingen

P-302 Dominik Bork, Dimitris Karagiannis, Heinrich C. Mayr (Hrsg.)
Modellierung 2020
19.–21. Februar 2020, Wien

P-303 Peter Heisig, Ronald Orth, Jakob Michael Schönborn, Stefan Thalmann (Hrsg.)
Wissensmanagement in digitalen Arbeitswelten: Aktuelle Ansätze und Perspektiven
18.–20.03.2019, Potsdam

P-304 Heinrich C. Mayr, Stefanie Rinderle-Ma, Stefan Strecker (Hrsg.)
40 Years EMISA
Digital Ecosystems of the Future: Methodology, Techniques and Applications
May 15.–17. 2019
Tutzing am Starnberger See

P-305 Heiko Roßnagel, Christian H. Schunck, Sebastian Mödersheim, Detlef Hühnlein (Hrsg.)
Open Identity Summit 2020
26.–27. May 2020, Copenhagen

P-306 Arslan Brömme, Christoph Busch, Antitza Dantcheva, Kiran Raja, Christian Rathgeb, Andreas Uhl (Eds.)
BIOSIG 2020
Proceedings of the 19th International Conference of the Biometrics Special Interest Group
16.–18. September 2020
International Digital Conference

P-307 Ralf H. Reussner, Anne Koziolek, Robert Heinrich (Hrsg.)
INFORMATIK 2020
Back to the Future
28. September – 2. Oktober 2020,
Karlsruhe

P-308 Raphael Zender, Dirk Ifenthaler, Thiemo Leonhardt, Clara Schumacher (Hrsg.)
DELFI 2020 –
Die 18. Fachtagung Bildungstechnologien der Gesellschaft für Informatik e.V.
14.–18. September 2020
Online

P-309 A. Meyer-Aurich, M. Gandorfer, C. Hoffmann, C. Weltzien, S. Bellingrath-Kimura, H. Floto (Hrsg.)
Informatik in der Land-, Forst- und Ernährungswirtschaft
Referate der 41. GIL-Jahrestagung
08.–09. März 2021, Leibniz-Institut für Agrartechnik und Bioökonomie e.V., Potsdam

P-310 Anne Koziolek, Ina Schaefer, Christoph Seidl (Hrsg.)
Software Engineering 2021
22.–26. Februar 2021,
Braunschweig/Virtuell

P-311 Kai-Uwe Sattler, Melanie Herschel, Wolfgang Lehner (Hrsg.)
Datenbanksysteme für Business, Technologie und Web (BTW 2021)
Tagungsband
13.–17. September 2021,
Dresden

P-312 Heiko Roßnagel, Christian H. Schunck, Sebastian Mödersheim (Hrsg.)
Open Identity Summit 2021
01.–02. Juni 2021, Copenhagen

P-313 Ludger Humbert (Hrsg.)
Informatik – Bildung von Lehrkräften in allen Phasen
19. GI-Fachtagung Informatik und Schule
8.–10. September 2021 Wuppertal

P-314 Gesellschaft für Informatik e.V. (GI) (Hrsg.)
INFORMATIK 2021 Computer Science & Sustainability
27. September– 01. Oktober 2021, Berlin

P-315 Arslan Brömme, Christoph Busch,
Naser Damer, Antitza Dantcheva,
Marta Gomez-Barrero, Kiran Raja,
Christian Rathgeb, Ana F. Sequeira,
Andreas Uhl (Eds.)
BIOSIG 2021
Proceedings of the 20th International
Conference of the Biometrics
Special Interest Group
15.–17. September 2021
International Digital Conference

P-316 Andrea Kienle, Andreas Harrer,
Jörg M. Haake, Andreas Lingnau (Hrsg.)
DELFI 2021
Die 19. Fachtagung Bildungstechnologien
der Gesellschaft für Informatik e.V.
13.–15. September 2021
Online 8.–10. September 2021

P-317 M. Gandorfer, C. Hoffmann, N. El Benni,
M. Cockburn, T. Anken, H. Floto (Hrsg.)
Informatik in der Land-, Forst- und
Ernährungswirtschaft
Fokus: Künstliche Intelligenz in der Agrar-
und Ernährungswirtschaft
Referate der 42. GIL-Jahrestagung
21. - 22. Februar 2022 Agroscope,
Tänikon, Ettenhausen, Schweiz

P-318 Andreas Helferich, Robert Henzel,
Georg Herzwurm, Martin Mikusz (Hrsg.)
FACHTAGUNG SOFTWARE
MANAGEMENT 2021
Fachtagung des GI-Fachausschusses
Management der Anwendungsentwicklung
und -wartung im Fachbereich Wirtschafts-
informatik (WI-MAW), Stuttgart, 2021

P-319 Zeynep Tuncer, Rüdiger Breitschwerdt,
Helge Nuhn, Michael Fuchs, Vera Meister,
Martin Wolf, Doris Weßels, Birte Malzahn
(Hrsg.)
3. Wissenschaftsforum:
Digitale Transformation (WiFo21)
5. November 2021 Darmstadt, Germany

All volumes of Lecture Notes in Informatics
can be found at
https://dl.gi.de/handle/20.500.12116/21.

The titles can be purchased at:
Köllen Druck + Verlag GmbH
Ernst-Robert-Curtius-Str. 14 · D-53117 Bonn
Fax: +49 (0)228/9898222
E-Mail: druckverlag@koellen.de